京绥铁路工程史

段海龙◎著

科学出版社

北 京

图书在版编目(CIP)数据

京绥铁路工程史 / 段海龙著. —北京：科学出版社，2019.9
ISBN 978-7-03-060343-2

Ⅰ. ①京… Ⅱ. ①段… Ⅲ. ①铁路工程-建设-历史-华北地区
Ⅳ. ①F532.82

中国版本图书馆 CIP 数据核字（2018）第 299502号

责任编辑：樊 飞 刘 溪 邹 聪 / 责任校对：韩 杨
责任印制：徐晓晨 / 封面设计：铭轩堂
编辑部电话：010-64035853
E-mail：houjunlin@mail.sciencep.com

科学出版社 出版
北京东黄城根北街16号
邮政编码：100717
http://www.sciencep.com

北京建宏印刷有限公司 印刷

科学出版社发行 各地新华书店经销
*
2019 年 9 月第 一 版 开本：720×1000 1/16
2019 年 9 月第一次印刷 印张：20 插页：2
字数：360 000

定价：128. 00 元

（如有印装质量问题，我社负责调换）

序　一

中国技术与产业的近代化始于 19 世纪 60 年代兴起的自强运动。曾国藩、李鸿章、左宗棠等封疆大吏创建江南机器制造总局、福州船政局等军工企业，引进欧美技术和机器设备，聘用外国人主持技术和管理，仿造西方“坚船利炮”等产品。李鸿章、左宗棠、张之洞等人还试办矿冶、纺织、轮船运输、铁路、电报、钢铁等近代产业，以适应军事工业的发展。20 世纪，中国不断引进先进科技，并在五六十年代初步建立完整的工业体系和科技体系，为改革开放时期的大发展奠定了基础。

铁路对近代经济社会发展产生了广泛影响，成为工业革命和技术变革的一个标志。在中国，铁路修筑的起步晚于兵器仿制，却是中国人才较早掌握先进技术的领域。中国人自己主持工程技术的突出标志就是詹天佑在 1905—1909 年主持修筑京张铁路。在詹天佑、邝孙谋和陈西林主持下，京张铁路向西延伸到绥远（今呼和浩特），在 1922 年又延至包头。京绥铁路不仅将北京与西北地区连接起来，还在中国人自办铁路，乃至工业化建设方面起到了很好的示范作用，提振了民族自信心。孙中山先生曾在 1910 年视察京张铁路，后来提出建设十万英里铁路的宏大目标。

一百多年来，中外学者对中国铁路发展的历史进行了持续研究，出版了大量论著。这些研究以史料辑录、事业史、建设史及詹天佑等关键人物的业绩为主线，阐述基本史实，并且从经济、社会发展等视角做了深入分析。相比之下，中国铁路的技术史研究较为薄弱，专题研究也成果寥寥，这在某种程度上限制了人们对铁路史的全面理解。海龙在内蒙古师范大学攻读科学技术史博士学位，对京绥铁路做专门的技术史案例研究，这种具有开拓精神的探索特别值得鼓励和支持。

海龙系统梳理了有关文献资料和前人的研究成果，且做了必要的实地考察。

以此为基础，他以技术问题为主线，研究京绥铁路的建设历程，尤其是从勘测、设计、道轨、桥梁、隧道、站房、水塔、材料、机车、车辆、机厂、电报、电话、电灯，以及技术人才等方面勾画铁路工程技术的全貌，同时探讨工程决策、资金筹措、运营管理、铁路对经济社会发展的影响等重要问题，最后还讨论了铁路遗存的工业遗产价值和保护思路。总之，海龙阐释了京绥铁路建设中的重要技术，提出了新的学术见解，为以往的研究做了补白。这项工作有助于人们理解近代技术的转移和本土化、技术在工业化进程中的关键作用，以及中国怎样由农业社会转向工业社会。在此，我愿意向学界同行和读者推荐海龙完成的《京绥铁路工程史》。

张柏春

2018 年 9 月 12 日

于中国科学院基础科学园区

序　二

铁路技术是近代工业文明的标志性成果，它综合利用了工业时代的钢铁、机械和蒸汽动力等先进技术，引发了交通运输领域的革命。铁路工程技术的转移和传播，进一步推动了世界范围的经济发展和工业化进程。铁路的引进对中国社会与经济的发展和近代化进程都产生了重大的影响。

1905 年始建至 1909 年竣工的京张铁路，是第一条完全由中国工程师自主设计并组织施工建成的骨干铁路，标志着我国已经掌握了近代铁路工程的关键技术，成为近代技术本土化的成功案例。京张铁路建成不久，清政府即开始了展筑从张家口至绥远的“张绥铁路”的建设工程。虽然因辛亥革命爆发，建设工作一度停止，但 1912 年民国政府建立后，工程恢复开工，1914 年已通车至大同。1916 年张绥铁路归并办理改名“京绥铁路”，1921 年通车至绥远，1922 年展修至包头。因绥包段被认为是张绥铁路的支线，通车至包头后并未修改路名，全线仍称为“京绥铁路”。1928 年之后，京绥铁路改称为“平绥铁路”，中华人民共和国成立后改称为“京包铁路”。京绥铁路作为我国自主修建的第一条干线铁路，成为北京通往河北、山西北部和内蒙古中西部的主要交通路线，不仅使沿途地区交通运输方式实现了由传统开始向近代的转变，而且对加强西北与内地的政治、经济与文化联系，促进中西部经济与贸易的发展都发挥了不可替代的重要作用。

长期以来，中国铁路史的研究一直受到学界关注，研究成果甚丰。由于京张铁路在中国铁路史上占有重要位置，尤其受到重视，有关京张铁路与工程总负责人詹天佑的著述层出不穷。但以往的工作主要集中于铁路建设史、经济史及詹天佑等重要人物的研究，重点梳理建设历程的资料，并多从经济与社会发展角度分析和阐述其作用和意义。而从工程技术史视角的研究却不多见，特别是缺乏对平绥铁路的系统考察与专题性的铁路技术史的研究工作，如对于张绥铁路的建设与民国时期至现代平绥铁路的工程演变情况缺乏深入的研究。

海龙博士在内蒙古师范大学攻读科学技术史博士学位时，接受我的建议，开始将专业研习的重点转向了中国铁路技术史。作为他的硕士、博士研究生导师，考虑到以往从技术史视角对京绥铁路的研究薄弱，我接触过的相关史料又十分丰富，而他以往的学术基础训练较好，遂建议他选“京绥铁路研究”为题做学位论文。我从 2005 年开始关注工业遗产的调查研究，也希望他能以京绥铁路为案例开展工业遗产方面的研究。选题确定后，海龙利用各种机会查阅了大量文献，搜集相关史料，并对京绥铁路历史文物、遗存和遗迹进行了调查研究。在充分发掘和占有史料的基础上，他对 1937 年之前京绥铁路的勘测、设计、修建、运营和机车修造的历史进行了系统的研究，完成了博士论文《京绥铁路研究（1905—1937）》。论文答辩时获得了答辩委员们的一致好评，不久被评为内蒙古自治区优秀博士论文。他毕业留校任教后，继续从事铁路史的相关研究，取得了许多成果。在对博士论文进行了大量修改和补充后，海龙完成了这部《京绥铁路工程史》，使博士论文的工作又有了新的拓展和深化。

《京绥铁路工程史》在梳理大量文献史料的基础上，结合田野调查，通过分析原始资料，综合运用技术史、经济史与工业考古等研究方法，系统梳理了京绥铁路的建设与发展历程，力图从规划与勘测设计、铺设施工、隧道与桥梁、站房与水塔、机厂与车辆、电报与电话及电灯等多方面揭示其铁路工程技术的内涵与价值，同时也关注和探讨了技术人才的培养与培训、工程学术研究、工程管理、铁路运营及铁路的社会影响与作用等重要问题。此外，还进一步从工业遗产保护的视野考察了京绥铁路的遗存，说明其工业遗产价值和文物价值，特别关注了不同时期站房建筑风格。书的结语部分探讨了京张铁路在铁路工程史上的意义和京绥铁路与社会变迁的密切联系，公正、客观地评价了以詹天佑为代表的中国早期铁路工程师与建设者在铁路建设中的重要贡献和作用，指出京张铁路是铁路筑路技术在中国首次实现本土化的标志。

为了便于读者更好地了解、认知京绥铁路的工程技术原貌和内涵，书中配有大量照片、工程图、示意图和统计图表，对涉及的技术问题尽可能采用直观展示与文字说明相结合的方式加以阐述。插图与文字相得益彰，增加了可读性。本书不仅有助于相关领域的学者认识京绥铁路工程技术史的整体面貌，对于一般读者了解京绥铁路的建设与演变历程，同样不无裨益。

海龙博士学风朴实，潜心于学问，持之以恒，在铁路工程技术史的研究方面取得了突出的成绩。本书是他完成的一项扎实的学术工作，相信能够得到同行和其他读者的认同。

冯立昇

2018 年 8 月 26 日

于清华园

目　录

导 论

京绥铁路是指由北京出发，经张家口、大同、呼和浩特到包头的铁路，全长 800 多千米。京绥铁路按京张铁路和张绥铁路两段修建。京张铁路由北京到张家口，1905—1909 年建成；张绥铁路由张家口到包头，1909—1922 年建成。张绥铁路本是指张家口到绥远（今呼和浩特）间的铁路，绥远至包头间是作为支线修建。1927 年，国民政府奠都南京。1928 年北京改称“北平”，京绥铁路遂改称“平绥铁路”。中华人民共和国成立后，此线改称为“京包铁路”。

近代铁路技术是工业文明的重要代表成果，它完美地结合利用了工业时代的两大资源——钢铁和煤炭，在陆路运输领域掀起一场空前的革命。铁路的建设，促进了社会生产和经济发展，方便了人际交往和货物流通，推动了工业化和城市化进程。铁路的伸展，极大地冲击了以传统生产方式为基础的相对闭塞的社会经济、地理与人文环境，对各国的政治、军事、外交和人们的生产生活方式产生了巨大的影响。

1825 年，第一条近代意义的铁路首先出现在英国。之后，美国 1829 年着手修建铁路，法国、比利时、德国、加拿大、俄国、意大利、荷兰等国紧随其后，纷纷于 19 世纪 30 年代开始建设铁路。19 世纪 40 年代，世界范围内出现了第一次筑路高潮。在中国，第一条近代意义的铁路出现于 1865 年，但那只是一场表演性质的“闹剧”。1876 年，驻沪外商建成淞沪铁路，是为中国土地上第一条运营铁路。1881 年，在李鸿章的授意下，唐胥铁路建成。之后的一段时间内，中国的铁路建设缓慢进行。由于近代中国工业基础薄弱、铁路技术人员短缺、筑路资金匮乏等内因，以及国外技术与资本强势入侵等外因，中国铁路很长一段时间都由外国工程师主持修建。

京张铁路是近代中国第一条资金完全由国内筹备、路线完全由中国工程师设计并施工建成的干线铁路，打破了中国铁路聘用外国工程师修建的历史，在中国近代铁路史上具有重要的历史意义。京张铁路由杰出铁路工程师詹天佑（1861—1919）主持，1905 年开工，1909 年建成。该路线地势复杂，工程难度大，很多有经验的外国工程师都望而却步。但京张铁路建设却实现了“花钱少、质量好、完工快”的既定目标，是世界铁路史上的一大壮举。京张铁路的建成掀起了我国自办铁路的热潮。自此之后，国人自办铁路的热情高涨，全国各地纷纷效仿。它的成功，不仅促进了中国铁路建设进程，更为中国自办铁路、路权不为外国挟制起到了重要的示范作用。

京张铁路竣工后，向西延伸，即成张绥铁路。张绥铁路与京张铁路连成一线，是为京绥铁路。该路一端是京城（今北京），经京奉铁路与重要通商口岸天津相接，另一端是西北重镇归绥（今呼和浩特）以及西北地区重要的水旱码头包头镇。整个西北地区由此与内陆相连，通商口岸因之与边陲相通，为贸易往来提供了十分便利的条件。张绥铁路作为我国西北地区主要交通线影响深远，它带动了沿途经济的发展，催生了几座重要城市，深入影响了沿途人们的生活，促进了西北地区近代化进程。

京绥铁路是我国引进西方铁路技术的重要成果，是铁路技术移植中国过程中的典型案例。从技术转移角度来看，京绥铁路是西方铁路技术第一次完全由中国人组织实施完成，首次实现了铁路铺设技术在中国的“本土化”。京绥铁路的建设过程反映了西方铁路技术与中国传统技术的结合与运用。从工程技术史角度深入研究京绥铁路的修建过程，有益于了解铁路技术在中国的移植过程，并可作为案例丰富西方科技在中国传播的研究，具有重要的历史价值与现实意义。

京绥铁路距今已有百年历史，作为工业化成果，具有重要的工业遗产（industrial heritage）价值。工业化深刻地改变了人们的生活生产方式，极大地影响了人类文明的进程。工业遗产是工业文明的载体和见证，是文化遗产的重要组成部分。随着技术的更新和经济建设的需求，大量原有的工业成果的实物形态遭到破坏，正以很快的速度流失，尤其是许多有重要历史文化价值的工业遗产正逐步消失。工业遗产的价值和功能长期以来未得到充分的认识和应有的保护。20世纪七八十年代，国外已有众多的技术史学者致力于工业考古和工业遗产的保护工作，我国在21世纪初才开始在这方面有所关注。目前京绥铁路及其沿线，仍有许多老火车站、铁路桥、隧洞、相关设施及工厂遗存以及遗址（旧址）、遗迹和遗物。目前已有一些车站、建筑物等旧址被列入文物保护单位或优秀建筑名录，但学界对这些遗产资源的赋存与保护状况还缺乏系统的调查和研究。

本书以京绥铁路作为研究对象，重点从技术史角度探讨京绥铁路的修筑过程，并涉及其管理、运营及影响。最后从工业遗产的视角对其进行初步考察，探寻其工业遗产价值。

1）中国铁路史研究

中国铁路史是中国近代史的重要组成部分，这方面的研究已有丰硕成果。自20世纪初开始，中国铁路史方面的著作时有出版。较早的有肯德（Percy H.Kent）的《中国铁路发展史》[①]，成书于1907年，可视为最早研究中国铁路史的专著。之后有《中国铁路史》（曾鲲化，1924年）、《中国铁道史》（谢彬，1929年）、《中国铁道建设》（张嘉璈著，杨湘年译，1945年）、《中华铁路史》（凌鸿勋[②]，1963年）、《中国早期的铁路经营》（李国祁，1976年）、《帝国主义与中国铁路》（宓汝成，1980年）、《中国铁路建筑编年简史（1881—1981）》（马里千、陆逸志、王开济，1983年）、《中国铁路发展史》（金士宣、徐文述，1986年）、《中国近代铁路事业管理的研究——政治层面的分析》（张瑞德，1991年）、《中国铁路史》（李占才，1994年）、《中国铁道建设史略（1876—1949）》（张雨才，1997年）、《中国近代铁路史》（杨勇刚，1997年）、《帝国主义列强侵华铁路史实》（罗文俊、石峻晨，1998年）、《晚清铁路与晚清社会变迁研究》（尹铁，2005年）、《李鸿章与中国铁路：中国近代铁路建设事业的艰难起步》（朱从兵，2006年）等。大多铁路史著作都对我国铁路建设进行了分期，多数以甲午中日战争、辛亥革命、新旧国民政府更替为分界点，分为甲午战争前、甲午战争后、北洋政府、南

① 肯德．中国铁路发展史．李抱宏，等译．北京：生活·读书·新知三联书店，1958.

② 凌鸿勋（1894—1981），我国著名的土木工程专家、教育家、铁路史研究专家。长期从事铁道工程建设，是继詹天佑之后国人自己修建重要铁路的又一先驱。姓“淩”，但大多著作中都写作“凌”。见：凌鸿勋口述．沈云龙访问．林熊士，蓝旭男记录．凌鸿勋口述自传．长沙：湖南教育出版社，2011.

京国民政府等几个时期。也有人将1864—1930年划分为六个时期[①]，即草昧时期（1864—1894年）、辱国时期（1895—1905年）、兴盛时期（1906—1910年）、混沌时期（1911—1914年）、再盛时期（1915—1928年）及中山计划时期（1929—1930年），这种划分法依据铁路建设自身的发展，打破了历史时代界限，具有一定的合理性，也具有重要的启发意义。

以上著作中，金士宣和徐文述编著的《中国铁路发展史》在广泛收集资料、深入调查研究的基础上，系统完整地论述了1863—1949年间我国铁路发展的历史过程。在“京张铁路”部分着重介绍了该路修建缘由、存在难度[②]，在“张绥铁路”部分概述了筹款情况以及支线建筑情况。[③]杨勇刚的《中国近代铁路史》从铁路建设与社会发展关系着眼，侧重于二者间互动的考察。[④]马里千等人的《中国铁路建筑编年简史（1881—1981）》，有各铁路细致的开工竣工时间，可作为进一步研究的参考。[⑤]曾鲲化的《中国铁路史》论述了涉及铁路的几乎所有的内容，包括医疗、卫生、管理、运营等，是一部集铁路修建与运营大全的著作。[⑥]张雨才的《中国铁道建设史略（1876—1949）》中，对“京绥铁路史”介绍的较为详细，共5000多字。[⑦]《帝国主义与中国铁路》[⑧]和《帝国主义列强侵华铁路史实》[⑨]从中国铁路与帝国主义之间的关系切入，对中国铁路史进行了探讨。值得一提的是宓汝成的《帝国主义与中国铁路》一书，引用了众多原始文献，为后人深入研究提供了重要的参考史料。在研究中国铁路史的著作中，法国人约瑟夫·马纪樵著、许峻峰译的《中国铁路：金融与外交（1860—1914）》从新的视角，对1860—1914年间中国铁路建设情况作了精辟的剖析。[⑩]其中有大量鲜为人知的史料和独到见解，是一部不可多得的力作。

---

① 刘贻瑜.中国铁路之六大时期.交大月刊，1930，（2）：1-13.

② 金士宣，徐文述.中国铁路发展史.北京：中国铁道出版社，1986：213-214.

③ 金士宣，徐文述.中国铁路发展史.北京：中国铁道出版社，1986：269-270.

④ 杨勇刚.中国近代铁路史.上海：上海书店出版社，1997.

⑤ 马里千，陆逸志，王开济.中国铁路建筑编年简史（1881—1981）.北京：中国铁道出版社，1983.

⑥ 曾鲲化.中国铁路史.北京：燕京印书局，1924.

⑦ 张雨才.中国铁道建设史略（1876—1949）.北京：中国铁道出版社，1997：64-70.

⑧ 宓汝成.帝国主义与中国铁路.上海：上海人民出版社，1980.

⑨ 罗文俊，石俊晨.帝国主义列强侵华铁路史实.北京：中国铁道出版社，1998.

⑩ 约瑟夫·马纪樵.中国铁路：金融与外交（1860—1914）.许峻峰译.北京：中国铁道出版社，2009.

以上著作多从社会史、经济史等角度着手，立足于对中国整个铁路建设史的梳理，角度或取于资金来源，或取于铁路整体建设，或取于外国入侵与铁路关系等，对中国铁路建设历程作了多角度的诠释。

近些年来，历史界学者开始关注具体线路的研究，并取得了丰硕成果。江沛、朱从兵两位学者以及他们指导的研究生多年来一直从事铁路史研究，成果颇丰。如朱从兵的《张之洞与粤汉铁路》（2011 年，合肥工业大学出版社）和《铁路与社会经济——广西铁路研究（1885—1965）》（1999 年初版，2012 年修订版）、庞广仪的《粤汉铁路艰难的筹建与国有化》（2011 年，合肥工业大学出版社）和《民国时期粤汉铁路历史研究》（2011 年，合肥工业大学出版社）、黄华平《国民政府铁道部研究》（2011 年，合肥工业大学出版社）等。另外，熊亚平的《铁路与华北乡村社会变迁》（2011 年，人民出版社）是一部研究铁路对社会影响的优秀著作。

值得关注的是，最近几年出现了几部铁路史著作，开始着眼于铁路技术的研究。英国作家克里斯蒂安·沃尔玛尔（Christian Wolmar）的 *Blood*，*Iron*，*and Gold*：*How the Railways Transformed the World* 一书由刘媺翻译为《铁路改变世界》，2014 年由上海人民出版社出版。该书在描述铁路对世界产生的影响时，不仅简要梳理了轨道史和机车史，还论及从蒸汽机到蒸汽机车的发展史，关注了铁路轨距对铁路的影响，是一部侧重于技术对社会影响的作品。2017 年 6 月，中信出版集团又出版了陈帅翻译的《钢铁之路》（原著为 Christian Wolmar 的 *The Iron Road*：*The Illustrated History of the Railway*）。高铁见闻的《高铁风云录》（2015 年，湖南文艺出版社）以介绍中国高速铁路建设为主，也涉及早期的铁路建设史。该书第一章在介绍“火车之父”乔治·斯蒂芬森（George Stephenson）之前，对在从蒸汽机到蒸汽机车过程中做出特殊重要贡献又不广为人知的“潦倒天才”理查德·特里维西克（Richard Trevithick）做了丰富有趣的描述，丰满了铁路史的研究。2012 年，山东教育出版社出版的《近代铁路技术向中国的转移——以胶济铁路为例（1898—1914）》，是王斌博士在其学位论文的基础上修改完善的。该书以技术转移为视角，在搜集与梳理德占青岛时期胶济铁路的建设和运营的资料基础上，探讨铁路技术转移过程中出现的冲突与调适、民族主义对铁路的影响及铁路对经济社会的影响，分析了胶济铁路中技术转移的模式、特征和局限。

以上研究，一方面提供了京绥铁路的建设背景，一方面为本研究提供了可借鉴的研究视角。

2）对京绥铁路的研究

京张铁路是中国铁路建设史上的里程碑，具有重要的历史意义。因此在中国铁路史研究工作中，研究京张铁路及其总工程司詹天佑的成果比较集中。如《詹天佑和中国铁路》（徐启恒、李希泌，1957 年）、《詹天佑与中国铁路》（凌鸿勋、高宗鲁，1977 年）、《詹天佑生平志——詹天佑与中国铁路及工程建设》（詹同济、黄志扬、邓海成，1995 年出版，2011 年出版的《詹公天佑生平志》为其增订本）、《京张铁路（画册）》（寇兴军、周俊玲，2001 年）、《詹天佑评传》（经盛鸿，2001 年）等。

《詹天佑和中国铁路》介绍了詹天佑的童年、留洋、毕业回国情况，着重叙述了他主持修建京张铁路和汉粤川铁路的历史。全书约 6 万字，主要赞颂了詹天佑的爱国热忱和智慧，但书中存在一些史实错误，如认为詹天佑发明了自动挂钩等。[①]

1977 年，凌鸿勋和耶鲁大学经济学教授高宗鲁合编的《詹天佑与中国铁路》汇集 13 篇文章，内容主要集中在詹天佑年谱和修建京张铁路两个方面，是较早研究“詹天佑与京张铁路”的一部史料性较强的著作。凌鸿勋为我国铁路建设元勋，曾与詹天佑共事[②]；高宗鲁在海外偶然见到了《京张路工撮影》，激起了研究詹天佑的兴趣[③]。二人以“詹天佑与京张铁路”为主题，发表了一系列研究论文。鉴于凌鸿勋的身份和经历，加之高宗鲁的工作经历，他们撰写的论文史料确凿，颇具说服力。例如，他澄清了“车辆自动挂钩”的发明者不是詹天佑。本书还对凌鸿勋 1961 年编撰的《詹天佑年谱》中的一些问题做了进一步的探讨。

由詹同济、黄志扬、邓海成合著的《詹天佑生平志——詹天佑与中国铁路及工程建设》，在占有大量原始史料基础上，以詹天佑生平为主线，再现了其为中国铁路建设做出巨大贡献的光辉一生。此书于 2011 年经詹同济修订为《詹公天佑生平志》，作为“非正式出版文献”应征国家图书馆征集活动，由国家图书馆收藏。此外，还有《中国铁路之父：詹天佑》（谢放著，广东人民出版社，2008

① 徐启恒，李希泌．詹天佑和京张铁路．上海：上海人民出版社，1957：53.

② 凌鸿勋．我怎样写詹天佑年谱 // 凌鸿勋，高宗鲁．詹天佑与中国铁路．台北：“中央研究院”近代史研究所，1977：157.

③ 凌鸿勋．缘起 // 凌鸿勋，高宗鲁．詹天佑与中国铁路．台北：“中央研究院”近代史研究所，1977：3.

年）也重在叙述詹天佑建设京张铁路的事迹。2001年中国铁道出版社出版了寇兴军、周俊玲编写的《京张铁路》摄影集，以图片为主，分始建、沧桑、人物、交往、风物五部分描写了百年京张路。在研究詹天佑的著作中，经盛鸿的《詹天佑评传》（南京大学出版社）另辟蹊径，着重人物思想评论，系统、生动地介绍了詹天佑的一生，第一次从思想史的角度对詹天佑的爱国思想、科技与管理思想、教育与人才思想、政治与伦理思想等做了整理、论述与分析。书中专设一章论述京张铁路。

除专著外，研究京张铁路和詹天佑的论文也层出不穷。1996年，宓汝成发表了《中国近代工程技术界的一代宗师詹天佑》一文，以詹天佑的日记、信件和文章为主要依据，结合一定的时局形势，概略论述了詹天佑的一生言行，认为他应被推定为"近代中国的一位挚诚的爱国者、杰出的知识分子和工程技术的一代宗师"。[①] 文章分为三部分，即"为中国铁路建设事业奋斗一生""乐育人才、广泛团结工学各界""鞠躬尽瘁、死而后已"。该文对一些问题提出了独到的见解，并给予詹天佑极高的评价。所引史料确凿可靠，分析透彻，当为研究詹天佑的精品之作。

此外，还有从科技方法和思想层面探讨詹天佑的文章。钟少华《浅谈詹天佑先生的科技方法》以修建京张铁路为主要考察对象，指出詹天佑科技方法有三，即亲自勘测及天才设计、因地制宜、严格热心组织。[②] 杨文生、李新月《詹天佑人力资源管理思想述评》论述詹天佑在我国铁路史上首次提出了一系列人力资源管理思想：根据不同岗位的要求，明确权限和责任；对包工头要严格管理；将考核制度与奖罚、升降级制度相结合；工程技术人员的待遇"分定年级，按年递升"；保障员工的工伤就医、身故抚恤等权利；在工程实践中独立自主培养铁路人才等。并指出这些思想不仅指导和影响了詹天佑一生的铁路建设与管理活动，也对中国的铁路事业产生了巨大而深远的影响。[③] 杨文生《论詹天佑成功修建京张铁路的主客观因素》从多个方面分析了詹天佑成为自主修建中国铁路第一人的主客观因素，例如，迎难而上、坚韧不拔的个性品质，得天独厚的求学经历，卓有成效的铁路工程实践，忠实践行"在实践中求希望"的格言，最大化地争取统

---

① 宓汝成．中国近代工程技术界的一代宗师詹天佑．中国科技史料，1996，17（3）：28-41.

② 钟少华．浅谈詹天佑先生的科技方法．科学技术与辩证法，1986，（2）：49-50.

③ 杨文生，李新月．詹天佑人力资源管理思想述评．湖南科技学院学报，2007，（6）：42-45.

治者的信任和支持，培养了一支高素质的工程技术队伍等主观因素；受命于进退维谷之际，在职权范围内“可以独断独行，无人制其肘”，詹天佑的职权有利于同地方官吏沟通与协调，人工、物料及用地的价格低廉等客观因素。[①]

近年来，人们也开始对与京张铁路有关的其他重要人物进行研究，如苏全有、申彦玲的《袁世凯与京张铁路》，从资金和人才两个方面论述了袁氏对京张铁路成功修建做出的重要贡献，即袁世凯开创了中国独立发展铁路事业的先河，培养出詹天佑等杰出铁路技术人才。[②] 汤礼春的《举荐詹天佑修京张铁路的梁敦彦》介绍了梁敦彦生平以及其对詹天佑的影响。[③] 刘殿俊、李宗溪撰文《詹天佑的副手陈西林》，简述了曾先后任京张铁路副工程司、展修张绥铁路的总工程司陈西林的一生。[④]

对原始史料的挖掘与整理是史学研究的重要基础，中国社会科学院经济研究所编辑的《中国近代铁路史资料（1863—1911）》和宓汝成整理的《中华民国铁路史资料（1912—1949）》（社会科学文献出版社，2002 年），收集整理近代铁路史料，并采用专题形式分列成章。这两部史料汇编，以第一手史料为主，包括中外文档案（或其缩微胶卷）、公报、文集、手稿、日记等，酌情选用第二手资料，如前人编的史料集以及专著、论文等，是研究包括京绥铁路在内的中国近代铁路史的重要史料。图片资料中，《京张路工撮影》是记录京张铁路工程的一部珍贵的摄影集，分上下两卷，共收录照片 183 幅。这些照片由当时著名摄影师、广东香山县人谭锦棠拍摄。拍摄时间大约为 1909 年九十月间。该影集如实记录了京张铁路各段工程的桥梁、隧道、车站、水塔、停车场、制造厂和铁路材料厂，以及各类型机车、车厢，铁路工程局机关、工程人员、官员，还有工程验收和通车典礼情形。影集以清晰、生动的画面，展现了京张铁路工程的全貌。该影集于 2002 年入选首批“中国档案文献遗产名录”。2013 年，国家图书馆古籍馆将该影集整理为《国家图书馆藏京张路工集》，由天津古籍出版社影印出版。

在整理铁路史料方面，必须要提到国民政府时期编辑出版的《交通史路政编》。1935 年，由交通部铁道部交通史编撰委员会共同推出的 18 卷本《交通史

---

① 杨文生．论詹天佑成功修建京张铁路的主客观因素．聊城大学学报（社会科学版），2006（3）：11-19.

② 申彦玲．袁世凯与京张铁路．西南交通大学学报（社会科学版），2008，（2）：112-117.

③ 汤礼春．举荐詹天佑修京张铁路的梁敦彦．文史精华，1999，（7）：35-36.

④ 刘殿俊，李宗溪．詹天佑的副手陈西林．春秋，1997，（6）：32-33.

路政编》，以其浩大详备的权威史料，成为所有研究铁路史的工作者不能忽视的重要文献。此外，中华人民共和国成立以来铁道部门整理出版的一些材料汇编中，不仅有对铁路建设的历史记述，还包含很多的技术参数。如《铁路修建史料》（中国铁道出版社，1991 年）、《中国铁路建设史》（中国铁道出版社，2003 年）等，是技术史角度研究铁路史的重要参考资料。

1984 年 5 月，金士宣在《北方交通大学学报》第 1 期发表了文章《关于我国杰出的铁路工程师詹天佑的珍贵历史文献》，共整理译注了六条重要的史料，其中有“詹天佑自撰的履历”、修建京张铁路时的部分英文日记、《〈京张铁路工程纪略〉自序》，为澄清一些说法提供了可靠证据。此外，詹同济编译的《詹天佑日记书信文章选》（燕山出版社，1989 年）及《詹天佑文集》（中国铁道出版社，2006 年）收集了詹天佑的书信、日记和文章，是相关研究的重要参考资料。

南开大学杨文生的博士论文《平绥铁路与社会变迁研究（1909—1937）》及其系列论文《平绥铁路与人口迁移及其职业变迁》《平绥铁路与商人的迁移及其社会影响》《平绥铁路与农产品商品化》《铁路与社会习俗的变迁——以 1909—1937 年间的平绥铁路为中心》，从平绥铁路对人口迁移、农产品商品化及商业、煤炭业、旅游业、社会文明等多个方面的影响进行了论述。该系列论文侧重于京绥铁路的影响，是近年来集中对京绥铁路进行研究的代表作。

研究京张铁路、京绥铁路影响的论文也逐步进入人们的视野。《晚清以北京为中心的铁路网的形成》论述了以北京为中心的铁路网促进了北京与外地的联系与交流，加强了北京作为政治和文化中心对全国的辐射力。其中京张铁路是该铁路网的四条干线之一。①《京绥铁路与大同城市近代化进程：1914—1937》从转运业、工商业、城市结构三方面探讨了京绥铁路对大同的影响。②《京张铁路与天津近代物流》论述了京张铁路及其延长线有力地强化了天津在近代中国北方物流中心的地位。③另外还有《张家口商业兴衰与近代城市空间的演变》将“京张铁路的修筑不但给张家口带来了近代文明之光，还使张家口的城市空间由桥西扩展到

---

① 苏生文．晚清以北京为中心的铁路网的形成．中国历史博物馆馆刊，2000，（1）：41-48.

② 李丽娜．京绥铁路与大同城市近代化进程：1914—1937. 山西师大学报（社会科学版），2006,（4）：113-117.

③ 郝庆合，殷毅．京张铁路与天津近代物流．北京交通大学学报（社会科学版），2009，（2）：32-37.

桥东”作为其中一部分内容。①

通过对文献的收集与整理发现，以京绥铁路为对象的研究论文并不是很多，例如苏全有《近十年来我国近代铁路史研究综述》中就没有提及涉及京绥铁路或者京张铁路、张绥铁路的研究成果。②江沛的《中国近代铁路史研究综述及展望：1979—2009》虽有提及，但成果分散。③相对来说，研究詹天佑的论文著作要多一些，但与詹天佑共事的如陈西林、邝孙谋（二人曾主持修建张绥铁路）就很少论及；就京绥铁路来说，研究京张段要远多于张绥段，而研究京绥铁路的影响又要远多于研究铁路本身的修建、运营等情况。关于京绥铁路的史料散见于一些综合的资料汇编和一些铁路史著作中，朱从兵在其著作《李鸿章与中国铁路》序言中，用2万余字对近年来铁路史研究的情况作了综述，有一两处提及京张铁路，没有关于平绥铁路的研究。从技术史角度研究铁路史的成果更是寥寥。

3）工业遗产角度对京绥铁路的关注

在工业遗产研究方面，京张铁路的历史价值、美学价值、科技价值也被不同专业人士所关注。

1998年《第五次中国近代建筑史研究讨论会论文集》中就有董晓晶的文章《北京近代铁路建筑初探》，对京张铁路中的清华园站、京门支线的门头沟站、西直门站的结构、布局、色调作了详细记录，并刊登了1993年拍摄的相关照片。1987年11月建成开放的詹天佑纪念馆，是为纪念詹天佑而建立的专题人物纪念馆。21世纪初，京张铁路的工业遗产价值逐步被重视，如青龙桥车站被列为北京市重点文物保护单位，南口车站为昌平区重点文物保护单位。但是仍有很多车站被改造原貌，没有得到很好的重视和保护，京张铁路的河北段也面临类似的问题。

近年来，随着工业遗产意识的逐渐增强，人们开始以工业遗产视角来审视京张铁路，并对其作工业考古考察，一些组织开始开展田野考察式的工业考古。2006年，北京市建筑设计研究院《建筑创作》杂志社与中国文物研究所文物保护传统技术与工艺工作室合作，组成“建筑文化调查小组”，发起“华北地区历

---

① 张铁欣．张家口商业兴衰与近代城市空间的演变．河北北方学院学报，2008，24（2）：59-63.

② 苏全有．近十年来我国近代铁路史研究综述．苏州科技学院学报（社会科学版），2005，22（2）：110-115.

③ 江沛．中国近代铁路史研究综述及展望：1979—2009. 见：徐秀丽．过去的经验与未来的可能走向——中国近代史研究三十年（1979—2009）．北京：社会科学文献出版社，2010.

史建筑遗迹考察”系列活动，其中将“京张铁路沿线重要建筑历史遗存调查”列为系列活动的一项。该活动以田野考察为基本方法，结合古代典籍，深入调查现存历史建筑的分布情况及其保存现状，重点考察各地历史文化街区的保护与当地经济发展、人民生活的关系问题。[①] 但这次调查重沿途建筑而轻铁路。2007 年 5 月到 10 月间，由《北京日报》和首都博物馆等合作组织的北京工业遗址调查组对京张铁路进行了考察。沿线共考察了 25 架铁路桥、11 个老火车站、3 个老山洞、4 个相关老厂、3 架相关公路桥、2 个古遗址。[②] 蒋春芳等人也对京张铁路进行了现状考察。[③] 河北省文物局与石家庄经济学院工业遗产调查课题组合作，于 2009 年 7 月 10 日开始调查，其中张家口车站、新保安车站等京张铁路沿线遗存榜上有名。[④] 此外也有对清华园车站 [⑤]、青龙桥火车站 [⑥] 进行考察和报道的。

2006 年“中国工业遗产保护论坛”召开之后，与工业遗产有关的新闻报道时常出现于报纸等媒体，但还是很少有技术史研究人员对京张铁路的工业考古。相对于京张段，对张绥段的考察更少。张绥段的工业遗存内容更为丰富，在内蒙古的卓资山站，就有民国修建的站房，保存相对完整，但并没有被列为当地文物保护单位。陶卜齐站、马盖图站也有与卓资山同一时期的站房，但保存得不够完好，前者略显破旧，后者已被改建。白塔车站的站房破烂不堪，但却保留了现存唯一的信号房。对整个京绥铁路进行历史研究和工业遗产调查是必要的，也是有意义的。

关于京绥铁路在工业遗产方面的价值，不只是学界在关注，有众多的民间组织或个人也在以不同方式参与，其中王嵬的工作最具代表性。王嵬出生于 20 世纪 90 年代，铁道摄影师，铁路文化学者，多年来一直关注京张铁路的历史及遗存和变迁。他通过收集文献资料、走访铁路职工及铁路沿线居民等方式，徒步行走京张铁路，用相机和视频记录了京张铁路的变迁情况。2017 年出版“我的京张铁路”系列丛书 [⑦]，共三册，通过数百张历史图片和自己拍摄的照片，详细记

---

① 殷力欣，温玉清．京张铁路历史建筑纪略．建筑创作，2006，（11）：150-162.

② 刘冕．百余处文物遗址散落京张铁路．北京日报，2007-10-24（第 5 版）．

③ 蒋春芳．北京工业遗产——京张铁路的现状．人民政协报，2007-09-03（第 B01 版）．

④ 刘萍．我省新发现 61 处工业遗产——京张铁路遗存上榜．河北日报，2009-04-09（第 7 版）．

⑤ 段丽欣，骆洪刚．历史上的清华园车站．北京党史，2009，（2）：插页．

⑥ 王成．青龙桥火车站守望京张铁路百年．人民日报（海外版），2009-10-20（第 7 版）．

⑦ 王嵬．我的京张铁路．北京：中国铁道出版社，2017.

录了京张铁路百年沧桑。

工业考古，不仅是从工业遗产视角对遗存的考察，更是历史研究的一种新的研究方法。通过工业考古，不仅可以印证文献史料，更可以补充文献史料之不足。京绥铁路需要进一步发掘史料，从新的角度对其作深入系统的研究。

本书以文献资料为主，辅以实地考察，通过分析原始资料，结合经济史、工业考古等方法，首先重点对京张铁路的筹建和修筑技术、张绥铁路建设过程进行技术史方向的研究；其次对京绥全线管理运营及影响进行探讨，时间选取1905—1937年；最后对京绥铁路的变迁及工业遗存进行初步考察，挖掘其工业遗产价值。

第一章

日暮苍山图自强：铁路技术传入与近代中国铁路的建设

交通运输是社会生活的重要组成部分，在铁路技术出现之前，陆地运输主要以人力和畜力为动力。工业革命时期，蒸汽机的发明与广泛应用，使得采矿业、冶炼业、机械制造业等得到了迅猛发展，为铁路技术的产生创造了条件。

1.1 工业革命产生了近代铁路技术

铁路技术是工业时代的重要成果，其动力系统的开发得益于蒸汽机的改进和推广，而轨道交通运输则在火车发明之前即已存在。

1.1.1 铁质路轨的出现与蒸汽机车的发明

在今天看来，铁路和火车似乎携手而生，实际二者出现的时间相差很大。

早在数千年前，人们就开始在道路两侧修筑凹槽，以便于车辆行走。古希腊是第一个拥有路轨运输的国家，至少在两千年前已有马拉的车沿着轨道行驶。考古发现，古罗马人和古希腊人为运送沉重货物，在路上用石头修成大约 5 厘米深的凹槽，当时的轨距大约在 1400—1500 毫米，这被认为是轨道交通的最早雏形。现存于德国弗莱堡（Freiburg im Breisgau）大教堂的一幅 1350 年创作的绘画上，就有马拉货车行驶在轨道上的图景。1500 年，德国人在哈茨（Harz）矿山，筑成石质轨道以运输矿石。1676 年，英国泰恩河（Tyne River）附近的矿山为了运输快捷平稳，将木板铺设于道路两侧，行驶马车。但木质轨道易磨损，于是改为铁制，是为现代铁路的先声，其用途是运送矿山开采的煤炭或其他矿产。18 世纪初，德国鲁尔区出现了更为复杂精巧的木制轨道，其车轮内侧做成凸缘可以保持货车在轨道上行进，避免脱离轨道。[①]1740 年出现了第一条铸铁凹形轨道以及铸铁车轮的矿石车。1767 年，英国人雷诺兹（Reynolds）采用了凹形铁条做轨道，但砂石、杂物容易进入不便于车辆行驶。

铁质轨道的广泛使用，得益于一次市场机遇。1753 年英法百年战争结束后，生铁市场疲软，价格大跌。一些英国商人开始囤积生铁，但囤积之后首先面临的就是存放问题。1768 年，英国什罗普郡的一家钢铁工厂老板突发奇想，将囤积的生铁铸成 1.5 米长、1.2 米宽、2.54 厘米厚的铁板，铺在工厂的路上，既不影响人和车在上面行走，也存放了等待高价的生铁。一些矿主发现马车行走在这种道路上效果甚佳，便开始模仿并不断改进。1789 年，英国工程师威廉·杰索普（W. Jessop）首次将铁轨制成凸形，而车轮则为带有边缘的凹形。[②]1808 年，英国人罗伯特·斯蒂芬森（Robert Stephenson）将铁轨横截面改为头底同大，后由斯蒂芬（R. L. Stevens）改成“T”字形钢轨。早期铁轨的式样多种多样（图 1-1，图 1-2）。

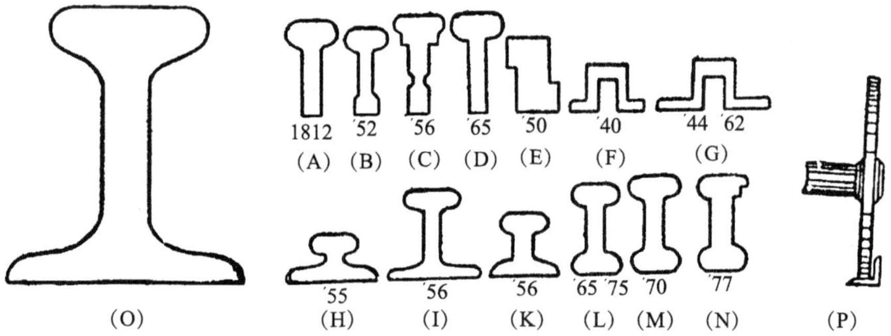

图 1-1　轨条最早之式样

（E）为法式，（F）为美式，其余为英式

资料来源：聂肇灵．铁路．上海：商务印书馆，1933：43

① 克里斯蒂安·沃尔玛尔．铁路改变世界．刘嫩译．上海：上海人民出版社，2014：3.

② 高铁见闻．高铁风云录．长沙：湖南文艺出版社，2015：14.

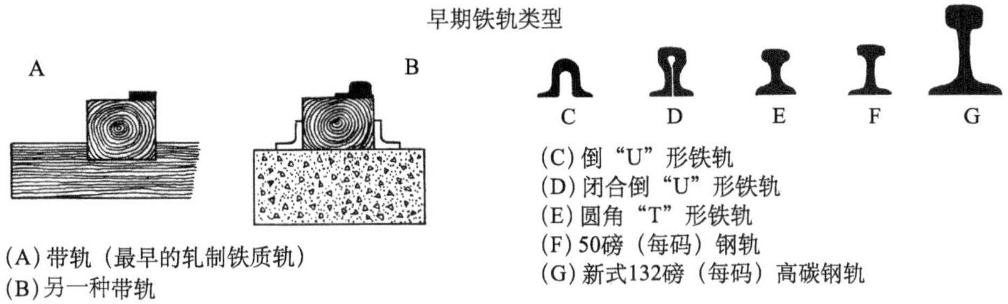

图 1-2　铁轨发展过程

资料来源：Kinert R. Early American Steam Locomotives. New York：Dover Publications，INC，2005：12

限于炼钢技术的发展，轨道材质最初使用生铁，之后使用熟铁。炼钢技术成熟之后，钢很快就取代了熟铁。钢轨的使用寿命是熟铁路轨的 15—20 倍，所以钢轨的更换成本比熟铁路轨要低得多。1856 年，贝塞麦（Bessemer）炼钢法的发明使这一技术变为现实。①1865 年，美国使用贝塞麦钢轧制出了第一批路轨。

蒸汽机车的工作原理，从能量角度讲，是将煤炭的内能转化为机械能。即煤炭通过燃烧，释放其内能，将水加热至气态，即水蒸气；水蒸气被控制在一密闭空间，按照要求冲击汽机部件，使内能转变成机械能；通过传动装置，汽机部件联动机车车轮，使之发生转动。1784 年，英国人詹姆斯·瓦特（James Watt）发明了蒸汽机车，但效果不太好。法国人尼古拉斯·古诺（Nicholas Cugnot）同时在巴黎利用蒸汽机创造“自动车”，但车重行缓。

在蒸汽机车发展史上，有一位贡献非常的关键人物被人们忽视，他就是英国发明家、矿业工程师理查德·特里维西克（Richard Trevithick，1771—1833）。在詹姆斯·瓦特（James Watt）坚持只制造低功率蒸汽机时，特里维西克发展了使用高压蒸汽的概念。他是第一位想出将蒸汽机用于交通工具的人②，也正是这个想法，最后促成了火车的出现。1796 年，特里维西克改良了一台蒸汽机，并于 1801 年应用于载客小轿车上（图 1-3）。但这世界上第一辆蒸汽“汽车”由于缺少方向装置开进壕沟，又由于忘记熄灭锅炉中的火而发生爆炸。1804 年，特里维西克作为两位钢铁厂老板的赌约内容又制造了他的第三台蒸汽机车。这台蒸汽机车自重 4.5 吨，拉着 70 名乘客及载满十吨铁矿石的五节车厢，沿着 16 千米长的有刻纹的钢轨运行，用时 4 时零 5 分到达目的地。这是世界上第一列真正意义

① 查尔斯·辛格，霍姆亚德 E J，霍尔 A J，等．技术史（第五卷）．远德玉，丁云龙译．上海：上海科技教育出版社，2004：35-37.

② 克里斯蒂安·沃尔玛尔．铁路改变世界．刘媺译．上海：上海人民出版社，2014：5.

上的火车。[①]

图 1-3　特里维西克和他 1797 年设计的蒸汽机车

资料来源：Guy A，Rees J. Early Railways：1569—1830. Great Britain：Shire Publications Ltd.，2011：28

特里维西克的蒸汽机车是利用瓦特的蒸汽机改造而成的（图 1-4）。它由锅炉、烟囱、汽缸、动轮、摇杆、连杆、飞轮等部件组成。燃料将锅炉中的水加热产生蒸汽，由蒸汽推动汽缸中的活塞运动，活塞通过与活塞杆连接的带滑动十字头的摇杆，来推动大飞轮快速旋转，再经过大飞轮上的齿轮传动装置，带动机车动轮运

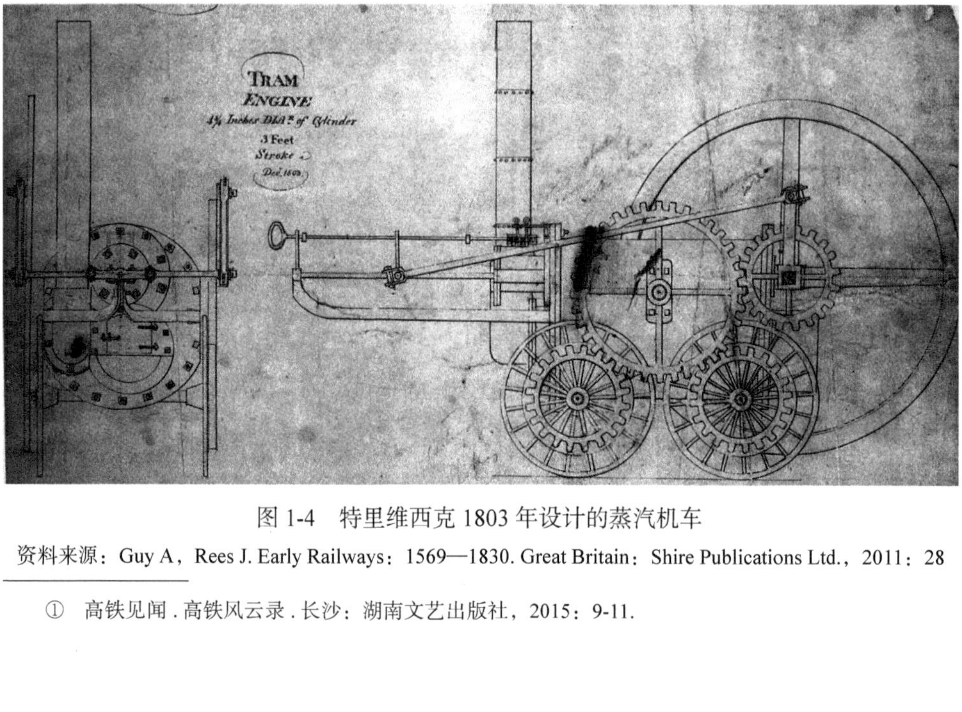

图 1-4　特里维西克 1803 年设计的蒸汽机车

资料来源：Guy A，Rees J. Early Railways：1569—1830. Great Britain：Shire Publications Ltd.，2011：28

① 高铁见闻 . 高铁风云录 . 长沙：湖南文艺出版社，2015：9-11.

转，从而使机车开动起来。锅炉蒸汽压力是 3.0 千克 / 厘米 ^{2}，在钢铁轨道上行驶时可以牵引大约 10 吨左右的载荷。这台单一汽缸蒸汽机能够牵引 5 节车厢，时速为 5—6 千米 / 时。特里维西克的机车在结构上初步具备了早期蒸汽机车的雏形，除了缺少“多管锅炉”（multi-tubular boiler）外，基本具备了现代蒸汽机车的所有机构与功能。因此，他的这一发明，被称作世界交通运输史上具有开创性意义的发明创造。特里维西克的主要贡献在于将瓦特的低压蒸汽动力改进为高压蒸汽动力。

特里维西克的蒸汽机车明显的缺点是过于沉重，使生铁铸成的铁轨发生了断裂，机车遭到淘汰。连特里维西克本人对它的前途也深感失望。此后英国人尝试了多种机车，如齿轮车轮等，都未成功。也有人将类似的机器置于铁质轨道上行驶，但并未显出建造现代意义火车的趋向。①

特里维西克的天才并没有使他最终取得成功，不堪重负的早期铁路无法支撑他过于沉重的机车，他的机车几乎压坏了所有行驶过的道路。但是，有两项改进性的发明使得他在蒸汽机车史中占有一席之地。一是安全阀的发明和锅炉的改进。安全阀由熔点较低的铅制成，正常情况下，锅炉里的水会漫过安全阀；当水位过低时，安全阀暴露在空气中，没有水的冷却，安全阀温度升高最终熔断铅，此时锅炉压力就会下降，可以避免锅炉爆炸事件的发生。二是改进了锅炉特别是烟囱的设计，使锅炉通风大为改善，增加了煤的燃烧率和热效率。②

此后，又有很多人不断地尝试此类工作，其中有代表性的是维拉姆·迪利（Wylam Dilly）。维拉姆·迪利在 19 世纪初期致力于蒸汽机火车头的设计与制作，他制作的火车头被誉为“最古老的蒸汽火车头”（图 1-5）。

图 1-5　维拉姆·迪利设计的蒸汽机火车头（图纸与实物）

资料来源：Guy A，Rees J. Early railways：1569—1830.Great Britain：Shire Publications Ltd.，2011：23

① 罗德尼·卡黎索.改变人类生活的418项发明与发现.任东升，李玉良译.天津：百花文艺出版社，2005：280.

② 高铁见闻.高铁风云录.长沙：湖南文艺出版社，2015：15-16.

图 1-6 是维拉姆·迪利早期设计的机车车轮。

乔治·史蒂芬森（George Stephenson，1781—1848）被公认为现代意义的铁路创始人，他对蒸汽机车和铁路系统做了一系列的改进，其中包括具有轮缘的车轮，这可能是他对铁路最为突出的贡献之一。1814 年，他造出了一台矿山用蒸汽机车。1823 年，创办了蒸汽机车厂。现在人们认为是乔治·史蒂芬森发明了真正的蒸汽机车，即火车（见图 1-7）。

图 1-6　维拉姆·迪利早期设计的车轮模型

资料来源：Guy A，Rees J. Early Railways：1569—1830. Great Britain：Shire Publications Ltd.，2011：33

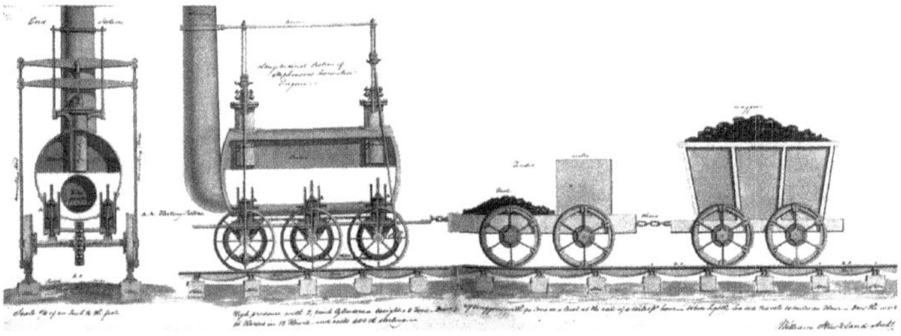

图 1-7　史蒂芬森 1825 年绘制的蒸汽机车

资料来源：Guy A，Rees J. Early Railways：1569—1830 Great Britain：Shire Publications Ltd.，2011：33

1825 年 9 月 27 日，世界上第一条行驶蒸汽机车的公用运输设施，英国斯托克顿至达灵顿（Stockton—Darlington）的铁路正式通车。该段铁路的正式开业运营，标志着近代铁路运输业的开端。但由于蒸汽机车的安全性还得不到保证，客车仍由马牵引。1829 年 10 月 6 日，由乔治·史蒂芬森和他的儿子罗伯特·史蒂芬森（Robert Stephenson，1803—1859）研制的“火箭号”机车在一次比赛中脱颖而出。该机车使用了两项极为重要的设计：一是活塞杆直接和前轮的传动杆相连，而非采用此前复杂的曲柄传动装置系统；二是卧式锅炉里面有 25 根直径为

76.2 毫米的铜管，以传导炉火的热，使水迅速升温转化成蒸汽。这种机车已经具有了现代机车结构的特征：由十字头、主连杆和曲拐销来驱动动轮，汽缸也从锅炉顶上移至锅炉旁边。这些设计大大提高了蒸汽机的动力功能，为提高机车和整列火车的运行速度提供了动力保障。①

1830 年，为了从曼彻斯特的棉纺厂往利物浦港口运送产品，人们修建了长 50 千米的铁路。“火箭号”机车应用于该路线，时速达到 56 千米，第一次开通了商用的亦可载乘客的线路。

罗伯特·史蒂芬森在机车改造方面引进了许多方案，其中包括一个拥有多个点火管的锅炉、一个通风的燃烧室；通过燃烧室的烟囱消耗蒸汽为锅炉加热；蒸汽活塞与连接车轮的平行金属杆相连而不是与车轮连接；设计了能抓住铁轨的轮缘。②

此后，铁路技术开始在世界范围迅速得到推广。在 1850—1900 年的 50 年内，全世界共修建了 75 万千米铁路，平均每年修建 1.5 万千米。其中，美国在 1880—1890 年共修建铁路 11.8 万千米，平均每年修建 1.2 万千米。随着铁路的修建，英国、美国等不断改进蒸汽机车。

在铁路史上，“轨距”是一个重要而有趣的话题。它不仅涉及技术，还关乎政治与文化，也有人把它作为“路径依赖”（path-dependence）的典型案例（图 1-8）。

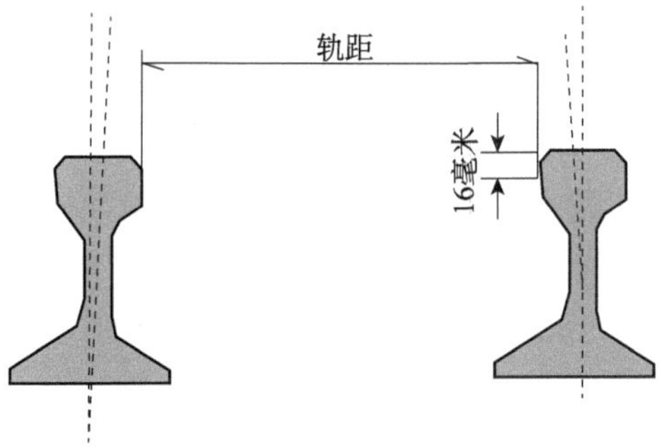

图 1-8　轨距算法示意图

从技术层面讲，轨距是成本和实用性之间的妥协。轨距越大，修建成本越高

---

① 朱从兵. 李鸿章与中国铁路. 北京：群言出版社，2006：18.

② 罗德尼·卡黎索. 改变人类生活的 418 项发明与发现. 任东升，李玉良译. 天津：百花文艺出版社，2005：280.

（包括土地、建筑材料等），但客（货）容量变大，舒适度提升，运送速度可以更大。反之，修建成本变低，客（货）容量变小，运送速度也更小。再加上轨距尺度决定着铁路建设中隧道、桥梁、站台等尺寸，因此合适的轨距是满足成本和实用要求的结合。现在国际标准的 1.435 米（即 4 英尺 8 英寸半，1 英尺 =0.3048 米，1 英寸 =2.54 厘米）的来源显然不只是成本与实用性妥协，更有其历史的原因。

乔治·史蒂芬森铺设的利物浦—曼彻斯特的铁路轨距采用了 1.435 米，由于其使用广泛而逐步被人们接受。乔治采用的尺寸从哪里来的？按照“路径依赖”理论这可能需要追溯到古罗马牵引一辆战车的两匹马的屁股的宽度了。出于政治或军事考虑，乔治的轨距并没有被所有人接受。很长一段时间内，西班牙、印度及拉丁美洲采用 5 英尺 6 英寸的轨距；英国本土的西部，采用了 7 英尺；荷兰则最初采用了独一无二的 1945 毫米。一些选择是具有政治或军事意义的，例如西班牙和俄国，还有 20 世纪上半叶中国的山西。

铁路的意义不仅在于高速，更在于各条路线之间的联运，使四面八方的客货交流便捷。显然，不同轨距是制约联运的关键所在，人们在认识到这一点之后，开始接受英国最早采用的“标准轨距”。

当然，现在仍有一些地方使用窄轨，这是历史留下的遗产。此外，也有以“轨距”为由，对铁路技术进行革新的。日本的“新干线”就是借扩宽轨距之名做提速之事，最终开创了“高铁时代”。

1.1.2 世界铁路的早期建设

铁路运输以其高速、便利、廉价等优点，在世界范围内迅速得到发展和应用（表 1-1）。在它的发源地英国，修筑铁路成为当时最热门、最时髦的事情。1825—1835 年，英国首先出现了铁路建设高潮。10 年间，英国国会批准了 54 项铁路条例。但由于当时的机车安全性得不到保证，直到 1829 年 5 月 22 日国王的批准法案中还禁止使用机车，这种情况直到 1835 年才结束。[①] 1836—1837 年，又有 39 条新路线的铁路条例得到批准。1838 年，英国建成的铁路实际里程为 800 千米。19 世纪 50 年代是英国铁路修建的又一高潮时期。到 1880 年，英国主要线路基本完成，1890 年全国性铁路网已形成，总长达 32 000 千米。

---

① 朱从兵. 李鸿章与中国铁路. 北京：群言出版社，2006：19.

表 1-1 世界部分国家第一条铁路修建时间及概况

国别	第一条铁路修建年份	当时社会背景及建设情况
英国	1825	18 世纪中期，工业革命开始。1785 年蒸汽机首先用于纺织部门。1802 年有人制造蒸汽车拖动 10 吨的货车，1814 年史蒂芬森将蒸汽机车用于矿场
美国	1829	19 世纪 20 年代后期，北方开始工业革命，资本主义迅速发展。1860 年有铁路线 5 万千米
法国	1832	1848 年之前整体还是农业国家，只有部分地区实现了工业化。19 世纪 40 年代出现“铁路热”，1848 年铁路总长 1320 千米。1832 年的第一条铁路使用畜力和绞车运输煤炭，1830 年使用蒸汽火车头①
比利时	1835	1831 年独立，1831—1870 年比利时的煤炭和冶炼工业迅速发展
德国	1835	19 世纪 30 年代后期进入工业革命时期。1840 年后政府鼓励和参与铁路建设，到 1845 年达 2871 千米。速度迅猛得益于出售股票集资的筹资方式②
加拿大	1836	英属殖民地
俄国	1837	19 世纪 30—40 年代开始工业革命
意大利	1839	尚未统一，直到 19 世纪末还被称作“贫穷的帝国主义”
荷兰	1839	相对于邻国比较落后
印度	1852	仍处于英国殖民统治下
日本	1872	明治维新之后已经“脱亚入欧”，步入资本主义社会
中国	1881	处于没落的封建社会时期。1876 年修建的淞沪铁路运营一年后被拆除

美国铁路建设起步时间与英国相差不大。在 1881—1890 年的 10 年中，美国每年平均修建 11 000 千米铁路，是世界上筑路最多最快的国家。德国 1866—1870 年投资的 70% 用于修建铁路，1875 年在钢产量为 37.1 万吨的情况下，修建了 2443 千米的铁路。英国 1880 年钢产量为 38.9 万吨，建成了 3408 千米的铁路。俄国 1861—1873 年 63% 的投资用于修建铁路。日本明治维新后，也迅速进行铁路建设，至 1894 年已有 929 千米的铁路线。

19 世纪三四十年代，世界范围内掀起了第一次铁路建设热潮。在工业革命的推动下，资本主义国家在世界范围内大力推广铁路建设，为其资本及钢轨等铁路器材开辟国际市场。

1.2 铁路知识的传入

铁路技术在西方国家取得的巨大成功，举世瞩目，铁路知识很快以不同方式

① 王斯德．世界通史（第二编）．上海：华东师范大学出版社，2001：124.

② 王斯德．世界通史（第二编）．上海：华东师范大学出版社，2001：140.

传向世界各地。1840 年鸦片战争前后，有关铁路的信息开始传入中国，当时中国有识之士，如林则徐、魏源、徐继畲等人，先后著书立说，介绍铁路知识。也有出使国外者，介绍国外火车运行情况。鸦片战争之后，中国被迫开放港口，有关铁路的介绍通过多种途径大量传入。

1.2.1 中国人对铁路的早期介绍

1839 年，在林则徐主持编译的《四洲志》中提及，美国“其不通河道者，即用火烟车陆运货物，一点钟可行二三十里，其车路皆穿凿山岭，砌成坦途。”[①]这是出自国人之手对铁路及火车的最早介绍。魏源《海国图志》（1844 年）中也有“火轮车可住千人，一时能行百八十里”的记录。徐继畲在《瀛环志略》（1848 年）中写道：

> 境内小河甚多，米人处处疏凿，以通运道。又造火轮车，以石铺路，熔铁汁灌之，以利火轮车之行，一日可三百余里。火轮船尤多，往来江海如梭织，因地产石炭故也。

百卷本《海国图志》中记载了当时可收集到的多则有关铁路的内容，反映了 19 世纪 60 年代前中国人所能了解到的铁路知识的全部内容。[②]

以上介绍仅限于简单描述，从中无法看出编译者对修建铁路的态度。目前学界多认为我国最早明确赞成在中国修筑铁路的是太平天国领袖洪秀全[③]。1859年，洪秀全请洪仁玕主持编写《资政新篇》，其中有：

> 兴车马之利，以利便轻捷为妙。倘有能造如外邦火轮车，一日夜能行七八千里者，准自专其利，限满准他人仿做。若彼愿公于世，亦禀准遵行，免生别弊。先于二十一省通二十一条大路，以为全国之脉络。通则国家无痛焉。

洪秀全对此持肯定态度，批“此策是也”。

1.2.2 传教士的工作

传教士是最早将铁路知识介绍到中国的人群，早在 19 世纪三四十年代，他

① 林则徐．四洲志．张曼评注．北京：华夏出版社，2002：158.

② 朱从兵．李鸿章与中国铁路．北京：群言出版社，2006：31.

③ 尹铁．晚清铁路与晚清社会变迁研究．北京：经济科学出版社，2005：21.

们就将铁路的信息引入中国。1835年,《东西洋考每月统记传》[①]（道光乙未六月）的报道《火蒸车》，应该是铁路知识传入中国的最早记载。[②]息力在《英国论略》中提及“又造轣辘路，用火车往来，一时可行百有八十里”[③]。但仅此一句，未见对铁路、火车做更为详细的介绍。与此相比，传教士郭士力在他1840年前后所写的《贸易通志》中，对西方的铁路运输情况的记载则比较详细：

> 且火机所施不独舟也，又有火轮车。车旁插铁管煮水，压蒸动轮，其后竖缚数十车皆被火机拉动，每一时走四十余里。无马无驴，如冀自飞。欲施此车，先平其险路，铺以铁辙，无坑坎无纡曲，然后轮行无滞。道光十年，英吉利国都两大城间造辙路九十余里，费银四百万元，其费甚巨，故非京都繁盛之地不能用。近日西洋各国都多效之……火轮者，惟在填平道路，将碎石墁地，使其平坦，两旁轨辙以铁为槽，行时溜转如飞，则一马之力，牵六马之重。[④]

这是国内可以见到的对火车机车工作原理具体描述的较早记载，仅晚于世界第一条铁路铺设时间15年。此后，传教士几乎在他们创办的所有报纸杂志上都对铁路技术进行了介绍，借以宣扬西方文明。

《格物入门》（1868年初出版，1889年、1899年两次修订）作为京师同文馆教材，也有对火车介绍的内容（图1-9）：

> 首车载汽机，次车载煤薪，以备供给，余则载货坐人。客车修饰整齐，饮食起居与处家室无异。[⑤]

《中西闻见录》（*Peking Magazine*）是一份由在华传教士创办于1872—1875年间的科普类杂志，是北京地区第一份近代期刊，其中多次介绍西方铁路。此刊一方面介绍国外修建铁路的大好形势，一方面将铁路建设成本与铁路运营收入做比较，借此宣传铁路为社会带来的巨大好处。[⑥]《中西闻见录》对铁路的宣传，不仅增进了人们对铁路的客观认识，营造了铁路建设的舆论环境，对中国的铁路建设

---

① 爱汉者，等编，黄时鉴整理．东西洋考每月统记传．北京：中华书局，1997：185-186.

② 朱从兵．李鸿章与中国铁路．北京：群言出版社，2006：28.

③ 王锡祺．《小方壶斋舆地丛钞》（第十九册）再续编第十一帙《英国论略》．杭州：古籍书店，1985.

④ 王锡祺．《小方壶斋舆地丛钞》（第二十册）再续编第十二帙《贸易通志三》．杭州：古籍书店，1985.

⑤ 丁韪良．增订格物入门（卷三）·气学．光绪己丑（1889年）仲秋同文馆集珍版：第二十八页。

⑥ 段海龙．《中西闻见录》研究：以科技内容为中心．呼和浩特：内蒙古师范大学硕士学位论文，2006.

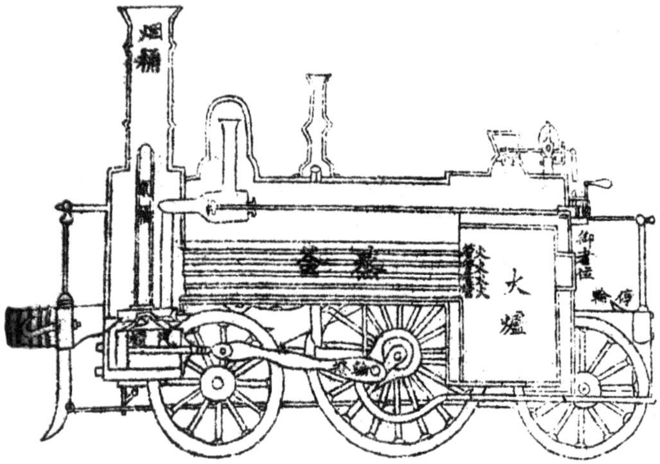

图 1-9 《格物入门》中火车插图

资料来源：丁韪良 . 增订格物入门（卷三）· 气学 . 光绪己丑（1889 年）仲秋同文馆集珍版：第二十八页

事业起到了舆论启动作用；还对之后清政府铁路政策的制定具有启发意义，促进了中国近代铁路建设事业的开展。[①]

传教士通过多种途径传播西方先进科技，尤以火车、电报为代表。在他们看

① 段海龙 .《中西闻见录》对中国近代铁路建设事业的影响 . 内蒙古师范大学学报（自然科学汉文版），2016，（2）：267-273.

来，火车如此先进便捷的交通工具，利国利民，似乎理应受到中国的热烈欢迎。但事实并非如此。

1.2.3　外国人在华修建铁路的尝试

尽管已有传教士的介绍，但在铁路真正出现之前，国人对铁路的认识还是模糊的，也不甚关心，因为铁路与自己的生活尚未发生联系。

最早要求在中国修建铁路的是外国人。1847 年，英国海军上尉戈登为方便煤炭出口，在中国台湾鼓吹修建铁路并私自进行了勘测。19 世纪 60 年代初，外国人通过多种渠道试图在中国修建铁路，私自勘测路线的情况时有发生。

受多种利益驱使，各国在中国土地上修建铁路的欲望日益强烈。第一次鸦片战争后，英国垄断了中国对外贸易总额的 85%，占据中国对外贸易的主导地位。在中国修建铁路以达到在华利益最大化，英国顺理成章地冲在了前列。

1863 年 7 月 20 日，侨居上海的 27 位外国商人（以英国人和美国人为主）向时任江苏巡抚的李鸿章提出修建上海至苏州的铁路。① 这是外国人第一次明确向中国官员提出修建铁路的要求。

1864 年，上海的外国商人坚信他们的铁路计划会变成现实，这份执着由于麦克唐纳·史蒂芬森（Macdonald Stephenson）的到来变得更为强烈。史蒂芬森是英国著名铁路工程师，曾为印度设计了第一条铁路。1863 年 10 月，史蒂芬森应邀离开英国前往中国，并大胆计划：以汉口为起点，东至上海（1050 千米），南至广州和香港（1450 千米），西经四川云南到印度和缅甸（2600 千米），还有一条到广州的支线，以及镇江到天津和北京、上海至宁波、福州至福建内地的若干线路。这份自认为完满的中国铁路规划并没有引起清廷注意，最后不了了之。

1865 年 8 月，英国商人杜兰德（Durant）在北京宣武门外修建了一条长 600 米的小铁路（轨距为 1 米）行驶火车，引起了市民好奇，但很快就被拆除。这是出现在中国土地上的第一条近代意义的铁路：

> 英人杜兰德于同治乙丑（即 1865 年——笔者注）七月，以长可里许之小铁路一条，敷于京师永宁门外至平地，以小汽车驶其上，迅疾如飞，京人诧为妖物。旋经步军统领饬令拆卸，群疑始息。②

---

① 约瑟夫·马纪樵.中国铁路：金融与外交（1860—1914）.许峻峰译.北京：中国铁道出版社，2009：3.

② 徐珂.清类稗钞（13 册），第 6093 页 // 李长莉.近代中国社会文化变迁录.杭州：浙江人民出版社，1998：219.

表演性尝试的昙花一现，并没有打消外国人在中国土地上修建铁路的念头。英国领事又分别于1867年和1869年在烟台和汕头这两个通商口岸提出了明确的铁路修建计划。[①]1858—1874年，英国也曾计划修建缅中铁路。但都未付诸实施。

如果说杜兰德的铁路只是为了表演，那么1876年建成的淞沪铁路则为中国境内第一条真正运营的铁路。1872年，美国驻上海副领事布拉德福组织吴淞公司，开始私建铁路，不久又转让给英商怡和洋行。怡和洋行组织了一家以英商为主的英美合资公司，取名"吴淞道路公司"。接着，英国上海领事麦华陀以建设"一条寻常马路"为名，购买了上海到吴淞口的地皮，并最终以中国官员态度的暧昧使得铁路得以建成[②]。

1873年9月在北京发行的期刊《中西闻见录》以"上海近事"报道了此事：

> 近闻上海新设铁路公司，由上海沿江建造铁路四十里，直抵吴淞口，拟用马车载人货。虽现有此意，想将来必用火车为便，取其运载多，而行又加速也。[③]

由此可见，当时成立的公司意图至少在1873年9月前就非常明确，就是要修筑铁路。其实早在1873年5月6日的《申报》中，就明确以《上海至吴淞将造火轮车铁路》为题报道了该公司就是要修建铁路[④]。就当时信息传播情况来看，京都的报刊都刊登了"修筑铁路"的意图，上海的中国官员不可能毫无察觉，所以该路段修建与其说是外国人"欺骗"[⑤]，还不如说是得到了当地官员的"默许"。

1876年6月30日，吴淞到上海的铁路正式开通。铁路运营一年多，最后因轧死一人被迫拆除。通车当日的《申报》报道：

> 上海新造铁路火轮车，可以先行抵江湾，故于今日礼拜五，西商公司董事发帖，请本埠领事眷属以及各巨商前往驶坐，于五点半钟开行一次。[⑥]

之后，《申报》中载华人试乘火车的情形：

---

① 约瑟夫·马纪樵.中国铁路：金融与外交（1860—1914）.许峻峰译.北京：中国铁道出版社，2009：14.

② 宓汝成.帝国主义与中国铁路.上海：上海人民出版社，1980：37-38.

③ 丁韪良.中西闻见录（十四期）.1873.

④ 朱从兵.李鸿章与中国铁路.北京：群言出版社，2006：83.

⑤ 罗文俊，石峻晨.帝国主义列强侵华铁路史实.成都：西南交通大学出版社，1998：191.

⑥《申报》，1876年6月30日//李长莉.近代中国社会文化变迁录.杭州：浙江人民出版社，1998：423.

乘者、观者一齐笑容可掬，啧啧称叹，而以为得未曾有。（1876 年 7 月 3 日）

坐车者尽带喜色，旁观者亦皆喝彩，注目凝视。（1876 年 7 月 10 日）

从火车开行后上海市民的争相乘坐和沿线农民的反应，可见当时民众对于火车大多持欢迎态度。[①]《申报》是当时上海影响最大的报纸，从 1874 年淞沪铁路筹建到最后被拆除，它一直站在支持修建铁路的立场上发表言论。

淞沪铁路的出现使周边的中国人对铁路这一新鲜事物有了具体认识，虽然不能客观全面，但对铁路作为交通运输工具的明显优势的认识还是毋庸置疑的。淞沪铁路被拆除，折射出了当时的清政府对待来自西方的铁路的态度。普通民众的态度显然与朝廷存在差异，当时的《申报》就站在支持立场发表言论[②]。淞沪铁路虽然只存在了一年多时间，但对于附近地区得以亲闻亲见、甚至亲自乘坐火车的人们，起了展示、实验性的作用，增进了人们对西方先进科技文明的认识。

1942 年出版的《上海史话》也记载了上海居民对吴淞铁路的反应：他们不但不反对铁路，相反，许多人满怀好奇地观看甚至追看铁路铺设。当年的《申报》则派记者去铁路现场报道了民众的反响：除了上海居民，几十里外的居民也乘坐马车、人力车、二轮车等交通工具前来观看铁路，其数每天达一千多人。商人们也乘机在铁路沿线开设商场。“游铁路成了当时老百姓津津乐道的一件大事。一些住在城内几乎终年不出门的人也携亲带友前来观看，停车处本来冷冷清清，竟一跃而为热闹之区了。”

《泰晤士报》在 1876 年 5 月间发表了一则驻沪记者的通讯，描绘了民众与铁路之间的关系：

多少有些和预料相反，在这个区域里，没有出现中国人的反对。反而在工程进行中间，表现出了不断增长的和友谊的兴趣……几里路已经完叠铺好了石碴……整个乡间洋溢着乐趣。邻近村镇每日有成千居民蜂拥而来观看工程的进行，并议论各种事情，从小机车到铺路的石碴。大家都十分高兴，显然他们都热心地盼望着一个愉快的日子的来临。老头儿和小孩儿，老太婆和小姑娘，读书人、工匠、农民——代表了社会上的各阶层。

---

① 李长莉 . 近代中国社会文化变迁录 . 杭州：浙江人民出版社，1998：426.

② 李长莉 . 近代中国社会文化变迁录 . 杭州：浙江人民出版社，1998：422-429.

这和《申报》当年对火车第一天正式通车所做的报道完全一致：

> 予于初次升行之登车往游。唯见铁路两旁观者云集，欲搭乘者繁杂不可计数，觉客车实不敷所用。火车为华人素所未见，不知其危险安妥，而妇女及小孩竟居其大半。先闻摇铃之声，盖示众人已必就位，不可再登车上。坐车者尽面带喜色，旁观亦皆喝彩，注目凝视，顷刻间车便疾驶，身觉遥遥如悬旌矣。

但是，在清廷官员们的奏折文函之中，大量地存在“老百姓担心其破坏风水，竭力阻碍”的说辞，其中包括李鸿章、左宗棠、沈葆桢乃至地方州县官员。

1.3 晚清政府对铁路态度的转变

铁路建设是一项复杂的、社会性很强的系统工程，无论在资金还是技术方面绝非一人或数人可为，这种工业化产物注定需要社会化大生产。因此清政府的态度决定着晚清的铁路建设进程。

1.3.1 开始接触：拒绝态度为主

铁路建设问题出现在清廷面前时，当局者已经不再简单地将西方科技及其成果视为“奇技淫巧”了。对于统治者而言，在经历了鸦片战争之后，他们主要考虑的是外国入侵问题。如果铁路使列强入侵的速度大大加快，那么清政府对于西方文明成果由好奇变为惧怕，采取拒绝态度自在情理之中。

1863 年（同治二年）7 月 20 日，上海的 27 家洋行（其中大半是英商），正式向时任江苏巡抚的李鸿章提出修建铁路的请求，遭到断然拒绝。这是清廷首次正面接触铁路问题，当时李鸿章表示“不会同意将铁路引入中国”。同治三年（1864 年）正月初九在致总理衙门的信函中，他表明了自己当时对铁路的认识：

> 承谕铁路与发铜线，事同一律，万难允许；可援照俄国前案驳斥，并密致通商各口岸，一体防范等因。查俄人所请设者，在天津已通商口岸，仅以传信为词；三国所觊觎者，在苏州未通商地方，竟以开路为主；其用意似有深浅之殊，其关系亦有轻重之别。至于南洋长江各口岸，早已通商，而未闻假道，不沿江海之苏州，甫经克复，而遽欲开

> 工，更可见其眼光所注，不在彼而在此。是则各口岸之防范犹后，而苏省之禁绝当严也。三国同声造请，必有为之谋者，未必尽出于商人，亦未必遽甘于绝望。或谓由于英翻译梅辉立（W. S. F. Mayers）唆使。梅辉立系巴夏里高弟，熟谙中国政事文义，外托柔和，内怀阴狡，曩在粤东，倡为由粤开铁路入江西之议，嗣亲至大庾岭踏勘，工程过大，事遂中寝。该尤七月间调来上海，每执通商条约，谓英商准在各省地方赁买房地，开设行栈。鸿章即峻拒之。[①]

可见李鸿章当时主要是"担心外国势力渗透到中国内地"[②]，所以严词拒绝了洋行的提议。

时任总理衙门大臣的恭亲王在1866年12月17日给拉塞福·阿礼国的一封回信中也指出：

> 本王已经了解了铁路所能带来的种种好处，但是我们必须考虑到那些没有被庐舍坟茔占据的土地都是用来耕作的，同时铁路的修建必将导致房屋拆毁，坟墓迁移和农田丧失……此外，在中国内地，货物依靠陆路或者水路，由搬运工及船只进行运输，以此营生者何止百万。而铁路的出现将粗暴地改变这种现状，民生受损而祸患或将至……我们在为国家谋利的同时却要承担激起民愤的风险……您的电文提到了以试验的名义修建一条短途铁路。本王已经了解修建铁路的显而易见的好处，所以为了说明这些好处再进行试验就不必要了。另外，只在一个地方开建铁路改变不了其他地区的交通，而在各省修建铁路又耗资过大。[③]

恭亲王的回信，以修建铁路会导致"农田丧失"和"船工失业"作为拒绝的理由，这是当时朝廷反对修建铁路的三大原因之二，即"病民"和"失业"。另外一条是"资敌"，恭亲王在信中未提，但这条显然是朝廷最为顾虑的一个。

不过，也有人持相左意见。军机大臣兼工部尚书文祥就曾在1866年表示，

---

① 宓汝成．中国近代铁路史资料．北京：中华书局，1963：4-5.

② 约瑟夫·马纪樵．中国铁路：金融与外交（1860—1914）．许峻峰译．北京：中国铁道出版社，2009：4.

③ 英国外交部文件，17/474卷No2，附件2// 约瑟夫·马纪樵．中国铁路：金融与外交（1860—1914）．许峻峰译．北京：中国铁道出版社，2009：4.

他可以接受类似蒸汽轮船的外国发明，但强调中国应该用自己的资金自建铁路，并由中国自己管理。[①] 实际上，李鸿章拒绝洋行的态度也不是完全拒绝铁路，只是强调一定要由中国人在合适的时间自己办理，他认为只有这样，才能掌握路权。可见李鸿章一开始就把铁路的路权放在了至关重要的位置，如果不能控制路权，宁愿不修铁路。

1.3.2 两种态度的冲突

随着洋务运动的不断深入，人们对铁路的认识也逐渐有所转变。洋务运动为铁路进入中国提供了良好的社会环境。铁路本身的作用是运输，既然已经接受了西法采矿和火轮船，那么铁路修建也应该只是时间的问题。

洋务运动一项主要内容就是建立近代军事工业和近代工业企业，到 19 世纪 70 年代，上海、苏州、南京、福州、天津、昆明、广州、济南、成都等地已建有相当规模的近代工厂（包括采矿）。李鸿章于 1872 年创设轮船招商局，这促使他不得不寻找轮船的燃料——煤，从而催生了开平煤矿，并导致了中国第一条铁路的诞生。

1873 年，李鸿章向美国驻天津领事了解美国铁路的里程、造价和设备情况。可见此时李鸿章已经产生了修建铁路的意向。1877 年 4 月，中国驻伦敦大使郭嵩焘致函总理衙门：

> 有斯蒂文生者，亦言各国铁路多所创造，尤勤勤焉劝中国急为之。谨将所拟节略上呈。抑嵩焘之意，以为事事洋人为之，必不可常也，当先令中国人通晓其法。埃及国隶阿非利加，其修造铁路，先遣人赴英国练习，而后依仿行之。此最可法，伏乞钧示。

李鸿章在回复中表明了自己的态度：

> 自同治十三年（1874 年）海防议起，鸿章即沥陈铁矿必须开挖，电线、铁路必须设法。其时文相目笑存之。廷臣会议皆不置可否，王孝凤和于连舫独痛诋之。

此间，赞同修建铁路的代表人物除李鸿章、郭嵩焘外，还有浙江宁绍道

---

① 约瑟夫·马纪樵.中国铁路：金融与外交（1860—1914）.许峻峰译.北京：中国铁道出版社，2009：24.

台薛福成和前直隶提督刘铭传。郭嵩焘和薛福成坚信铁路可以改善民生经济和治国持政，而刘铭传则于 1880 年 12 月 3 日呈交了铁路对于军事的重要性的奏折：

> 俄自欧洲起造铁路，渐近浩罕，又将由海参崴开路以达珲春。此时之持满不发者，非畏我兵力，以铁路未成故也，不出十年，祸且不测。日本一弹丸国耳，其君臣师西人之长技，恃有铁路，动欲呈螳螂之臂，藐视中华，亦遇事与我为难。
>
> 自强之道，练兵造器固宜次第举行，然其机括则在于急造铁路。铁路之利于漕务、赈务、商务、矿务、釐捐、行旅者不可殚述，而于用兵一道尤为急不可缓之图……若铁路造成，则声势联络，血脉贯通，裁兵节饷，并成劲旅，防边防海，转运枪炮，朝发夕至，驻防之兵亦可为游击之旅，十八省合为一气，一兵可抵十数兵之用，将来兵权、饷权俱在朝廷，内重外轻，不为疆臣所牵制……且俄人所以挟我，日本所以轻我者，皆因中国守一隅之见，畏难苟安，不能奋兴。若一旦下造铁路之诏，显露自强之机，则气势立振，彼族闻之，必先震詟，不独俄约易成，日本窥伺之心亦可从此潜消矣。[①]

刘铭传的奏折不仅集中代表了当时赞同建设铁路的观点，更具体有力地为修建铁路提出了相当充分的理由。但针对刘铭传的建议，马上就有人提出了反对意见。翰林院侍读学士张家骧于十九天后，即光绪六年（1880 年）十一月二十一日上奏反对刘铭传[②]，陈列修建铁路三弊：方便外商滋事、影响原有秩序、减少水运收入。张家骧的陈列实质上还是可归为“资敌、病民、失业”三条。刘铭传和张家骧意见截然相反的奏折被转到总督李鸿章手中，1880 年 12 月 31 日李鸿章呈交了由薛福成代拟的复奏。[③] 这个长篇奏折阐述了关于铁路的“九利”（便于“国计”“军政”“京师”“民生”“转运”“邮政”“矿物”“招商”“旅者”），驳斥了反对修建铁路的意见。

---

① 刘铭传 . 光绪六年十一月初二日前直隶提督刘铭传奏 // 中国科学院近代史研究所史料编辑室，中央档案馆明清档案部编辑组 . 洋务运动（第六册）. 上海：上海人民出版社，1961：137-139.

② 张家骧 . 光绪六年十一月二十一日翰林院侍读学士张家骧奏 // 中国科学院近代史研究所史料编辑室，中央档案馆明清档案部编辑组 . 洋务运动（第六册）. 上海：上海人民出版社，1961：139-141.

③ 李鸿章 . 光绪六年十二月初一日直隶总督李鸿章奏 // 中国科学院近代史研究所史料编辑室，中央档案馆明清档案部编辑组 . 洋务运动（第六册）. 上海：上海人民出版社，1961：141-149.

但李鸿章并没能说服朝廷，因为同样是总督的刘坤一在光绪七年正月初八呈交了一份立场不明确的奏折，之后又有翰林院侍讲学士周德润于光绪七年正月初十，曾任驻英德公使时任通政使司参议刘锡鸿于光绪七年正月十六提出了反对意见。[①]尤其是刘锡鸿的奏折，长篇大论，计8000多字，加上他有驻外经历，似乎见识更广，观点更有说服力。这又坚定了朝廷反对修建铁路的决心。

1881年，就在朝廷反对修建铁路之际，中国第一条铁路——唐胥铁路却通车了。

1.3.3 中国修建的第一条铁路逆势而出

前已述及，李鸿章为满足其创办的“轮船招商局”汽轮运营需要，1875年开始对天津东北约100千米的开平地区勘测煤炭储量，1877年开平矿务局成立。1879年初，两口矿井首先在唐山开凿，煤炭外运问题随即提上日程。

李鸿章以公司名义上奏，请求修建一条开平至蓟运河畔芦台的铁路。朝廷以尝试的名义批准，但几天后又收回成命。[②]无奈之下开挖河道，但由于地势原因，最后在河道和煤矿之间，即唐山到胥各庄11千米的距离上，仍需修建铁路。1880年4月，李鸿章采取了折中的办法，奏请修建骡马拖拉的有轨道路。

值得注意的是，在1878年开平煤矿早期工程中雇佣的三位英国工程师中，有一位就是拥有丰富铁路建造经验的金达（W. Kinder）。在修建唐胥铁路时，他不仅发挥了特长，修建了足以运行蒸汽机车的铁路，还采用了当时英国的轨距（1.435米），甚至组装了一台机车。1881年6月9日，即乔治·史蒂芬森百年诞辰日上，由金达改造组装的“中国火箭号”机车首次行驶在唐胥铁路上。

然而，中国第一条铁路的出现并没有湮灭反对修建铁路的呼声，恰恰相反，这个时期反对修建铁路的意见在朝廷还占了上风。这条铁路修建成功并得以保存与李鸿章的周旋密不可分。更深层次上，这是由中国人自己管理的铁路，它与外国势力无关。至于该路人烟稀少、不影响坟墓和运营者利益[③]只是当时一个“冠冕堂皇”的借口。

---

① 中国科学院近代史研究所史料编辑室，中央档案馆明清档案部编辑组．洋务运动（第六册）．上海：上海人民出版社，1961：150-166.

② 约瑟夫·马纪樵．中国铁路：金融与外交（1860—1914）．许峻峰译．北京：中国铁道出版社，2009：62.

③ 约瑟夫·马纪樵．中国铁路：金融与外交（1860—1914）．许峻峰译．北京：中国铁道出版社，2009：63.

唐胥铁路刚开始只是一条运煤专线，还不能算是真正的交通路线，但毕竟是得到清廷认可的第一条真正的近代意义的铁路。此后，唐胥铁路逐渐向两边延伸，最终成为京奉铁路。之后京奉铁路获利颇丰，为京张铁路的修建提供了筑路资金。

1.3.4　清廷出台筑路政策

尽管1881年唐胥铁路已经通车，但朝中对待铁路的态度并没有因此而统一。

中法战争（1883—1885年）期间，反对之声再一次高涨。反对者们满腔“排外”情绪，内阁学士兼礼部侍郎徐致祥于1884年10月31日上奏《论铁路利害折》，列举了铁路的八害，认为铁路会导致“我受其害，而彼享其利”。山东道监察御史文海认为铁路会造成商船歇业、带来沉重外债，铁路“祸国殃民，莫大乎是”。[①]1885年3月，醇亲王以修建铁路为由签订的借款协议无果而终，给了反对者们稍许安慰。

1887年3月16日，醇亲王再次上奏[②]，从巩固京师海防角度陈述了延伸唐胥铁路的必要性，朝廷准奏。台湾巡抚刘铭传请求在台湾修建铁路，尽管徐致祥两次上书反对（1887年4月13日和6月15日），但朝廷还是批准了刘的请求。

慈禧太后准许台湾修建铁路，使反对之声一度低落，但醇亲王更为大胆的筑路计划又激起了反对者们新一轮“热情”。1888年11月30日，醇亲王奏请修建天津至通州的铁路，该路距离北京东部仅12千米，朝廷准奏。台湾建路，远离京师无碍大体，唐胥铁路人烟稀少无碍民生，而醇亲王的计划无疑是得寸进尺。在1888年12月14日到1889年1月26日一个多月的时间里，先后有12位朝臣上书批驳。这次奏折中出现了前所未有的激烈言语，甚至直指“铁路大臣”李鸿章。1月16日紫禁城的太和门失火，反对派们称此为“天象示儆”，并归咎于李鸿章。天津铁路停工。但海军衙门和军机处再一次以海防为由请命，慈禧发懿旨差人议奏。领命议奏的13名大臣中9人含糊其辞，4人提出明确方案，其中张之洞的提议被朝廷采纳。张之洞提议应修一条从北京西北12千米的卢沟桥到汉口的干线铁路，而在建的津通铁路应该停修。1889年8月27日，慈禧太后发

---

① 约瑟夫·马纪樵．中国铁路：金融与外交（1860—1914）．许峻峰译．北京：中国铁道出版社，2009：87.

② 中国科学院近代史研究所史料编辑室，中央档案馆明清档案部编辑组．洋务运动（第六册）．上海：上海人民出版社，1961：186.

布懿旨称："此事造端宏远，实为自强要图"[①]。自此，清廷修建铁路的决心已下，天坛大火和御史的多次指责已无力阻止[②]。

从 1863 年清廷第一次接触铁路问题到 1889 年，围绕铁路修建问题的争议一直存在，其中不乏始终排斥的顽固派。有些人则是从最初的拒绝转变为后来的支持，拒绝是因为一方面没有感受到火车带来的好处，另一方面害怕外国势力向国内的渗透。当他们真正看到火车在运输方面带来的利益，并认识到铁路在海防方面的重要作用时，反过来支持修建铁路也就变得顺理成章了。自此，铁路建造已成社会大势。但朝廷下决心颁布相关政策还需要一个外界的动力，这个动力应该是来源于军事考虑。

1.3.5 军事顾虑促使朝廷转变态度

清政府对待铁路的态度先是拒绝，逐渐转变为接受，最后决定修建。这种转变有比较复杂的原因，其中军事上的考虑是影响决策的重要因素。

在拒绝铁路的三条原因"资敌""病民""失业"中，"资敌"是当权者最担心的。在他们看来，西方列强借助"坚船利炮"已经打开中国门户，如果再假以铁路岂不是更为深入？所以就连被铁路史家曾鲲化称为"铁路元勋"的李鸿章起初也断然拒绝。所以在最初一段时间内几乎没有人提出修建铁路，但几次失败的战争成为清廷态度转变的分水岭。

清廷态度的第一次转变的是在 1874 年。日本进犯台湾，李鸿章认为加强海防不仅要建立近代水师，还应该修建铁路。他于 12 月上疏，认为铁路利于快速运兵。"有事之际，军情瞬息变更，倘如西国办法……有内地火车铁路，兴兵于旁，闻警驰援，可以一日千数百里，则统帅当不至于误事"。李鸿章是清朝高级官员中主动提出修铁路的第一人。1875 年，李鸿章亲信丁日昌出任福建巡抚，赴台湾考察后，认为要开发、保卫台湾，非建设铁路不可，并于 1877 年奏请修建。这次修建计划虽然因经费问题流产，但此时清廷拒修铁路的态度已有所缓和。

清廷允许台湾修建铁路原因之一是台湾远离京师"孤悬海外"，与大陆有别，故破例批准。而唐山到胥各庄铁路得以保存，几经周折，最后也是由于军事原因

---

① 约瑟夫・马纪樵．中国铁路：金融与外交（1860—1914）．许峻峰译．北京：中国铁道出版社，2009：95.

② 约瑟夫・马纪樵．中国铁路：金融与外交（1860—1914）．许峻峰译．北京：中国铁道出版社，2009：96.

才无奈解禁的。李鸿章修建唐胥铁路起初是为运输唐山的煤，但受到朝中顽固派的极力反对。无奈先修了一条大路——路基，后因雨天泥泞，铺设铁轨，但不行机车，用骡马拉煤车，即所谓的“马车铁道”。马车力小速慢，根本不能完成运煤任务。随后自制小型机车“龙号”试行，效果很好，但又因“机车直驶，震动东陵”被“勒令禁驶”。机车熄火数月之后，中法战争大战在即，兵工厂、军舰、轮船等急需用煤。这时李鸿章陈明利害，迫于时局紧张，清廷才解除禁令。

中法战争时期（1883 年 12 月至 1885 年 4 月），法国海军进犯福建、浙江沿海，战败了福建水师，还占领了台湾基隆和澎湖。战争失利后，海军衙门大臣奕譞于光绪十三年二月二十二日上奏折力主修路，之后又有人议：“臣等创修铁路本意，不在效外洋之到处皆设，而专主利于用兵。”①可见此时提出修筑铁路的理由是军事需要。1885 年 10 月，台湾建省。同月，清廷成立海军衙门，统一海军指挥，加快建设北洋海军。李鸿章、左宗棠等洋务派官员，纷纷吁请修建铁路，清政府对修路的态度也渐趋积极。之后，唐胥铁路得以延伸。

唐胥延伸，遂使唐胥、开平、津沽连成一线，清军乘火车沿北渤海湾一带调动，运送饷械，极速方便；一些政府要员也亲身体验了火车之便。清政府修路态度开始积极起来。1889 年 5 月 5 日，清廷确立了修建铁路的政策。

1894 年 7 月至 1895 年 4 月的中日甲午战争，陆路战场主要在奉天。战争期间，已修至关外中后所的关东铁路，从关内向关外运兵、运械、运饷，支援湘军发起辽东反攻，发挥了重要作用。中国战败后，张之洞、刘坤一、胡燏棻等洋务派官员纷纷上奏，要求朝廷继续修路，增强国力，抵制日本的扩大侵略。亲政以后的光绪皇帝，不甘为亡国之君，于 1895 年 7 月 19 日发出上谕，指出：“自来求治之道，必当因时制宜，况当国事艰难，尤应上下一心，图自强而弭隐患……叠据中外臣工条陈时务，详加披览，采择施行。如修铁路，铸钞币，造机器……”此时的慈禧太后也意识到发展铁路对稳固统治十分必要。由此可见，甲午战争之后，清政府支持修建铁路更进一步。

光绪二十一年四月初八日（1895 年 5 月 2 日），康有为在《上清帝第二书》中认为富国之法有六：钞法、铁路、机器轮舟、开矿、铸银和邮政，其中对铁路论述道：

可缩万里为咫尺，合旬月于昼夜，便于运兵，便于运械，便于赈

① 赵尔巽.清史稿（十六册）.北京：中华书局，1977：4429-4430.

荒，便于漕运，便于百司走集，便于庶士通学，便于商贾货运，便于负担谋生，便于通言语、一风俗，有此数便，不费国币，而可更得数千万者，莫如铁路……俄人珲春铁路将成，边患更迫，但为防边已当急筑，况可得巨款哉？[①]

所论娓娓道来，入情入理，既关国计又涉民生，最后提到“俄人珲春铁路将成，边患更迫”，将论述推向高潮。同年7月，清政府明确表示“修铁路”为“力行实政”的首要项目。

1.4 晚清中国铁路的建设

1873年，由于世界经济危机的爆发，各资本主义国家之间的矛盾进一步尖锐化，在中国修建铁路方面，各国间由默契合作转变为嫉妒竞争。在1884年中法战争之前，西方国家还没有冲破清政府拒绝修铁路的坚壁，表面上仍然保持着一致。1885年中法签订《越南条款》，做出中国铁路“向法国业此之人商办”的承诺。自此，各国开始了对清政府掠取经办铁路利益的激烈争夺。这种争夺在甲午战争之后愈演愈烈，列强不断向中国索取“补偿”及“补偿的补偿”，时而勾结妥协，时而对立斗争，但从没放弃对中国路权的掠夺。

1.4.1 铁路初建阶段（1881—1894年）

1881年唐胥铁路（唐山—胥各庄）建成，是中国铁路建设的真正开端。该路修建过程前已述及，主持修建的工程师正是有丰富筑路经验的英国工程师金达。他采用了当时英国的轨距标准1.435米，这成为我国采用国际标准轨距的开始。[②]唐胥铁路建成后，逐步向两端延伸，终成京奉铁路，其运营余利为京张铁路提供了筑路资金。

中法战争之后，原属于福建省的台湾成为中国的一个独立省份，首任巡抚刘铭传热衷于洋务，台湾成立台湾铁路总局，在1893年之前修建了共107千米的铁路。

截至1895年甲午中日战争结束签订割地赔款的马关条约时为止，清廷共修

---

① 宓汝成．中国近代铁路史资料．北京：中华书局，1963：206.

② 1886年召开的国际铁路会议将1.435米定为世界铁路的标准轨距。

筑铁路 415.4 千米[①]，即只有天津至山海关、基隆至新竹、大冶铁路三段。

该时期是我国近代铁路建设的起步阶段，进展缓慢，人们对铁路的积极作用有了初步认识。伴随着防御侵略的军事需要和集团利益的实现，修建铁路就已经不再是一个政治讨论的问题。工程技术人员以外国专家为主，其作用仅限于技术领域。中国亦有了少量技术人员，其中个别人崭露头角。铁路建设虽然受到了西方列强的压迫和侵略，但在修建和经营方面拥有自主权。

此阶段铁路修建的经费有国家投资，也有召集商股、借贷洋债，但未丧及路权，基本上属于正常借贷行为[②]。总体上看，这一时期的中国铁路，发展大致正常。清政府走的是一条利用外国技术、自主修建、允许民间和地方当局适当引进外资的路。但甲午战争打断了中国铁路建设的正常发展[③]。

1.4.2 第一次建设铁路高潮期（1895—1911 年）

甲午战争失利后，俄、英、法、德、日等国加紧在中国划分“势力范围”，以各种方式吞噬路权。1900 年的八国联军入侵及 1904 年以中国为战场的日俄之战，加深了中国人民对外国列强的认识并激发了爱国热情和反帝情绪。1905 年，以收回粤汉铁路为发端的路矿利权运动展开，清政府也开始向民间开放路权。因此该时期铁路建设情况比较复杂，既有外国直接投资建路以夺取路权，也有清政府借用外债建设铁路争取路权，也有政府或民间自办铁路或收回路权。与之前相比，中国的铁路修建首次达到高潮。

1.4.2.1 外国直接造路

各国在其“势力范围”内拥有采矿建路权利，借机进行侵略。主要建成以下铁路：

（1）中东及南满铁路（俄国）：沙俄政府早在 19 世纪末开发西伯利亚时，就对我国东北各省和大连、旅顺两港口垂涎三尺。甲午战争之后，中日和约规定将辽东半岛和台湾割让与日本，俄国认为这触动其满洲势力范围，遂连同德、法争回辽东，而让清朝加赔给日本三千万两白银。清廷认为俄为其后援，遂同意让俄修建自满洲里经哈尔滨到绥芬河的铁路（亦称“东清铁路”，1920 年改称“中

---

① 马里千，陆逸志，王开济．中国铁路建筑编年简史（1881—1981）．北京：中国铁道出版社，1983：前言 6.

② 汪敬虞．中国近代经济史：1895—1927. 北京：人民出版社，2000：495.

③ 朱浒．甲午战争以前清政府的铁路政策．清史研究，1999，（2）：71-78.

东铁路”)，以通至海参崴，长 1482 千米。后又于 1898 年签订哈尔滨大连支路，长 944 千米。1903 年东清干支竣工。1904 年日俄战争俄败，将部分铁路转让日本，称为南满铁路。

（2）胶济铁路（德国）：德国强占胶州湾后，1904 年修成胶济铁路。

（3）滇越铁路（法国）：1910 年完工。

（4）安沈与新沈铁路（日本）：1904 年日俄战争时擅造安东到沈阳、新民到沈阳的军用铁路，事后强迫清廷承认安沈线并入南满铁路，将新沈线并入北宁线。

这些路线都是各国在其势力范围内修建，拥有经营管理权，甚至可以驻军、开采沿线矿产资源，而清廷无权过问。

1.4.2.2 借债筑路

出于国防考虑，清廷毅然兴办铁路。但甲午后国库空虚，只得借贷，与甲午之前不同的是这些借贷都附有侵略性的条件，路权大多流入借贷国。

（1）向英国借款展修北宁铁路。1898 年建天津至卢沟桥铁路，1899 年向英借款东延津唐铁路至沈阳，1903 年达新民，1904 年将日建新沈线并入，遂成北宁铁路。铁路管理权属英。

（2）京沪、沪杭甬、浦信、道清、广九五路借贷于英，路权归英。

（3）平汉铁路借贷于比利时，1905 年通车；汴洛铁路借款比利时，1908 年通车。

（4）正太路债权归法国，1907 年通车。

以上大多铁路借款与办路混为一谈，工程师即为借贷国人，一切包工购料用人理财甚至行车营业都由外国人掌管，路权实际旁落。

1.4.2.3 收回与自办

路权大量丧失激起朝野收回路权的热潮，各省士绅纷纷建立铁路公司，自建铁路的高潮此起彼伏。

（1）收回了粤汉、平汉、沪杭甬、津浦等路。

（2）商办铁路纷起。商办铁路限于财力以及经营管理不善，成功者不多。通车营业者有粤汉南段（广州至韶关，长 200 千米，1916 年方完成），沪杭甬铁路（苏路上海至枫泾段 1907 年完工，浙路杭枫段 1909 年完工，曹甬段 1914 年完工），潮汕路（1906 年完工），广东新宁路（完成于 1913 年），南浔路（完成于 1916 年）等。由于财力不支，商办铁路很艰难，进展缓慢，也有外资投入（如南浔私借日款，潮汕亦有日股之嫌）。

（3）该时期最为成功的是自主修建的京张铁路。该铁路由国家出资，技术人员全部为中国人，是我国第一条自建的干线铁路。1905 年动工，1909 年通车。

总之，1896—1903 年间，国内共修建铁路 4038.4 千米，68% 由外国投资管理，32% 由清政府借款自营，但都聘请外国工程师主持设计施工。主要路段有东清铁路及南满支线、关内外铁路山海关至奉天段、京汉铁路的一部分、胶济铁路青岛至周村段和粤汉铁路广三支线等。1904—1911 年间，国内共修建铁路约 4963.7 千米，其中由清政府向外国借款自办的约 58%，外国直接投资管理的约 21%，清政府筹款和商办的约 31%。主要干线有京汉（北京—汉口）、胶济（青岛—济南）、正太（石家庄—太原）、沪宁（上海—南京）、沪杭（上海—杭州）、京张（北京—张家口）、汴洛（开封—洛阳）、滇越（昆明—河口）、津浦（天津—浦口）等铁路，南浔（南昌—九江）、粤汉（广州—汉口）等铁路的一部分，以及安奉铁路（安东，今丹东—奉天）等。

晚清从 1881 年到 1911 年前后 30 年间共筑铁路 9417.5 千米，官办的只有长 201 千米的京张铁路，还有由中国工程师陈宜禧负责商办的广东新宁铁路一段 59.3 千米没有依靠外力，没有外国插手。外国直接修建经营的约占 41%，通过贷款控制的约占 39%；国有铁路，包括中国自主修建的京张铁路和商办铁路及赎回的京汉、广三等铁路仅占 20% 左右。①

甲午中日战争后，八国联军乘机加快攫取中国铁路权益的步伐。1 万多千米的中国路权被吞噬和瓜分，形成帝国主义掠夺中国路权的第一次高潮。随后，他们按照各自的需要，分别设计和修建了一批铁路，标准不一，装备杂乱，造成了中国铁路的混乱和落后局面。与此同时，国人也进行着不同方式的对抗与斗争。1900 年爆发了义和团运动；1903 年冬，清政府成立了中国铁路总公司，颁发了《铁路简明章程》，向民间资本开放路权。此后 4 年间，共有 15 个省先后创设了省铁路公司。1905 年发生了湖南、湖北、广东、浙江、江苏五省收回路权的运动。

1908 年，邮传部着人实地考察商办铁路的集资和修建铁路情况，发现大多账目紊乱，有舞弊嫌疑，工程进展过于缓慢。1911 年盛宣怀任邮传部大臣，请将各省干路归为国有，并借外资以收路权，各省不甘，奏请从缓，但清廷下旨有"格杀勿论"之意。川督赵尔丰禁锢保路会长和咨议局长，并枪毙多人；民军奋起，杀了赵尔丰。"保路运动"最终成为辛亥革命的导火线。

---

① 马里千，陆逸志，王开济．中国铁路建筑编年简史（1881—1981）．北京：中国铁道出版社，1983：前言 6.

1.5 民国时期中国铁路的建设

1911年，由四川保路运动引发的辛亥革命，最终结束了清政府的统治。1912年，中华民国成立。但不久群雄并起、军阀割据，中国又陷入了一片混乱的局面，铁路建设的环境更加恶劣。各军阀之间长期混战，国内并没有真正统一稳定的政权，路权又一次落入外人之手。1928年南京政府成立，国内局面相对稳定，为铁路建设创造了较好的外部环境。

1.5.1 北洋政府时期（1912—1927年）

袁世凯建立北洋政府后，于1912年宣布“统一路政”，解散了各省商办铁路公司，把各省已经建成和正在兴建的铁路全部收归国有，用以抵借外债，形成了帝国主义掠夺中国路权的第二次高潮①。北洋政府以修建铁路为名大借铁路外债，在袁世凯短暂数年的执政期间丢失路权的铁路线长度和清朝甲午之后17年丢失路权的铁路线长度相当。在1912—1927年间，仅修建铁路4000多千米，但1912—1916年各国夺得的路权共达13 000多千米。

1912—1914年期间，北洋政府一面继续将商办铁路收归国有，一面继续借款筑路。收归国有的铁路有川路（宜昌—成都）、湘路（长沙—株洲）、鄂路（川汉、粤汉两线）、皖路［仅筑土方50华里（1华里＝0.5千米）］、苏路（上海—嘉兴）、浙路（杭州—枫泾、江干—拱宸桥、宁波—曹娥江）、豫路（洛潼铁路）、晋路（同蒲路）、漳厦铁路（福建）等。但欠铁路商之款，拖延无期，终致无法兑付。

该时期借债筑路计划有汉粤川铁路、陇海铁路、同成铁路（大同—成都）、钦渝（广东钦州—重庆）等多条，因国内时局纷乱，国外第一次世界大战，工款不继，草草了事，修成的铁路寥寥无几，经费亦被挪作他用。

1905年，日本提出《二十一条》，取得经营满蒙特权，其中包括：德国在山东的权利让于日本，延长南满及安沈两铁路之租借期为99年，拥有南满及东蒙之铁路借款优先权，吉长改归日本管理等。第一次世界大战爆发后，日本侵占满蒙，以南满铁路为根据地添设许多铁路线作为侵略工具。此外日本又在东北、山东多处投资修建铁路，先后十年间达一亿三千万元，其处心积虑可见一斑。②

1924年后，东北人民为抵制日本铁路，开始筹建贯通东北三省的铁路，以

① 马里千，陆逸志，王开济．中国铁路建筑编年简史（1881—1981）．北京：中国铁道出版社，1983：前言7.

② 金士宣．铁路运输学．上海：商务印书馆，1948：48.

避免借道日占之中东、南满两路。1927 年，北宁线之大虎山到四洮线之通辽支线建成（长 150 千米），这样沈阳至齐齐哈尔间即可不经过中东及南满铁路而通行，军事战略意义重大。还有其他诸多线路建成或拟建，以不受日人控制，为此日本恼羞成怒。平行线路的修建遂成为 1931 年“九一八事变”的导火线。

1909 年京张铁路竣工，随即展修张绥铁路。清廷原计划打造第一条自主修建的干线铁路即京绥铁路。但进入北洋政府时期，经费无以为继。铁路路修至内蒙古地区后，为了路工得以维系，该路向路员市民发行债券，募集短期借款，第一期 30 万元，第二、三、四期各 100 万元，因利率优厚，购者踊跃，所以每次都能超出预计额。1918 年，第五期发行 400 万元，应购者寥寥，遂以票面 350 万元向日本东亚兴业会社抵借 300 万日元，路工始告完成。1921 年展筑包头，发行公债 500 万元，如前第四期，又以票面 350 万元向日本东亚兴业会社抵借日金 300 万元。同时又向美日厂商赊购枕木钢轨及机车车辆数百万元，所以在国有铁路中，京绥路建筑资金最为零星，债务亦最为分散，同时路权亦受到威胁。另有陇海铁路西展，平汉、沪杭甬、津浦、京绥四路购车，皆为内债支付。

1913 年，交通部设立铁路会计统一委员会，聘请美国亚当斯（Henry C. Adams）为顾问，制定铁路资本支出、营业用款、总平准表等分类则例及列车机车里程统计则例，1915 年 1 月 1 日开始实施。1917 年交通部又设立铁路技术委员会，分工程、机械、运输、总务四处，制定国有铁路技术统一规则，1922 年 11 月 4 日公布实施。①

1912—1927 年间，北洋政府共修建营业铁路 4264.8 千米，其中关内约占 47.3%，东北占 52.7%。主要干支线有吉长铁路、京绥铁路、四郑铁路、湘鄂铁路、个碧铁路、四洮铁路郑通支线、郑洮铁路、陇海铁路的一部分、金福铁路、奉海铁路、京奉铁路锦朝及大通支线等。

1.5.2　南京国民政府时期（1928—1948 年）

1928 年南京国民政府成立以后，铁路的修建主要是以官僚买办资本与帝国主义垄断资本“合资”方式，出现了帝国主义掠夺中国路权的第三次高潮。

1928—1937 年间，国民政府共修建铁路 8058.5 千米，其中东北地区约占 56%。主要干支线有：1928—1930 年呼海铁路、吉敦铁路、吉海铁路、齐克铁路的齐齐哈尔至泰安（今依安）段及宁年（今富裕）至拉哈支线，个碧铁路临屏支线的鸡街至临安段；1931—1937 年关内有陇海铁路灵宝至西安段、同所铁路

① 金士宣 . 铁路运输学 . 上海：商务印书馆，1948：51.

阳方口至风陵波段、道楚铁路、京赣铁路南京至歙县和贵溪至陈营两段、浙赣铁路、杭甬铁路萧山至曹娥江段、淮南铁路、苏嘉铁路、粤汉铁路株洲至韶关段和个碧铁路临屏支线临安至石屏段，东北地区有敦图铁路、图宁铁路、宁林铁路、林桂铁路、朝开铁路、梅辑铁路梅河口至通化段、北黑铁路、林东铁路、东虎铁路、洮索铁路、长大铁路（当时长春为伪满洲国新京，原称“京大铁路”）、洮大铁路、新义铁路、锦承铁路，又续修齐克铁路泰安（今依安）经克山至海伦与呼海铁路相接，将宁年（今富裕）至拉哈支线向北展筑至墨尔根（今嫩江），筑拉滨铁路作为吉敦、敦图两路与中东铁路的联络线，还有牙克石森林铁路等。在这一时期，国际垄断资本勾结官僚资本进一步掠夺铁路建筑权，德国、英国、法国、日本等都划出了自己的势力范围。

全面抗日战争期间（1937—1945 年），共修建铁路 6297.5 千米，其中后方 2383.5 千米；1946—1949 年共修建 191.3 千米。另有台湾省约 900 千米随着日本投降回归中国。南京国民党政府时期（1928—1948 年），在中国大陆共修建铁路约 14 000 千米。

1881—1949 年，在中国国土上铁路修建共 28 000 多千米、复线 3000 多千米（不包括台湾在日殖时期修建里程，未扣除历年拆除的里程）。历史上由英、法、德、日、俄等直接管理经营的铁路一度高达 44.6%，受外国资本控制的 41.1%，而完全由本国经营管理的不过 9.3%。铁路分布偏于东北和沿海，轨制不同，设备简陋、标准杂乱、质量不等。由于当时建设质量不能得到保证，再加上几经战乱，失于维护，到中华人民共和国成立只有 11 000 多千米可以通车。

整个中国近代史是中华民族的屈辱史，铁路的建设也无不验证了这个时代的特征。在思想方面，接受新事物需要有一个过程，而晚清在接受铁路方面除了列强的游说外，军事威胁起到了推波助澜的作用，甲午战争是清廷下决心兴修铁路的分水岭。民国政府并没有挥去晚清的噩梦，帝国列强继续划分各自的势力范围，更有变本加厉之势。

纵观中国近代铁路建设史，只有京张铁路建设过程最为顺利，质量最为可靠。稳定统一和独立自主是铁路得以自建的最为重要的因素，而这一切都需要国家的强大。

由此，京张铁路作为特殊的个案，犹如一道绚丽的彩虹出现在日暮苍山之巅，吹响了中国铁路自建的号角，其历史意义不言而喻。作为西方铁路技术传入中国的典型案例，亦当有细致探究的必要。

第二章

匠心独用铸巨龙：京张铁路的筹建、勘测与道轨铺设

本章主要从工程技术角度探究京张铁路在当时技术条件下是如何完成道路铺设的。内容涉及京张铁路筹建过程、资金来源、技术人员组成、路线勘测、选线过程及道路施工等问题。

2.1 筹建：缘由、资金与人员

在京张铁路之前，中国铁路都聘请外国工程师主持修建，中国工程师只能在其领导下做一些具体的技术工作。中国人不能完全实践整套的铁路技术，这显然对于技术的引进非常不利。

2.1.1 修建缘由与自办权的争取

张家口地处北京西北，是重要的边塞要镇。早在明清时期，张家口就处于贸易中心地位，商贸业发达。1551 年，大境门外开设了“马市”，由官方以布釜之类换取蒙古马匹、皮张。1570 年，鞑靼首领俺答臣服受封，张家口被辟为蒙汉“互市之所”。1613 年，张家口堡附近又筑来远堡。以张家口堡和来远堡为基础，张家口城逐渐发展成为蒙汉民族贸易交往的中心。当时摊铺栉比，商贾云集，来

远堡外“穹庐千帐”，民族商业贸易十分兴盛。1676年，清军击垮噶尔丹，打通了通往漠北的商道，立大境门为蒙古与本部贸易的场所。到1906年，张家口各店铺已有1037家，北京、天津、山西等地客商来张家口者日众。

在对外贸易中，张家口一度作为中国国际贸易的唯一陆路通道，地位首屈一指。早在1860年，俄国商人已开始在张家口出现。1884年，英、美、法等国商人纷纷到张家口收购皮张和羊毛，张家口逐渐成为陆路大商埠，“百货之所灌输，商旅之所归途”，年平均进出口高达银15 000万两。张家口的皮毛在国内外影响日益扩大，“天下皮裘，经此输入海内，四方皮市经此定价而后交易”，成了誉满中外的“皮都”。汉口生产的砖茶先运到北京，再经张家口转向西北地区及出口俄罗斯。但在京张铁路修建之前，北京到张家口的道路崎岖，运输主要靠驼队（图2-1）。

图2-1　京张铁路未修前的驼运

2016年4月1日摄于中华世纪坛之纪念詹天佑诞辰155周年展览

同时，张家口作为京师门户，被看作军事要地，历来为兵家必争之地。尤其甲午战争之后，列强争相以铁路作为入侵工具，对京张之间的铁路线早已垂涎三尺。早在1873年在华传教士主办的《中西闻见录》（第10期）中就有记载：

就中国北省之地而论，平坦者居十之九，欲造铁路，较英国为易，计每里约需费银一万五千两之数，已足敷用……今大沽、天津、通州、北京、张家口诸地，如听便开通铁路，意中外商贾多愿集资买股，自行修造，无须重费国币。缘铁路为用，向在泰西业已著有成效，故均无疑议。

可见，修建京师到张家口之间的铁路的必要性显而易见。1899 年之前，俄国就曾提出修筑恰克图经库伦、张家口到北京的铁路，当时清廷未许。20 世纪初，清政府已经认识到铁路对于交通运输和贸易往来的重要性，更有商人看到投资铁路的巨大利润，所以北京到张家口修建铁路乃是势在必行。

光绪二十九年（1903 年），商人李明和①、李春相继奏请召集股银承修京张铁路，但因股银有外国资本渗透之嫌疑被拒②。同年九月，又有商人张锡玉奏请商办，亦被驳。光绪三十年正月二十二日商部批复张锡玉：

查京张铁路前有李春、李明和等请办，业经路矿总局批斥在案。嗣经本部奉旨将路况局归并办理后，迭经张理谦、王芝洲等先后嚣嚣渎请，均以此路关系重要，应由国家自行筹款兴筑，不得由商人率意请办，屡次批斥亦在案……该商（指张锡玉——笔者注）何得砌词强饰，意存蒙混，殊属荒谬。嗣后该商等如再以此路渎呈，概不收阅。③

自此，“商办之议罢而官办之议始”④。此时正值关内外铁路（1907 年改称“京奉铁路”）运营良好，盈利颇丰。于是，时任直隶总督兼关内外铁路总办袁世凯与会办胡燏棻提出利用关内外铁路余利修建京张铁路的建议。

关内外铁路由我国第一条铁路唐胥铁路逐步延伸而成，修建资金借贷于英国，总管兼总工程司⑤由英国人金达（Kinder Claude William，1852—1936）担任，因此路权实际控制于英国人。为偿还借款，当时商定该路盈利收入需存于英商开办的天津汇丰银行以保证还贷，中国有需要时，必须由中英双方商议方可

---

① 大公报，光绪二十九年六月初八 // 宓汝成 . 近代中国铁路史资料 . 北京：中华书局，1963：911-912.

② 大公报，光绪二十九年十一月二十一日 // 宓汝成 . 近代中国铁路史资料 . 北京：中华书局，1963：912-913.

③ 大公报，光绪二十九年十一月二十一日 // 宓汝成 . 近代中国铁路史资料 . 北京：中华书局，1963：913.

④ 宓汝成 . 近代中国铁路史资料 . 北京：中华书局，1963：913.

⑤ “总工程司”是职务称谓而不是职称称谓，是工程建设的总负责人。

提取。

关内外铁路局道员梁如浩负责交涉此事。梁提出在汇丰银行存够六个月的还款本息，余下可由路局自由支配，用于修建京张铁路；但英方要求存够一年本息方可提取。经过多次交涉，历时年余，最终以梁如浩方案执行。① 但英方以修建京张铁路用关内外铁路余利为由，要求总工程司要由英国人担任。

1900 年八国联军侵入北京之后，清政府曾与英国订立《交还关内外铁路章程》（1902 年 4 月 29 日），规定在距关内外铁路关内段 80 英里（1 英里 =1.6 千米）之内，凡新修铁路均应由中国北方铁路督办大臣承建，北京或丰台至长城向北的铁路，其承建权“不得入他人之手”。当时，比利时以天津至保定段为卢汉铁路（卢沟桥至汉口，由比利时承建）的支线为由，要求承办，而法国以该路借用法款为由亦要求承办。清廷无奈又向英国交涉，将《关内外铁路交还以后章程》有关延展支线的条款改为：“自北京以北各支路，并由北京至张家口之铁路，应归中国政府造办，外国不得干预，只用中国资本，不用外国资本，并不得以此路并进项作为外国抵押借据。”②英方依此提出京张铁路用京奉余利修建，应为京奉延长线，不能由中英之外的第三国工程师主持修建。

但是，早在光绪二十五年（1899 年）四月二十三日，清政府就与俄国有协议，中国政府“将来如添造铁路，由北京向北或向东北俄界方向，除用中国款项及华员自行造路不计外，设或有托他国商办造路之意，必应将此意与俄政府或公司商议承造，而断不允他国或他国公司承造。”③

英俄两国各执一词，相持不下，清廷又无能为力，拖延一年多时间。“如此中国受双方之逼迫，乃知解决此问题，必须自行修筑，否则即作罢论，终遂议定自行试办。”④詹天佑称此种情形为“不得已”。最后，清廷与英人商定：京张铁路由中国工程师主持修建，所有人员不再聘用任何外国人。如此决定与上述“协议”皆不冲突，资金仍由京奉铁路营业收入扣除应还贷款之后的余利支付。因此，京张铁路的修建是彻头彻尾的“自办”。詹天佑在写给友人的信中说：

我相信，如果不是由于英俄两国的压迫，以致使这条铁路不由这两

---

① 关赓麟．交通史路政编（第九册）．南京：交通部铁道部交通史编撰委员会，1935：2197-2198.

② 寇兴军，周俊岭．京张铁路．北京：中国铁道出版社，2001：2-3.

③ 王铁崖．中外旧约章汇编（第一册）．北京：生活·读书·新知三联书店，1957：908.

④ 詹天佑．在旅汉美国各大学校联合同学会新年大会的演说词 // 詹天佑科学技术发展基金会，詹天佑纪念馆．詹天佑文集：纪念詹天佑诞辰 145 周年．北京：中国铁道出版社，2006：37-38.

国修筑就须由中国工程司修筑的话，则目前的职务就不会给我。[①]

可见，京张铁路的自主修建权是在英俄两国的争执中获得，是为特殊时期的特例。需要注意的是，当时英俄两国都认为中国无法完成此项工程才“同意”放手，因此此次机会是机遇，更是对中国铁路工程界的一大挑战。

2.1.2　资金筹备[②]

在京张铁路修建之前，尤其是中日甲午战争之后，我国所建铁路资金大多借贷于国外，工程师亦由出资方提供，路成之后由出资方管理运营，路权实质落于外国人之手。梁启超于1904年在论及铁路“国有”还是“民营”时谈道：

> 铁路当为国有当为民有之一问题（国有者，由国家管业也，民有者，由民间一公司或一私人管业也），实现今生计学家论辩竞争之点。甲难乙驳，未有定论也。而为防托辣斯兼并之势，则国有为优；为调剂劳动问题之穷，则亦国有为优。故“国有”政策，自今以往，日益占势力矣。而社会主义家言，且并倡资本归公（即资本国有）之说，此其义在今日中国，固万难实行（即泰西各国亦未能实行），然此实世界之公理，将来必至之符。今若为国家百年长计，则改革伊始，不可不为应此趋势之预备。吾意新政府若立，莫如大借一次外债，以充国有之资本，而经营各业，纯采“国家社会主义”之方针，如现今德奥诸国所萌芽者，则数十年后，不至大受劳动问题之困，而我之产业制度，或驯至为万国表率，未可知耳。虽然，此其理至长，其事至远，今日而言之，其犹语西江于涸鲋也，固不复赘陈，略述其倪而已。[③]

可见，当时西方各国借贷他国资金筑路现象普遍存在。

中日甲午战争前，清政府试办铁路，一时融通资金，曾向英、德两国商号、银行先后几次借款，计银140余万两。这些债项都如期偿清。出资方有扩张势力之心，但借贷方尚能以主权为重，终未丧失铁路利权，基本属于正常的借贷行

---

① 詹天佑1906年12月8日致美国华盛顿中国公使梁诚信 // 詹同济．詹天佑日记书信文章选．北京：燕山出版社，1989：102.

② 关于京张铁路的资金问题的深入探讨，见拙作《晚清京张铁路的修建经费问题》（《历史档案》2013年第3期）。

③ 梁启超．外资输入问题（1904年．节录）// 张枬，王忍之．辛亥革命前十年间时论选集（第一卷下册）．北京：生活·读书·新知三联书店，1960：813-832.

为。但中日甲午战争之后，经济贷款背后是政治压迫，资本输入成为各国霸占中国路权的重要方式。

京张铁路的建设资金使用关内外铁路的运营收入部分，与外国没有关系，纯属自筹款项。

听说京张铁路华人自办的消息后，在中国主持修建了多条铁路的金达，在詹天佑之前对京张路线进行了初测，估算了工程费用大约需要五百万两白银，并将此数据报给袁世凯。袁将此数据透露给了朝廷。这样，朝廷计划由关内外铁路余利每年拨付一百万两，四年拨付四百万两；另还有关内铁路拨还款 80 万两可以使用[①]。总工程司詹天佑经过实地勘测与仔细预算，修建铁路及购买机车共需七百多万两[②]。

光绪三十一年五月二十二日（1905 年 6 月 24 日），詹天佑根据全路勘测结果对全路所需资金进行了细致的预算上报朝廷。明细如表 2-1。

表 2-1　京张铁路修建资金预算表[③]

序号	项目	具体项目（数量）	预算资金（银：两）	小计（银：两）
1	测量	购置仪器和测量费用	15 500	15 500
2	地亩、土方、石工、开山、凿洞	购路基用地（19 763 亩）	281 620	2 343 260
		购车站用地（13 处车站 900 亩）	13 500	
		土方（121 9600 方）	234 920	
		乱石（68 280 方）	102 420	
		凿山（555 400 方）	1 110 800	
		凿洞（6 000 英尺）	600 000	
3	桥梁	桥梁和水沟（共长 7 374 英尺）	1 106 100	1 106 100
4	轨道和各站岔道	85 磅*重轨 410 里零件（25 010 吨）	1 375 550	1 900 650
		分岔轨道（67 副）	20 100	
		道木（32 万块）	320 000	
		石渣（12 万方）	144 000	
		钉道工铺石渣（410 里）	41 000	

① 铁路督会办大臣袁世凯胡燏棻奏折 // 关赓麟 . 交通史路政编（第九册）. 南京：交通部铁道部交通史编撰委员会，1935：1554.

② 詹天佑科学技术发展基金会，詹天佑纪念馆 . 詹天佑文集：纪念詹天佑诞辰 145 周年 . 北京：中国铁道出版社，2006：126.

③ 詹天佑 . 京张铁路工程纪略 . 广州：中华工程师学会，1915：10-15.

续表

序号	项目	具体项目（数量）	预算资金（银：两）	小计（银：两）
5	房厂	小站及住房（12 处）	48 000	204 050
		张家口大站并住房	20 000	
		水柜（13 处）	26 000	
		工程处及工人住房（5 处）	10 000	
		机车房并转盘（5 处）	30 000	
		小机器厂（3 座）	60 000	
		沿路看护住房（45 间）	6 750	
		监工住房（11 处）	3 300	
6	电报	电线（360 里**）	36 000	61 800
		电机（26 副）	7 800	
		电报员等（4 年薪工）	18 000	
7	运费	转运材料（7 万吨）	98 000	98 000
8	购车	大机车（12 辆）	294 000	1 130 500
		小机车（4 辆）	56 000	
		30 吨货车（300 辆）	630 000	
		头等车（8 辆）	28 000	
		二等车（10 辆）	28 000	
		三等车（25 辆）	52 500	
		车守等车随时添设	28 000	
		配用气闸等件	14 000	
9	办公费用	总局人员薪水和办公杂费（4 年）	192 000	432 000
		工程司学生、监工及杂费（4 年）	240 000	
合计			7 291 860	

*1 磅 =0.453592 千克；** 清制里，1 里 = 550 米

詹天佑的预算详尽可靠，并无半点奢靡，袁世凯对此给予了足够的理解和支持。

开工伊始，筑路资金到位非常顺利。光绪三十一年六月初五（1905 年 7 月 7 日）就已到款 1 400 000 元[①]（即白银 100 万两）。之后因工程进展顺利，资金稍有短缺，袁世凯又批准每年追加三十万两。1907 年，“工需浩繁，仍

① 詹天佑科学技术发展基金会，詹天佑纪念馆 . 詹天佑文集：纪念詹天佑诞辰 145 周年 . 北京：中国铁道出版社，2006：131.

不能济"，朝廷又令邮传部从俄国交还营口税关余税银两划拨三十余万两[①]。1908年，因关内外铁路局拨款缓不济急，改由铁路总局按月预筹，邮传部并令京津交通银行随时垫付。至京张铁路竣工，所有官款资金共计行化银7 373 984.56两，折合银元10 459 552.57元[②]，稍高出预算金额。京张铁路资金到账情况整理如表2-2所示。

表2-2 京张铁路资金到账情况表

时间	到账数（行化银：两）
光绪三十一年（1904年）六月到十二月	1 000 000.000 0
光绪三十二年（1905年）	1 559 879.663 0
光绪三十三年（1906年）	1 615 000.000 0
光绪三十四年（1907年）	2 183 267.354 0
宣统元年（1909年）正月到八月	620 687.053 0
宣统元年（1909年）九月到二年十二月	245 150.049 5
合计	7 223 984.12[③]

由上可见，京张铁路资金及时到位，为铁路顺利建设提供了有力保障。在资金落实过程中，袁世凯为资金筹备数次奔走，功不可没。皇太后也格外开恩，光绪三十一年八月初二（1905年8月31日），胡燏棻向慈禧太后奏明京张铁路由于位于山区，需要开凿山洞，修筑费用500万两不够，需要增加到700万两，她也批准了[④]。

在使用经费的过程中，詹天佑精打细算，严格管理，对每一笔支出都有详细的记录。表2-3是詹天佑记录的京张铁路建设经费支出表。其中第一项"总会办人员薪水及办公杂费"仅占总支出的2.6%，可见管理之严格与精细。

表2-3 京张铁路修筑资金实际支出表

序号	用途	银：两
1	总会办人员薪水及办公杂费	181 431.772 0
2	购地及工作人员薪水花费	321 668.887 0
3	工程司薪水马夫各款	104 205.480 0
4	全路工程各款	2 084 792.956 0

① 邮传部．俄国交还营口海关余税请拨归本部片//沈云龙．近代中国史料丛刊（第十四辑）．台北：文海出版社，1973：507-509.

② 关赓麟．交通史路政编（第九册）．南京：交通部铁道部交通史编撰委员会，1935：2100.

③ 此处数据与前文7 373 984.56两相差15万两。

④ 詹天佑科学技术发展基金会，詹天佑纪念馆．詹天佑文集：纪念詹天佑诞辰145周年．北京：中国铁道出版社，2006：145.

续表

序号	用途	银：两
5	购买材料车辆	3 888 817.062 6
6	转运费及工作人员薪水杂费	16 148.145 0
7	电报及相关一切费用	89 364.427 0
8	巡警相关一切费用	23 485.523 0
9	购煤	52 355.031 0
10	租车等运费	163 696.529 0
11	杂支各项	3 224.056 0
12	支西直门马路费	5 896.337 0
合计		6 935 086.205 6

京张铁路筑路资金全部由国内筹集，不再因借贷而受制于人，保证了路权的自主。

2.1.3　技术人员组成

人是工程技术实施的主体。与之前的铁路不同，京张铁路的所有建设者都必须为中国人，这是前所未有的。1902 年冬，詹天佑曾主持修过新易铁路（西陵铁路），但那只是一小段皇家专用线，道路平坦，难度不大。这条没有经济价值的铁路，却为詹天佑担任京张铁路总工程司做了有益的铺垫。

詹天佑，字眷诚。1861 年 4 月 26 日（咸丰十一年辛酉三月十七）生于广东省广州府南海县西门外十二甫（今属广州市荔湾区），祖籍徽州府婺源县。1872 年赴美，为清廷派遣出洋的首批留学幼童。1878 年（光绪四年）5 月考入耶鲁大学的谢菲尔德理工学院（Sheffield Scientific School）土木工程系（Civil Engineering Course）。1881 年 6 月，获得哲学学士学位，同年被召回国。回国后，詹天佑等 16 名留学生到达福州，作为福州船政学堂第八届学员被编为一班，进行回华“补习”。詹天佑于 1882 年 7 月“补习”毕业，并在中国海军教练舰上任实习船员直到 1883 年。1884 年 2 月至 10 月，詹天佑担任福州船政学堂教习。1884 年 10 月至 1888 年 7 月在广东省黄埔博学馆教习。1886 年，詹天佑奉命勘测绘制广东沿海海图，制成我国最早测绘海图。[①]1888 年，詹天佑由在开平铁路工作的留美同学邝孙谋介绍，离开家乡广州到天津，进入天津中国铁路公司任帮工程司，开始献身铁路事业。此后詹天佑在外国工程师的领导下参与铁路修建。

① 凌鸿勋 . 詹天佑先生年谱 // 凌鸿勋，高宗鲁 . 詹天佑与中国铁路 . 台北：“中央研究院”近代史研究所，1977：92.

期间，他曾顺利主持完成塘沽至天津间40余千米的铺轨工程。1893年，詹天佑在外国工程师宣布失败之后，使用气压沉箱法成功建成滦河大桥基础，在我国铁路建设史上属首次。1895年，詹天佑被调任津芦段工程司。1895—1898年任帮工程司（北洋官铁路局）。1896—1897年在津芦铁路从事修筑工作，后又由津芦段调至锦州任总段工程司。1898—1901年，任驻段工程司（北洋官铁路局）。1899年，詹天佑主持修建关外铁路沟帮子至营口支线91千米。1900年，受聘主持萍乡至醴陵38千米一段铁路。1901年至1902年任江西萍乡铁路工程司。①

1902年9月至1903年，由袁世凯举荐，詹天佑担任官办新易铁路总工程司，该路实为中国人主持修建的第一条铁路。1903年，新易铁路竣工通车后，任潮汕铁路工程师。1904年7月至1905年3月任上海官办中国铁路总公司工程顾问。

光绪三十一年（1905年）四月，朝廷批准由袁世凯、胡燏棻开办设局，派陈昭常为总办、詹天佑为总工程司修建京张铁路（图2-2）②。詹天佑的出任，袁世凯的发掘功不可没，亦有其必然性。当时的中国，接受过铁路技术系统学习的仅有詹天佑一人。而詹天佑本人在美学习成绩优秀，又在关内外铁路积累了丰富的实践经验。而之后詹天佑能建成京张铁路，又与他坚忍不拔的性格和谨慎的处事方式密不可分。

在晚清，总工程司全面负责铁路修建工作，职权范围包括筑路材料和机车的购置、路线选择与设计、车辆运营与管理等。总工程司之下又设置正工程司、帮工程司、工程司等职位。总工程司不仅是筑路技术决定者，也是铁路建设管理者，这一职位决定着一条铁路线的修建质量。在铁路修建过程中，总工程司、帮工程司、工程司及中层技术人员决定着工程的进展与质量。具体施工人员大多雇佣当地人，这些人在工头的监督下，不需要太高的技术。京绥铁路的总工程司一职，先后由詹天佑、邝孙谋、陈西林等担任，其他帮工程司、工程司有颜德庆、俞人凤、翟兆麟、柴俊畴、张鸿诰、苏以昭、张俊波等人。

---

① 詹天佑1906年3月24日致美国毕奇洛（Frank L. Bigelow）信//詹天佑科学技术发展基金会，詹天佑纪念馆.詹天佑文集：纪念詹天佑诞辰145周年.北京：中国铁道出版社，2006：185.

② 詹天佑科学技术发展基金会，詹天佑纪念馆.詹天佑文集：纪念詹天佑诞辰145周年.北京：中国铁道出版社，2006.

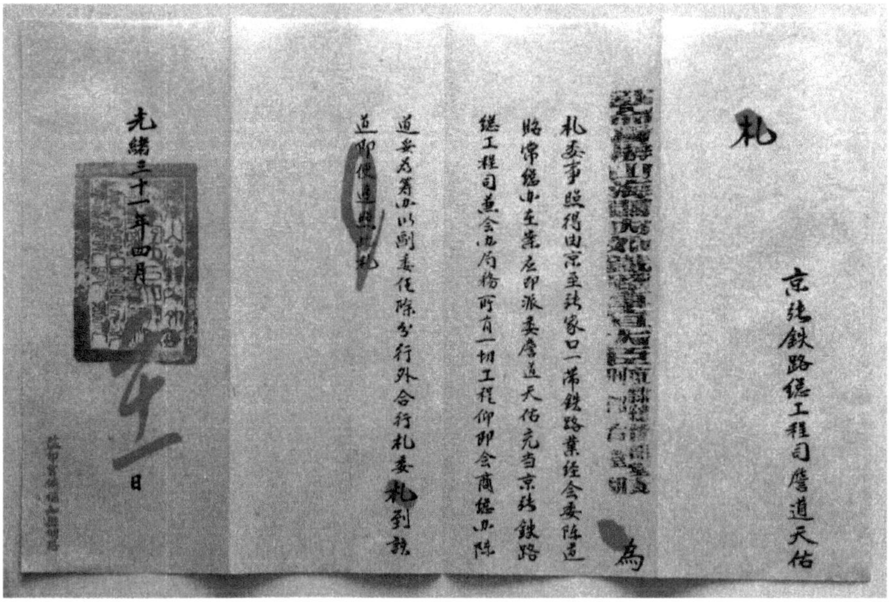
札

京張鐵路總工程司詹道天佑

為

札委事照得由京至張家口一帶鐵路業經會委陳道
昭常總辦在案應即派委詹道天佑充當京張鐵路
總工程司兼會辦局務所有一切工程仰即會商總辦陳
道妥為籌辦以副委任除分行外合行札委札到該
道即便遵照此札

光緒三十一年四月　日

图 2-2　1905 年，清政府任命詹天佑为京张铁路总工程司兼会办的札文

资料来源：詹同济 . 詹天佑书信选集 . 广州：华南理工大学出版社，2006

在京张铁路开工之初，詹天佑几乎调集了国内各条铁路上的优秀工程师，来充实京张铁路的建设队伍，并得到袁世凯、梁如浩（时任关内外铁路总办）等人的鼎力支持。陈西林、邝孙谋、沈琪都是从关内外铁路调至京张铁路的，之后还有俞人凤和柴俊畴[①]。詹天佑在《京张铁路工程纪略》中专门写道：

> 本路工程始终出力各员为：正工程司颜君德庆、陈君西林、俞君人凤、翟君兆麟，工程司柴君俊畴、张君鸿诰、苏君以昭、张君俊波等，余繁不及备载。

这八位工程司显然在建筑过程中起到了主要作用，并就此铁路而言，他们的重要性仅次于总工程司詹天佑。（图 2-3）

颜德庆，江苏省上海县人。参与京张铁路修建之前任沪宁铁路工程司，1905 年 9 月 6 日调京张铁路任帮工程司。1905 年 10 月 5 日以正工程司调部差遣工科进士候选部中，留邮传部遇缺优先即补。1909 年被派宜昌任川汉铁路副总工程

① 詹天佑致关内外铁路总办梁如浩 1905 年 7 月 14 日信 // 詹天佑科学技术发展基金会，詹天佑纪念馆 . 詹天佑文集：纪念詹天佑诞辰 145 周年 . 北京：中国铁道出版社，2006：169.

司。在京张铁路修建中曾负责南口至岔道城的勘测。

图 2-3　京张铁路通车典礼，技术人员合影
前排左起依次为：翟兆林、陈西林、詹天佑、颜德庆、俞人凤
资料来源：国家档案局中央档案馆．中国档案文献遗产名录．北京：中国档案出版社，2002：142

陈西林（1867—1946），字荫东，曾用名陈敬翰，山东省惠民县大年陈村人。22 岁考入天津北洋武备学堂，24 岁入该校铁路学堂工程科，是天津北洋武备学堂铁路工程班 1893 年首届毕业生。26 岁毕业后被派往北洋铁轨官路（即由中国铁路公司成立的北洋官铁路局）任关内外铁路帮工程司，负责津榆铁路古冶至滦县间的展筑工程。1905 年 7 月 20 日调任京张铁路帮工程司。曾先后担任津榆铁路工程司、新易铁路、京绥铁路工程司。1905 年，陈西林任副总工程司，是京张铁路三个重要工务的正工程司之一。[①]1916 年任京绥铁路管理局总工程司，1917 年兼工务处处长，1918 年兼副局长。1920 年任京汉京绥铁路管理局副局长，京汉京绥分开后仍任京绥铁路管理局副局长。

陈西林 1905 年 12 月 12 日和詹天佑主持京张铁路开工典礼，詹天佑打入第一颗道钉，陈西林即打入对面的道钉。[②] 后在总工程司领导下参与测定青龙桥附近的“人”字形路线。1906 年 10 月至次年 1 月对京门支线进行初测。1911 年 3 月任京张张绥铁路副总工程司。1914 年勘测大同至丰镇段，并定线施工。1915 年组织修建北京环城支线。1916 年 8 月任京绥铁路总工程司。1918 年 7 月测定宣化支线，并主持施工。

① 刘殿俊，李宗溪．詹天佑的副手陈西林．春秋，1997，(6)：32-33.

② 詹天佑科学技术发展基金会，詹天佑纪念馆．詹天佑文集：纪念詹天佑诞辰 145 周年．北京：中国铁道出版社，2006：147.

俞人凤，天津北洋武备学堂铁路工程班 1893 年首届毕业生，曾任关内外铁路工程司。1905 年在詹天佑领导下对丰台至南口段进行复测。1907 年 7 月底，连日大雨，北沙河桥墩被冲刷，他设法组织用片石填充解决难题。1908 年 9 月对张家口至丰镇段进行初测，1909 年 10 月 15 日以副工程司分省试用同知。1914 年在大同至丰镇段施工中任正工程司。

翟兆麟，天津北洋武备学堂铁路工程班 1893 年首届毕业生。1909 年率员对岔道城至张家口段进行复测。同年 10 月 15 日以副工程司分省试用同知，升知府分省补用。1914 年修筑大同至丰镇段，1918 年 7 月至 9 月初测宣化支线。

柴俊畴，天津北洋武备学堂铁路工程班 1893 年首届毕业生，任关内外铁路工程司。1907 年 7 月 18 日陪同詹天佑选线。1907 年 5 月率员勘测设计京门支线。1909 年 10 月 5 日被授予州同归部铨选。1914 年 6 月至 9 月初测北京环城支线。

张鸿诰，山海关铁路学堂毕业，和徐文泂一起随同詹天佑首次踏勘京张路线。苏以昭和张俊波都为山海关铁路学堂毕业。

此外，在詹天佑的书信、文稿中也可以找到一些其他技术人员的信息，除以上八位外，还有徐文泂、胡兆蓉、周凤侣、赵杰、刘德源、李鸿年、耿瑞芝、俞妙元、王桂心、张可铭、邵善闻、马联升、冯梅山、赵春化、朱业怀、王希智、卢家齐、陈景亮、江良鹏、黄桂祥、张成海、刘竹泉、陈庸、戴寿朋、刘子庸、邝殿才、丁日钦、李国铨、邵孝芳等①。其中沈琪是天津北洋武备学堂 1893 年首批毕业铁路工程班学生。胡兆蓉、周凤侣、赵杰、刘德源、李鸿年、耿瑞芝、俞妙元、王桂心、张可铭、邵善闻、马联升等都是山海关学堂毕业学员。徐文泂后来被调往修筑商办江苏铁路，也有个别人员有调动，但绝大多数人一直投身在京张铁路工程的建设中。

詹天佑第一次勘测带的就是徐文泂和张鸿诰，在京张铁路修筑过程中，各省要求支援调给中国工程司，无力应允，只有徐文泂调往江苏铁路。

以上在京张铁路建设中起到主要作用的工程师中，詹天佑、邝孙谋和颜德庆都有留美经历，其余五位陈西林、翟兆麟、俞人凤、柴俊畴、沈琪都是天津北洋武备学堂 1893 年铁路工程班首批毕业学生，曾供职关内外等铁路。李鸿章在天津北洋武备学堂开办的铁路班，是“中国历史上第一个铁路班”，该班两届培养

---

① 此 29 人名录系由《詹天佑文集：纪念詹天佑诞辰 145 周年》（詹天佑科学技术发展基金会，詹天佑纪念馆．北京：中国铁道出版社，2006.）中查到。

的18名毕业生，在关内外铁路工作过程中得到了工程师金达的肯定。[①]他们在学习铁路知识之后，经过实践锻炼，成为成熟的称职的铁路工程师。在京绥铁路的建设中，在总工程司詹天佑等人的领导下，起到了至关重要的作用。

除留美学生和天津北洋武备学堂铁路班的毕业生之外，山海关铁路官学堂的毕业生也起到了非常重要的作用，张鸿诰、苏以昭和张俊波都是该学堂毕业生。他们在京绥铁路的另一层面做出了显著的工作。现在姓名可查者24人，有耿瑞芝、李鸿年、刘德源、赵杰、周凤侣、胡兆蓉、俞妙元、王桂心、张可铭、邵善闻、马联升等。第一届毕业生徐文泂、张鸿诰最早加入了京张铁路建设的队伍中，他二人跟随詹天佑对京张路线进行初测，在京张铁路建设中得到了锻炼和发展，之后成为中国铁路建设的骨干力量。刘锜、张俊波在京张铁路建设时期就升任帮工程司，徐文泂后来被调往修筑商办江苏铁路。他们是京张铁路基层技术人员的主要力量，也是更直接参与工程施工的主力，他们上传下达，将工程师的意图传达给施工工人，直接影响铁路工程的建设质量。

在京张铁路的修筑过程中，还有一些在工程之外积极努力的人。尤以时任直隶总督、关内外铁路督办大臣的袁世凯为代表，为京张铁路的顺利修建多方奔波。[②]

京张铁路既然“自办”，人员自给是必要条件。在这方面，詹天佑格外谨慎。例如有一参与筑路的归国华人没有辫子，詹天佑确认其华人身份后，托人从香港购买假发，以免引起误会：

> 我有一友人刚从香港来次参加我们的工作，他最近从美国归国，仍穿着西装。因为本路同人须是中国人，故必须先更换服装，才能在我处就职。
>
> 因北京及天津均无假发出售，故需从香港购买。闻之你有此物且现在不使用，可否先借给他一用，俟他从香港买到后即奉还。[③]

此外，在主持川汉铁路期间，一名叫格罗夫（Grove）的外国人改名“葛绍基”，以华人身份参与了路工。当詹天佑察明真相后致信让其辞职。[④]并告该工程副总工程司颜德庆：

① 西南交通大学校史资料选辑第一辑第1页，原存中国第一历史档案馆。

② 袁世凯在京张铁路中的作用在第三章有阐述。

③ 詹天佑1906年3月29日致友人谭先生信//詹同济.詹天佑书信选集.广州：华南理工大学出版社，2006：18.

④ 詹天佑1910年11月21日致川汉铁路学员葛绍基信//詹天佑科学技术发展基金会，詹天佑纪念馆.詹天佑文集：纪念詹天佑诞辰145周年.北京：中国铁道出版社，2006：302.

葛学员：已经电告你请他辞职。我不能设法调他来此处或其他我所主管的任一条路。若他不辞职，请将他辞退。[①]

2.2　路线勘测与选择

铁路修建前对路线的勘测和定线是至关重要的环节，它不仅决定路线的长短、施工的难易、建设经费的多寡，还关系着铁路修成后火车运行的安全、铁路维护的费用，以及对沿途经济的影响。因此勘测和定线须由工程师亲自实地勘测，是一项细致、艰辛、重要的工作。

铁路路线勘测按照程序可分为踏勘、初测、定线、施工测量等步骤。踏勘即实地考察两站之间的山川形势及沿线的经济情况，大致确定行程路线，提出初步方案；初测是确定施工路线；定线和施工测量则与施工联系紧密，根据初测结果确定路基位置。踏勘重在考察经济状况，也可利用地图帮助完成；初测则重于路线，需要实地考察。在实际过程中，可根据情况进行调整。

詹天佑在京张铁路勘测及修筑过程中使用的一些仪器和书籍，很多都是联系国外同学购买，这可以从他的书信中看到。如 1907 年 2 月 21 日，詹天佑向英国特劳顿·西姆斯（Troughton &Simms）制造厂购买测量仪器的定购单中有：

1. 1 架第 24 号、5 英寸测量经纬仪。读至 30 秒、具有圆盘罗盘仪及对向装置读数镜，具有轴向水准器及反光镜，具备三支脚螺旋及镇定钣以及可移动对中十字线玻璃片上刻有视距线——31 英镑。

2. 1 件最优质便携式皮箱——2 英镑 5 先令。

3. 1 件附加经纬仪用读数放大镜。

4. 1 件附加十字线玻璃片，上刻有视距线。

5. 1 架第 12 号、16 英寸特劳顿·西姆斯水准仪，无罗盘仪，具备三支脚螺旋及十字线玻璃片——15 英镑。

6. 1 件最佳便携式皮箱——1 英镑 17 先令 6 便士。

7. 1 件附加水准仪用十字线玻璃片。[②]

---

① 詹天佑科学技术发展基金会，詹天佑纪念馆．詹天佑文集：纪念詹天佑诞辰 145 周年．北京：中国铁道出版社，2006：307.

② 詹同济．詹天佑书信选集．广州：华南理工大学出版社，2006：36.

图 2-4 即为当时购买的“经纬仪”，藏于中国革命博物馆（现中国国家博物馆）[①]。

图 2-4　詹天佑测绘京张路线使用的经纬仪

规格为 38 厘米 ×33.5 厘米 ×21 厘米，玻璃铜质，有詹天佑英文名缩写“T.Y.JEME”

资料来源：中国革命博物馆 . 中国革命博物馆藏品选 . 北京：文物出版社，2003

图 2-5、图 2-6 是詹天佑纪念馆收藏的，在修筑京张铁路时使用过的工具。

图 2-5　詹天佑在勘测京张路线时使用的水平仪及使用方法示意图

摄于詹天佑纪念馆

① 中国革命博物馆 . 中国革命博物馆藏品选 . 北京：文物出版社，2003.

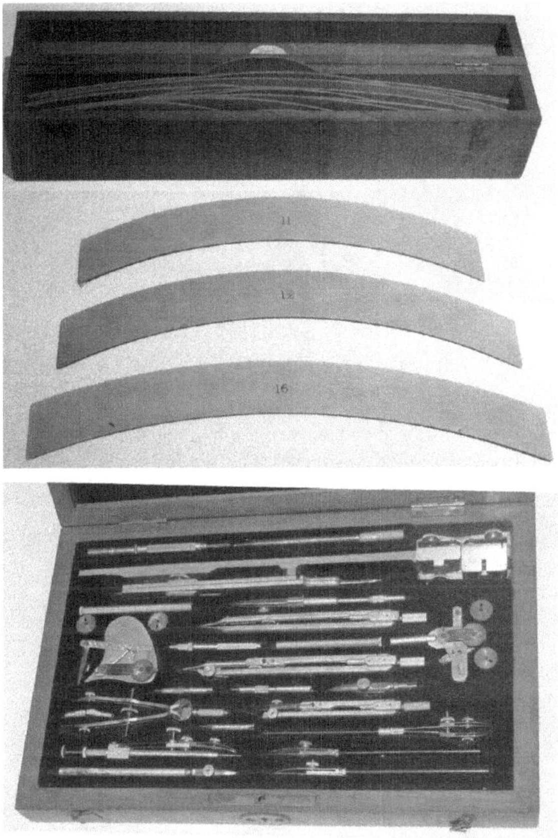

图 2-6　柴俊畴（上）和陈西林（下）使用的绘图用具
摄于詹天佑纪念馆

2.2.1　踏勘与初测

光绪三十一年（1905 年）四月，詹天佑带领工程员张鸿诰、徐文涧二人开始对京张路线进行初测。[①] 由丰台东柳村京奉铁路六十号桥起进行（图 2-7），（以此为起点，可与京奉铁路接轨）经西直门沿大路赴张家口。

当他们途径关沟、老龙背、蛇腰弯、鹞儿梁及石壑子等处时，感到坡度太大，工程艰巨。所以返回时绕经延庆，欲觅他线，但经过德胜口，坡度更大。另一线沿永定河坡度可以减小，但需要由西直门向西绕石景山、经三家店沿永定

① 詹天佑．京张铁路工程纪略．广州：中华工程师学会，1915：序．

图 2-7 京张铁路起点

资料来源：国家图书馆古籍馆 . 国家图书馆藏京张路工集 . 天津：天津古籍出版社，2013：186

河从猪河口出山到沙城，路线增长，“较之经关沟定线，山路难工，远七八倍”①，为款项和工期所不允。所以最终选定关沟一线（图 2-8）。②

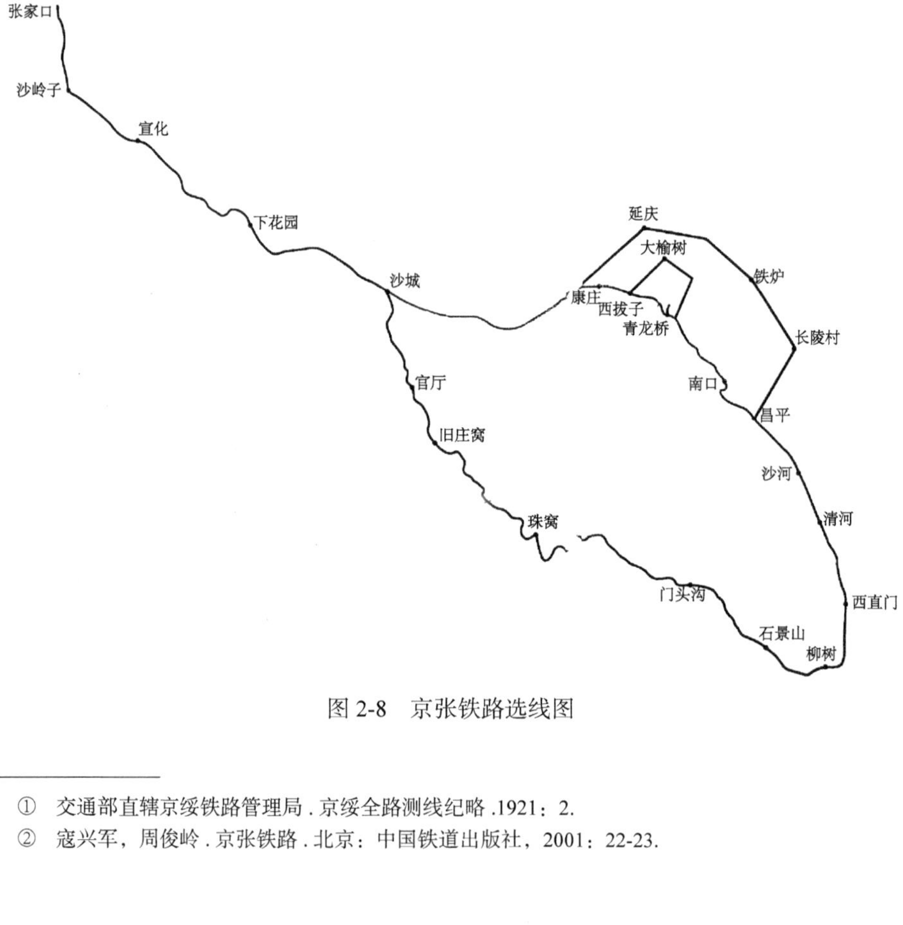

图 2-8 京张铁路选线图

① 交通部直辖京绥铁路管理局 . 京绥全路测线纪略 .1921：2.

② 寇兴军，周俊岭 . 京张铁路 . 北京：中国铁道出版社，2001：22-23.

此次勘测1905年5月10日（四月初七）开始，到1905年6月16日结束，历时月余。詹天佑对此做了详细的记录，摘其日记一则为例：

> 1905年5月19日（光绪三十一年四月十六）
>
> 从第78测站继续测量，今日终止于第92测站，共4.5里。今日所走过的路线非常崎岖不平。第78至第79测站填高平均约需6英尺。第79至第80测站填高平均需4英尺，这里仍然是在高地上。第80至第81测站填高平均需3英尺，仍在高地上。第81至第82测站是从一高地到另一高地，横跨一个山谷沟壑。需一处宽30英尺的桥位，填高平均约需50英尺。此处必须用大片石加重砌护，以防止河水主流冲击冲刷。第82至第83测站为坚石挖方，挖深平均需4英尺。第83至第84测站填高平均需6英尺（如挖方，则是岩层）。第84至第85测站，岩石挖方平均深需10英尺。第85至第86测站，填高平均需30英尺。跨越山谷沟壑，需一处20英尺的桥位。第86至第87测站与上述相同，填高平均需50英尺。为通泄山上急流，需60英尺桥位一处。第87至第88测站，填高平均需40英尺，非常崎岖，需12英尺的拱桥一座。第88至第89测站，填高平均需25英尺，需12英尺桥位一处。第89至第90测站，填高平均需30英尺需用重片石砌护并需12英尺宽桥位一处。因系走行河底，地面非常凹凸不平。第90至第91测站，填高平均需30英尺。因系走行河床，需用坚石砌筑，第91至第92测站跨越主流，需100英尺桥位一处。填高平均约需30英尺，需用重片石坚固地砌护。经调查得知，从贯市购来的石灰，发至居庸关的价格为每担350大钱。工人薪水，每人每日为150大钱。石工或木工，每人每日200大钱。[①]

该则日记是詹天佑从北京出发到张家口的测量途中，勘测居庸关附近的一段记录。可以看出，测量工作异常艰难，不仅要勘测地势地形，还要估算所需工程及工程费用，一天仅能行进4.5里（此处“里”为清制，1里约为1800英尺或0.55千米）。在本次一个多月的测量中，一天最长的行程仅为32里。[②]

---

① 詹天佑科学技术发展基金会，詹天佑纪念馆．詹天佑文集：纪念詹天佑诞辰145周年．北京：中国铁道出版社，2006：84-85.

② 詹天佑科学技术发展基金会，詹天佑纪念馆．詹天佑文集：纪念詹天佑诞辰145周年．北京：中国铁道出版社，2006：101.

詹天佑在这次勘测过程中，白天实地考察路线，晚上记录考察结果，绘制路线图，并核算筑路成本与客货流量。可谓“昼则茧足登山，夜则绘图记工，无一息之安”。

2.2.2 分段定线

根据初测情况，詹天佑拟将本路分为三段，即以南口和岔道城为分界点。下一步的测量也分为三段进行，如表 2-4。

表 2-4 京张铁路分三段计划表

分段	线路	里程/里	计划修筑所需时间	备注
一	丰台—彰仪门—南口	104	1 年多	随即行车买票，转运材料
二	南口—关沟—岔道城	33		第一段动工后即派人驻关沟精测，定路线，开工
三	岔道城—怀来—宣化—张家口	223	3 年	材料由骡车大道转运，陆续开工
全线铺垫碎石及零碎工程			1 年	
全路：按驿站 420 里，测量路程 360 里。每里约估银 2 万两。计划 4 年完工				

第一段丰台柳村到南口，由邝孙谋、俞人凤和柴俊畴三人负责定线和施工测量。詹天佑、陈西林和张鸿诰、徐文洞先行详细定线，将其分为三分段。第一分段由柳村出发，到京西三才堂（橛号 570）止，长约 17.6 千米。期间道路平坦，只是京城附近墓园颇多，只得“叠用曲线以为避就之”；第二分段由三才堂至沙河北（橛号 1140）长约 17.6 千米，期间地势平坦多旷野，易于施工；第三分段由沙河北到南口（橛号 1750）止，长约 18.7 千米。该段约 11 千米之后地势渐高，且有雨水冲路之势，故采用两次西折办法，一是避免水害，二是延长路线以降低坡度。

该段路线接近京城，房屋和坟墓较多，为了避绕增加了多处曲线；在与京汉铁路交叉处选择建桥位置，也是困难重重。渐近南口附近，由俞人凤勘测定线。考虑到铁路首段成败的重要性，詹天佑亲自主持第一段的定测。

第二段南口至岔道城定测工作由颜德庆、陈西林、张鸿诰和苏以昭担任。该段难度最大，分为大小两段。由南口北关（橛号 1750）至岔道城西（橛号 2400）长约 18 千米，山势陡峭，水势凶猛，尤其是南口到八达岭段坡度陡增，水平距离 60 000 英尺（约 18 000 米），但竖直高度差 1900 多英尺（合 580 米）。居庸关一带坡势太陡，只能延长路线，最后勉强做三十分之一的坡度，已是当时铁路路线坡度的极限。詹天佑专门派陈西林和张鸿浩细测青龙桥附近的东、西沟，选择可行路线。但此段坡度更为陡峭，峻山环抱，实难避绕，只能靠开凿山开洞来完成。该段由颜德庆和张鸿浩、苏以昭定线，工程亦极为艰难。原定八达岭山洞长 6000 多英尺（合约 1830 米），但工程巨大，为了缩短洞长，必须另想它策。陈西林测量完毕后，詹天佑又亲自实地调查，最后决定采用“人”字形路线，路线增长 700 英尺，山洞长度可缩短一半。这样就可以大大缩短工期（图 2-9）。

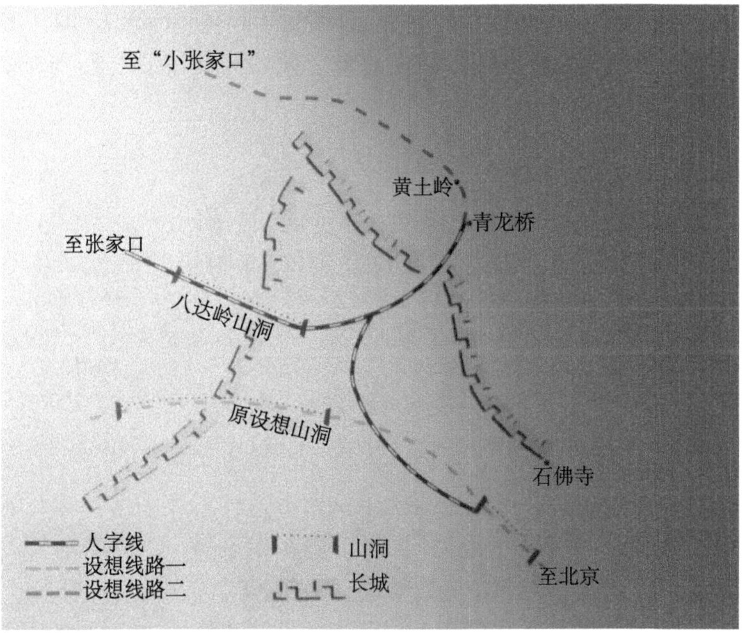

图 2-9　“之”字线对比图
2016 年 4 月 1 日摄于中华世纪坛之纪念詹天佑诞辰 155 周年展览

在铁路线中采用“之”字形路线，早在 19 世纪 30 年代就出现在欧洲矿区，七八十年代秘鲁铁路中采用较多。铁路勘测权威工程师 Beahan 及 Wellingfon 先后在 1904 年及 1906 年著书介绍了该路线设计技术。

此处使用“之”字形路线，看似巧妙，是最好的解决方案，其实不然。对此总工程司詹天佑有着非常清晰的认识，他在 1910 年 5 月 6 日写给时任宜昌川汉铁路副总工程司颜德庆的信中说：

> 我也认为，采用螺形环山线比采用之字线更为优越，无论何时何

地，只要有可能，均系如此。[①]

铁路工程中，经常通过延长路线来降低坡度。在崇山峻岭之间，开凿隧道是延长路线的方法之一。延长路线一般有三种方法（图 2-10）：① 最常用的是转弯上坡法（第一图）[②]。A、B 两点间坡度太大，则由 A 点沿河慢慢斜上，在达到高度约一半时，急转过河，再向 B 点慢慢斜上。② 桥梁（隧道）螺旋线法。在山谷深而窄的地方建造高桥，或在山脊狭而峭的地方开凿隧道，使路线呈螺旋形，以降低坡度（第三图、第四图）。③ 反向上坡法（switch-back），即“之”字形路线上坡法（第二图），在地势极为峻峭的地方使用。使用 BC 之间的反向线，延缓 AC 之间的坡度。

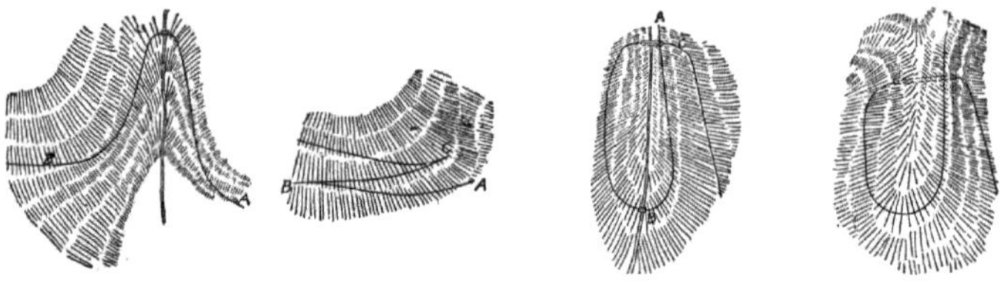

图 2-10　山岭选线示意图

资料来源：凌鸿勋 . 铁路工程学（第七版）. 长沙：商务印书馆，1938：4-5

但是，需要注意的是，后两种方法不是万不得已不宜采用，若采用则说明地势极为崎岖。尤其是“反向上坡法”，由于要在拐点 B、C 两处停车，列车行至反向线时需逆行，要求行车速度必须缓慢，否则不易停顿、反向而行，考虑到列车惯性极大，坡度又高，因此危险系数高，在运输和管理方面极为不便。

凌鸿勋在其编著的教科书中说反向上坡法“能免用最佳！”[③] 此后也有教科书评价此种路线“行车速度必须缓行，方无危险。客车繁多之路线，应避免之”。[④]有“职业学校丛书”评论：“平绥路由居庸关上升八达岭时，在青龙桥站作反向线，致行车常感困难，是其一例。”[⑤]

可见，在青龙桥选择“之”字线是当时无奈之举，从工程角度来看绝不是最

---

① 詹同济 . 詹天佑日记书信文章选 . 北京：北京燕山出版社，1989：130-131.

② 凌鸿勋 . 铁路工程学（第七版）. 长沙：商务印书馆，1938：4.

③ 凌鸿勋 . 铁路工程学（第七版）. 长沙：商务印书馆，1938：4.

④ 张泽熙 . 铁路工程（上）. 上海：商务印书馆，1946：120.

⑤ 倪超 . 铁路工程学 . 上海：龙门联合书局，1950：7.

佳方案。究其原因，是青龙桥附近的地形地势所迫。詹天佑在《京张铁路工程纪略》中写道：

> 自居庸关以至八达岭，路线不长而高度相差甚远，且山环谷曲无地旋车，虽极力将路线引长，仅得三十尺高一尺之坡度焉。①

也有人从其他角度做了解释②。

本段路线测勘在整个京张铁路工程中是最难的，勘测定线过程也最为烦琐。山势陡峭，层峦叠嶂，"仰视则迢递百寻，下临则峥嵘千仞。使用仪器，几无立足之地。"③本段原定需要开凿三段隧道④，即五贵头、石佛寺和八达岭三处。但因居庸关处天然坡度为二十八九分之一，超出行车路线的极限，"线经数易，绕行该处东沟，添凿山洞，线可绕长六百余尺，则坡度可勉作三十分之一。为山势所限，路线不能再行绕长，即坡度不能再行作好。"⑤在詹天佑1907年2月16日给邝孙谋的信中提及，"在居庸关对面增加了一座山洞，长约1200英尺。"⑥

四个洞由丰台方向依次为居庸关洞、五桂头洞、石佛寺洞和八达岭洞。五桂头和石佛寺、八达岭三处皆是必经之处，而居庸关洞是为了降低坡度增加长度；八达岭山洞原测长为六千多英尺，绕行其东沟七百多英尺，呈"之"字形，使山洞长度缩短了一半。该段地势最为险峻，为京张铁路成败的关键。外国工程师认为"修筑京张铁路的工程师尚未出生"即指此段路线。

第三段岔道城到张家口，由副工程司翟兆麟、刘德源、李鸿年和耿瑞之定线。经多次勘测，反复选线，由响水铺沿大路过鹞儿梁，经半坡街过宣化，经石壑子达张家口。其间响水堡至宣化间有鹞儿梁，层峦叠嶂不亚于关沟，初测路线

---

① 詹天佑．京张铁路工程纪略．广州：中华工程师学会，1915：34-35.

② 李喜所在其"留美幼童小传"中有：关于南口坡度，"当时詹天佑向庆亲王呈送的方案中，一个为环形道，一个为直爬。他还解释说，环道易于爬越南口，直爬则直接顺行。庆亲王说他对于坡度情况一无所知，但政府的要求是修建一条从北京直达张家口的铁路，而不能转弯。于是，修成后的铁路在南口地方的坡度很陡。"见：李喜所．中国留学史论稿．北京：中华书局，2007：173.

③ 詹天佑．京张铁路工程纪略．广州：中华工程师学会，1915：34.

④ 詹天佑致诺索布夫人1906年5月3日信、致布雷肯里奇1906年5月29日信//詹天佑科学技术发展基金会，詹天佑纪念馆．詹天佑文集：纪念詹天佑诞辰145周年．北京：中国铁道出版社，2006：191，194.

⑤ 交通部直辖京绥铁路管理局．京绥全路测线纪略．1921：3-4.

⑥ 詹天佑科学技术发展基金会，詹天佑纪念馆．詹天佑文集：纪念詹天佑诞辰145周年．北京：中国铁道出版社，2006：214.

需开凿隧道3000多米，工程过于艰巨，之后詹天佑率人再三比较，遂采用绕西南谷地，“经辛庄、跨洋河滨之崖，北折而至半坡街，渡泥子河，穿墓地之隙，而趋宣化大营之后。”8月30日，京张路线定测完毕。

岔道城到张家口距离较长，计划分八段施工。第一分段岔道城西至马圈子前（橛号2900）长约14千米，路途平顺，只是需衔接前段坡度并绕避河水；第二分段至五营梁南（橛号3400）长14千米，期间为越渡怀来河而路线曲折；第三分段至大屯东（橛号3900），长14千米，期间尚属平易，只是为避水患、设站，采取了曲线；第四分段至鸡鸣山南（橛号4410）长14千米，为避开水田而绕行山南；第五分段至响水堡东（橛号4870）长13千米，该段山峰迂回，又有羊河，路线只得依山循河。至蛇腰湾、老龙背处再劈石填河，工程艰巨可与关沟一段相比；第六分段至宣化大营北（橛号5360）长13.5千米，中间为绕过鹞儿梁，绕经西南平地；第七分段至沙岭子（橛号5900）长15千米，地平路顺，只是占用良田较多，妥协过程颇费周折；第八分段至张家口（橛号6340）长16千米，原拟经榆林、石壑子，但此线坡度大、风沙大，所以改道经由沙岭子、宁远，以降低坡度，避免风沙。但之后的老鸦庄、高庙等处山脉隆起，坡度增高。①

该段路线中，鹞儿梁、半坡城、石壑子三处地势陡峭。其中鹞儿梁坡陡山峭七八里，与关沟相仿，半坡城有数里长的路程需要垫高地基四五丈，石壑子则需开山之工。该段定线时正值寒冬，冰雪覆地，为降低施工难度，勘测者由响水铺出发，离开大路，沿河而上，欲寻找可以绕过鹞儿梁的路线。经过辛庄子二里多，“幸有天造地设之山沟竟得如愿以偿”②，即由宣化绕沙岭子可以避去石壑子。

铁路勘测和定线，关系到工程的建筑难易和成败，测量细致，工程实施过程就会容易。此线为我国第一条自主修建的铁路，在允许条件下，尽量做到一劳永逸。京张铁路的各勘测人员都谨记“苟测勘稍就其易，则工程多而费用巨”③，选线皆为多次选择反复比较而得。

京张线路有曲线125处，多为避就坟墓、绕行村落、因山循势。其中用于避就坟墓村落的计有27处，占全路21.6%，尤其是在第一段17处中有13处是为了避绕坟墓和房屋，当时取路难度可见一斑。詹天佑在《京张铁路工程纪略》中感叹：

> 西国有所谓路权者，若路线所经，业主不允让产以致改线避就，则

① 此段文献，主要参考《京绥全线测线纪略》。

② 交通部直辖京绥铁路管理局．京绥全路测线纪略．1921：4.

③ 交通部直辖京绥铁路管理局．京绥全路测线纪略．1921.

铁路能向业主索相当之赔偿，故曰“路权”。而中国造路，则每因业主阻挠，多生损害，故以为公用征收制度不可缓也。

京张铁路坡度最大为南口至康庄段，达 3.33%，是当时我国铁路之最。其他路段在 0.5%—1%。京张铁路全线图见文后插页中的附图 2。

1905 年 6 月 24 日，詹天佑撰写了勘测京张路线的调查报告：

京张路权既完全定为中国自办，所有工程全部概用华员，绝不借材他国。遂于光绪三十一年四月设局开办，以天佑为总工程司，旋即只带熟谙工程之学生徐张二人，迭次详细测勘。其时外人议论，咸以吾国工程人材甚难。且有英人在伦敦演说，谓中国能开凿关沟之工程司尚未诞生于世云云。其言中之意何若，固可不必深论，而斯路工程之艰阻，于此实可想见。四月初五日开始测勘，阅月事竣。兹将当时调查所得各情形条列如下：

一、全路里程按驿站计四百二十里，以测量路程计三百六十里，此路中隔高山峻岭，石工最多，桥梁又有七千余尺，路险工艰，为他处所未有，每里约估银二万两。（仍俟细勘，方能估实数目。）

一、第一段由丰台修至南口，长一百零四里，从速动工，约年余方可竣工，随即行车卖票，冀得少获馀利，且于转运材料，亦较为直捷。

一、第二段由南口修至岔道城，长三十三里，拟俟第一段开工后，即派精细工程司分驻关沟地方，详细测勘，两相比较，视何路为最宜，即由何山开凿，赶紧动工。

一、第三段由岔道城经怀来、宣化达张家口，长二百二十三里。关沟山洞一时难以竣工，所有该段材料只可先用骡车由大道转运，陆续兴工。一俟山洞凿通，而第三段工程亦将告成，若两段同时并举，期以三年余约可全路通行，惟铺垫碎石以及零碎工程，尚须一年之久方可一律完善。约计四年余，若款项应手，则全路可以告成。

一、全路商务，居庸关设有道捐局，专收车辆牲口捐。查其所收捐册，约计每日用马车骡驼转运货物，经过该局有二万担之谱。由京往来张家口货物，现在每担约需时价银一两二钱，每人约需车价银三两五钱。若将来由火车装运，货物每担车脚以二钱五分核算，全年三百六十天约可收货票银一百八十万两。客座每里以制钱五文核算，每日以五百客座计之，全年三百六十天约可收客票银二十五万九千二百两，统计货票客票两项，每年约有进款银二百零五万九千二百两。

一、全路养路票，每里每日约需银十两，以全年三百六十天核算，共约需银一百二十九万六千两。此路之外，既无河道，又无别路可以转运，且车马骡运脚价亦昂，即车价稍为增加，未尝不可。但创办伊始，商旅骤闻车价昂贵，众皆裹足，以故车价愈贱，而招来愈广，则进款亦愈多。查泰西各国铁路定价最廉，凡遇商贾往来，格外优待，绝无留滞，以故年盛一年。一俟第一段路工告竣，即当严定章程，庶几运务日盛，而利源日溥，即京榆全路进款，亦可借此日增。

一、查宣化府属之鸡鸣山煤苗颇旺，已有用土法开采，其煤质亦似甚佳，于机器厂、火车锅炉，或可适用。若遣派矿师赴该山查勘，果系可用，再行设法开采，则京张全路籍资利用，既省转运之费，取值亦廉，并可运销各处，而全路进款亦日益加增。

一、查怀来县属之新保安山，素产硬煤，为该处居民所日用。如遣矿师查勘鸡鸣山煤矿时，可就便勘验，如煤苗果旺，似宜一并开采，即就地销售亦必流行。若再由火车运销各处，则车价较驼运取值尤廉，于本路进款裨益更多。

一、如能开采以上两矿，先有三利：本路免购开平煤炭，既省运费，又可就近装用，利一；该矿出煤愈多，转运别处销售，必由火车装运，则车脚日多，利二；由火车装运，车价既廉，则民间日用亦多，其煤价亦必照现在减少，而民间更乐为购用，且附近小民更可籍该矿工作以谋生，利三。①

整段路线的定测，在当时条件限制下是最佳选择，但关沟一段显然是运输能力提升的瓶颈，若增加运输能力，必须重新改线。这种想法最迟在 1921 年就有体现，在 1921 年京绥铁路管理局编写的《京绥全路测线纪略》（图 2-11）中有：

近因京绥全线告成，并已规定展至包头……将来关沟运输仍行拥挤，现拟改换加重桥梁，再添加力走山大机车，并再如前法添设遇车车站，或添修双轨以济运输，近数年间当可无虑，然此关沟一段，坡度如此之陡，此次变通济运办法终难久恃。将来西北至大交通直达甘、新，以及西比利亚与欧西陆路衔接，仍恐不济根本，计划须仍改良坡度。关

① 詹天佑．京张铁路工程纪略．广州：中华工程师学会，1915：5-6.

沟天然形势无可设法，彼时自应改建沿永定河之线。该线由三家店龙烟支路之军装车站或本路门头沟车站至清白口，现为斋堂煤矿拟暂修窄轨运煤……该段路线于民国元年曾经俞君人凤为斋堂矿测勘一次，惟由青白口沿永定河出猪河口至沙城，计程尚有一百二十余里与本路接，未经勘测终不能确知该段山河形势至真相……

民国四年九月，经陈西林于副工程司任内亲往勘测，由沙城车站测至猪河口入山，乃层峦叠嶂悬崖峭壁，无路可通，不能登眺。河水则激流湧湍奔腾澎湃，舟桴难行，不能凭渡。勉强攀棘拮石，进测仅里许，为难万状，委实不能再前……①

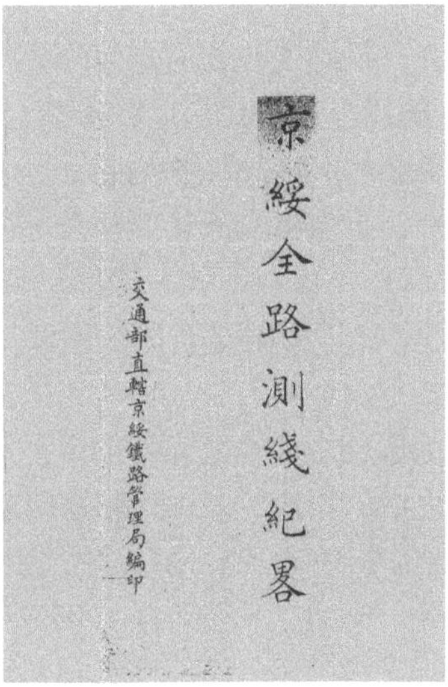
京綏全路測綫紀畧
交通部直轄京綏鐵路管理局編印

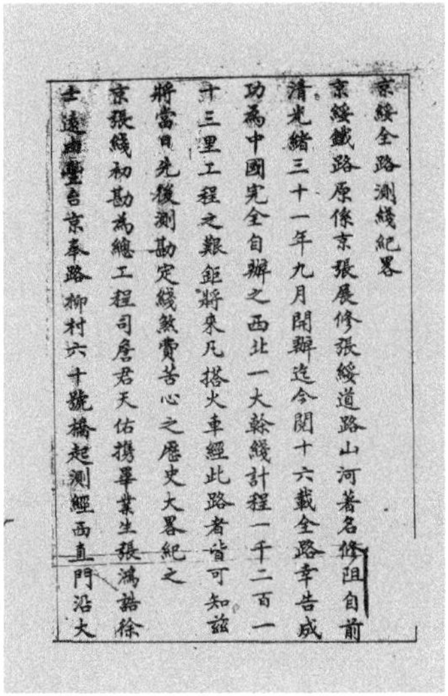
京綏全路測綫紀畧
京綏鐵路原係京張展修張綏道路山河著名修阻自前
清光緒三十一年九月開辦迄今閲十六載全路幸告成
功爲中國完全自辦之西北一大幹綫計程一千二百一
十三里工程之艱鉅將來凡搭火車經此路者皆可知茲
將當日先後測勘定綫煞費苦心之歷史大畧紀之
京張綫初勘爲總工程司詹君天佑携畢業生張鴻誥徐
士遠[illegible]京奉路柳村六十號橋起測經西直門沿大

图 2-11 《京绥全路测线纪略》封面和首页

可见在京绥全路尚未完工之时，陈西林就开始寻找能够替换或解决关沟段问题的途径。但由于地势艰险，第一次勘测无功返回。之后计划待天寒地冻之时，河水结冰可以再测。但等到三九天前往勘测时，却发现河水湍急，结冰者少。虽携带舟楫，但测量仍然无法进行。第三次测量，据当地居民讲，每年农历四月上游拦水灌溉农田，下游干涸，可以徒步行走。遂轻装出行，终于达到目的。

以上说明当时选线关沟实属无奈之举。陈西林欲测之线，即詹天佑最初考虑之线，限于当时条件，势不能行。此线即后来的“丰沙线”，中华人民共和国成立

① 本文有关京绥铁路选线测量内容，多参考该文献。

后才得以实施。现在经过“丰沙线”，重峦叠嶂，仅“旧珠窝—拦河坝—官厅”两站路程，隧道从52号到65号共14个，接二连三，绝非当时的技术、时间、经费等条件所允许。

另外，西直门车站起初只是中间普通一站。但等到京绥全线通车后，加之环城支线、京门支线修成，丰台、张家口及两条支线的四方车辆都在西直门站交汇，原有设置不能满足需要，总工程司陈西林召集本路人员群策群力，筹划出比较宽大的场所，免去了后顾之忧。

2.3 道路铺设

道路施工是铁路技术实现的实地操作，是铁路工程物质呈现的重要过程。

在施工之前一项重要任务就是购地。路线经过居民房屋、田地、坟墓等处，需要和其所有者协商处理，并给予一定的经济补偿。京张铁路的购地工作主要由会办关冕钧负责（首任总办陈昭常离任后，原会办詹天佑接任总办，关冕钧任会办）[①]。

京张铁路以丰台站为始发站，而丰台至柳村段则早有津榆路（京奉路）修成，所以该段租借津榆铁路，京张铁路的修建从柳村开始。柳村至广安门段的路线原为津榆路为修至颐和园准备，因此该地段已由津榆路先行勘定，京张路局由津榆铁路处购来稍作了修改。即从广安门之后的路线，才由京张铁路独立购买。

按当时土地所有权划分，京张铁路所需购地有“官地”、“民地”和“旗族地”。根据土地所有权不同，购买价格各异。光绪三十一年（1905年），京张铁路制定《购地章程》二十五条，地价则根据光绪二十九年津榆铁路所定柳村至广安门一带的地价，等次更细，价格稍高。例如津榆铁路局将地分为园地、上等地、中等地、下等地四等，京张铁路局则将园地分为四等、旱地三等，并加入山地三等和沙地荒地。地上的房屋、坟墓和庄稼、树木、蔬菜都列入章程，后来还临时增加了碎砖墙、土墙和乱石墙。之后又特别列出的三等水田的价格不在《购地章程》中。[②]

光绪三十一年九月初四，京张铁路开始插标、开工。

---

① 詹天佑．京张铁路工程纪略．广州：中华工程师学会，1915：19.

② 关赓麟．交通史路政编（第九册）．南京：交通部铁道部交通史编撰委员会，1935：1794-1798.

2.3.1　建筑材料的准备

建筑材料的准备，决定着工程进展的速度，也关系着工程费用的多少。在京张铁路修建过程中，土石的备取采用“招标承办”的办法，既便于管理又节约时间，减少耗费。得标者往往再招小工头，层层管理，层层监督，詹天佑将这一措施归为“本路费轻而成效速，此一原因也”[①]。

修筑铁路主要原材料有水泥、沙石、土、石碴、木料（枕木）、钢轨及附件，以及筑路完工后的机车、客货车及煤炭等等。京张铁路既为我国自办，总工程司詹天佑表示尽量用中国自己生产的原料。但限于客观条件，一些重要的原材料需国外购买。

水泥是工业建筑主要原料，有凝固、硬化作用，和沙、石子按一定比例混合搅拌，会形成不同硬度的混凝土。石子和沙子大多可以就地取材，价格低廉，和水泥混合程序简单方便、易于掌握。

19 世纪 80 年代，随着洋务运动的开展，军工、建筑领域对于水泥的需要渐多。当时中国生产水泥的地方只有澳门一处，但当时澳门还被葡萄牙所占。所以国内水泥多从国外进口，非常昂贵。在这样的市场条件下，唐山煤矿开平矿务局总办唐廷枢报请北洋大臣直隶总督李鸿章批准，于光绪十五年（1889 年）建成唐山细绵土厂。而“细绵土”这个名字的由来，正是“cement”——水泥的英文译音。

唐山细绵土厂是我国第一家水泥厂，也是后来“唐山启新洋灰股份有限公司”的前身。初建时的细绵土厂，因产品成本高、质量次，连年亏损，不得不在 1893 年停产。1900 年倒卖给英国人，1906 年，袁世凯以北洋大臣身份令天津道周学熙收回，改名为“启新洋灰公司”。此后历届主持事务的都是当时炙手可热的大官僚，一直到民国时期。凭着这种关系，启新洋灰公司取得了许多便利和特权。[②]

在修筑京张铁路时期，除启新洋灰公司外，广州和湖北各有一家水泥厂，但规模远小于启新洋灰公司，而且路途遥远。在光绪三十二年八月二十一日启新洋灰公司给袁世凯的信中，有让袁氏饬令京张等路购用其水泥内容[③]。而京张铁路

---

① 詹天佑．京张铁路工程纪略．广州：中华工程师学会，1915：61.

② 南开大学经济研究所，南开大学经济系．启新洋灰公司史料．北京：生活·读书·新知三联书店，1963：4.

③ 南开大学经济研究所，南开大学经济系．启新洋灰公司史料．北京：生活·读书·新知三联书店，1963：90-91.

的水泥大多也正是购自启新洋灰公司。这也是最好的选择，一是启新洋灰公司生产规模正规，质量可以得到保证，二是该公司处于唐山，运输方便，费用低。客观上支持了民族企业。

但在启新洋灰公司初建时期，生产的水泥质量还不够稳定。京张铁路在一些重要工程中，仍需要购买德国水泥。为此，詹天佑曾于 1905 年 8 月 21 日告知天津各德国洋行，通过招标办法购买 5000 桶。①

片石主要用于建筑路基，可以增加硬度节省水泥，有防护路基被水冲蚀的良好效果。在京张铁路上，片石除用作建筑路基外，还充当砖石用来筑垒厂房墙体。图 2-12 为京张铁路建筑遗迹中发现有片石充入混凝土中。

图 2-12　京张路上废弃的桥墩中混有片石

资料来源：王嵬 . 我的京张铁路：开通首段 . 北京：中国铁道出版社，2017：275

在修筑京张铁路时，詹天佑决定在合适的地方开设片石厂，既可以降低成本，还可以增加收入，筑路完毕自然撤去。图 2-13 为京张铁路开设的沙岭子片石场。

根据规划，要在南口修建厂房，需要大量的砖石用来建造房屋。虽然南口靠山，但如果购买片石，耗费巨大。因此詹天佑决定在南口城东山开设片石厂。开设后，该厂生产片石产量大，不仅供应南口厂房，还供南口以南的桥工或河堤用；该厂的石料不仅可以做房屋基础，还可以替代砖用来垒筑墙壁。为此节约了大量资金。这也是詹天佑“开源节流”管理思想的重要表现。

此外，在修建京门支线时，在麻峪村和永定河的上游城子村也分别开设了片石厂，供该支线使用。

---

① 詹天佑致天津各德国洋行 1905 年 8 月 21 日信 // 詹同济 . 詹天佑书信选集 . 广州：华南理工大学出版社，2006：12.

图 2-13　京张铁路沙岭子孤山片石厂

资料来源：国家图书馆古籍馆．国家图书馆藏京张路工集．天津：天津古籍出版社，2013：249

石碴，是铁路铺设的又一重要原料，大多可以就地取材，可由山石破碎、亦可用河中圆石充当，但用量很大，有一些地段当地不能满足需要，须从他处采购。为此，京张铁路还开设了石碴厂。大井石碴厂距离广安门 13 华里（每华里约 0.55 千米），是京张铁路专门开设的石碴厂，于光绪三十二年三月二十日开办。该厂的净石碴、混石碴、净沙包括运费都比购买京奉铁路局的费用少一半多。而且外城马路工程局也购买本厂石碴，所以除供京张铁路第一二三段（柳村至南口段）使用外还有收入，一举两得。光绪三十三年夏，第一二三段竣工，本厂撤销。

开源节流是工程实施过程中一个重要环节，它关系着筑路建设经费。京张铁路不拘于形式，开设片石厂和石碴厂不仅节省了大笔开支，还增加了收入。由于不受季节影响，詹天佑将这些工作都选择农闲时间，利用当地居民基本无事可做的时间，容易集中劳动力，又降低了劳力成本，客观上也增加了当地居民的经济收入。

在京张铁路修筑初期，为节约资金，詹天佑曾向关内外铁路购买旧钢轨用于铺设各站站内正线以外的线路。每吨60磅旧钢轨价格为60元（修建京张铁路时期，“银两制”与“银元制”并存。如詹天佑 1905 年每月薪水为 500 银两加 300 银两津贴及房租 150 元，即每月领取 800 银两及 150 元。当时二者换算关系为 1 银两约合 1.4 元），鱼尾板每块 0.75 元。① 此外，还使用了新易铁路剩余的 60 磅钢轨的鱼尾

① 詹天佑致关内外铁路总工程司金达 1905 年 7 月 31 日信 // 詹同济．詹天佑书信选集．广州：华南理工大学出版社，2006：5.

螺栓和道钉以及道岔（见表 2-5）。[①] 这与“京张铁路除枕木购自日本、机车购自英国外，其余钢轨、客货车分别购自汉阳铁厂和唐山机车厂”[②] 的说法稍有偏差。

表 2-5 1905—1909 年京绥铁路购置路轨及附件情况表[③]

购置时间	种类	数量	种类	数量
光绪三十一年（1905 年）	每码 85 磅钢轨	1 408 299 吨	85 磅鱼尾螺栓	65 040 个
	每码 85 磅加硬钢轨	5 003 根	70 磅鱼尾螺栓	700 个
	每码 60 磅钢轨	594 700 吨	60 磅鱼尾螺栓	720 磅
	小钢轨	1 891 根	85 磅道钉	447 040 个
	85 磅加硬鱼尾铁	16 668 块	60 磅道钉	2 720 个
	85 磅鱼尾铁	18 000 块	85 磅道岔	64 副
	70 磅鱼尾铁	320 块	60 磅道岔	2 副
	60 磅鱼尾铁	4 108 块	小道岔	1 副
光绪三十二年（1906 年）	每码 85 磅钢轨	6 549 根	60 磅鱼尾螺栓	14 710 个
		5 265 836 吨	小鱼尾螺栓	26 720 个
	每码 85 磅加硬钢轨	220 根	85 磅道钉	148 090 个
	每码 70 磅钢轨	140 根、24 661 吨	小垫板	16 530 块
	每码 60 磅钢轨	11 248 吨	小垫板螺丝	67 603 个
	小钢轨	6 480 根	小垫板戒子	69 779 个
	85 磅鱼尾铁	11 506 块	60 磅道岔	30 副
	60 磅鱼尾铁	3 472 块	小道岔	8 副
	小鱼尾铁	13 040 块		
光绪三十三年（1907 年）	每码 85 磅钢轨	3 606 根	60 磅鱼尾螺栓	60 374 个
	每码 60 磅钢轨	13 638 根	85 磅道钉	129 416 个
	85 磅鱼尾铁	10 925 根	60 磅道钉	438 866 个
	60 磅鱼尾铁	27 928 根	小道岔	4 个
	85 磅鱼尾螺栓	24 154 个		
光绪三十四年（1908 年）	每码 85 磅钢轨	11 541 根	85 磅道钉	332 476 个
	85 磅鱼尾铁	24 372 块	85 磅道岔	3 副
	85 磅鱼尾螺栓	49 500 块		
宣统元年（1909 年）	每码 85 磅钢轨	12 155 根	85 磅道钉	330 000 个
	85 磅鱼尾铁	24 800 块	85 磅道岔	3 副
	85 磅鱼尾螺栓	51 750 块		

也有钢轨购自汉阳铁厂（表 2-6）。汉阳铁厂由张之洞创办，之后又由盛宣怀

① 詹天佑致丰台京张铁路工程司陈西林 1905 年 8 月 13 日信 // 詹同济 . 詹天佑书信选集 . 广州：华南理工大学出版社，2006：10.

② 杨勇刚 . 中国近代铁路史 . 上海：上海书店出版社，1997：71.

③ 据《交通史路政编》（第九册）第 1825-1831 页整理。1909 年购钢轨并非全部用于京张段。

接管。初始由于技术问题，不能生产钢轨。之后经过改进可以生产，但价格要高于国外进口。修筑京张铁路期间，该厂正是李维格主持厂务、蒸蒸日上的时期。

表 2-6　汉阳铁厂历年销售钢轨料件铁路客户（1908—1916 年）[①]

年份	铁路客户
1908	京汉、苏、浙、闽、粤
1909	苏、浙、闽、广九、南浔、津浦、长株
1910	京汉、苏、浙、京张、津浦、广九、道清、长吉
1911	京汉、京张、津浦、潼洛、粤汉、道清、长吉、同蒲、张绥
1912	京汉、道清、南浔、潼洛、浙江
1913	张绥、粤汉、浙江、陇秦、豫海
1914	张绥、粤汉、南浔、漳厦、津浦、萍株、陇秦、豫海
1915	粤汉、道清、浦信、萍株、津浦、陇秦、豫海、沪杭甬
1916	粤汉、道清、张绥、南浔、四郑、沪杭甬

枕木为当时铺设铁路所必备。当时水泥枕技术还不成熟，造价较高，且与木枕相比使用效果较差。修筑京张铁路时，枕木大多购自日本，也有购自美国（表 2-7）。[②] 京张全路约 360 里，预计使用枕木 320 000 根，每根白银 1 两，共需 320 000 两。[③]

表 2-7　1905—1909 年京绥铁路购置道木情况表[④]

购置时间	种类	数量（根）
光绪三十一年（1905 年）	道木	28 657
光绪三十二年（1906 年）	道木	121 992
	头等桥梁木	1 200
	头等道岔木	4 267
光绪三十三年（1907 年）	头等道岔木	2 000
光绪三十四年（1908 年）	头等道木	95 219
	二等道木	2 199
	三等道木	4 134
宣统元年（1909 年）	头等道木	85 596
	二等道木	3 024
	三等道木	1 453

① 代鲁 . 汉冶萍公司的钢铁销售与我国近代钢铁市场（1908—1927）. 近代史研究，2005（6）：39-74.

② 关赓麟 . 铁路史路政编（第九册）. 南京：交通部铁道部交通史编撰委员会，1935：1832.

③ 詹天佑科学技术发展基金会，詹天佑纪念馆 . 詹天佑文集：纪念詹天佑诞辰 145 周年 . 北京：中国铁道出版社，2006：124.

④ 据《交通史路政编》（第九册）第 1835-1842 页整理。

在材料订购方面，詹天佑常采用招标方式[①]：

关于订购材料，如系购自国外和大宗购进者，我们通常是招标，并为此提出规范。然后在一定时期开标，凡条件最合适者可得标……对于一般材料，我们交给代理人去办。

我们的机车和车辆均系唐山工厂制造。所用材料大多从英国购进。

如部分钢轨由关内外铁路代为订购，有时也由比利时公使供应。[②]

在用料方面，詹天佑既顾及费用又要保证工程质量，如铁路正线用 85 磅钢轨，侧线则用 60 磅钢轨。日本枕木用于京张铁路首段，油浸枕木则用于南口关沟段，该处采用特制坚硬的钢轨。[③] 关沟段山区大坡道上使用的钢轨为山伯式（Sandberg）加强型钢轨。

2.3.2 施工过程

路线选定后即“初测”完成。初测后要绘出平面图，结合平面图具体细致地画出施工路线，即为“定线”。测量的最后一步为“施工测量”，就是根据定线情况，在实地定下木橛，以标志路基位置及涵洞、桥梁等其他建筑物位置，工作繁重具体，需要沿线逐一落实。

道基是铁路铺设的基础，“施工测量”后，按照标志修筑路基。一般路线按照“高挖低填”的原则即可，同时注意道基加固和斜坡防滑工程。图 2-14、图 2-15 分别为道基填高、下挖示意图。[④]

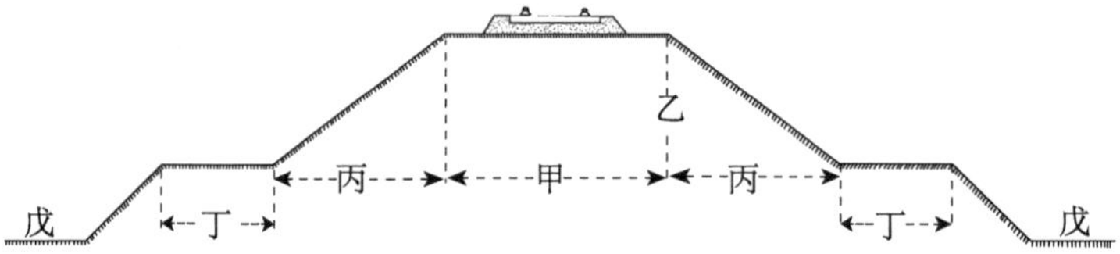

图 2-14 道基填高示意图

如图 2-14 所示，甲为道基宽度，一般二丈（6.4 米）为宜；斜坡坡底宽度丙

① 詹天佑致成都商办四川省川汉铁路工程司胡栋朝1906年12月5日信//詹同济.詹天佑书信选集.广州：华南理工大学出版社，2006：32.

② 詹同济.詹天佑书信选集.广州：华南理工大学出版社，2006：13.

③ 詹天佑“答友人颜先生”1907 年 7 月 5 日信 // 詹同济.詹天佑书信选集.广州：华南理工大学出版社，2006：44.

④ 本节用图除特殊说明外，皆采用《京张铁路工程纪略（附图）》。

为高度乙的 1.5 倍；丁为其他通行道（“马道”）；戊为取土挖的坑。

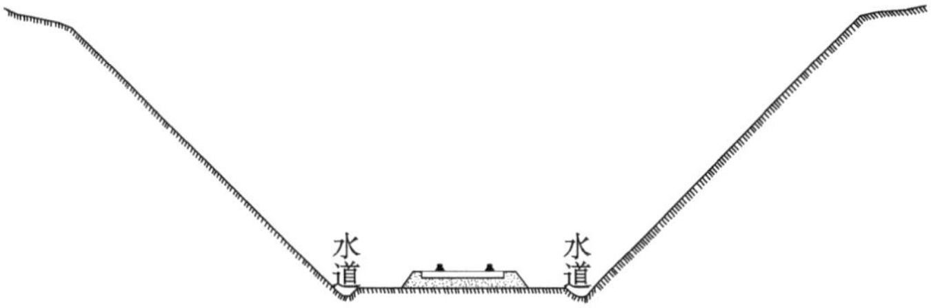

图 2-15　道基下挖示意图

下挖成道基亦需在道基两边开水渠以排水，两旁高处成坡，坡度一般为 45°。

由于铁路长期处于户外，风吹雨淋在所难免。如果不及时排水，一是会加速枕木腐烂，二是会使路基垮掉。因此，及时排水是铁路建筑路基时必须要考虑的。图 2-16 是一般路基泄水法示意图。

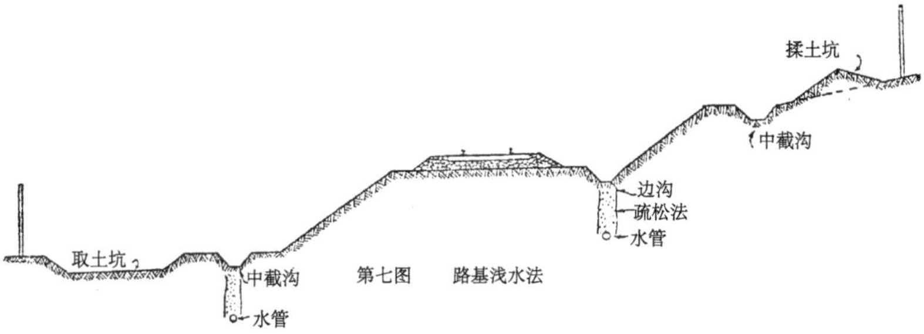

图 2-16　一般路基泄水法示意图

资料来源：聂肇灵．铁路．上海：商务印书馆，1993：21

本路道基分段施工，颇为顺利，但其中也有自然、人为等不良因素。第一段柳村至京西三才堂（橛号 570）共土方 65 300 方，每方均价 0.15 元，1905 年 12 月开工，1906 年 3 月完工。第二段沙河北，适逢天寒地冻、人员缺乏，致使工期稍有延误，但没有影响后续工程。第三段至南口共土方 92 000 方，分三段招标。由于地段不同，施工难易有别，所以三段情况各有不同。其间也有承办者不力，屡经变换，严加督促，方如期完成。

第四段南口至岔道城一段，地势最为峻峭。土工工程极为艰巨，下挖最深约 27.4 米，填高最高约 21 米，所以价格达每方 0.85 元之高。石工往往需要炸药炸裂才能施工，遇山水冲击处还需用石片垫高，所以石工价高达 1.50 元。

其余各段情况大致相仿，蛇腰弯老龙背仍然用炸药炸石、水泥固堤，也有个别地段因天气寒冷工人缺乏稍有延期情况，但终没有延误后期工程。

另外，为建西直门车站，更改河道、填平芦塘颇费土工，期间工头因涉及官司潜逃，延长了工期；还有康庄车站工程颇巨，共费银元 18 000 元之多。

道基处理好之后，开始道面作业，包括铺道、铺碴、设牌号、铺岔道等。在道基上铺设钢轨程序如下：

> 先于道基上测准钉道之中线，次铺碎石或卵石一层，厚约一尺，而宽十二尺。将道木横置其上与石面齐平，乃安置钢轨于枕木上，使两轨平行相距四尺八寸半（应为英尺——笔者注）。用四分道钉二枚（一名钩钉又名狗头钉）竖钉于枕木上。其接轨处用鱼尾板一块（长一尺六寸侧面成三角形其勾边股边均紧贴轨身），以螺丝钉四枚旋夹极紧如第三图。其容螺钉之孔系长圆形，以备钢轨涨缩或移动之地位（图 2-17、图 2-18）。[①]

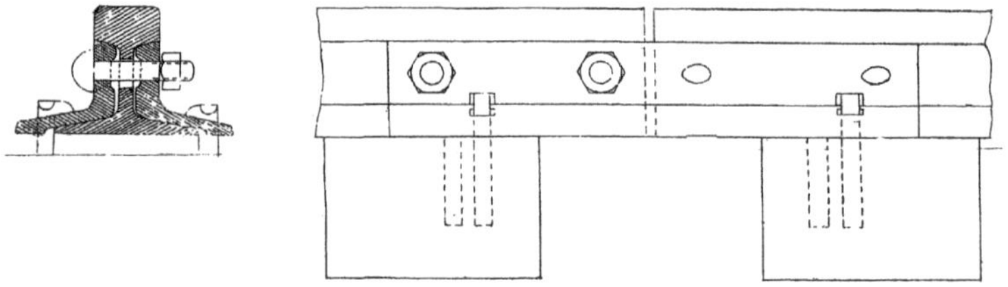

图 2-17 “第三图”：用鱼尾板以螺丝钉四枚旋夹极紧

图 2-18 被鱼尾板连接的两轨条

2010 年摄于张家口火车站

① 詹天佑 . 京张铁路工程纪略 . 广州：中华工程师学会，1915：56.

图 2-19、图 2-20 分别为现存的道钉、旧式铁路。

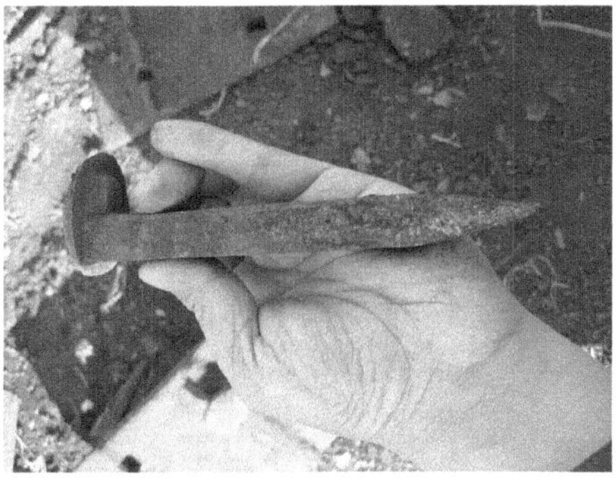

图 2-19　道钉
一名钩钉，又名狗头钉，摄于张家口火车站

图 2-20　青龙桥车站一段旧式铁路
2010 年摄于青龙桥车站

作为一项综合技术，铁路技术包含着众多的发明与创造，鱼尾板就是其中之一。起初，两根铁轨的接头只是被紧紧地固定在一个共同的轨座上。这样如果一辆重型或高速机车驶过，会破坏这段铁路最终导致事故发生，在坡道上这种事故发生率更会加大。1847 年，布里奇斯·亚当斯（Bridges Adams）获得了鱼尾板接合的专利。他把一对铁轨端头的两边用窄板夹住，并用螺栓穿过轨腹予以固定。东部郡铁路公司（Eastern Counties Railway）的布拉夫（Peter Bruff）购得这项专利，19 世纪 50 年代之后被人们广泛利用。这种看似简单的装置，大大提高了轨道安全。①两轨之间衔接处需留有“伸缩缝”，防止热胀冷缩现象。弯道铺轨要注意外轨高于内轨，以使火车自身重力提供向心力，但高度差要适中，最大不能超过 0.15 米。在实际施工过程中，钢轨、枕木、钩钉、螺丝、鱼尾板等附件要按路分段分布，这样工人安装时省时省力。

在京张铁路中使用的枕木有两种，一种长九尺宽九寸厚八寸（皆为英尺，下同），用于钢轨连接处，每节钢轨用四块；另一种长八尺，用于钢轨中间的铺设。由于左右钢轨接头错开铺设，及左轨的接头处要和右轨的中间对齐，右轨的接头要和左轨的中间对齐，所以每节钢轨需要四块长枕木（图 2-21）。

在钢轨中间也要装鱼尾板，枕木上要加垫板（图 2-22）。钢轨接头处枕木距离为九寸。在本路关沟段地势陡峭需要更加加固，鱼尾板等需更加多用。

① 查尔斯·辛格，霍姆亚德 E J，霍尔 A R. 技术史（第五卷）. 远德玉，丁云龙译，上海：上海科技教育出版社，2004：229.

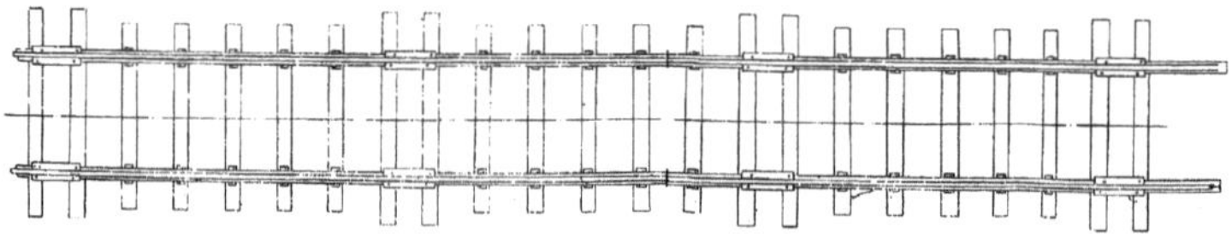

图 2-21　枕木与轨条铺设方法

图 2-22　已被拆除的张家口站的木枕铁路

左图为道钉和垫板，2010 年摄于张家口火车站

京张铁路除货栈道岔用每码重六十磅钢轨外，其余各处都用每码 85 磅（42.16 千克 / 米，长 9.144 米）钢轨。钢轨横截面高 13.21 厘米，底宽 13.46 厘米。弯道处钢轨长 9.12 米。枕木长 2.44 米，宽 22.86 厘米，厚 15.24 厘米。每一节钢轨铺十三根枕木，货栈道岔铺十一根。当时钢轨横截面应为图 2-23 所示。

铺道之后，需要铺碴。钢轨安置完毕即可通过运料车。运料车往来将道基压实，即开始铺碴。本路石碴有两类，一类是净碴，即开凿山石或洗净的沙石；一类是混碴，混有泥土。本路石碴大多就地取材，若当地不易采掘则取于本路大井和西拨子的石碴厂。如康庄东有河滩，石碴随地都有，只需招工按方采挖即可。

土工采用投标包工法，即首先出示招标通告发放标单，愿承办者领单亲自勘测路段，预估工程所需工费，将数目写在标单上密封后投入标箱。标期到时，开箱验标，出价最低者中标。但也有中标心切出价极低者，如果将工程交给此类工头，工程必然不能如期完成，所以要防止、识别此类现象。为此，出标者需要预先有所估价，相差不大者方可承担。

岔道分停车岔道、货栈岔道、暂用岔道和避险岔道四种（图 2-24）。避险岔道在本路南口至八达岭段和关沟段尤为重要，前者坡度高、后者道路窄，所以在南口停车场上端、下端及关沟山谷口均设有避险岔道。图 2-25 是八达岭处避险岔道。

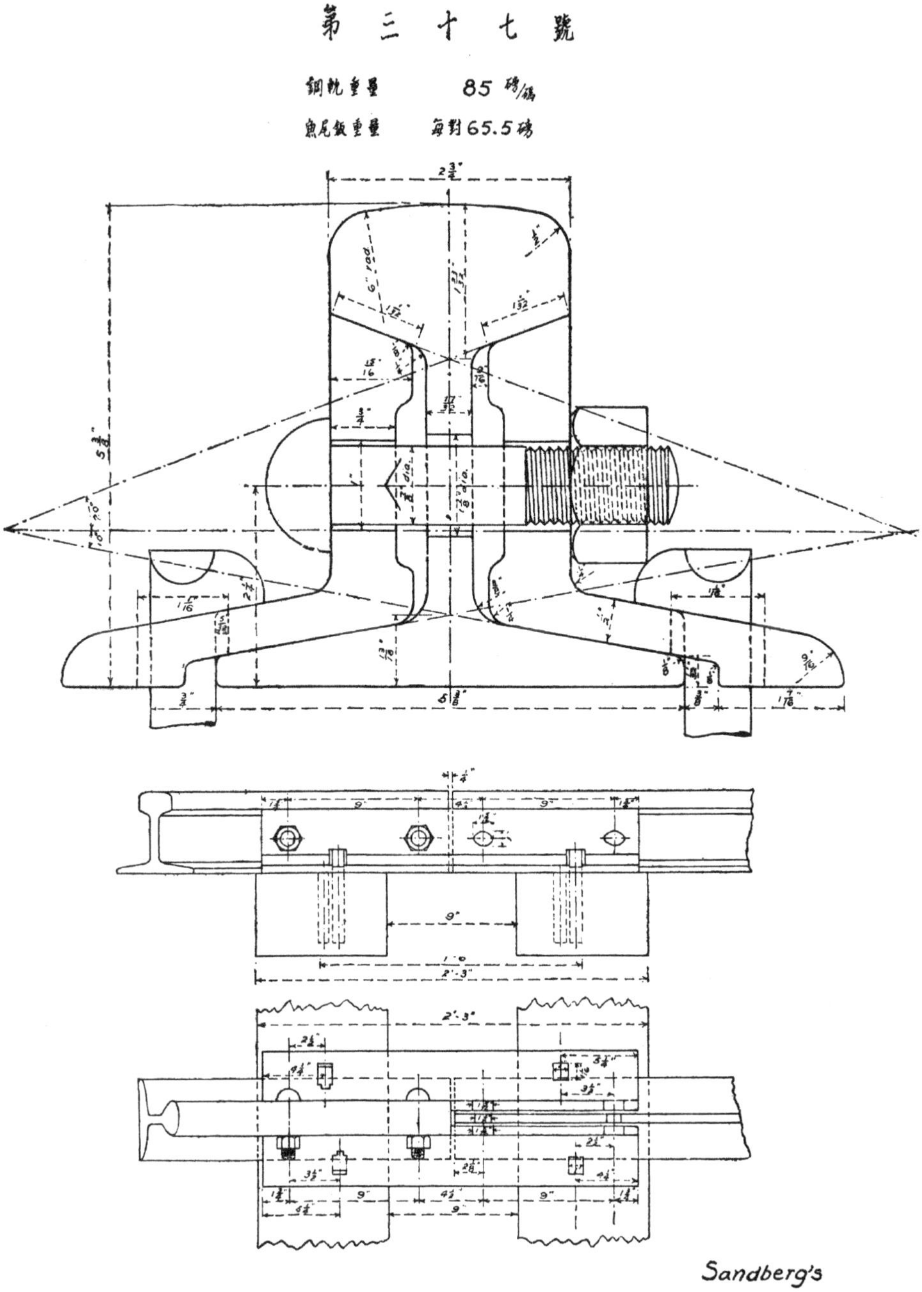

图 2-23　京张铁路初建时常用铁轨（每码八十五磅）横截面

资料来源：铁道部工务司工程科，《中华民国国有铁路工程状况表（附公营民营各铁路）》（民国二十三年）“各路钢轨设备表”指示书中第三十七号钢轨

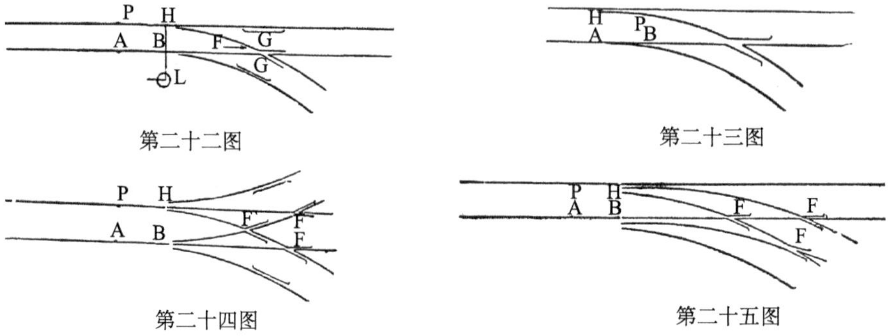

图 2-24　集中岔道铺设方式

资料来源：聂肇灵 . 铁路 . 上海：商务印书馆，1933：68

图 2-25　八达岭处保险岔道

资料来源：国家图书馆古籍馆 . 国家图书馆藏京张路工集 . 天津：天津古籍出版社，2013：210

京张全路分三段铺轨。1905 年 12 月 12 日自丰台开始，詹天佑于全线起点第三根枕木右轨外侧打入第一根道钉，陈西林同时打入对面钢轨外侧的道钉。[①] 开工初始，所用机器很少，只靠人力和小平车及路线摇车，直到 12 月 14 日，才从关内外铁路租用到三辆平车和两辆石碴车。图 2-26 为京张铁路施工现场，1906 年 9 月 30 日，丰台南口段竣工，历时不到一年。此后，詹天佑将办公地点迁至南口。

① 詹天佑科学技术发展基金会，詹天佑纪念馆 . 詹天佑文集：纪念詹天佑诞辰 145 周年 . 北京：中国铁道出版社，2006：147.

图 2-26　京张铁路施工现场
2016 年 4 月 1 日摄于中华世纪坛之纪念詹天佑诞辰 155 周年展览

第二段是全路工程最为艰巨的一段，尤其是八达岭隧道。1906 年 4 月，有日本人雨宫敬次郎建议袁世凯用机器凿洞，又有英国工程师金达建议用外国人包办，但都被詹天佑拒绝。詹天佑采用竖井法，运用爆破力强、性能安全的拉克洛炸药，人工打眼开凿，进行爆破，顺利完成了四个山洞共 1645 米的穿凿工作。与八达岭隧道同时进行的石佛寺隧道、五桂头隧道都先于八达岭隧道完工。1908 年 4 月 14 日，居庸关隧道开通，5 月 22 日八达岭隧道开通。

第三段与第二段同时开工。此段佛爷洞、蛇腰湾和老龙背三处工程难度仅次于关沟段，地处依山临河，需要开山垫河，工程巨大，路基需用洋灰砖砌以保护，否则河水泛滥会冲垮路基。宣统元年（1909 年）正月十六日怀来车站通车，同年闰二月十二日下花园通车，四月初九宣化府通车，五月十七日钉道至张家口，全路八月十一日通车。该段怀来铁桥是京张铁路最长的桥，长 213 米。

2.3.3　里志牌、坡道牌计数

京张铁路中，里志牌与坡道牌均使用苏州码标识（图 2-27、图 2-28）。

苏州码，也叫草码、花码、番仔码、商码，是中国数字文化演变的产物，它的形成与中国古代的算筹及记数数码的演变有着非常直接的关系，因产生于中国苏州而被称之为“苏州码子”，有时简称“苏码”。它也是中国早期民间的“商业数字”，至清末民初，仍广泛应用于民间，后也被用于官方。

图 2-27 京张铁路 70 里里志牌
摄于詹天佑纪念馆

图 2-28 京张铁路关沟段 33‰ 坡道牌
摄于詹天佑纪念馆

苏码使用“0 〡〢〣〤〥〦〧〨〩十”，与汉字“〇一二三四五六七八九十”相对应。另外 20 为两个汉字“十”组成“廿”读作“念”；30 则为汉字“卅（sa）”，40 为“卌（xi）”。苏码是阿拉伯数字在我国广泛使用前的一种简便、快捷的记录数码，他比汉语数目字简单易学，比汉语大写数字更为简便易行，故能长期在民间流行。

与其他铁路使用阿拉伯数字相比，京张铁路使用中国传统的苏码来标识里程与坡度，凸显了中国主权。

2.4 支线建设

京张铁路先后建有四条支线，其中京门支线和鸡鸣山煤矿支线建于清政府时期，都是为运输煤炭而建。

2.4.1 京门支线

京门支线即北京至门头沟线，全长约 30 千米，由西直门经西黄村、石景山、三家店三站到达终点门头沟站。

2.4.1.1 修建概况

北京城西的西山一带盛产煤炭，其中以周家口店、石梯、门头沟三处为最。修建京张铁路时期，周家口店已与京汉铁路相连修建了支线。而门头沟与石梯仍用畜力运输，商业颇显滞顿。早在光绪二十七年（1901 年），就有“主事”席庆云以议办京西矿务局及修筑运煤铁路为名私借洋款（意大利），但筑路未果。光绪三十年（1904 年），北京煤商张文炳、张茂向商部呈请修筑石梯门头沟铁路。商部转交顺天府尹处理，未批此议。十一月张文炳再次上呈，力陈利弊。这时意大利公使以席庆云一事询问商部，意欲利用意大利贷款修建此路，商部遂以“拟自行兴办”为由拒绝。

光绪三十一年（1905 年）三月，商部就此事咨询关内外铁路大臣，议定该路官办。门头沟连接京张铁路较为便利，待京张铁路修成后，将该段路线建为支线。光绪三十二年（1906 年）五月，商部奏请朝廷。同年六月初四，清廷批复同意。先拨款四十余万两，“归并京张路工，一气兴修”[①]，之后又由关内外铁路局在余利项下拨付。该支线先后共拨行化银 632 499.5 两，合银元 897 162.41 元。

光绪三十二年（1906 年）年九月，詹天佑和关冕钧等督同工程人员测勘京门支线。初测此线长 23.5 千米，连同岔道约 28 千米，并预估需要银两 631 000 余两。之后，正工程司陈西林、副工程司柴俊畴带领学生进行勘测。原测为由西直门向西行至北辛安取直线经磨石口，但此线山石嶙峋，开凿之工极巨，只得绕道而行。又测定由西直门向西行至北辛安绕行石景山碑梁、麻峪等地至三家店，从而避去磨石口。由三家店建桥过永定河达门头沟的小龙门村。十二月勘测完成。在测勘完路线后，即在田村和三家店两处各设工程处，着手开工事宜。

光绪三十三年（1907 年）二月，詹天佑任总工程司，工程司柴俊畴担任主要工务，京门支线开工。十月修至三家店。由三家店过永定河，过河后到达门头沟的小龙门村。永定河桥为 30 米八孔大桥，桥墩底座皆用唐山自制的水泥和石子。在实际施工过程中，绕避小林河道及民田、墓地等处颇费周折。取道磨石口的路线要比经北辛安绕碑梁的路线近 1 千米多，但过磨石口需开凿 300 米的隧道，所以仍取道碑梁。永定河下游河宽 900 米，且河无定形，所以路线改至上游，建 240 米桥即可。从西直门到田村段，本来地势平坦，相距不过 8.5 千米，却有十三处曲线，原因就是当地居民迷信，“每近一村或迁一坟动起风潮，而经过有权势者，所有之地其阻挠尤力”[②]。自光绪三十二年（1906年）八月钉道开始，因坟墓阻挠者两处、田地不允过境者一处，“停工久候，百计劝说，始允通行”[③]，本应一年完工，实际用时二年。沿途共十二座铁桥，一座木桥，三十八涵洞。

---

① 宓汝成．中国近代铁路史资料．北京：中华书局，1963：917.

② 詹天佑．京张铁路工程纪略．广州：中华工程师学会，1915：140.

③ 詹天佑．京张铁路工程纪略．广州：中华工程师学会，1915：140.

修建该支线的材料厂设在西直门，所需材料皆由此处招商转运。本路桥沟都用水泥混凝土，所需沙石很多，这些沙石就地采掘，方碴和片石则由麻峪村立厂采办。另在永定河的上游城子村也开设一石碴片石厂，该处距永定河桥 600 米，且盛产片石，比麻峪村更为方便。

西直门至三家店段土方桥沟涵洞于光绪三十三年（1907 年）六月底竣工。钉道始于八月，十月初一工竣，初十通车。之后便将田村工程处和西直门材料厂一并归至三家店，开始着手永定河大桥及通往门头沟的道基修建，该段工程光绪三十四年四月初一告竣。

2.4.1.2　修建永定河大桥

在京门支线中，永定河大桥是一座重要的桥梁。测定在上游建桥的路线后先用树桩法探测地质情况。光绪三十三年（1907 年）三月，在永定河架起二丈八尺的桩架，用一吨重铊，桩木一尺见方、长 6 米。当桩木打入约 4 米后，每天只能打下 0.6 米，经探究发现下面为沙子和圆石。再往下打，桩木上端裂开，所以不能采用桩木法，改为下挖三丈，相比较更为稳妥。

十月初一开始下挖，河底面之下 6 米土质虽硬但下挖相对容易，再下 3 米为细沙和圆石胶合，异常坚硬，负担桥梁应该没有问题，于是开始做桥墩的地基。地基上层为 45° 角斜坡，下层为槽状，长 9 米宽 5.5 米，槽的两端宽 1.8 米高 0.3 米坡面长 1.2 米，为运输土专开的人行道。此桥共有九个桥墩，其中第二、三、四在水中，在挖这三个地基时都先在其周围筑 2.1 米高、3 米宽的堤，用抽水机将水抽掉。挖至 1.5 米深时水不再下渗，但仍有水渗出，继续筑堤抽水，直至抽干。

桥墩地基皆为槽状。筑槽时，首先在槽的四边筑起石墙，石墙厚 0.9 米、高 2.1 米，用白灰勾缝，墙体筑成后在其中灌入水泥混凝土，为地基第一层；墙高筑 5.4 米，中间砌石块和水泥混凝土为第二层；这样既可以加固墙体抵抗河水冲击，又省去了木模材料。第三层为圆头桥墩，长 5.7 米、宽 2.25 米、高 3 米，先用 0.08 米厚的洋松板做模：

> 用三寸厚的洋松板做模分两端，圆头板为四扇，平板为四扇，上下用宽三寸厚三分之铁箍两道，用六分螺丝上紧，四围再加以木杆斜档，用一三六洋灰混凝土灌入，历一昼夜即拆模基成。

桥墩和桥帽也都为圆式，共高 43.9 米，浇筑方法和桥墩一样，只是改用一二四德国水泥混凝土（图 2-29）。

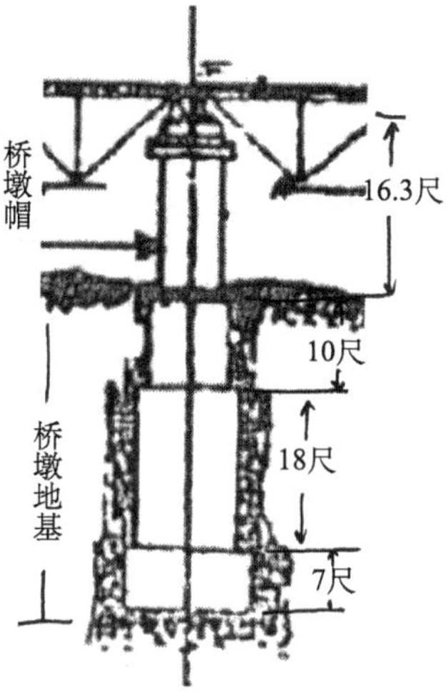

图 2-29　桥墩示意图

该桥桥梁在架设之前就已定制好，各孔均有标志，统筹安排，节省了时间。桥梁运到对应的位置后，在桥的左右分别设立高出桥梁 2.4 米高的“四框上梁架”，架顶安装滑轮，将桥梁吊起。安装时，桥梁中部要上拱 0.04 米，火车行驶时钢轨才能平直。各部件用铆钉衔接，必须要紧密平顺。

在桥梁上需要先铺设厚 0.23 米、宽 0.2 米、长 3.6 米的“系（jì）木”（原文献作“繫木”），每孔桥横铺七十一块。另外在钢轨外相距 0.3 米处设六寸方木压梁一条，与各系木相连，每隔五块系木即打入螺丝钉一枚，使压梁和系木连成一体；每隔一块系木用六分螺丝将桥梁和系木夹紧。这样就使得系木、压梁与桥梁三者固若一体，以免发生偏移。

修建该桥所用材料都是从西直门站运到永定河东岸，但东岸运往西岸就比较困难，为此专门在正桥的南面架设了一座临时木桥。该桥桥墩是用十六个装满大石块的巨型柳筐充当，上面架设一尺方木，上铺平板，板上铺设六十磅的钢轨，材料由此桥用小平车推运至西岸。但所用石渣是从西岸的城子村石场运来，所以还须将石渣运往东岸，人工搬运太费时日，借用南面桥又需多铺设钢轨，费用更大，因此又在正桥北建一临时小桥，以方木为墩，方木为梁，上铺窄钢轨，上行铁斗车。

桥西岸码头用大砖块和水泥混凝土筑成，每个砖块长 2.1 米、宽 1.2 米、高 0.6 米；河底用大水泥砖铺，近水滩用大片石铺砌，深 1.5 米、宽 9 米。

2.4.1.3　附属设施的修建

作为支线站房，三家店车站站房与干线站房样式不同。图 2-30 是三家店站房正面图，图 2-31 是其侧面图。

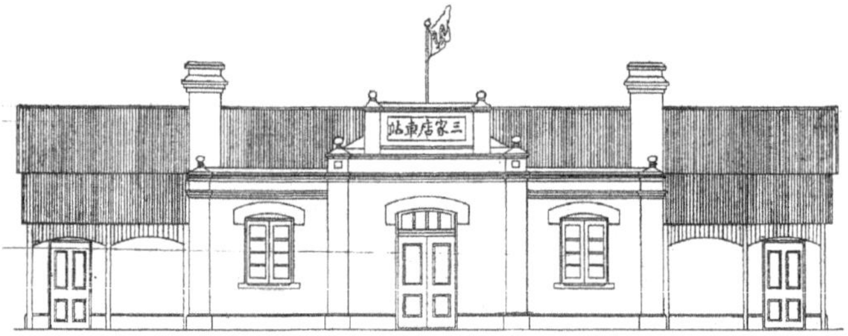

图 2-30　三家店车站正面
资料来源：《京张铁路工程纪略（附图）》，国家图书馆缩微中心

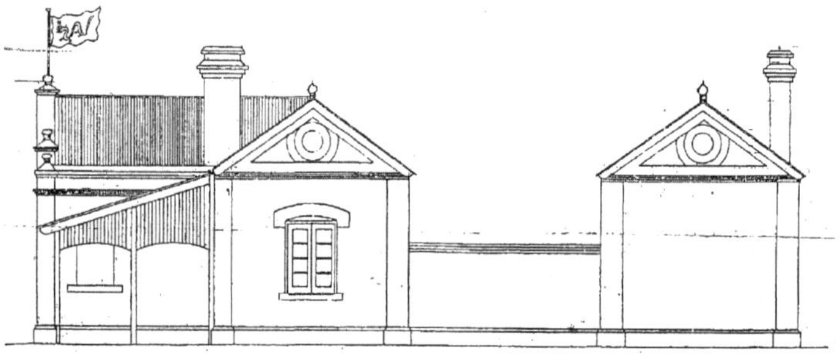

图 2-31　三家店车站侧面
资料来源：《京张铁路工程纪略（附图）》，国家图书馆缩微中心

站房地基下挖 0.6 米之后用白灰三合土打垫层，上砌大片石厚 1.9 米，用一五白灰浆胶灌，与站台齐平。之后在上面用一四八水泥混凝土筑成 0.35 米高的墙脚，墙厚一砖。三家店的巡警房、监工房和沿途的六所扳道房除第六号扳道房用砖外，都用片石垒成。

门头沟车站站房地基处地质是沙土不够坚实，采用了树桩法，即用直径 0.15 米的桩木，每相间约 0.3 米打入一棵。桩木之上砌以片石，用一五白灰浆灌浆。地基第一层宽 1.5 米、高 0.6 米，第二层宽 1.2 米、高 0.9 米，第三层宽 0.9 米、高 1.8 米，这样才与站台齐平。墙厚 0.46 米，用大片石筑成。

门头沟车站还有机车车库（图 2-32），长 24 米。地基头层用大片石和白灰沙，二层用一四八白灰三合土，三层用大片石白灰浆，整体比站场低约 0.07 米。

门头沟站设有水塔，如图 2-33。其蓄水井直径 5.1 米，深 3 米，周边是水泥墙厚 0.15 米，外边砌以片石，用水泥浆浇灌，底部如锅形。

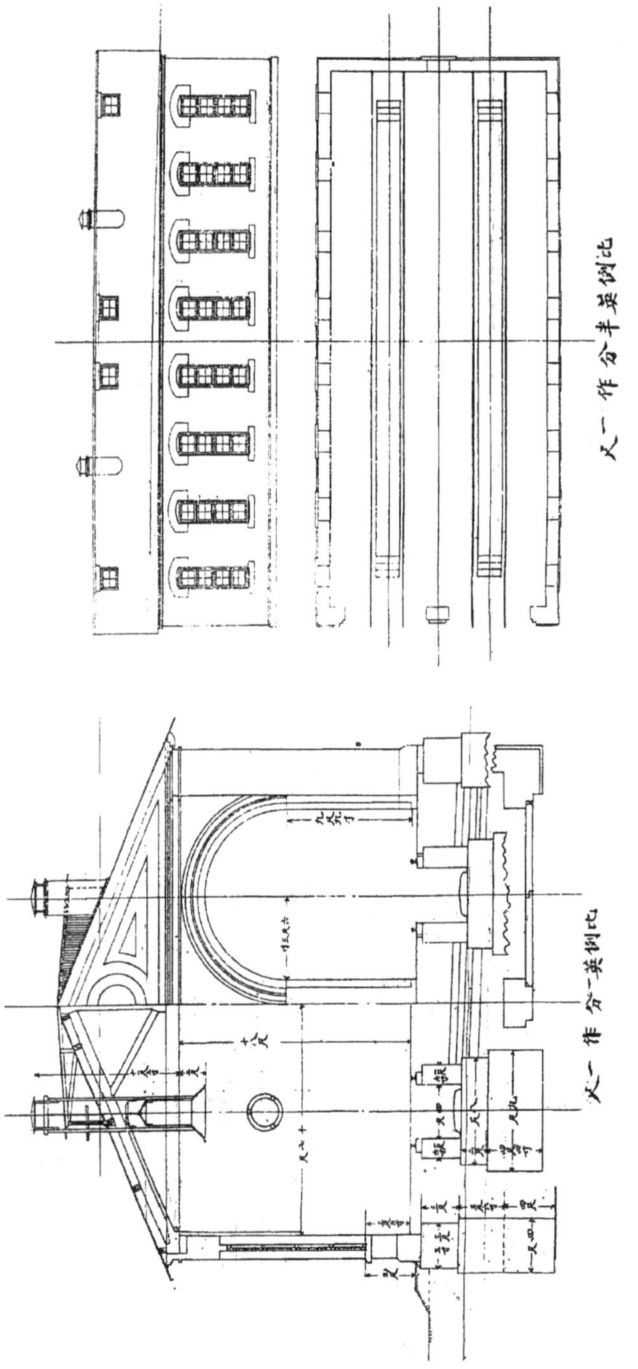

图 2-32　门头沟车站机车库侧面和正面示意图

资料来源：《京张铁路工程纪略（附图）》，国家图书馆缩微中心

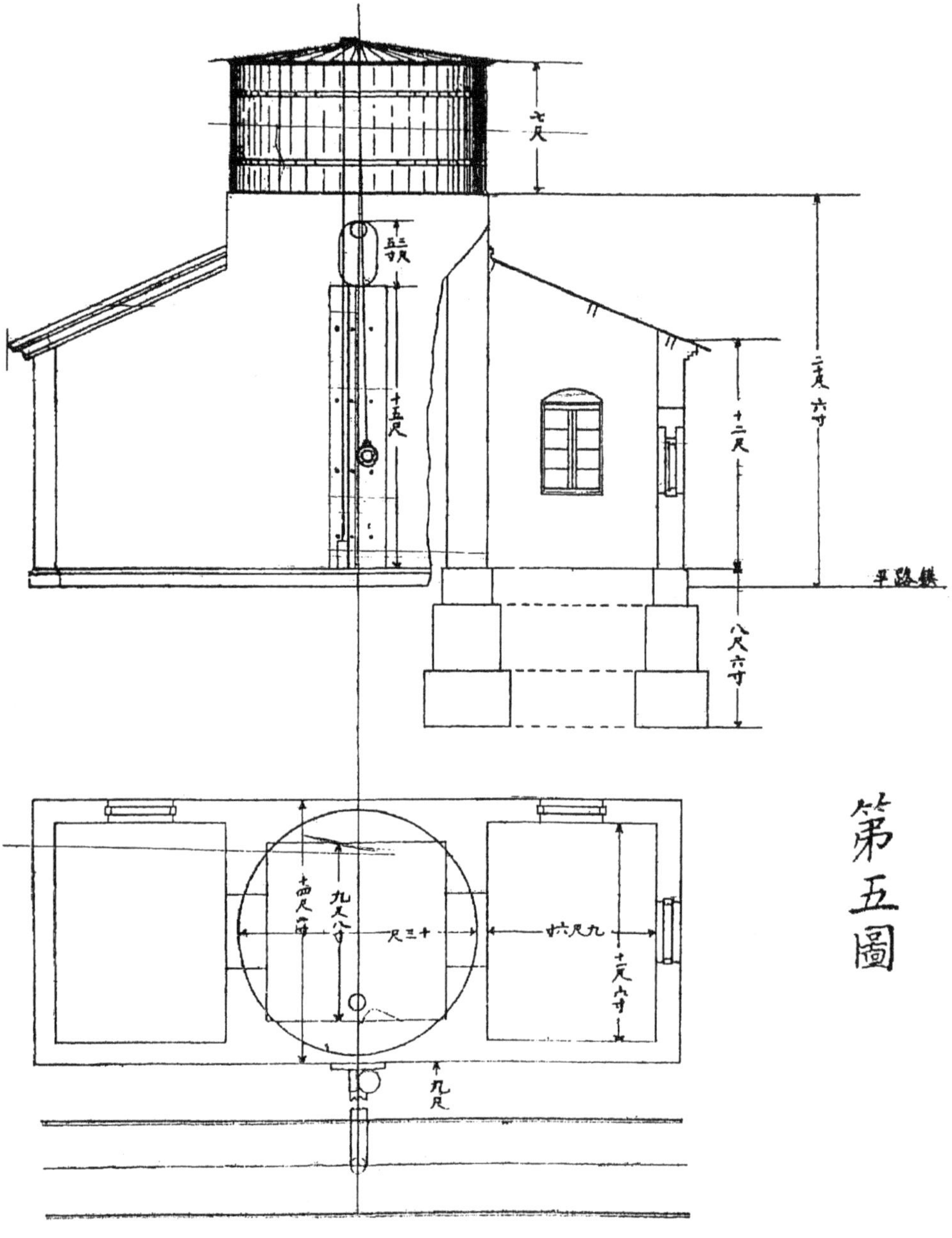

图 2-33　门头沟水塔示意图

资料来源：《京张铁路工程纪略（附图）》，国家图书馆缩微中心

还有一库房，长 10.7 米、宽 4.3 米，墙厚一砖，分为三间。库房地基最下层用白灰三合土，二层用片石与石灰，与站台同高，上用一四八水泥混凝土筑成堑脚。煤台一处长 30 米、宽 3.9 米、高 2.3 米，围墙横截面呈梯形，顶厚 0.45 米，底厚 0.6 米，地基同库房地基，只是厚度略小。

另有机车处、车务处员工住房五所 28 间，地基采用树桩法，高出地面 0.45 米，外抹 0.1 米的八字棱。房屋墙厚一砖，屋顶用铁瓦。巡警房一所三间，造法同前。

京门支线共有桥梁 14 座，涵沟 37 处，其中除永定河桥外皆为旱桥，所经地土质坚硬，只是由于冬季会将地冻裂深至 1.5 米，所以各桥地基都深挖至地面以下 1.8 米，以免地冻将地基拱起。桥梁都用“工”字形桥梁。

黄村月台长 60 米，三家店月台长 13.5 米，建筑方法和西直门站相同。

京门支线的筹建与京张铁路极其相似：中国商人为利益希望铁路商办，外国势力借外资渗透横加阻拦，朝廷权衡利弊，决定官办。当然，其中也有中国官员为图谋私利勾结外人的丑恶行为。商部在上报朝廷的奏折中提出了两点官办铁路的理由：不修铁路“厂商相继失业，良善不免流离，莠民从而滋事”，如果商办，“万一股款涉略含混，利害相权，转滋流弊”[①]。国计民生权衡利弊，理由充分入情入理。

2.4.2　鸡鸣山煤矿支线

鸡鸣山煤矿支线为运输该处煤炭而建，该支线由正工程司翟兆麟测定。鸡鸣山煤矿为京张铁路附属矿业，后发现该处煤炭火力不足，不能作为机车燃料。

鸡鸣山煤矿矿井距下花园站三千多米，地势高于下花园 106 米，若路线取直则需要开凿隧道。经反复测勘，决定分为两段修建。第一段为“绳拖轻便铁路”（图 2-34），即由煤井至山坡稍平处，路长 792 米，每 11 米升高 1 米。在连接正路一端修筑“煤筛”，高出正路 8.4 米。这样煤出井后顺着轻便路由绞绳车运至煤筛，由筛而下，再经过正路运至下花园站。正路长 2225 米，每 50 米升高 1 米。煤筛停车场长 396 米，与正路成“人”字形，为防止意外发生，另设避险岔道两处。全段曲线十处，桥沟十处[②]（表 2-8）。

---

① 商部尚书戴振奏折 . 转引自：关赓麟 . 交通史路政编（第九册）. 南京：交通部铁道部交通史编撰委员会，1935：1562.

② 詹天佑 . 京张铁路工程纪略 . 广州：中华工程师学会，1915：156-158.

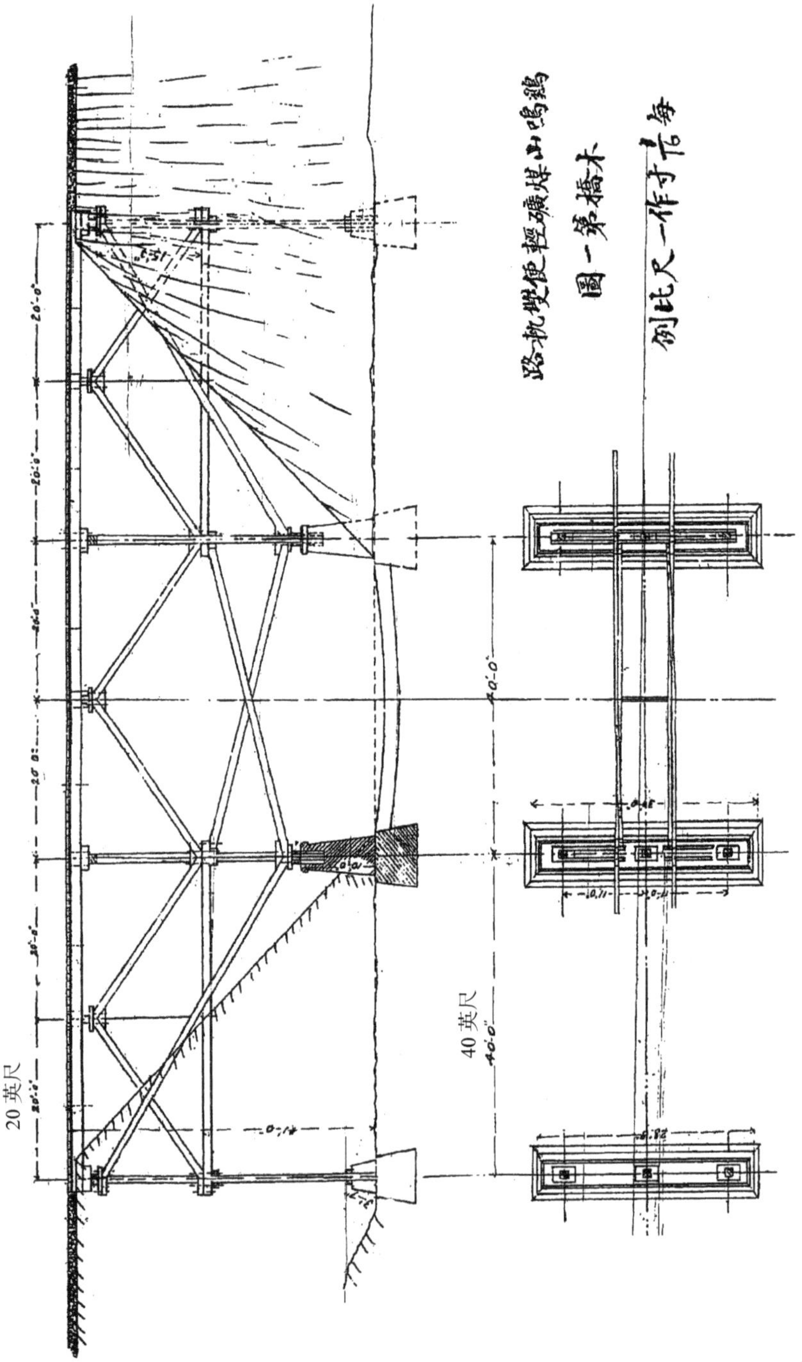

图 2-34 鸡鸣山煤矿轻便路桥

表 2-8　鸡鸣山煤矿支线桥沟一览表

橛号	种类	尺数（尺为英尺）	孔数
1	木桥	四丈	三（轻便路）
7	明沟	一尺五寸	一（保险岔路）
19	旋桥	宽四尺高三尺	一
32	方桥	宽一尺六寸高二尺	一
37	方桥	宽一尺高一尺六寸	一
44	方桥	宽二尺高三尺	一
50	方桥	宽一尺六寸高二尺	一
53	平桥	一丈	一
64	明沟	一尺五寸	三
70	明沟	一尺五寸	三

第一橛号的木桥为路过油黄沟而设，桥高 12 多米，长 36 米，三孔，中间一孔为水道。桥墩地基斜面与高的比为 4∶1，一四八水泥混凝土灌筑；墩身斜面与高的比为 10∶1，用一三六水泥混凝土（即水泥、沙、碎石比例 1∶3∶6，下同）筑成；墩帽厚 0.3 米，用一二四水泥混凝土造成。每个桥墩留有深 0.9 米、宽 0.6 米、长 0.9 米的坑以立木柱，木柱竖立于坑内后，再用水泥灌实。中间两个桥墩各高 3 米，两端各高 0.9 米，桥梁用宽 0.1 米、厚 0.4 米的洋松板。然后在梁上顺着钉上 0.076 米宽的板条，板条之上横钉木板，上铺设轨道。这样钢轨与桥梁相隔两层木板，减少了对桥梁的钉伤。

本支路用六十磅钢轨，轻便路用十五磅钢轨。

2.4.3　环城支线

为便于京城各处运输，修建环绕北京城的环城支线，全长 12.6 千米。

1914 年 6 月 12 日，交通部以京城环城支路与市政关系密切为由奏请修建，由京张铁路局筹款承修。因款项未到，至 1915 年 3 月复请示大总统。4 月 5 日批复，当年 12 月告竣。

1914 年 6 月，正工程司柴俊畴、副工程司汪昭晟初测，由西直门经德胜门、安定门、东直门、朝阳门至通州茶道，与京丰路接轨，直达正阳门。9 月测竣。

环城支线于 1915 年 6 月 16 日开工，由西直门迄东内倚城墙外沿城壕，过德胜门、安定门、东直门、朝阳门。在东便门与京奉铁路接轨，并由京奉铁路达正阳门。该段工程没有坡度，只是修改河道城垣及马路桥工工程繁重，与地方官协商颇有周折。1915 年 12 月底完工，1916 年 1 月 1 日通车，其他善后工作如修缮城墙，巩固河道直到 7 月竣工，8 月 1 日正式营业。邝孙谋任总工程司，陈西林任副总工程司。

需要指出的是，这次环城路修建，基本彻底拆除了正阳门、东直门、安定门、朝阳门等的瓮城，只留下箭楼和城楼，成为民国历史上对城墙破坏最为严重的一次。

2.4.4 宣化支线

宣化支线，由京张铁路的宣化站至水磨坊，全长 9.11 千米。1918 年兴建，为运输龙烟铁矿的矿砂，之后矿砂停运，铁路遂弃。①

1918 年 3 月，龙关铁矿公司督办陆宗兴呈请交通部，修筑宣化至产矿要区庞家堡之间的铁路。路局局长丁士源曾先后派工务员黄觉惛草测支线、工程司李克绪细测并考察是否有经济价值。7 月，农商部总长田文烈呈请组建龙烟铁矿官商合办公司，并由陆宗兴任督办。陆宗兴又以督办名义申请修建宣化至烟筒山（又一铁矿区）的支线。这样，计划由宣化站修 6 千米处的侯家庙，在此处设岔道，西北向达烟筒山矿区，东北向达龙关矿区，但这样耗资较大，而且途径之处工程艰巨，最后决定先修宣化至水磨坊段，由龙烟公司接修到达龙烟山矿区的轻便小道。

1918 年 7 月，总工程司陈西林、司翟兆麟及工程司李克绪等先后详勘定线，经陈西林复测勘定城东城西两线，后经比较，东线坡度较大，改用西线。由宣化站起至水磨房止，以连接龙烟公司烟筒山矿区。9 月测竣。1918 年 10 月，宣化至水磨坊铁路开工。前面到达烟筒山矿区的 3.5 千米路程，坡度太陡，由龙烟公司安设轻便小铁道，由正工程司张鸿浩负责，与宣化至水磨坊段同时开工，12 月底同时竣工。1919 年 1 月 1 日通车。

京张铁路初建成时，铁路建筑共有：车站 14 处，月台 28 处，桥梁 125 处（铁桥 79 座，石桥 43 座，木桥 3 座），涵洞 210 处，山洞四处（共长 1645 米），水塔 11 处，机车库 5 处，铁转盘 6 处，养路工房 83 处，工员办公室 12 处，天桥 1 处，抄水机房 1 处，地磅 2，井 11 口，煤台 5 处，料厂 4 个，工程车务厂员工及巡警住房 86 处，以及南口制造厂、南口材料厂等。②

---

① 平绥铁路管理局 . 平绥 . 平绥铁路管理局总务处，1934：1.

② 詹天佑 . 京张铁路工程纪略 . 中华工程师学会，1915：30.

第三章

攻无不克显身手：京张铁路隧道、桥梁、水塔及厂房建设

在修建京张铁路过程中，最为艰巨的是开凿隧道，它直接影响整个工程的进度。架设桥梁也是难点之一。车站等附属厂房是必不可少的工程。在蒸汽机车时代，水是提供蒸汽动力的必需品，因此水塔是铁路建设的重要组成部分。

3.1 开凿隧道

如果在测定的路线上遇有山岭，难以绕避，就需要考虑开凿隧道。在京张铁路修筑时期，“隧道”通称为“山洞”，本书采用“隧道”。

按照选定的路线，京张铁路全线原计划开凿三个隧道，即五贵头隧道、石佛寺隧道和八达岭隧道。但在居庸关处，由于坡度太陡，而延长路线又无处可避，只能通过开凿隧道延伸路线，以降低坡度。这四个隧道都在南口至岔道城段，其中居庸关隧道长 1204 英尺（约 367 米）、五贵头隧道长 150 英尺（约 46 米）、石佛寺隧道长 463 英尺（约 141 米）、八达岭隧道长 3580 英尺（约 1091 米），四隧道共长约 1645 米。

开凿隧道是修建京张铁路最为艰巨的工程，首先需要精密测量，还要了解穿凿的土石质地以及泉脉废矿等，不能单凭理论，需要根据实际情况具体筹划。

3.1.1 居庸关隧道的定线与开凿

本节以居庸关隧道为例，介绍京张铁路开凿隧道的大致过程。

3.1.1.1 测量与定线

要开凿隧道，首先要选择路线，即定线。路线尽量要选择山岭最狭窄的地方，以缩短隧道长度。经过居庸关时，先拟直接穿过，但直穿路线一则关内民房毗连，再则地势低洼需要培高道基，当地石多土少难以完成，最终决定绕道关东山麓，建大桥跨过山涧，绕六十多尺到半山腰开始开凿（图 3-1）。

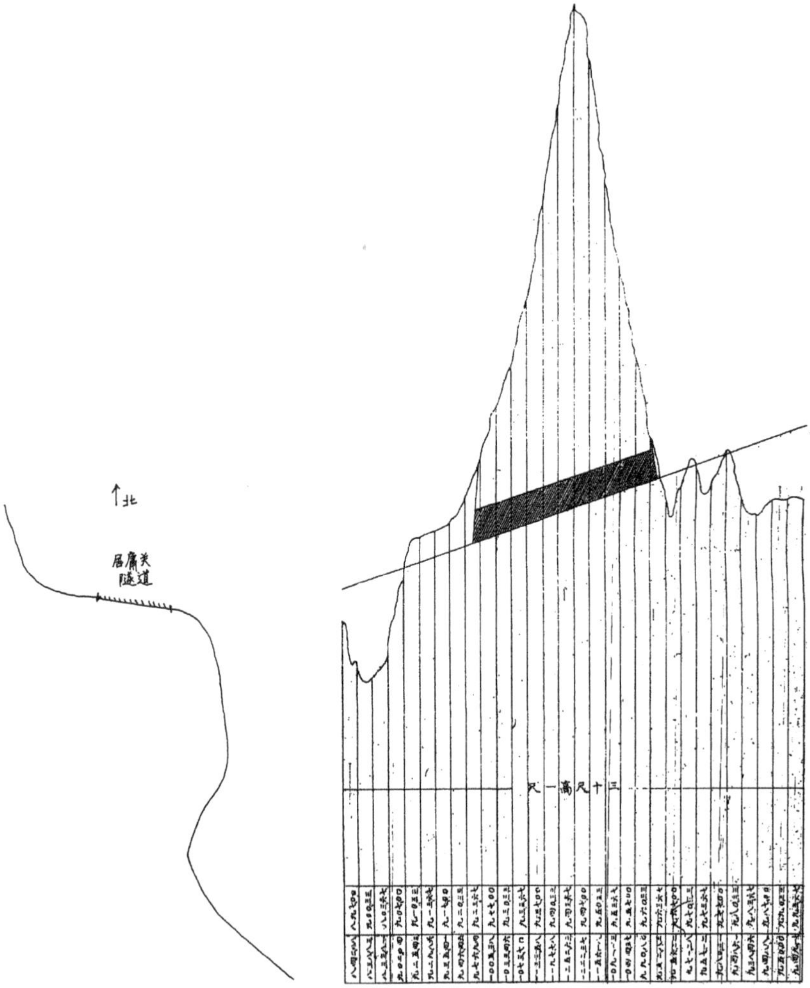

（a）居庸关隧道取线示意图　　（b）隧道开凿剖面图

图 3-1 居庸关隧道取线示意图和开凿隧道剖面图

图（a）为笔者绘制，图（b）黑色区域是山洞部分

资料来源：京张铁路工程纪略（附图）. 国家图书馆缩微中心

在确定隧道具体路径后，两端同时开凿，这样既节省时间又减少隧道内沙石运输量。但如果测量出现偏差，两端开挖可能连接不通，或路线弯曲。就当时的条件，在崇山峻岭间完成测量工作，难度非常大。京张铁路采用如下办法完成了居庸关隧道路线的测定。

如图 3-2 所示，首先确定在图中丙、丁处为隧道两端。之后到山顶，在丙丁连线中间选一点即图中“地”点，依照丙丁走向，用经纬仪由“地”点取直线到远方“天”点；同样反测确定“人”点，使“天”“地”“人”三点一线，即“天”“地”“人”“丙”“丁”一线，并在各点插杆标识，之后确定隧道的中点（此中点应与其他点同在一竖直平面，以后隧道中的中点也应该在同一平面）。之后用水平仪测出各点高度差，绘制成图，供开凿用。

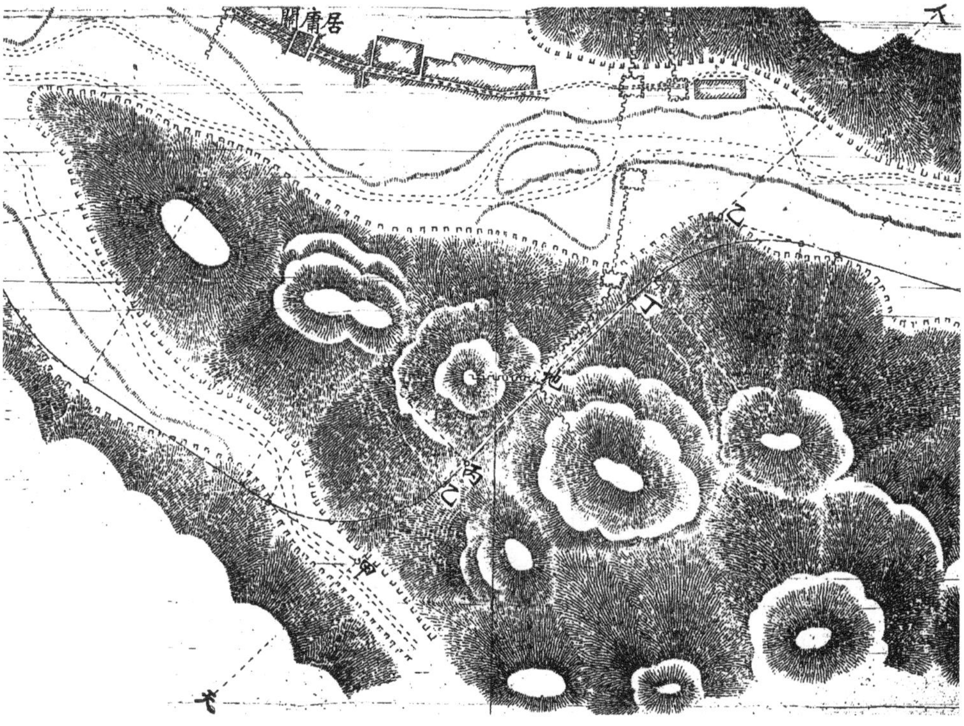

图 3-2　开凿居庸关隧道时的测量示意图

资料来源：京张铁路工程纪略（附图）. 国家图书馆缩微中心

3.1.1.2　穿凿过程

一般穿凿隧道，两端同时进行；若隧道太长，便采取中间开井法，即产生四个工作面同时开凿，速度加快。居庸关隧道长约 367 米，本拟采用竖井法开凿，但山势太高，山顶距离隧道太远，施工更难，两相比较，两端开凿更为省工省时。

隧道两端施工，开始依据“天”点（或“地”点）与洞口中点的方向向里开凿，一段距离后再确定下一标杆的位置，隧道中利用“孔明灯”的光线来审视路线是否准确。这一点非常重要，关系着此后隧道的方向是否与既定路线的方向一致。

隧道截面的开凿顺序各国不尽相同，英美等国先凿上半部分，奥地利等却先开凿下部的中间部分，具体要视土质如何而定。若土质松软，需要使用支架以防坍塌，先用横木架在隧道内作为椽柱，再用横木作环拱状支撑（图 3-3）。环拱两端均用厚木板隔开，以免沙石散坠。

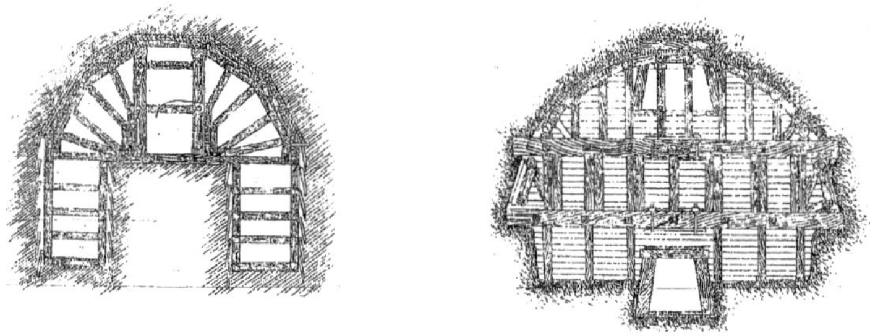

图 3-3　开凿隧道支架示意图

资料来源：京张铁路工程纪略（附图）. 国家图书馆缩微中心

若遇山石坚硬难以开凿，则需用炸药轰炸。装药的炮眼的方位、大小、深浅及用药多少皆需要经验掌握。开凿炮眼首先要观察石头的纹理，炮眼要从石层斜面凿入，不能选择纹理处，否则炸药药力锐减。如果石纹杂乱，即在错杂处开凿。一块巨石往往需开凿多个炮眼，根据石质确定炮眼排列顺序。如果土石松脆再值雨季，泥水下滴，则不能使用炸药。这时就需要用大方木节节支撑，小钢轨交错其间，逐步深入，才可以行进，避免发生事故。

隧道开通后，需要对其进行加固处理（图 3-4），包括边墙、环拱及排水道等。修筑边墙首先要筑地基，居庸关隧道里，地基厚 30 厘米，用一三六水泥混凝土浇筑模内，凝固后即可撤模。之后在地基上建墙，高约 2.9 米，厚 0.6 米，墙体用片石和一四水泥浆胶砌，这样即省料又结实。环拱为半圆形，内径约 2.3 米，由水泥砖砌成，砖之间的缝隙宽约 6 毫米，用一二水泥浆勾缝。水泥砖有大小五种型号，皆用一三六水泥混凝土做成。制作环拱时，先做一木质环拱楦台，长 2.4 米，高 2.3 米，置于四轮活架上，四轮架较边墙上端略低 0.05 米，可在钢轨上来回运动。楦台在架上用小木块垫高，与环拱弧线相齐，然后以楦台为标准砌砖，有空隙则用碎石填充，大的空隙用一五水泥浆填充。每成一段，则推架前行。洞门与洞内相仿，用厚木板做模用木柱支撑洞门口，用一三六水泥混凝土灌入模内，凝固后去模。水沟做法比较简单，一般用一四八水泥混凝土，如地下水太多则用一三六水泥混凝土。

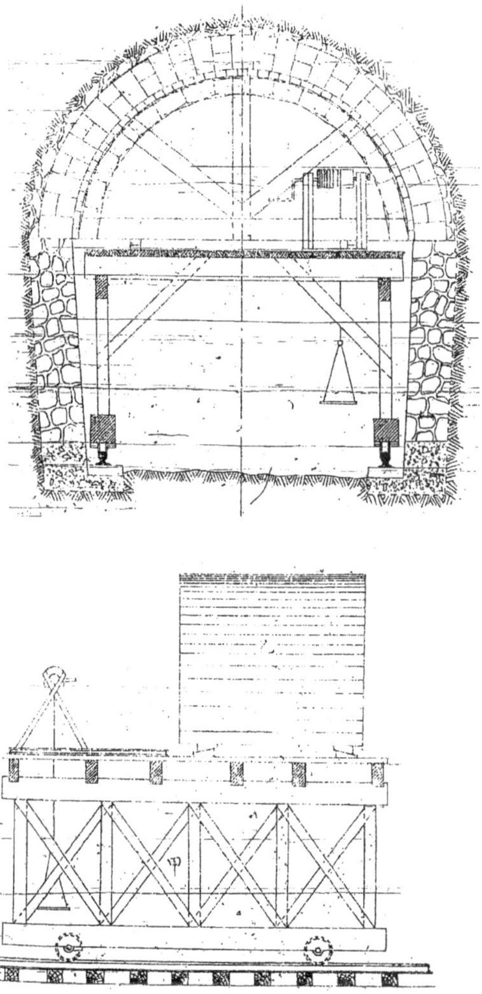

图 3-4　隧道内加固作业示意图

资料来源：京张铁路工程纪略（附图）. 国家图书馆缩微中心

3.1.2 竖井法开凿八达岭隧道

八达岭隧道是京张铁路四个隧道中最长的一个，且石质坚硬。刚开始每天两端只能各行进 0.6 米左右，如果只从两端开凿，工期太长。遂决定采用竖井法，即在隧道中间顶部由上而下凿穿两个竖井，这样两个工作面变成六个工作面同时开挖，工程进度加快。

竖井法开井首先要找山岭的低洼处，测量好开井位置，即先用水平仪测准中线位置，然后施工轰凿。到一定深度则在井口处安置辘辘，用以升降工人和所需材料（图 3-5）。

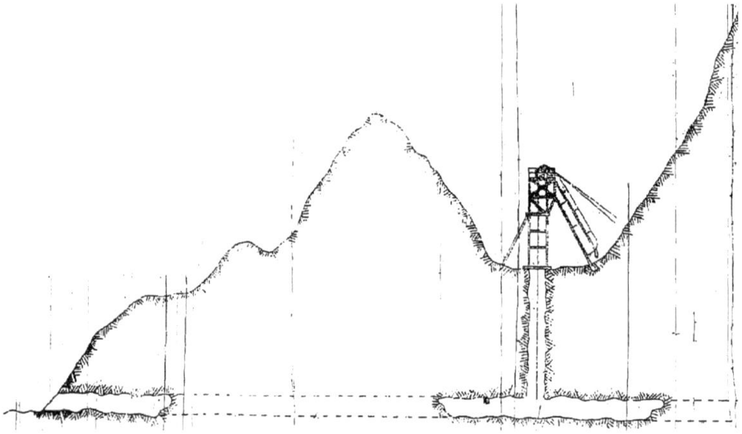

图 3-5　竖井法开井示意图

资料来源：京张铁路工程纪略（附图）. 国家图书馆缩微中心

在八达岭隧道开竖井时，一昼夜可挖井 0.9 米。井口直径 3 米，深 25.6 米，井壁用石料和一三水泥浆加固，厚 0.23 米。

竖井挖好后，井口平放两根横梁，相距 2.7 米，用经纬仪对准原定中线，连线，在两根横梁上各找一点，这两点的连线也是隧道的中线方向。然后从两点各下垂一线至井底。实际操作过程中，在横梁两点处各钉一枚铁钉，下垂线用钢丝，钢丝下端挂重铁锤。将铁锤置于井下水桶中，可以避免垂线（钢丝）来回晃动！之后将经纬仪移到井底，使其中线和两钢丝在同一平面，该平面即为山洞中线之平面，之后中线就可以在洞中延伸（图 3-6）。

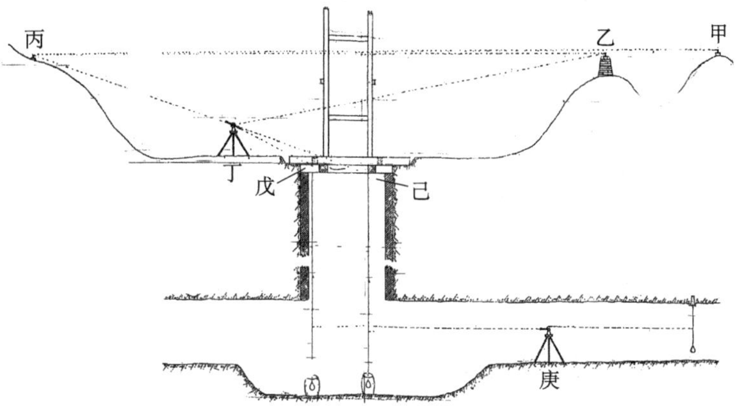

图 3-6　竖井法开凿隧道定测中线示意图

资料来源：京张铁路工程纪略（附图）. 国家图书馆缩微中心

隧道内中线确定后，在内设一木架（图 3-7），木架下达井底，上高出井面 9 米，架上安装有两个滑轮，并在旁边连接起重机。两轮各由钢丝绳分别系铁笼和水柜。工人、材料、炸药和隧道内土石由铁笼输运，隧道内积水由水柜运出。水柜内另有机器，可自动开合。水柜和铁笼每两分钟上下往复一次。

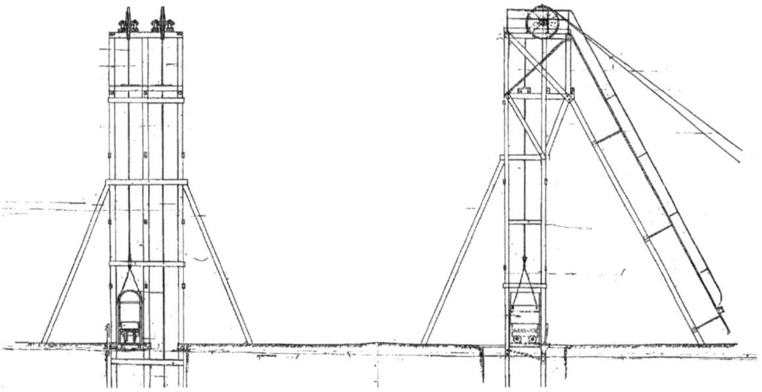

图 3-7　隧道井面木架图

资料来源：京张铁路工程纪略（附图）. 国家图书馆缩微中心

当隧道凿至 180 米深以后，有缺氧现象，于是在井口安置一扇风机，并由连铁管通至隧道中，使空气流通，以缓解工人的呼吸困难。隧道凿通后，在原来的井口上修建通风楼（图 3-8）。通风楼既可以遮蔽雨水，又可以起到通风作用。

京张铁路隧道开凿全靠人工使用简单机械，工程进展十分缓慢。《京张铁路工程纪略》有如下详细记载：

图 3-8　八达岭隧道通风楼

资料来源：国家图书馆古籍馆 . 国家图书馆藏京张路工集 . 天津：天津古籍出版社，2013：216

> 凿洞工程每端用小工六十名为一班，置监工一人。以四十名为凿工，余二十名为连运土石者。凿工以两人为一排，一人持钢钉，一人持铁锤，轮流施凿。每四小时能凿孔一寸二分深约二尺余。孔既凿成，乃由工头装纳炸药……每班八小时能轰二次，每一昼夜可开洞二尺至三尺不等。①

可见施工非常缓慢。两人配合、轮流执锤，四小时才能凿一个孔径 0.03 米、深约 0.6 米的洞，然后才能装置炸药。

炸药分为药粉和药汁，使用时将药粉浸入药汁中，几分钟浸透即可。导火线形如圆线，中含火药，外包油皮以防潮湿。油皮每次用 1.2—1.5 米长。每孔放炸药一袋，石质坚硬酌量增加。放药后，孔用黄土泥团塞紧，之后引爆。

“为了安全缘故，我们正在使用拉克洛（Rackarock）炸药。我们这里的工人都愿意使用它，这种炸药爆破时无危险，但其爆破力和硝酸甘油炸药相同。”②拉克洛炸药常用于矿山开采，詹天佑尝试用于开凿隧道。

在八达岭隧道开凿过程中，一些地方土质非常松软，不宜采用上述办法。而

① 詹天佑 . 京张铁路工程纪略 . 广州：中华工程师学会，1915：115-116.

② 詹天佑致临城煤矿总工程司邝荣光 1906 年 3 月 27 日信 // 詹天佑科学技术发展基金会，詹天佑纪念馆 . 詹天佑文集：纪念詹天佑诞辰 145 周年 . 北京：中国铁道出版社，2006：187.

是先在隧道上部分开凿一小洞，用枕木架起避免坍塌。之后慢慢向两边开挖，直到达到洞顶尺寸的要求，再筑环拱，这样就不会坍塌。环拱筑好后，再开挖一边，之后修筑地基和边墙，并和环拱相连接；一边做好，再开挖另一边，然后同样建筑地基和边墙。两边都建完毕，再修理水沟。这样就避免了由于土质松软而导致的坍塌事故。

此外，隧道内还建有“避险洞”（图 3-9）。避险洞一般相间 90 米设一个。如果道路弯曲，则相间 60 米或 75 米设一个。洞一般高 2.1 米、宽 1.8 米、深 2.1 米。居庸关隧道共有四处避险洞，各相距 60 米；八达岭隧道相间 90 米。

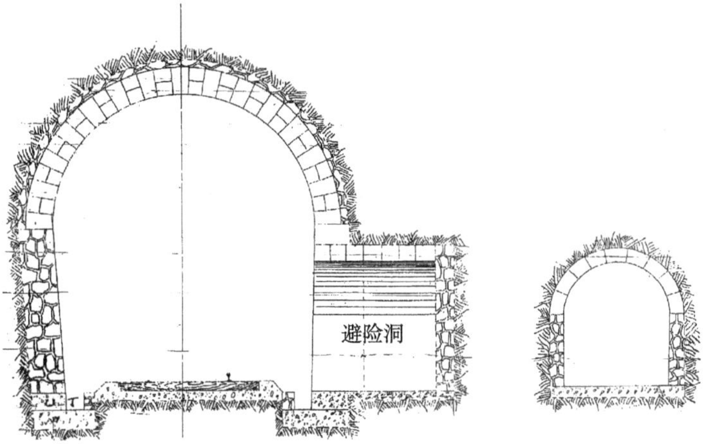

图 3-9　避险洞示意图

资料来源：京张铁路工程纪略（附图）. 国家图书馆缩微中心

隧道门都是高 9.1 米、宽 8.2 米。居庸关隧道和五贵头隧道洞门用一三六水泥混凝土涂饰，八达岭隧道和石佛寺隧道的洞门外部用石料装饰，门上有题有洞名的横额。图 3-10 为八达岭隧道南口照片。

隧道宽 4.6 米，铁轨至顶部高 4.9 米。八达岭隧道于光绪三十四年（1908 年）四月二十三日晚十点半凿通。石佛寺隧道长约 141 米，五贵头隧道长约 46 米，高、宽都与八达岭隧道相同。两隧道于光绪三十二年秋竣工。

开凿隧道最大的难度是测量定线，使隧道走向符合既定路线。由于山势起伏、中间有山岭和长城相隔，观测难度很大。但京张铁路的各条隧道在工程师的精密的测量下，走向和水平高下非常吻合。

早在光绪三十一年，就有外国工程师扬言中国工程师不可能完成该工程（主要指八达岭处)。光绪三十二年又有日本人雨宫敬次郎向袁世凯“提议”聘用日本工程师使用机器开凿隧道。但京张铁路工程人员就是靠聪明才智和辛勤劳作圆满地完成了全部工程。

图 3-10 八达岭隧道南口

资料来源：国家图书馆古籍馆. 国家图书馆藏京张路工集. 天津：天津古籍出版社，2013：216

3.2 架设桥梁

在筑路过程中，途经河流或山谷需要建桥，遇有沟渠需要修筑涵洞。铁路工程界一般界定，铁路桥梁和涵洞的区别在于跨度大小，以 5 米为界，跨度大于 5 米为桥梁，小于等于 5 米为涵洞；涵洞上有填土，侧面看像是在路基下开的洞，而桥梁则直接铺碴铺轨。涵洞建筑比较简单，本节主要关注京张铁路中的桥梁建设。

3.2.1 修建桥墩

一座桥可以分为两大部分，即桥梁和桥墩。桥墩是基础，也是桥梁建筑中的难点。关于修建桥墩基础，《京张铁路工程纪略》中有如下记载：

> 夫地脚之深浅，视土质之软硬而定。大半东半西半地质各有所殊，措施因之而异，即材料亦必略为区别。然相地之宜，因物之便。或用片

> 石，则佐灰沙；或用洋灰，则杂沙石。其配数一四八大率皆同。若地质松软而洼湿之处，则多树桩柱。如橛号第二千七百八十七号桥是也。平日河道干涸，雨时水势湍急，则地脚用片石佐灰沙，再以洋灰包裹尺许，以防洪水冲刷。①

可见桥墩基础的建造，既要因地制宜还要就地取材。

3.2.1.1　树桩法建桥墩

桥墩由下而上可分为基础、墩身和墩帽三部分。首先根据地势、地形、水势决定桥墩的多少和形状。桥墩的基础至关重要，须看当地地质如何。地质坚硬则基础不需太深，横截面积不需要太大；地质松软，桥墩基础则需要采用树桩法夯实。京张铁路上有很多的桥墩基础都利用了树桩法。

树桩法修建桥墩基础不是靠地面的支持力，而是利用桩柱侧面和周边地质的摩擦力（或黏合力）。每根桩柱能够承受的力决定于它的粗细和长短，桩柱表面需要粗糙以增大摩擦系数。树桩时，先在桥墩基础的位置安置好桩架。桩的上端截面做成圆形，并用铁片（一般厚 1.5 厘米、宽 10 厘米）制成铁箍将其套紧，桩的下端则需削成 10 厘米左右的尖头，以增大压强，利于钻土。

在打击桩柱入土时，在桩柱上面放置“替代木”，即替代桩柱接受打击的木柱。木柱一般使用木质坚硬的榆木，直径 20 厘米多一点，长约 3 米，固定于桩柱顶端。当桩木被打至地面之下时，还需要继续打击替代木使桩柱继续向下，达到预定位置。

桩铊（铁质重物，重约一吨）悬高之后自由下落打击替代木，打击桩柱入地。刚开始桩铊高约 3 米，数次击打后，降低桩铊的位置，否则会因打击力过大将桩柱打裂。计算桩柱需要承受的力可由公式②计算：

$$F=\frac{H}{S}\times\frac{W}{8}$$

式中，F 为桩柱应承受的力，H 为桩铊下落高度，S 为桩柱下降高度，W 为桩铊的重力，8 为常数。由该公式可以掌握桩柱可以承受的力，以便控制桩铊击打次数和下落高度。当 F 达到所需承受的力时即可以停止打击。

每个桥墩需用的桩柱数量视具体情况而定，一般十几根到几十根不等（图 3-11）。每根桩木一般横截面积一尺见方（合约 0.09 米^2），长 3—9 米。例如，

---

① 詹天佑．京张铁路工程纪略．广州：中华工程师学会，1915：76.

② 詹天佑．京张铁路工程纪略．广州：中华工程师学会，1915：70.

橛号 2787 处桥梁所用桩柱是十寸方（合约 0.06 米 ^{2}）洋松木，长约 5 米，东码头用柱 20 根，中西两墩各用柱 19 根，均分三排交错排列（图 3-12），每桩相距 0.84 或 0.86 米。每日一副桩架只能树桩两三根。

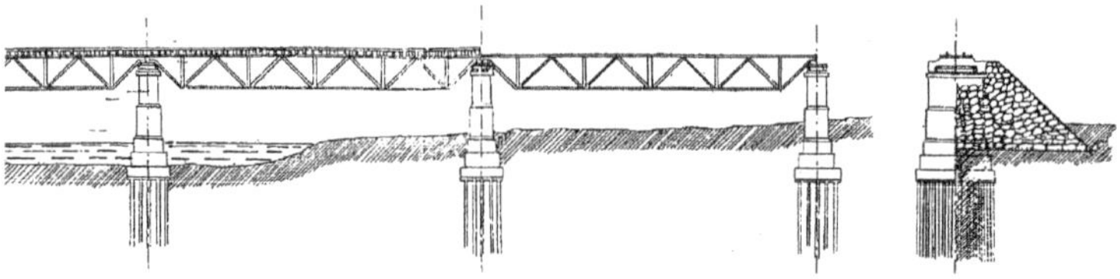

图 3-11　京张铁路最长的桥（怀来河大桥）采用树桩法示意图

资料来源：京张铁路工程纪略（附图）. 国家图书馆缩微中心

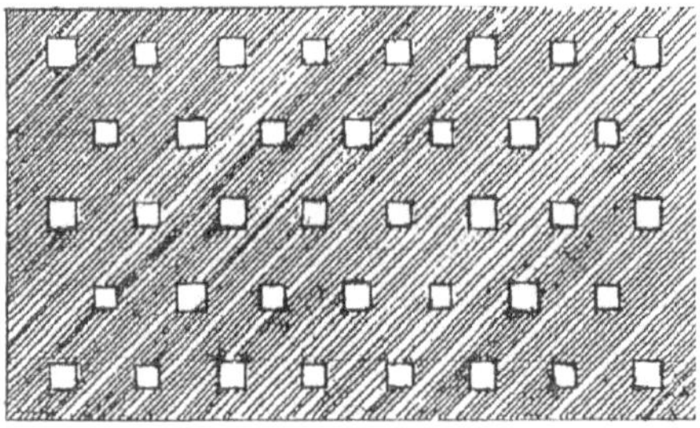

图 3-12　木桩排列示意图

资料来源：京张铁路工程纪略（附图）. 国家图书馆缩微中心

3.2.1.2　修建防水、防冻桥墩

在水中建桥墩，要防止水流冲蚀，涓涓细流和山洪暴发对桥墩地脚的损坏都十分严重。

在京张铁路修建过程中，一般防水桥墩的做法比较简单：先做下层（图 3-13 甲），用一四八水泥混凝土筑 1.2 米厚，四周为斜坡状；再做地脚（图 3-13 乙），用一三六水泥混凝土筑 0.6 米厚，之后建桥墩（图 3-13 丙），在此基础之上安置用厚板做的墩模，用一三六水泥混凝土浇筑，凝固后卸去墩模。最后再做墩帽（图 3-13 丁），厚 0.3 米，四周出沿 0.07 米。

鉴于京张铁路地处西北，冬季寒冷，地冻可深达 1.5—1.8 米。桥墩基础必须要在此深度之下，才能防止冰冻影响桥墩基础的稳固性。在建油黄沟桥时，开挖地基时四面泉水溢流，用提水斗和水车昼夜排水，才能保证无积水，但坑底依然泉水长流。只得先在坑底铺 0.3—0.6 米厚的石片，让水从石缝中流过，再在片石

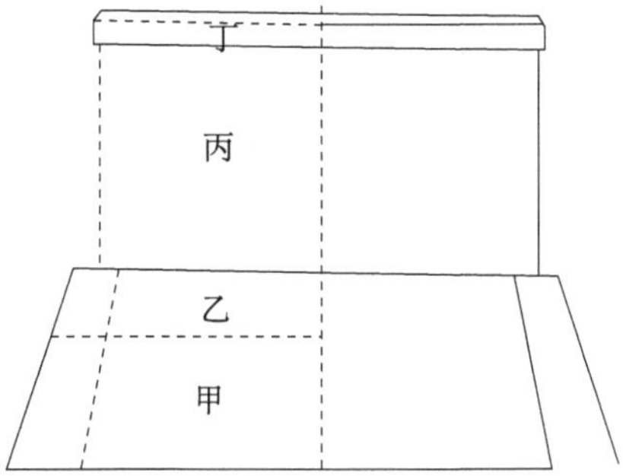

图 3-13　一般防水桥墩示意图

资料来源：京张铁路工程纪略（附图）. 国家图书馆缩微中心

上安置模具，用一三六水泥填充，之后任由水浸漫但不能让其流动，以免冲走水泥，一周后再浇筑桥墩。为加固地脚，四周还需呈斜坡形。另外，为了保护桥墩基础不被暴雨巨石冲击受损，还在桥墩两边筑起保护层（图 3-14），保护层用 1.2 米厚的片石筑起后，用一四水泥灌缝；片石外再筑 1.2 米、深 0.6 米宽的一五十水泥层，防止水流刷底。

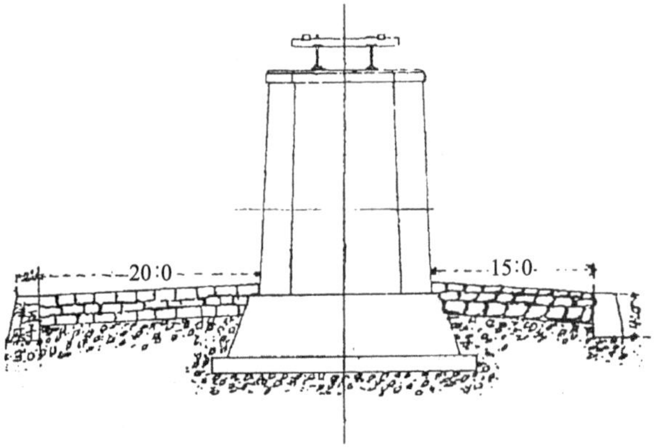

图 3-14　油黄沟桥墩示意图

资料来源：京张铁路工程纪略（附图）. 国家图书馆缩微中心

在河道里建的桥墩，暴雨来临后山石会对桥墩产生冲击。所以要在桥墩上游用石料做成尖头，与水泥桥墩结合。桥墩的上下游先用 0.5 米厚的白灰沙铺底，再在上面砌 0.45 米厚的片石，白灰浆水泥抹缝，上游宽 4.5 米，下游宽 6 米。片石外再筑 1.5 米深、0.6 米宽的一五十水泥沙底（图 3-15）。

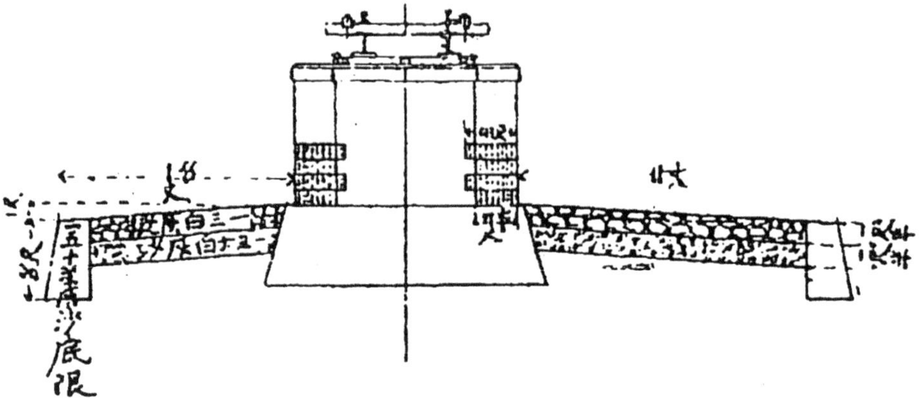

图 3-15　防山石冲击桥墩示意图

资料来源：京张铁路工程纪略（附图）. 国家图书馆缩微中心

河底为散沙砾石处，雨水暴发就会卷走河底的沙石和铺设的石片，形成深洼，导致桥墩倾斜。为防止此类情况发生，在各桥墩上游 4.5 米至下游 6 米之间深挖 0.9 米，先砌一层厚 0.6 米的石片（图 3-16 戊），空隙处用细沙填充。上面再用一四八水泥混凝土加筑，厚 0.3 米（图 3-16 己），与桥墩基础同高。再在桥墩基础上下游做水挡墙，深 1.8 米（与地脚深度相仿）、厚 0.6 米，由一三六水泥混凝土筑成。为防水挡墙，再在其外围加深 0.9 米、宽 3 米多的片石，片石呈斜坡插入河底，如图 3-16 所示。如果常年积水淤泥深厚，就需用树桩法处理。

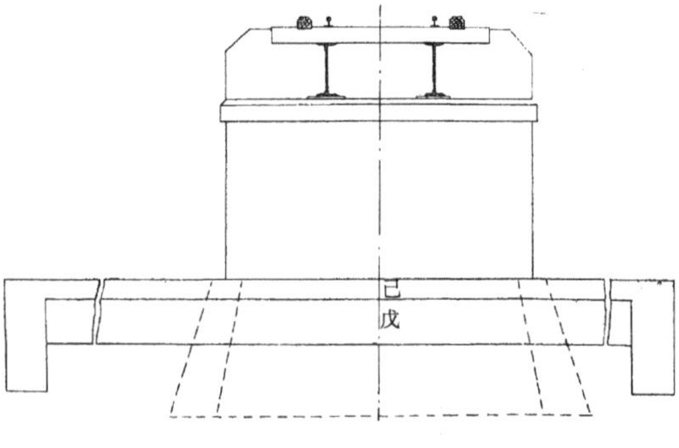

图 3-16　防流沙桥墩示意图

资料来源：京张铁路工程纪略（附图）. 国家图书馆缩微中心

3.2.2　修建桥梁

桥梁按材料不同可分为石桥、木桥、钢桥及水泥混凝土桥等。如果跨度较大，水泥混凝土内可以铺设钢材，但“施工不慎，危险堪虞”。当时“中国精于此种施工者，尚不多觏”[①]。由于水泥混凝土需要水泥量少，而沙、碎石随处可见，所以京张铁路多用水泥混凝土桥，并称之为“三合土桥”。在跨度大的地方，需要用钢桥架，其为当时“欧美新创”[②]，需要从国外订购[③]。

怀来河大桥是京张铁路上最长的钢桥，位于康庄至张家口之间（橛号 2502 处），其桥墩高出地面 6 米多，桥梁用四条当时比较新式的“工”字形钢梁铆合而成，共重 17 吨，在当时的条件下，仅借助人力就将其安置妥当，是为“奇特”。关于该桥梁的安置过程，詹天佑特别在《京张铁路工程纪略》中记录（图 3-17）：

> 当此钢梁尚未运到之，先用十四寸方木四条分两层置于墩上，将道木钢轨钉妥，中用螺闩系紧，可免方木倾倒之虞，河底则木建成长式方台，以为工人立足之处，并可保其危险。迨轨道敷至该处，用机车将桥梁分二次运来。另以道木接台于道隄之旁，将桥梁渐次移于台上，然后以道木逐次取去，使桥梁得置于轨道间。钢轨顶用油刷遍，再横置短轨两条，令桥梁乘于短轨之上，以粗绳系于桥梁之一端，使数十工人负绳而走；另备大铁撬杆数根，工人各执撬杆将横置短轨拨向前进，以助负绳者之猛力而能勇往直前……如桥梁已置于桥墩方木之上，则用千斤顶数座将梁之两端乘妥，然后方木移于墩旁。再以他之一座如前法装置，共需二十余小时。俟两座装妥，用锅钉将花梁角铁铆成一座。[④]

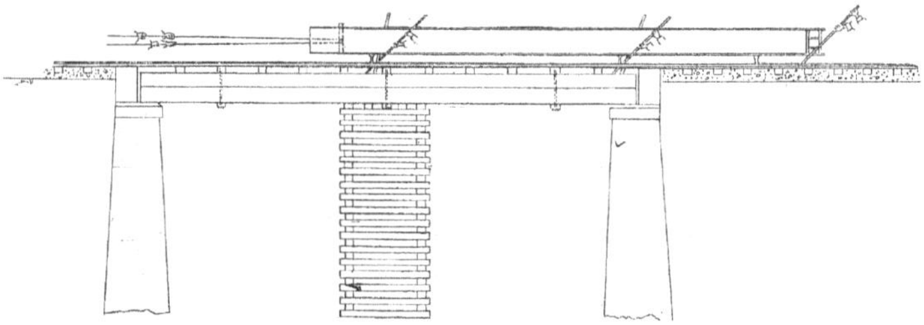

图 3-17　怀来河大桥桥架安置示意图

资料来源：京张铁路工程纪略（附图）. 国家图书馆缩微中心

---

① 聂肇灵 . 铁路 . 上海：商务印书馆，1933：90.

② 詹天佑 . 京张铁路工程纪略 . 广州：中华工程师学会，1915：92.

③ 詹天佑致香港李耀祥 1906 年 12 月 12 日信 // 詹天佑科学技术发展基金会，詹天佑纪念馆 . 詹天佑文集：纪念詹天佑诞辰 145 周年 . 北京：中国铁道出版社，2006：212-213.

④ 詹天佑 . 京张铁路工程纪略 . 广州：中华工程师学会，1915：77-78.

为了节省工时，桥架在桥墩未筑成之前就运至工地。而桥也在铁路未达之时竣工。

怀来河大桥（图 3-18）于 1906 年冬开工，1908 年 5 月竣工。由七孔 30.5 米的简支上承钢桁梁组成（一说该钢梁由山海关桥梁厂制造，暂未获证）。该桥由詹天佑负责勘测设计，由副工程司翟兆麟负责具体设计并指导施工。

图 3-18　怀来河大桥

资料来源：国家图书馆古籍馆 . 国家图书馆藏京张路工集 . 天津：天津古籍出版社，2013：232

京张铁路全线的钢梁桥中，最大跨度为 33.5 米的华伦式桁梁，绝大部分跨度为 6.1 米的宽肢工字桥，石拱桥的最大跨度为 12.2 米。

修建京张铁路时，所用设备简陋，抽水设备是农田灌溉的水车，打桩靠人力拉拽的落锤，钢梁杆件均用骡车运达工地后进行组拼。而建桥工人大部分来自农村，技术水平可想而知。中华人民共和国成立后，为配合官厅水库建设，京张铁路康狼段（康庄至狼山）改线，于 1955 年新建妫水河桥后，怀来河大桥停止使用。另外，居庸关拱桥是一孔跨度 12.2 米的拱桥，由副工程司俞人凤和颜德庆勘测设计并负责指导施工。运营 70 多年基本良好。[①]

涵沟为山涧田渠、疏通水道所建，有暗沟和明沟之分。暗沟即涵洞，隐在道基之下，涵洞的大小视最大水流量而定（水流量可以视察上游水量情况或查访当地居民）；明沟实为“小桥”，《京张铁路工程纪略》中有“孔距在十尺之下为明沟，十二尺之上为桥”的说法。京张铁路初建成时共有涵沟 149 处。

① 《中国铁路桥梁史》编辑委员会 . 中国铁路桥梁史 . 北京：中国铁道出版社，1987：18.

3.3　建造车站用房等附属厂房

铁路铺设是铁路运输的主干工程，车站及其附属厂房是顺利运营的重要保障。重要厂房一般设置在路段的中部，这样可以兼顾两端。京张铁路中部南口至岔道城段，地势崎岖，铁路曲折，南口处于该段下游，地势平整，适宜建立全路车务总厂，京张铁路上的重要厂房大多设在南口。

3.3.1　站房修建

京张铁路全线共 20 余站，根据客货流量及营业繁简将车站分为四等，如西直门、张家口、宣化等为头等车站，广安门、怀来站为二等车站，清河为三等车站，西拨子为四等车站。四等车站一般没有客货上下，即没有营业，只是在距离较大的两站之间设置，提供会车场所。相应地，各站站房等建筑规模也按四等车站建设，以节俭为宗旨规定了式样和规模。

本节以宣化府车站为例，考察其站房式样和规模。宣化府车站站房分为前后两部分（图 3-19 甲）。前栋又有前后两层，前层分为五间，中间为旅客购票登车厅，右边两间依次为男、女候车室，左两间为票房和售票员宿舍；前层由厅穿过，后层分为六间，右边依次为电信办公室、货票房、售票员宿舍，左边依次为站长办公室、食堂、存货房。后栋六间左三间为站长住宅，右三间为员工宿舍、厨房及杂货屋（图 3-19 丙）。

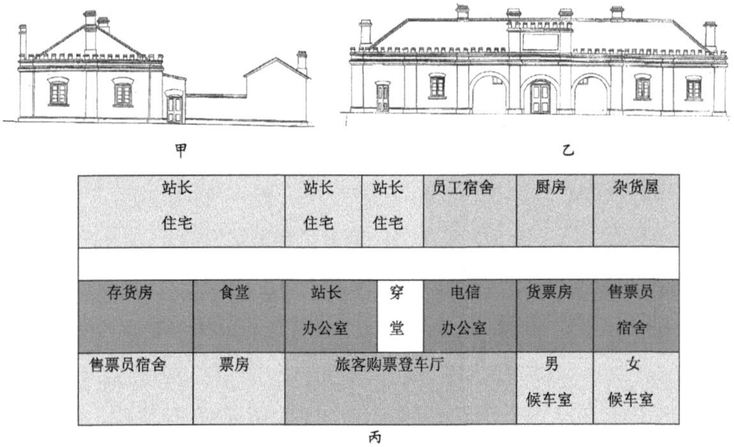

图 3-19　宣化府车站侧面图（甲）、正面图（乙）、平面结构图（丙）

资料来源：京张铁路工程纪略（附图）. 国家图书馆缩微中心

全站墙均用青砖，前栋外墙厚一砖半，内墙及后栋各墙均厚一砖。前栋梁架四座，上覆白铁瓦，四围筑以天沟，墙檐门窗上额涂以丹色，室内墙壁均以白垩涂之。四面装设玻璃，窗外护以百叶窗。墙脚窗台均以一三六洋灰混合土作成。房基深四尺许，用片石砌成，空处则用一四石灰浆胶灌坚实。墙基深二尺，以一六灰沙（即石灰一成粗沙六成）作成。①

图 3-20、图 3-21 分别为西直门车站、张家口车站初建时的站房。

图 3-20　头等站西直门车站站房

资料来源：国家图书馆古籍馆．国家图书馆藏京张路工集．天津：天津古籍出版社，2013：191

图 3-21　头等站张家口车站站房

资料来源：国家图书馆古籍馆．国家图书馆藏京张路工集．天津：天津古籍出版社，2013：251

其余头等站与此大致相同，二三四等车站形式相仿，规模要小些，京门支线的门头沟车站形式与干线不同。图 3-22 为二等站广安门车站站房。

站房没有采用中国传统的木架结构，而是采用了砖混结构，门窗呈拱形。屋

① 詹天佑．京张铁路工程纪略．广州：中华工程师学会，1915：120.

顶一条正脊、四条斜脊，庑殿顶式样。站房前面上端采用垛口式样。

各站月台依制而建，头等月台长约 244 米、高约 0.66 米、宽约 9 米。轨道中间到月台约 1.67 米，台前挡土墙由水泥混凝土或片石筑成，上端盖水泥砖或大石块作为边阶。

图 3-22　二等站广安门车站站房

资料来源：国家图书馆古籍馆．国家图书馆藏京张路工集．天津：天津古籍出版社，2013：187

3.3.2　机车库修建

机车停休期间暴露在户外不利于保养，需要建造机车库来存放。停放的机车可能待修，也可能备用。机车库的建造可分为四步，即规定格式、预算材料、绘画图样、建筑工程。

机车库有两种样式。一种是环形（或扇形）的，如中东铁路机车库（图 3-23）。这种车库在有限的空间可以停放更多的机车。由于京张铁路机车库停车较少，所以修建了长条形车库。长条形机车库每个轨道最多只能停放两辆机车，否则会相互阻碍。轨道下面设有灰坑，灰坑深为普通成年人的身高，既可以暂存蒸汽机车产生的灰渣，还可以供人站在里面检查机车故障。京张铁路中关沟一段路弯坡陡，机车在这里容易出现故障，因此就在该段坡路的两端（南口和康庄）分别建造了一所机车库。

机车库与一般厂房不同地方是：停放的机车要在屋内工作，即机车的锅炉在点燃后才能驶出车库，或者是还在排放烟气时就要进入车库。因此，机车库需要设置能够及时处理燃煤后的煤烟和锅炉里排出的多余水蒸气的装置。在修建京张铁路时期，机车库大多采用车库屋顶改造办法达到上述功能。图 3-24 就是京张铁路机车库屋顶建造示意图。

图 3-23　中东铁路扇形机车库遗址

资料来源：http：//www.yododo.com/photo/0142185ED11D1427FF8080814214F504［2018-1-10］

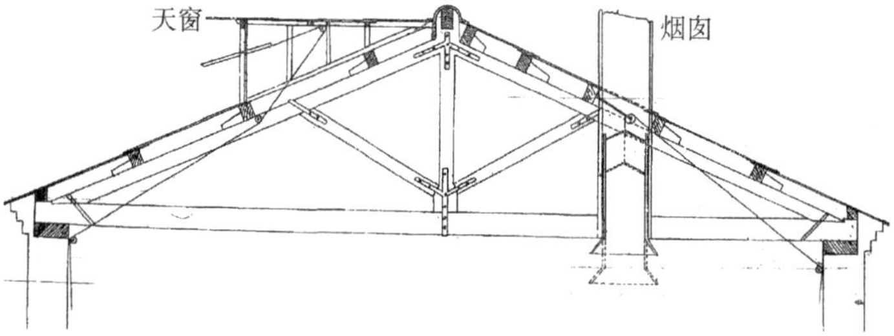

图 3-24　机车库屋顶及烟囱示意图

资料来源：京张铁路工程纪略（附图）. 国家图书馆缩微中心

为方便排出烟、汽，机车库屋顶开设了天窗。天窗既要打开通风又要闭合防雨，需要开闭自如。由于屋顶太高（必须高过机车），需要在人手能够触及的地方装置机关实现天窗的开合。京张铁路机车库的天窗高约 0.9 米、宽约 0.76 米，木质框内装四块玻璃，便于采光。木框厚 0.1 米、宽 0.076 米，上下两边呈斜面状，便于开启闭合。窗户上部距中间约 0.076 米的地方装螺丝闩横穿过窗户及天窗两端的支柱，这样窗户可以以该横穿螺丝闩为轴转动。窗户上边框钉一铁环，系以绳索，绳索绕过天窗横梁的滑轮和屋顶、墙上的滑轮顺墙而下，便于人在下面操作。由于窗户重心在轴下，所以放开绳索窗户会闭合，拉动绳索窗户就会开启。

为了排出烟、汽，机车库的屋顶安置了烟囱。烟囱要有一部分在机车库里面。但机车出入频繁，库内烟囱能够升降才行。康庄机车库的烟囱分为内外两个筒（图 3-24 右侧），外筒长 3.8 米，直径约 0.6 米，用十四号白铁制成。上端为尖式帽，出筒沿。筒身安在贯梁旁，外用铁条固定于窗口，再用几道铁箍以铆钉钉紧。屋内外筒下端与贯梁面齐平。贯梁上固定一平板，平板中有圆洞套住外筒下端。平板和铁筒用角铁固定，平板与贯梁用扁铁和螺闩固定。要保证筒身竖直，使其重量全部压在贯梁之上，不能有所偏倚。内筒长约 1.7 米，直径 0.46 米。内筒下口为一直径 0.91 米的喇叭口，上口中间用一直径为 0.013 米的铁条横钉在口的直径处。铁条中间连接一铁链，绕过筒身上端的滑轮到达下面，使站在地面的人能够用手触及，这样通过拉放铁链即可达到升降烟囱的目的。烟囱内需涂一层油灰（煤油、水泥、柏油以 1∶2∶3 比例兑成）以防生锈腐蚀。

康庄机车库的全部建筑中线距轨道中线约 44 米，附近配有水塔、煤场、转盘等，方便机车加水、清洗、加煤等。条砖由当地砖窑定制，石灰由周口店购买，石碴和砂石由当地居民采掘加工后，铁路局购买。以上原材料的购买和运输都是在冬季农闲之时，当地农民有时间劳作，而且价格低廉。建筑用的沙子分为土沙和河沙两种，土沙就地挖取，河沙则需采自河沟。特殊地方需要质量更好的沙子，还需要用水淘洗。石灰地脚用土沙，水泥地脚用河沙，车沟水泥墙则用淘净的沙子。除以上石料外，康庄机车库还使用了四十六副“四截窗”和二十三架贯梁，都是雇工人按图样用洋松做成，连同铁带螺闩一并备齐。所需材料都是在动工前一年年底备齐，效率高，成本低，费用和工期都达到了最佳的效果。

标准机车库库内（内部容积）净长 70 米、宽 10.4 米即可。但关沟段使用的山道机车，车身较普通机车长些，车库内净长需增至 73 米。房屋横梁处（称为“贯底”）距钢轨应有 6 米，本库安置了升降烟囱，可降至 5.2 米，节省了工料。车库南侧共设八副自闭式天窗；十二座烟囱分设于南北两面。车库内部可同时容纳八辆大型机车。车库墙厚两砖，足够撑起贯梁，不用专门增设墙垛。大门左侧设便门，供工人进出。三条泄水沟横贯车库，深 0.3 米，地面由水泥筑成，并呈六十分之一的斜坡。

车库地基东西两部分地质不同，东边乱石多，西边沙土多，建房容易因倾斜而塌陷。为了踏实地基，采用了数桩法：用几百根 1 ～ 1.2 米长的柳树桩打入地内，以增加地质硬度。墙基分为三层，第一层为一四八石灰三合土，厚约0.5米、宽1.8米；第二层为一三六石灰三合土，宽1.5米；第三层为一四八水泥混凝土，厚0.6米、宽1.1米。车沟地基分为两层，下层为一四八石灰三合土，厚0.46米、宽2.4米；上层为一四八水泥混凝土，宽厚同下层。

墙脚用一四八水泥混凝土分段筑成，宽0.6米、厚0.46米。每段长约4.6米，先用木板立好模型，每段隔以横档，然后将按比例混合好的水泥沙石混合物灌注搅拌，两三天后即可卸模。墙厚两砖约0.32米，墙体与墙脚间以灰沙黏结。窗台距墙脚及屋内地板1米，距地面1.5米，用水泥混凝土做成。窗户很有特色：

> （窗台）厚凡六寸，宽二十三寸半，长五尺。上面留槽口以嵌窗框，外面做斜坡以免雨水至停积。每窗相距一丈，南北各设二十四副。窗顶至砖拱外突寸许。窗高一丈一尺宽三尺八寸。①（文中尺为英尺，寸为英寸——笔者注）

车库大门高4.9米，宽3.8米，上部分为半圆形拱顶。门的四周留沿边0.04米。每扇门用"三叉形铁门轴"三个嵌入水泥内。门上半截钉扁铁，门与墙接触处钉有油毡，缓解门与墙的摩擦。图3-25为南口机车库。

图3-25 南口机车库

资料来源：国家图书馆古籍馆．国家图书馆藏京张路工集．天津：天津古籍出版社，2013：197

库内设两道车沟及两条轨道，两车沟中线相距4.9米，距墙2.7米（图3-26）。车沟深1米多、宽0.5米，由一三六水泥混凝土筑成。沟内地面为凸形，高0.2米，水泥筑成，两边留有0.13米宽、0.15米深的水沟。钢轨铺设在厚0.15米、

① 詹天佑．京张铁路工程纪略．广州：中华工程师学会，1915：124.

宽 0.3 米的洋松垫板上。车库地面先填沙土，泼水夯实，与垫板同高，上面用水泥抹平，厚数寸。车沟南有修车用的千斤顶，沿墙有水管可以冲洗车身。

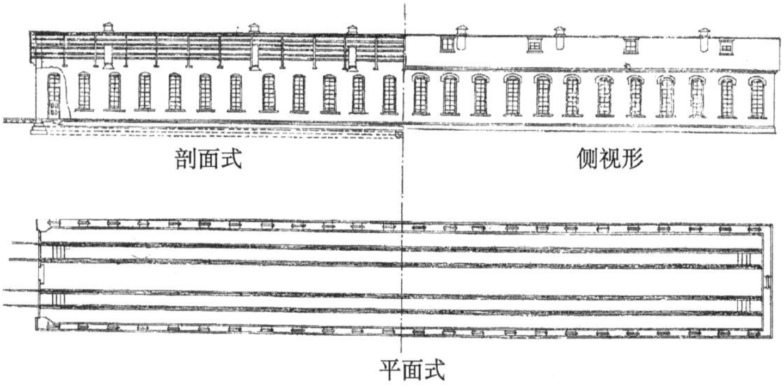

图 3-26　康庄机车库示意图

资料来源：京张铁路工程纪略（附图）. 国家图书馆缩微中心

贯梁为 0.15 米厚的松木，长 11.3 米，中间结合处都用铁带螺闩固定，两端置于墙上，先用寸径螺闩将垫板（厚 0.15 米、宽 0.4 米、长 0.6 米）扣紧，再用直径 0.03 米、长 1.83 米的螺闩直贯墙内，螺闩下端用松板紧扣并灌以灰浆。贯梁相距 3 米，共 23 架，每架两旁安置檩五条，烟囱处增加一条。檩厚 0.1 米，高 0.2 米，天窗处厚 0.15 米。檩的结合处也用螺闩。屋顶用三张半 2.1 米长的"通电绉瓦"用螺丝固定在檩上，屋脊则用宽 1 米的通电平铁。

监工房和道拨房都按照规定修建。监工房为五间平房，其中一间储藏室、一间伙房、三间起居房，每间长、宽均 4 米。砖墙厚 0.25 米。门窗、梁架为节省工料均采用中国样式，屋顶盖白铁瓦。道拨房定制长 8 米、宽 4 米。地基两层，下层深 0.3 米、宽 0.76 米，上层深 0.6 米、宽 0.53 米。墙脚深 0.3 米、宽 0.45 米，砖墙厚 0.4 米，砖砌。屋内大炕长 5.5 米、宽 2.1 米，炕旁有锅台。门窗、梁架也采用中国样式，窗户上端加设半圆拱。屋顶盖以白铁。警察员司住房与监工房相同。

3.3.3　机器厂和材料厂

机器厂当时又称作机厂，主要承担机车装配与检修、机件制造等任务。京张铁路关沟段最为险峻，机厂就设在关沟下游的南口。南口机厂配有铸工厂、锤工厂、锅炉厂、模型厂、打磨厂、修理机车厂、修理客货车厂及油车厂（图 3-27）。之后展筑张绥铁路，又在张家口设一机厂，规模略小于南口机厂。

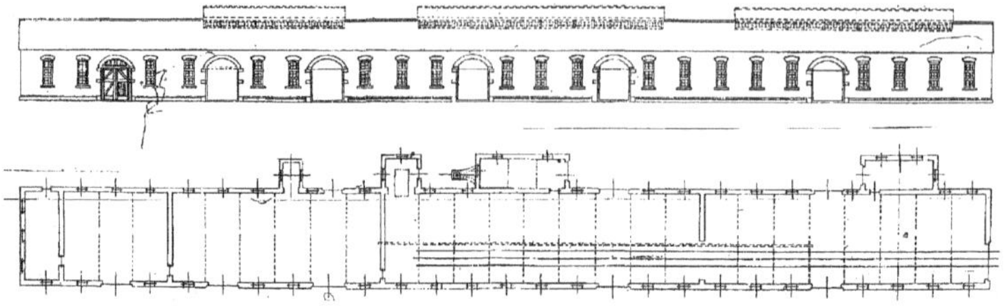

图 3-27 南口机厂示意图

资料来源：京张铁路工程纪略（附图）. 国家图书馆缩微中心

光绪三十二年（1906 年）七月，南口机厂成立（图 3-28）。

图 3-28 南口机厂

资料来源：国家图书馆古籍馆 . 国家图书馆藏京张路工集 . 天津：天津古籍出版社，2013：199

本路材料厂也设在南口（图 3-29），共有房屋二十多间，大多用作办公室和储藏室。不宜露置材料都在储藏室，其他材料也有专门的场所。为了运输方便，场所内有岔道通往干线，与机厂、车站、工程处连在一起。

1910 年 9 月，本路开始筹建张家口机厂，10 月底停建，1911 年 7 月继续建设，设机器、机车、铆炉、修车、木工、打铁、翻砂、油漆八个车间。据统计，截至 1925 年 6 月底，仅修理机车 62 辆、客车 205 辆、货车 3135 辆，总计 3402 辆，没有制造新车辆。到 1925 年职员数增加为 353 人。[①]

① 关赓麟 . 交通史路政编（第九册）. 南京：交通部铁道部交通史编撰委员会，1935：1864.

图 3-29　南口材料厂

资料来源：国家图书馆古籍馆．国家图书馆藏京张路工集．天津：天津古籍出版社，2013：199

3.4 修建水塔

蒸汽机车时代，水塔是铁路线上必不可少的设施，每隔五六十里[①]必须有一个储水水塔为机车提供用水。在京张铁路初建时期，当时机车贮水一次只可用几个小时，路途遥远就需要分段贮水，水塔必须在沿线布置合理，才能保证车辆的正常运行。

京张铁路的水塔分为上下两部分。上部分为贮水柜，用铁质做成，呈圆柱形。一般直径为 4—6 米，高则 1—3 米不等。下部分为底座，用砖、石砌成空心圆台，或用角铁制成一铁架放置贮水柜。京张铁路当时规定，直径为 4 米的贮水柜，下面用砖砌成方形台；直径为 6 米的贮水柜下面用条石筑成圆台。有时铁路通车但水塔尚未完工，就先建临时水柜。

该路第一个水塔在沙河站。水柜直径 4 米，底座用片石砌成，石灰填缝，墙基用混凝土砌成，塔墙用砖砌成，用石灰抹缝。在水塔东距铁路约 33 米的地方挖有一水井，井深约 7.6 米，直径 3 米，水深约 5 米。该井只供机车用水，人饮用水井在车站旁有一直径 1.5 米的小井。在沙河水塔建造之前，曾在清河南箭亭村附近建一临时水塔，之后撤掉。

① 此处为清制里。

南口车站设机车厂，水塔较其他地方显得更为重要，规模也更大一些。该处水柜直径 6 米多，水塔距铁道 27 米，水塔东南开凿一大井，井西设蓄水池，容积与水柜相仿。按照规划，水塔应用条石与灰沙建成正圆形，但当地条石奇缺，只能用水泥混凝土建成八角形。该处水塔较大，建筑工程比其他水塔复杂细致。

水塔装满水后重量很大，地基需要造结实。建地基前，先要深挖 3 米多深直到确为坚实地面方可。之后才开始打地基。地基第一层用大石块铺砌，水泥浆灌缝，然后用一四八水泥混凝土灌注，深约 1.9 米、宽约 2.1 米；第二层中空，墙厚 1.5 米、高 2.3 米，八面围成，仍用一四八水泥混凝土浇筑。八面中有两面留有孔道，以备将来安置进水管和泄水管；第三层高 2.1 米、墙面厚 1.3 米，呈斜坡状，由一三六水泥混凝土筑成。

地基之上建水塔。水塔墙基用德国水泥配成一三六水泥混凝土筑成，宽约 0.7 米、高 0.3 米、外周约 0.076 米宽的斜坡。塔墙呈八面形，高 3.35 米、墙厚 0.6 米。南北两面墙加厚为 0.88 米，且在最高处留有宽 0.6 米、高 1.2 米的孔，放置水管用。东面留 1.5 米长的门道，门高 2.6 米。四面墙上开窗户，窗户高 1 米、宽 0.9 米。门窗上端都安半圆拱形。墙帽厚 0.3 米、出墙 0.1 米，不仅美观，还可避免雨水下流冲刷墙体。南北两墙上端平行放置两条 6.25 米长的钢梁，相距 1.8 米。其上再平行放置 8 根 60 磅钢轨，长短不等，间距 0.6 米，两端嵌入墙内但留有空隙，以免冷热伸缩。但空隙处用毛毡之类塞堵，以免雨水侵入。

水柜高 3.65 米、直径 6.1 米，由厚 5 毫米、宽 1.22 米、长 2.44 米的钢板铆合而成。水柜自重 6000 千克，可贮水 100 吨。水柜中间穿过一圆筒，直径 0.3 米，为锅炉烟囱，可加热避免天冷时柜中水结冰。

> 柜筒钢板横列三行，竖则参差交接。柜亦用钢板数出并合而成。筒身与地再用角铁铆合，锅钉径五分长二寸，每钉相距二尺半，计用锅钉八千有余。铆柜之法：先将各项材料运至塔旁，就地开炉。柜地铆成，始及柜箫。

铆完后需要再加錾一次，使得各钢板之间不再有缝隙。之后用道木建成方台，水柜置于其上，用千斤顶逐渐升高至与塔身齐平，然后移至塔上。数日后再试验一次，如有罅漏则再加錾，直至完善。之后水柜须用油刷一遍，以防生锈。柜外仍需加包铁皮一层，二者之间相距八寸，中间放蒿草起到保温作用。柜顶用凸形木盖盖上，以免雨水、沙土进入柜中。另外还需要留有一孔，以便工人进入清洗水柜（图 3-30）。

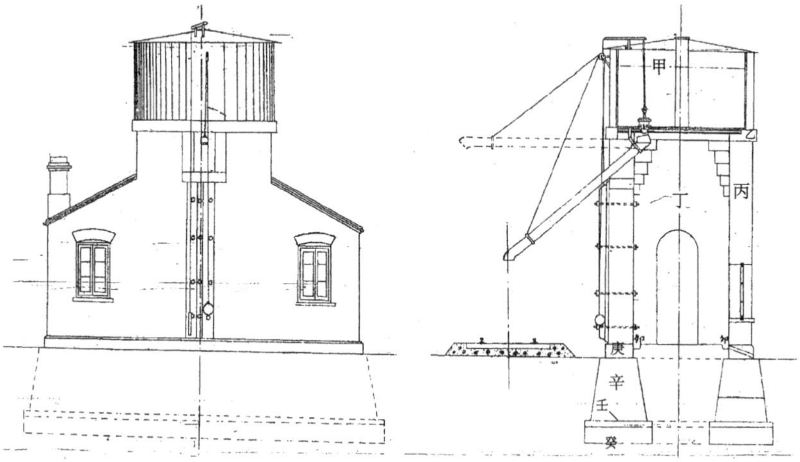

图 3-30　京张铁路第十一段段内的水塔

由上而下，甲为水柜，外护木板，相距三寸；上盖包白铁皮的木盖；乙为屋顶，上有钢轨，支撑水柜底部，防止柜底不胜柜内水的压力；丙为塔墙；丁为抽水机房；戊、己为两边带窗户的员工住房；庚为墙脚石；辛为墙基；壬为地脚上层；癸为地脚下层

资料来源：京张铁路工程纪略（附图）. 国家图书馆缩微中心

南口水塔 1908 年 3 月开始建，9 月竣工。

水塔储存水时，先用抽水机将旁边井内水抽至蓄水池，然后再从蓄水池抽进水塔。塔底连有铁管，直达车房，便于洗车。图 3-31 为康庄水泵示意图。

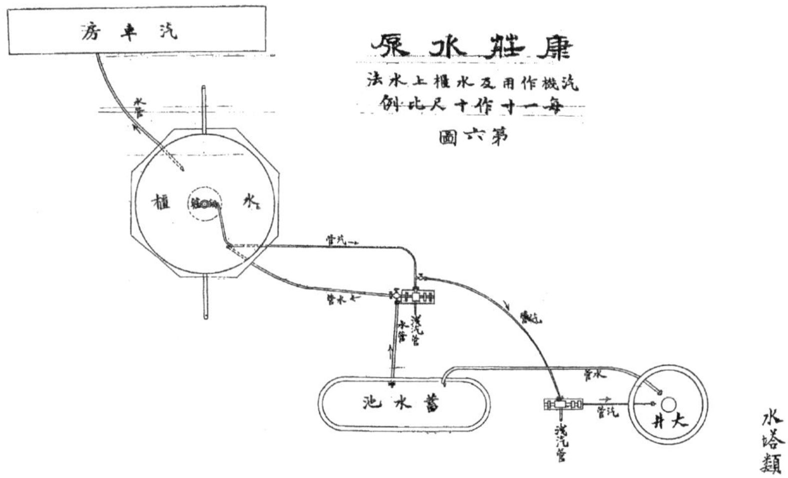

图 3-31　康庄水泵示意图

资料来源：京张铁路工程纪略（附图）. 国家图书馆缩微中心

水井挖法比较简单。即先下挖一大坑，坑直径大小视将来水井大小和土质而定，若土质松软则需要大一些，以防坍塌。一直下挖直到见水，之后将木质井圈置于坑底，在井圈上砌一砖半厚的圈墙，墙高过地面数尺。一周后圈墙结实，再下挖，圈墙会随挖随下沉；等到圈墙要和水面齐平时，再筑高圈墙，这样周而复始，直至井水够用为止，水井完工。这种挖井法当时在农村很普及（图 3-32）。

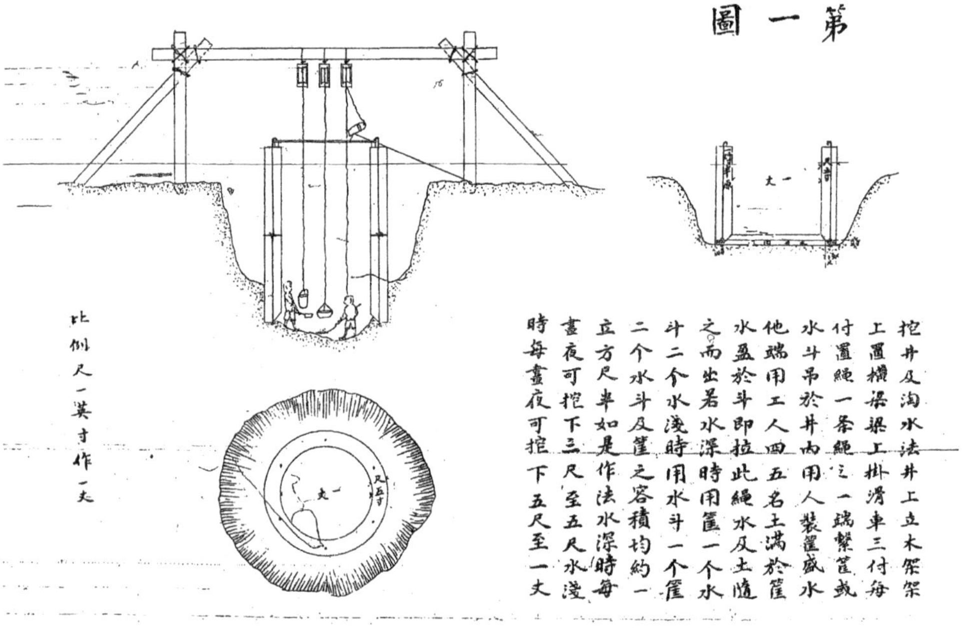

图 3-32 《京张工程纪略》中记录的水井挖造法

资料来源：京张铁路工程纪略（附图）. 国家图书馆缩微中心

除南口、康庄外，怀来、下花园等站也设有水塔。怀来站水塔于 1907 年 4—6 月修建，水柜直径约 4 米。

图 3-33 为沙岭子站水塔及井房。

值得一提的是，在挖井过程中，为验证水量是否充足，当时还做了简单的量化实验。

图 3-33　沙岭子站水塔及井房

资料来源：国家图书馆古籍馆 . 国家图书馆藏京张路工集 . 天津：天津古籍出版社，2013：250

3.5　京张铁路成功修建的影响

3.5.1　京张铁路修建成功的原因分析

关于詹天佑成功修建京张铁路的主客观因素，前人已有探讨。[①] 本节拟对此做一简单补充。

作为一项工程，京张铁路的修建受工程本身和社会多种因素影响。其中资金和技术人员与工程建设最为密切，这又是铁路“自办”的两项重要指标。在资金方面，京张铁路首次实现了完全国内自筹，不使用外国资金。这一过程中，袁世凯代表的清廷给了足够的支持。在技术人员方面，晚清国内外培养的铁路技术人员提供了有力支撑。赴美幼童与北洋天津武备学堂、山海关北洋铁路官学堂培养的技术人员组成了京张铁路技术核心团队，完成了铁路铺设技术的本土化。就工程自身而言，穿越八达岭是本工程中最为艰巨的路段，在工期与资金及当时技术水平的多重限制下，詹天佑顺利地完成了八达岭路线的测定与四个隧道的开凿，成功实施了所有工程。现就一些细节问题做一阐述。

① 杨文生 . 论詹天佑成功修建京张铁路的主客观因素 . 聊城大学学报（社会科学版），2006，（3）：11-19.

3.5.1.1　社会对铁路自办的期望

京张铁路修建之时，修筑铁路风气大开，朝野上下不再有19世纪六七十年代的争议。清政府支持修筑，还向商人开放筑路权。1895年，在经历了中日甲午战争惨败后，清政府确定“修铁路”为“力行实政”的首要项目：

> ［上谕，光绪二十一年闰五月二十七日］谕军机大臣等：自来求治之道，必当因时制宜，况当国事艰难，尤应上下一心，图自强而弥隐患。朕宵旰忧勤，惩前毖后，惟以蠲除痼习，力行实政为先。叠据中外臣工条陈时务，详加披览，采择施行。如修铁路、筑钞币、造机器、开矿产、折南漕、减兵额……著各直省将军督抚，将以上诸条，各就本省情形，与藩、臬两司暨各地方官，悉心筹划，酌度办法，限文到一月内，分晰复奏。①

1896年（光绪二十二年），清政府成立铁路总公司。1898年设立铁路矿务总局，1903年设立商部，光绪二十九年十月十四日颁布《铁路简明章程》二十四条，允许国内商民兴办铁路。而对于外国侵占路权危及国家权益，清政府也有切肤之痛。因此，国内收回路权的呼声日益高涨，自主修路呼之欲出。京张铁路顺势而出，顺应民意，为修筑京张铁路创造了有利条件。当然修建期间偶有干扰，如詹天佑在1907年9月8日的日记中写道“工程不得不停止，原因是占用坟场土地问题尚未得到解决”②。但这毕竟是个别现象。

3.5.1.2　以袁世凯为代表的朝廷方面的支持

詹天佑在《京张铁路工程纪略》序中写道：

> 若非督会办大臣提倡于前，邮部赞同于后，与夫信用之专筹款之速，曷克臻此。至于共事诸君，夙夜在公，尤当时深，儆惕以勗。

詹天佑论及国家支持、资金到位以及同仁共勉三个方面为京张铁路修建成功原因，这三个技术之外的原因，是京张铁路得以顺利修建的保障。其中袁世凯从始至终起到了最为直接的作用，可谓功不可没。

---

① 德宗实录（369卷，第23页）// 宓汝成．近代中国铁路史资料（1863—1911）．北京：中华书局，1963：199-200.

② 詹天佑1907年9月8日日记 // 詹天佑科学技术发展基金会，詹天佑纪念馆．詹天佑文集：纪念詹天佑诞辰145周年．北京：中国铁道出版社，2006：157.

袁世凯是京张铁路修建的直接促成者。1903 年，袁世凯和胡燏棻上奏提拨关内外铁路余利修筑京张铁路[①]，原计划每年拨付 100 万两白银。之后每年增拨 30 万两，为京张铁路提供了资金保障。在人员调配方面，袁世凯首先推荐詹天佑担任总工程司。在修建过程中，袁世凯又数次上奏，请给予官职。更重要的是，时任关内外铁路督办大臣的袁世凯和会办梁如浩先后从关内外铁路调来了陈西林、邝孙谋、沈琪、俞人凤和柴俊畴，从沪宁铁路调来了颜德庆[②]，这些都有力地支持了詹天佑的工作，使得京张铁路有了足够多的工程师[③]。1906 年，当袁世凯听说朝廷要调詹天佑到粤汉铁路任职时，他当即上书奏请挽留詹天佑：

> 京张一路，照俄英两国成议，均不得由外人承造；尤必须选有熟精铁路工程专门之华员接任总工程司之职，方可令詹天佑赴粤。当经檄饬关内外铁路暨京张铁路两局总办会同遴选保□去后。兹据该总办等公同复称：京张路工，正常紧要，中经八达岭等处，开山凿洞，工程尤为艰巨。所有全路一切布置，悉赖詹天佑精心缔造，一力经营。偿调赴粤中，则该路工程即须停办。且再四访求，并就各华员中切实考校，实无熟精路工，堪以接办之员，详请奏留詹天佑仍办京张路工前来。[④]

可以说，京张铁路的成功与袁世凯多方面的努力是分不开的。

已有研究者对袁世凯在京张铁路建设中的作用做了很好的总结，他们认为：袁世凯在洋人觊觎、国内诸商争办的情势下，精心筹划建筑了中国铁路建设史上具有重要地位和意义的京张铁路。袁世凯的贡献有二：一是多方筹集资金，如提的关内外铁路余利、奏报京张铁路沿线矿产归京张路局等；二是用心挑选人才，詹天佑是最为突出的代表。此外，袁世凯还陆续调来大批技术人员，并委派得力干将为铁路会办。袁世凯的举动不仅唤起了大众的民族自信心和自豪感，同时开创了中国独立发展铁路事业的先河，并培养出詹天佑等杰出铁路技术人才。[⑤]

---

① 关赓麟．铁路史路政编（第九册）．南京：交通部铁路部交通史编撰委员会，1935：1553.

② 詹天佑科学技术发展基金会，詹天佑纪念馆．詹天佑文集：纪念詹天佑诞辰 145 周年．北京：中国铁道出版社，2006：168.

③ 詹天佑科学技术发展基金会，詹天佑纪念馆．詹天佑文集：纪念詹天佑诞辰 145 周年．北京：中国铁道出版社，2006：169.

④ 宓汝成．中国近代铁路史资料（1863—1911）．北京：中华书局，1963：916-917.

⑤ 苏全有，申彦玲．袁世凯与京张铁路．西南交通大学学报（社会科学版），2008，(1)：112-117.

3.5.1.3 詹天佑自身的经历与努力

毋庸置疑，京张铁路的成功与总工程司詹天佑密不可分，这已成为学界共识。关于詹天佑与京张铁路的研究已有丰硕成果，本节再添列几个细节。

1）求学经历

詹天佑是首批留美幼童，幸运的是，他是120名幼童中仅有的两名完成学业的幼童之一，这与他的天资聪慧和勤奋爱学分不开。

在美国的九年中，他努力学习。在高中最后一年（1878年），詹天佑选修了代数、自然哲学及化学，期终考试为全校最高分。当年7月，全部学业操行排名本班第一、全校第二[①]。詹天佑以优异的成绩考入耶鲁大学，学习土木工程。该系课程扎实，并且重视基础课程。詹天佑的学习成绩也非常好，特别是数学课程，在一、二年级，两次获得数学奖。容闳曾在全体留学生面前对詹天佑加以称赞，并送他小巧玲珑、用三角形图案构成造型的奖章。[②]这说明詹天佑在赴美幼童中出类拔萃。在詹天佑的毕业证上也有"詹天佑是获得大学学位荣誉的第一流考生"[③]，这都说明詹天佑留美期间学习成绩一直很好，圆满完成了学业。其他学习铁路技术的幼童（如邝孙谋）因入学时间晚未能完成学业即被召回。

2）回国实践

詹天佑1881年大学毕业，正值清政府强迫留美幼童回国。詹天佑回国后被安排在福建马尾福州船政学堂学习海军轮船驾驶，之后实习、当教习，并勘测绘制了我国最早的海图——广东沿海海图。1884年，詹天佑因在福州船政局后学堂教导出力，被授予五品顶戴。

1888年，詹天佑由邝孙谋向伍廷芳举荐到天津铁路公司任帮工程司，开始了他的铁路建设事业。詹天佑先在塘沽到天津的铁路上承担铺轨工作，之后在金达的指挥下服务于关内铁路。1893年，詹天佑成功运用气压沉箱法修筑桥墩基，完成了英国工程师难以完成的任务，崭露头角。为此，英国土木工程师学会选举他入会，是为我国工程师入此学会之始[④]。在关外铁路修筑中，詹天佑负责首段即锦州段工程的修建。

詹天佑被袁世凯注意是在1902年，在从俄人手中接收关外铁路后，袁世凯

---

① 詹同济，黄志扬，邓海成.詹天佑生平志.广州：广东人民出版社，1995：17.
② 詹同济，黄志扬，邓海成.詹天佑生平志.广州：广东人民出版社，1995：20.
③ 詹同济，黄志扬，邓海成.詹天佑生平志.广州：广东人民出版社，1995：20.
④ 詹同济，黄志扬，邓海成.詹天佑生平志.广州：广东人民出版社，1995：45.

发现很多被损坏的桥梁、线路和机车车辆大多原由詹天佑主持修筑，遂令詹天佑修复。詹天佑到达现场后，周密部署，一个多月就恢复通车。袁世凯目睹了这一幕，于 1902 年 10 月举荐詹天佑为新易铁路总工程司。

新易铁路又称西陵铁路，是慈禧太后谒祭西陵的铁路线。该线工程工期短且处于寒冬不易动工。詹天佑克服重重困难，只用四个月就建好了长 43 千米的铁路。这是第一条由中国人担任总工程司修筑的铁路！它为中国人自主修建铁路起到了示范作用，也为詹天佑本人积累了经验，为之后担任京张铁路总工程司做了铺垫。

之后，詹天佑又勘测潮汕铁路，规划江苏沪宁铁路等。詹天佑每到一处皆认真负责、勤奋努力，就像在福州船政学堂一样，从不懈怠。所有这一些，都为他主持修建京张铁路积累了丰富的经验。

可以说，在京张铁路修建前后乃至较长一段时期内，在铁路修建技术方面，就学习经历和实践经验来看，詹天佑在中国是独一无二的。因此，第一条自主修建的干线铁路由詹天佑任总工程司是毫无疑义的，也是最好的选择。

3）严格管理

关于詹天佑在京张铁路建设中科学管理已有论述[①]。他为了减少办事层次，升任总办后，将原设天津的京张铁路总局迁至北京，与设在北京的铁路局合并，另设工程局，分管运营和工程。他建立工程司考核升转及员司管理制度，加强管理，保证出工率，明确规定职责范围，认真考核、严格奖惩，使全路人员同心为国争光。

在具体事宜中，詹天佑节约开支减少浪费，甄选包工人员，如有包工人王清泰疑似借路款当资本且不及时归还，詹天佑和工程司邝孙谋通信，要求即刻管理并控制其支出。[②]

詹天佑对自己的亲戚要求也非常严格。当年詹天佑作为幼童赴美，其父犹豫不决时，詹天佑后来的岳父谭老答应将自己的女儿嫁给詹天佑，詹天佑的父亲才决定送其出国。可以说，谭老是詹天佑生命中第一个关键人物。但是在得知其内弟谭丽泉在京张铁路不认真做事甚至参与赌博时，詹天佑写信警告，毫不客气，

---

① 经盛鸿．詹天佑评传．南京：南京大学出版社，2001.

② 詹天佑科学技术发展基金会，詹天佑纪念馆．詹天佑文集：纪念詹天佑诞辰 145 周年．北京：中国铁道出版社，2006：190-191，193-194.

质问："不知所办之事可能认真否？"[①]此外，他还写信告诉朋友不要理睬他"不可靠的"侄子詹道生。[②]

4）敢于创新，引进先进技术

由于京张铁路承诺不使用外国工程师，又因经费紧张詹天佑不愿购置外国先进机械，因此施工大多采用中国传统技术。但这并不妨碍詹天佑同工人一起探索新的方法，改进工作效率。

在开凿隧道时，詹天佑首次使用开矿炸药——拉克洛炸药[③]，还试着用水泥混凝土砖砌筑隧道内部，他在给邝孙谋的信中曾说"我们感到洋灰三合土砖是容易砌筑成功的"。[④]

在开凿八达岭隧道之时，詹天佑运用"人"字形路线，使隧道开凿长度缩短一半，客观上也降低了路线坡度。"人"字形路线早在欧洲矿区广泛使用，詹天佑根据实际情况，采用这种路线，节省投资，缩短工期。尽管"人"字线本身存在若干缺点，但詹天佑敢于采用新技术的思想，是很不容易的。[⑤]

车辆之间的"自动挂钩"（janney coupler）也是由詹天佑首先引进的。这种挂钩曾一度被传为是詹天佑发明的"詹氏挂钩"。[⑥]詹天佑在1906年就上书清政府统一铁路标准，并提出统一使用"姜尼挂钩"。[⑦]这种挂钩的引进具有先进意义。

5）做事认真

詹天佑做事极为认真，在修建京张铁路时，他每天记日记，有时简略，有时则将白天的事如实详细地记录在册。如1905年6月24日（光绪三十一年五月

① 詹天佑科学技术发展基金会，詹天佑纪念馆．詹天佑文集：纪念詹天佑诞辰145周年．北京：中国铁道出版社，2006：201.

② 詹天佑科学技术发展基金会，詹天佑纪念馆．詹天佑文集：纪念詹天佑诞辰145周年．北京：中国铁道出版社，2006：228.

③ 詹天佑科学技术发展基金会，詹天佑纪念馆．詹天佑文集：纪念詹天佑诞辰145周年．北京：中国铁道出版社，2006：187.

④ 詹天佑致广州广东省商办粤汉铁路总公司总工程司邝景阳1907年2月16日信//詹天佑科学技术发展基金会，詹天佑纪念馆．詹天佑文集：纪念詹天佑诞辰145周年．北京：中国铁道出版社，2006：214.

⑤ 吴钰．来信谈纪念詹公//詹天佑逝世七十周年——京张铁路通车八十周年纪念活动专辑．北京：中国铁道出版社，1990：24.

⑥ 徐启恒，李希泌．詹天佑和中国铁路．上海：上海人民出版社，1957：53.

⑦ 詹天佑科学技术发展基金会，詹天佑纪念馆．詹天佑文集：纪念詹天佑诞辰145周年．北京：中国铁道出版社，2006：10.

二十二日），詹天佑将白天编制的有关京张铁路的工程预算和报告完整细致地记录了下来；在1905年6月29日的日记中，正文只有一句“答复颜德庆两份来信，此信之复写件见本日记册之背面”，可见他还要将回信誉抄在日记本背面。这对于“昼则手胼足胝，夜则绘图计工”[①]的总工程司非常不易。现存的詹天佑日记为后人研究詹天佑及京张铁路具有非常重要的史料价值。

京张铁路竣工之后，詹天佑亲自编著《京张铁路工程纪略》，记录该路的修建过程和详细数据，为后人留下了珍贵的文字资料。詹天佑还主持编制了我国第一套铁路工程标准图——《京张铁路工程标准图》（共49项标准），并力主清政府统一全国铁路工程标准。这是詹天佑心系祖国铁路建设、具有长远战略眼光的表现。

6）对官场的认识和分析

以上五点，皆有论著涉及，但詹天佑对于当时清朝官场的独到见解很少有人提及。詹天佑在这方面敏锐洞察，使他能够合理争取到朝廷要员的支持，为工作创造有利环境，以保障京张铁路工程的顺利进行。

在“做官和做事”问题上，詹天佑有如下总结：

> 我们留学外国，获得了一些知识技能，要做一点事贡献国家。如要做官，就不能做事，想做事，万不可做官。而且做惯官的人一旦没有官做，精神便会十分痛苦，但官不可做，又不可无。在现在中国里，没有经过朝廷给予你一个官职，就没有地位，没有人把重要的事给你做。[②]

由此可见他的观点是要“做事”，但他也很清楚“做事”需要“做官”来支持。

在川汉铁路修建过程中，有下属熊希堂反对其上级工程司，詹天佑认为长官如此安排是故意所为，是借以找到熊犯错的借口，然后使其让位，还说“这就是中国的办事手段”[③]，可见他对中国官场的行事作风颇有见地。

詹天佑善于洞察当时社会环境，对于一些具体事件有自己独到的考虑，遇到与之相关的事，他总能提前认识到。如对于1907年总办陈昭常的离任，他十分敏感，曾致信友人道：“他（指陈昭常——笔者注）辞职后的结果如何，我无法

---

① 詹天佑．京张铁路工程纪略．广州：中华工程师会，1915：自序．

② 詹同济．詹天佑大江南北主持筑路文献资料集．成都：四川大学出版社，1992：11.

③ 詹天佑致颜德庆1910年4月14日信//詹天佑科学技术发展基金会，詹天佑纪念馆．詹天佑文集：纪念詹天佑诞辰145周年．北京：中国铁道出版社，2006：281.

预料；若另派一名新总办来，我可能处于困难境地。”[①]结果，陈昭常离开后，詹天佑升任总办，这对他的工作十分有利。

除此之外，詹天佑也有着非同寻常的政治远见，在清政府下令收回路权之际，他在广州黄沙于1911年6月13日致宜昌四川省商办川汉铁路公司宜万段副总工程司颜德庆的信中称：

> 至于四川铁路的未来，可以肯定的是，美国人将予接管，而对中国人来说，则无任何希望。因此，我们如果再花费心思，那将如修筑空中楼阁，毫无意义了。我们的好日子已经过去了！所有的好命运均已离开中国人而去，而我们必须甘心居于次等地位，二等地位？不！比这还坏。是啊！我想我们必须另谋他职了！
>
> 当然，我把你记在心上，无论今后干什么，我们仍要一起工作。
>
> 广州现在处于一种愤激的形势中，我希望不会有严重后果，但我想恐将导致一场前所未有的巨大悔恨！

信中充满詹天佑对铁路事业的眷恋和对中国铁路前途的忧虑，还有对未来政治时局的预测。

7）其他原因

已有人对“詹天佑与京张铁路”的成功进行论述。杨文生认为成功的主观因素包括迎难而上和坚韧不拔的个性品质、得天独厚的求学经历、卓有成效的铁路工程实践、忠实践行“在实践中求希望”的格言、最大化地争取统治者的信任和支持、培养了一支高素质的工程技术队伍；客观因素包括受命于进退维谷之际、在职权范围内“可以独断独行，无人制其肘”、詹天佑的官衔极大便利了同地方官吏的沟通与协调、人工物料及用地的价格低廉。[②]

除此之外，詹天佑还深信“团结是成功的秘诀”[③]，这使得他在工作中团结员工，使得上下一心，共同努力。

他还广泛联系同学，多次写信索取同学聚会通信录和照片以及简历。就机车

① 詹天佑致广州广东省商办粤汉铁路总公司总工程司邝景阳1907年2月16日信 // 詹天佑科学技术发展基金会，詹天佑纪念馆．詹天佑文集：纪念詹天佑诞辰145周年．北京：中国铁道出版社，2006：213-215.

② 杨文生．论詹天佑成功修建京张铁路的主客观因素．聊城大学学报（社会科学版），2006（3）：11-14.

③ 詹天佑致成都四川铁路胡栋朝1906年12月5日信 // 詹天佑科学技术发展基金会，詹天佑纪念馆．詹天佑文集：纪念詹天佑诞辰145周年．北京：中国铁道出版社，2006：209-210.

问题曾写信询问美国的同学洛德。

> 在12英里长、1/30坡道的路线上采用何种机车，我尚未作出决定。据你所知，美国有没有这样大坡道的铁路？哪种类型的机车能确保在这样的大坡道上运行安全？……如你提供给我一些资料，我将极为感激。[①]

当然还有朝廷的支持，袁世凯和胡燏棻就为京张铁路曾多次上奏朝廷，慈禧太后对修筑京张铁路的事情上也比较“开恩”。前已述及，光绪三十一年八月初二（1905年8月31日）胡燏棻向慈禧太后奏明京张铁路由于位于山区，需要开凿山洞，以致修筑费500万两不够，需要增加到700万两，她对此也批准了。[②]袁世凯在陈昭常总办调任后，奏请詹天佑兼任总办[③]，这就使得詹天佑工作非常顺利。在此之前，詹天佑还担心换了其他总办会对他的工作有影响。[④]

京张铁路是我国第一条自主修建的干线铁路，途经有“天险”之称的八达岭、鹞儿梁等地，当时外国人都讲修建京张铁路的工程师还没有出生，扬言“中国人想不靠外国人自己修铁路，就算不是梦想，至少也要过50年才能实现”。但在以詹天佑为代表的京张路人上下一心，精心组织，不仅保质、低价、省时地建成了铁路，还制定出了一整套铁路工程规章制度，培养出一大批中国青年工程师。

京张铁路的成功，是在当时的社会背景下，有志之士渴望国富民强、追求民族自强自立的结果，是中国近代史上的一座丰碑。京张路人一方面自力更生，一方面积极引进国外先进技术，最终取得伟大胜利。国家相对稳定的环境是京张铁路顺利竣工的首要因素，朝野上下一心同仇敌忾是成功的重要原因。在这些因素下，詹天佑才得以施展才华。

---

① 詹天佑致洛德1907年4月14日信//詹天佑科学技术发展基金会，詹天佑纪念馆.詹天佑文集：纪念詹天佑诞辰145周年.北京：中国铁道出版社，2006：220.

② 詹天佑科学技术发展基金会，詹天佑纪念馆.詹天佑文集：纪念詹天佑诞辰145周年.北京：中国铁道出版社，2006：145.

③ 詹天佑科学技术发展基金会，詹天佑纪念馆.詹天佑文集：纪念詹天佑诞辰145周年.北京：中国铁道出版社，2006：154.

④ 詹天佑致广州广东省商办粤汉铁路总公司总工程司邝景阳1907年2月16日信//詹天佑科学技术发展基金会，詹天佑纪念馆.詹天佑文集：纪念詹天佑诞辰145周年.北京：中国铁道出版社，2006：213-215.

3.5.2 京张铁路对清末铁路建设的影响

京张铁路利用关内外铁路余利，抽调了包括关内外铁路的全国各地的工程师。在京张铁路修成之后，利用营业收入展修了张绥铁路；在京张铁路修建过程中培养的工程人员又被派到其他铁路参加修筑工作。京张铁路的影响不仅在铁路工程界，它的成功也增强了全中国人民的自信心，并一直激励着后人。时至今日，京张铁路精神仍是宝贵的精神财富。

3.5.2.1 京张铁路与其他铁路的关系

1）与关内外铁路的关系

关内外铁路（即后来的京奉铁路）由1881年建设的唐胥铁路逐步延伸而成。此路建设开始至展修一直借贷英国资金，总工程司亦为英国人金达。修成之后营业收入喜人，遂有用此资金新建京张铁路之议。

当时该路总办为梁如浩，也是留美学生。当议定由京奉铁路余利修建京张铁路时，梁如浩奉北洋大臣袁世凯之命具体和英国交涉。当时京奉铁路余利按照协定全部存至天津汇丰银行，作为借款担保。当时中方议定划存六个月的借款本息外，余额为京张铁路用。但伦敦中英公司来电称，须存一年本息方可使用。就此问题，梁如浩多次交涉，为京张铁路建设资金做了不懈努力，最终以梁如浩的方案实施。

在人员配置上，梁如浩也给予了大力支持。詹天佑刚接到修筑京张铁路的命令后，只带了徐文洞和张鸿诰两位山海关铁路学堂的毕业生，显然不能胜任此项浩繁的工程。为此，詹天佑联系各路，其中关内外铁路处，梁如浩先后拨调了陈西林、邝孙谋、沈琪、俞人凤和柴俊畴，占京张铁路工程司半数，有力地支持了京张铁路建设。在拥有了如此强大的阵容后，詹天佑称："我已有足够多的工程司了！"①

另外，京张铁路需要的很多材料都需要关内外铁路承担制造或代购任务，购自国外的材料要通过天津等港口转运，这都赖于各港口、铁路的配合。

2）聚集人员和反哺其他铁路

在聚集人员方面，除得到关内外铁路的鼎力支持外，詹天佑还从江苏调来了颜德庆。颜德庆也是留美学生，当时供职于沪宁铁路。颜德庆在八达岭隧道测量

---

① 詹天佑致梁如浩1905年7月14日信//詹天佑科学技术发展基金会，詹天佑纪念馆.詹天佑文集：纪念詹天佑诞辰145周年.北京：中国铁道出版社，2006：169.

上做到了准确无误[①]，为其顺利开凿起到了关键作用。除工程司外，詹天佑召集了天津北洋武备学堂铁路工程班毕业生及山海关北洋铁路官学堂毕业的学生，作为修筑京张铁路的主要骨干，同时为中国铁路建设锻炼培养了人才。

京张铁路的成功离不开全国铁路技术人员的支持，同时，詹天佑也将一些技术骨干派往其他铁路。

邝孙谋就被派往广东商办粤汉铁路担任总工程司。1906 年，粤汉铁路呼吁詹天佑任总工程司，但京张铁路修建工程未完，清政府不予同意。詹天佑派邝孙谋前往，在修建过程中，两人之间书信频繁，共同商讨该路工程问题。1909 年京张铁路竣工后，詹天佑赴粤汉铁路，而邝孙谋又回来做张绥铁路总工程司。徐文泂也被调往商办江苏铁路。

颜德庆在京张铁路建设后期，被派往主持修建川汉铁路，任副总工程司一职。其间和詹天佑的书信亦为频繁，商讨各种工程问题。另外修建京张铁路的大批工程师被先后派到川汉铁路，如苏以昭、耿瑞之等[②]。

京张铁路竣工后，培养出来的年轻工程人员，分别被派往张绥、川汉、粤汉铁路，成为重要的技术力量[③]。

3）激励他路自办

京张铁路的成功，向世人展示了中国工程师完全可以自办铁路，同时也为国人自办铁路增强了信心。“经詹天佑先生领导于前，筑成平绥路，而粤汉、浙赣、湘桂、黔桂诸线亦均由国人先后自建，并尽量采用国内产品，较诸初期已有极大之进步。”[④]在京张铁路的激励下，川汉铁路、粤汉铁路等纷纷由当地筹办，并都请詹天佑任总工程司。詹天佑在离开京张铁路之后，曾一度担任四路六职。

京张铁路证明了中国人有能力自己修建铁路，随后民办铁路风起云涌，虽然多数没有成功，但对之后的铁路修筑以及收回路权起到了积极作用。京张铁路不仅当时被欧美各国认为是奇迹，现在也是世界著名铁路工程之一。其意义远远超出铁路工程技术领域。李四光曾经讲过：“修建京张铁路的卓越成就，为深受侮辱的当时中国人争了一口大气，表现了我国人民伟大的精神和智慧，昭示着我国

---

① 詹天佑致邝孙谋 1908 年 7 月 19 日信 // 詹天佑科学技术发展基金会，詹天佑纪念馆 . 詹天佑文集：纪念詹天佑诞辰 145 周年 . 北京：中国铁道出版社，2006：238.

② 詹天佑科学技术发展基金会，詹天佑纪念馆 . 詹天佑文集：纪念詹天佑诞辰 145 周年 . 北京：中国铁道出版社，2006：253.

③ 詹天佑致颜德庆 1909 年 9 月 25 日信 // 詹天佑科学技术发展基金会，詹天佑纪念馆 . 詹天佑文集：纪念詹天佑诞辰 145 周年 . 北京：中国铁道出版社，2006：257.

④ 金士宣 . 铁路运输学 . 上海：商务印书馆，1948：64.

人民伟大的未来。”①

3.5.2.2　时人对京张铁路的评价

京张铁路于光绪三十一年九月初四（1905 年 10 月 2 日）插标动工，宣统元年八月十一日（1909 年 9 月 24 日）全线通车。八月初六，时任邮传部尚书徐世昌会同詹天佑等人奉旨验收京张铁路。徐世昌在奏折中称：

> 京张一线为我国铁路北干之起点，其居庸关、岔道城二处，汉唐以来，历经百战，夙称天险。鸠庀之初，外人每疑华员勿克胜任。迩来欧美士夫原来看视，啧啧称道，佥谓青龙桥、鹞儿梁、九寨里三处少去洞工，实为绝技。②

邮传部还免费将车票分送社会各界，票上明示：“自九月十日起，至月底止，不拘何日，得免费来回乘车一次。”其间往来商客，无论从何处上车，一概免收车费，运输货物，亦不取车价，“以留为中国自款造路之大纪念”③。

1909 年 10 月 2 日，中外来宾汇聚南口，共同为京张铁路通车举行盛大典礼。徐世昌致辞：

> 吾国自筹筑铁路以来，工程告竣者数矣，京奉、京汉、萍醴、正太、道清、沪宁、汴洛，先后行车，长者至二千余里，短者或三、四百里，皆先京张而告成。方其告成时，莫不择期开车，循例行礼，留为纪念，何独异于京张？然而今日之会，嘉宾贶临，窃谓非寻常铁路工竣开车之比者，盖斯路奏明由中国筹款自造，而工程亦全用华员经理，绝不借才他邦，此为本路特异之点……方路工经始以来，外人议者咸以为吾国工程师不若欧美，因预料全工之不克竟成，几若众一词，据为定论。乃曾几何时，全路险且巨之大，人所闻而惊惧者，卒能履险如夷，尅期先蒇，以有日之盛会。然则此路一成，非徒增长吾华工程师大之名誉，而后此之从事工程者，亦得以益坚其自力，而勇于图成。则吾国将来自办之铁路，枝干纵，所继兴而未有艾者，必皆以京张为之嚆矢，此甚非

① 钟蕾，史艳娜．“铁路之父”詹天佑．人民日报海外版，2014 年 1 月 24 日第 10 版，又见《人民日报》1961 年 4 月 27 日第四版。

② 平包铁路．平包铁路观成奏报演说：4-5. 国家图书馆缩微中心，2003.

③ 东方杂志，1909，(10)：304. 转引自：徐启恒，李希泌．詹天佑和中国铁路．上海：上海人民出版社，1957：65.

细事。[1]

徐世昌指出京张铁路的成功既增强了中国工程师的信誉与信心，同时也对清政府自办铁路产生了积极的影响。

来自广东番禺的来宾朱淇在致辞中讲道：

> 京张铁路筑造之初，外国人著论于报纸曰，中国造此路之工程师尚未诞生也，一时五洲传为笑谈。今者，詹君独运匠心，筑成此路，不假外国人分毫之力，所有一切筑造与管理，皆用中国人为之。嗟夫，如詹君者，可谓能与中国人吐气矣……夫铁路工程既可以中国人独力筑之，将来一切矿务机器制造等事，皆可以中国人自为之矣。吾今日为铁路祝，并为全国之矿务、山林、机器、工厂祝也，有开必先，其今日京张铁路之谓乎！[2]

朱淇这番话代表了当时国人强烈希望独立自强的信心，也说明京张铁路的成功是晚清的一粒强心药。

对于京张铁路的成功，当时亦有文称：

> 该路南接京都，北至通俄要塞，延长一百三十英里，路款皆华北官办铁路历年赢余所出。自始徹终，纯由华人自力担承，至落成之日，为中西工程专家所激赞。凡此冒险图功，实赖总工程师詹天佑之力。而其经费节省一端，尤足为欧美各国所心折。将来举借外债以兴实业，必可藉此与各国经济竞争中获得较为惬心之条款也。且此路竣工后，不特于军事上有实用，即营业上亦多裨益。今已岁有赢利矣。呜呼盛哉！京张铁路谓为华人之纪功坊可也！[3]

对京张铁路修筑用款节省的意义做了评价，此外还对京张铁路的成功原因做了总结：

> 京张铁路灿烂裔皇之成绩，由于事求实际、款不虚糜，无借债回扣之弊，无包工垄断之虞；总理不居洋楼巨厦，员司不支干修厚俸。自轫办以至竣工，无不异常节省而有实效，是则华人自为工程师之利也。抑

① 平包铁路．平包铁路观成奏报演说：10-14. 国家图书馆缩微中心，2003.

② 平包铁路．平包铁路观成奏报演说：29-31. 国家图书馆缩微中心，2003.

③ 颐谷．对于京张铁路成绩之外评．进步，1912，(3)：1-6.

> 有最重要者，在事人员皆一德一心，虽下至小工亦知联络同国人之情谊而略无争□，故始终不闻有何等风潮。地方有司暨外国领事从未因路事有所纠葛。此则中外人士所灼见共闻也。呜呼，铁路者，非私人牟利之具，而为公众营业之主要机关。该路创办得人，集本国之财力，图本国之公益，虽职业有差异，要具为中国人则同也，而收效竟若此。推类言之，合全中国人而气谊相孚，休戚与共，并心尽力，以赴一目的，尚有何事不可成耶。

赞扬了国人在京张铁路修筑过程中的良好表现，并以此类推，指出全中国人只要上下一心，没有什么事是做不成的。

京张铁路的成功被欧美工程师视为奇迹。1909 年，总工程司詹天佑被美国土木工程师学会选取为正式会员，他成为加入该会的第一位中国工程师。清政府也授予詹天佑工科进士。

3.5.2.3 京张铁路培养了中国自己的铁路技术团队

京张铁路的成功修建，对于铁路工程技术传入我国及我国自主修建铁路有着极其重要的意义，其中最大的作用是对铁路技术人员的培养。詹天佑带领众多工程人员组建了中国第一支铁路工程队，为我国铁路自主建设开辟了道路。

如前所述，在修筑京张铁路中，除总工程司詹天佑外，还有邝孙谋、颜德庆、陈西林、俞人凤、翟兆麟、柴俊畴、张鸿诰、苏以昭、张俊波等。这些人虽然掌握了一定的铁路技术并具有承担工程的能力，但在修建京张铁路工程之前都是在外国工程师的领导下工作，得不到重用，不能很好地实践自己的技术。在修建京张铁路的过程中，他们都得到了充分锻炼，经常被詹天佑派往某一路段负责路工，增强了他们在铁路工程中独当一面的能力。之后，他们为我国的铁路建设事业做出了巨大的贡献。

京张铁路的工程人员在完成京张铁路的修建后，大多数继续留在京张铁路局，投入展筑张绥铁路的工程中。陈西林曾一度担任总工程司，负责张绥铁路的修筑，其他人员则分段负责勘测和施工。

除参与修建铁路，他们还在修建时和运营时承担重要的管理职务。《京绥线职员录》（1919 年 1 月编）记录，陈西林担任副局长兼总务处处长，翟兆麟担任总工程司兼工务处处长，刘琦担任勘线工程司，张鸿诰和邵善闾担任工程司，柴俊畴担任副工程司兼京丰段段长。《京汉京绥铁路管理局职员录》（1920 年 1 月编）中也有记录，陈西林担任副局长并兼任材料处处长，翟兆林任工务处处长，邵善阊任“六河沟新工段”段长，柴俊畴任新工总管处总管兼工务处第四总段段长，张鸿诰任平绥新工总段段长兼第十六分段长。

除展筑张绥铁路之外，修建京张铁路的人员还被陆续派往其他铁路参与建设。邝孙谋，是詹天佑在京张铁路工程中最得力的助手，在詹天佑回家省亲期间，曾代为总工程司一职，可见其能力非同一般。当粤汉铁路力邀詹天佑回乡主持修建时，詹天佑迫于京张铁路的重要性无法脱身，即派邝孙谋前往主持，因此邝孙谋未出现在詹天佑列的“始终出力”名单中。徐文泂曾是最早跟随詹天佑勘测两个人员之一，在京张铁路尚未竣工之时，便被派往江苏铁路①，后又任洛潼铁路总工程司。颜德庆也是在京张铁路未竣工时，被派往四川任副总工程司一职，主持川汉铁路宜昌万县段。之后，苏以昭、耿瑞芝、温维清、程锡培等先后都被派往川汉铁路任职②。京张铁路建成后，培养出来的年轻的工程人员，又有被分别派往川汉、粤汉等铁路，如张鸿诰等，成为重要的技术力量。

京张铁路工程人员，不仅直接参与铁路修建，还多方面积极参与铁路建设、路权回收与交接等事宜。詹天佑在俞人凤和颜德庆的陪同下扶病赴会，为维护路权鞠躬尽瘁，已有述及③。颜德庆也于1920年任华盛顿会议中国代表团专门委员，1922年回国后，出任中国接收铁路委员长，协助鲁案善后督办王正廷接管胶济铁路，经过艰难的谈判，最终在12月5日，签署《山东悬案铁路细目协定》。1923年1月1日，在青岛朝城路主持胶济铁路移交仪式，此后任胶济铁路管理委员会委员长，常住青岛。

詹天佑带领的京张铁路工程队是我国第一支铁路技术团队，这支团队出色地完成了我国第一条自主修建的铁路，为中国铁路界乃至整个中华民族争了光，开辟了国人自建铁路的新纪元。这支团队还辐射到了全国各地的各项铁路事业当中，为我国近代铁路事业做出了无法替代的作用。

京张铁路是连接我国西北地区和京师之间的交通干线，在外国列强对中国铁路路权半殖民性质的侵略背景下，取得京张铁路的自办权是特殊时期的特殊个案。在以袁世凯等朝廷要员的大力支持下，筑路资金主要来自关内外铁路余利，少量由政府调拨，在资金紧张的情况下还令银行按期先行拨付，保证了京张铁路

---

① 詹天佑科学技术发展基金会，詹天佑纪念馆．詹天佑文集：纪念詹天佑诞辰145周年．北京：中国铁道出版社，2006：216.

② 詹天佑科学技术发展基金会，詹天佑纪念馆．詹天佑文集：纪念詹天佑诞辰145周年．北京：中国铁道出版社，2006：244，253.

③ 詹同济，黄志扬，邓海成．詹天佑生平志．广州：广东人民出版社，1995：272-276.

资金来源，为京张铁路的修筑解除了后顾之忧。杰出的工程师詹天佑既有厚实的理论基础，又具有丰富的实践经验，对晚晴官场的洞察和对政治的远见为他在当时局势争取了最大的支持，为实现自己的抱负创建了良好的政治环境，这是在当时国情下的非常重要的举措，也是京张铁路能够成功的重要的间接原因。主要工程人员除詹天佑、颜德庆有留美经历外，陈西林、俞人凤、翟兆麟、柴俊畴都为天津北洋武备学堂铁路工程班学生。幼童赴美和开办学堂为我国培养的首批铁路工程技术人员，也是京张铁路的技术保障，是铁路技术在中国本土化的前提条件。

京张铁路是我国独立实施铁路技术的成功案例。因地制宜、就地取材、科学管理，以詹天佑为代表的京张路人的努力是该路成功的决定因素，同时政府的鼎力支持作用甚大。

京张铁路是特殊历史时期的特殊情况下的特例，它的筹建充满曲折和无奈。但以詹天佑为代表的铁路人员不畏艰险、不辞辛劳测量铁路路线，尤其是在选择路线和开凿山洞方面因地制宜，灵活应变，大胆创新，最终成功修成京张铁路。

京张铁路是铁路技术在中国实现本土化的标志，当时的政治、经济、社会多方面都为其提供了良好的外部条件，詹天佑的卓越领导和全路工作人员上下一心是成功修筑的关键。这一成功在没落的晚清时期不仅具有工程技术层面的意义，还增强了民族自信心和自豪感，成为近代中国自强的号角。

京张铁路的成功，在中国铁路事业殖民地化加深的年代，无疑具有里程碑式的意义，对中国的铁路工程学也产生了深远的影响。

第四章

初心不忘向前行：展筑张绥铁路*

张绥铁路即张家口经大同到绥远（今呼和浩特）的铁路，后又以支线方式延至包头。张绥铁路建成后与京张铁路合称为“京绥铁路”，即现在的京包铁路。1928 年此路改称“平绥铁路”，一直到 1949 年。

1909 年，京张铁路竣工，同时张绥铁路开工。为管理方便，张绥铁路工程处设于张家口。1911 年前，张绥铁路一直作为京张铁路的工程修建，有张绥铁路为京张铁路延伸之意。直到 1912 年冬，始有“京张张绥铁路”的称谓。1916 年开始称该路为“京绥铁路”。1920 年 1 月，京汉铁路与京绥铁路合并，二路合称为“京汉京绥铁路”，8 月 1 日再行分立。1922 年底，铁路通至包头，京绥铁路全线贯通。

4.1 展修缘由与购地

京张铁路打通了张家口与北京之间的通道，但张家口西北地区交通运输仍处于落后状态，京张铁路向西延伸势在必行。

---

* 关于张绥铁路部分，为避免与拙作《张绥铁路史（1909—1937）》（2014 年由内蒙古人民出版社出版，较少涉及具体工程建设细节）重复，又不失本书完整性，部分内容只略其大意。

4.1.1 展修缘由

1907 年，京张铁路建设工程顺利进行，库伦（今蒙古国乌兰巴托）办事大臣延祉奏请朝廷修建张库铁路。同时，库伦之北的恰克图是当时中俄贸易集结地，延祉建议将张库铁路延至恰克图。但张库路线过于漫长，张家口到恰克图达 3000 余里。此线不仅路途遥远，所过之处城镇寥寥、人烟稀少。修建所需资金数额过大，铁路运营收入甚微，极有可能出现收不抵支的情况，因此朝廷不予考虑。

张家口以西的另一条线通往归绥（今呼和浩特，当时归绥由“归化城”和“绥远城”组成，合称为“归绥”，但在京绥铁路修建过程中，多以“绥远”代称“归绥”，本书中亦多采用此称谓）。归绥当时为内蒙古地区最重要的城镇，是北京的西北屏障。因此，朝中有人建议先修建张绥铁路，张库铁路暂缓修建。光绪三十四年十一月邮传部尚书陈璧奏请修建张绥铁路[①]（图 4-1）。

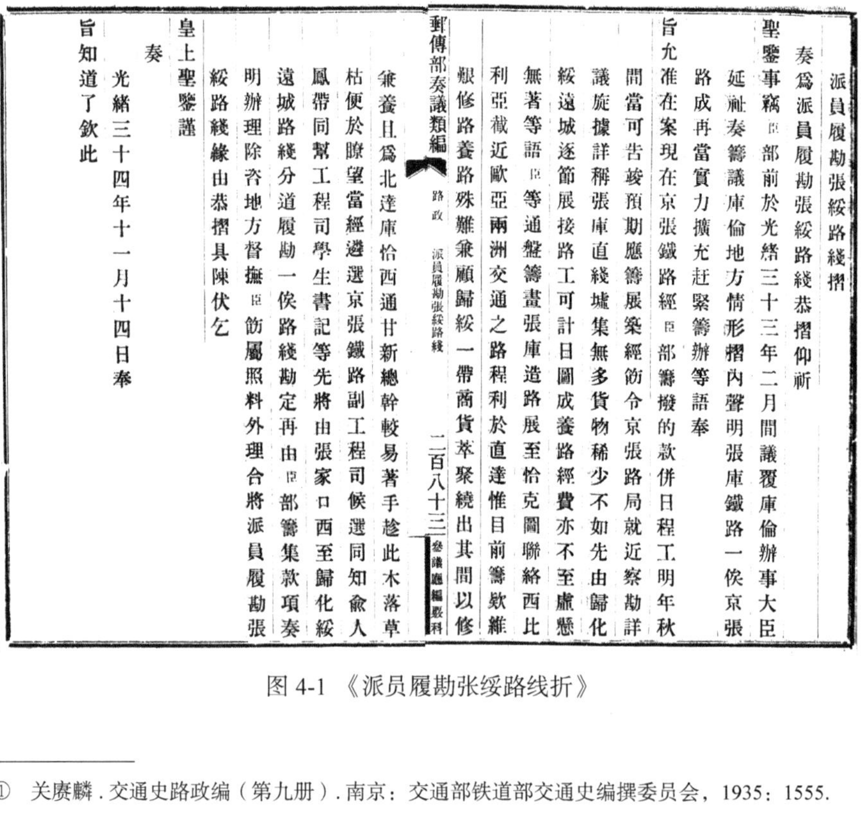
派員履勘張綏路綫摺
奏爲派員履勘張綏路綫恭摺仰祈
聖鑒事竊臣部前於光緒三十三年二月間議覆庫倫辦事大臣
延祉奏籌議庫倫地方情形摺內聲明張庫鐵路一俟京張
路成再當實力擴充赶緊籌辦等語奉
旨允准在案現在京張鐵路經臣部籌撥的款併日程工明年秋
間當可告竣預期應籌展築經飭令京張路局就近察勘詳
議旋據詳稱張庫直綫墟集無多貨物稀少不如先由歸化
綏遠城逐節展接路工可計日圖成養路經費亦不至虛懸
無著等語臣等通盤籌畫張庫造路展至恰克圖聯絡西比
利亞截近歐亞兩洲交通之路程利於直達惟目前籌款維
艱修路養路殊難兼顧歸綏一帶商貨萃聚繞出其間以修
郵傳部奏議類編 路政 派員履勘張綏路綫 二百八十三 參議廳編纂科
兼養且爲北達庫恰西通甘新總幹較易著手趁此木落草
枯便於瞭望當經遴選京張鐵路副工程司候選同知俞人
鳳帶同幫工程司學生書記等先將由張家口西至歸化綏
遠城路綫分道履勘一俟路綫勘定再由臣部籌集款項奏
明辦理除咨地方督撫臣飭屬照料外理合將派員履勘張
綏路綫緣由恭摺具陳伏乞
皇上聖鑒謹
奏
光緒三十四年十一月十四日奉
旨知道了欽此

图 4-1 《派员履勘张绥路线折》

① 关赓麟 . 交通史路政编（第九册）. 南京：交通部铁道部交通史编撰委员会，1935：1555.

值得注意的是，较早地系统提出修建西北铁路的重要性的是甘肃宁夏知府赵惟熙。1907 年，《东方杂志》收录《甘肃宁夏府赵太守惟熙上邮传部请建西北铁路条陈》一文，赵惟熙从国防、移民实边及流通西北物产的角度论证了修建西北铁路的必要性，认为西北铁路之修筑乃“尤亟之亟”。他建议邮传部修建西北铁路，即由张家口分作两条干线，一条为张家口到库伦，另一条就是张家口到归绥，再到宁夏。① 赵惟熙作为宁夏知府，考虑可谓周详至备，且规划合理。但其职卑位低，建议似乎没有引起朝野的足够重视。再加上该规划工程浩大，实现难度太高，终被搁浅。

20 世纪初期，包头镇已是当地重要的水陆两用码头。它东通归化城、西通新疆古城、西南通甘肃宁夏，非常繁荣。“商务为平、津、陕、甘、新、内外蒙、伊犁、乌里雅苏台等处货物转毂之区。输出入额，每年约千万元以上。本站陆有平原车驼之便，水有黄河舟楫之利，交通四达，为西北之重镇。”②

宣统三年六月二十二日（1911 年 7 月 17 日），陕甘总督长庚奏请修筑归化城到包头镇的铁路，以便将来向甘肃、新疆延伸。对此，邮传部奉旨议奏，经审议奏请：“归化至包头镇，为蒙古、新疆路线基础，诚以包头镇滨临黄河，为晋北、西北交通孔道。新疆、甘肃各处货商大都出于其途，且与臣部现办张绥路线接近，自系为联络交通、振兴商务起见，应即迅速筹办。”③同月邮传部和度支部上奏④，同年七月十七日（9月9日）奉旨依议，并拟派外国工程师福尔德和中国工程师邵善闻勘测归包路线，后因辛亥革命爆发停止。

4.1.2　购地

宣统元年（1909 年）十月，京张铁路局根据原有的《京张铁路购地章程》，制定了《张绥购地章程》⑤ 二十四条。与《京张铁路购地章程》相比，《张绥购地章程》中的购地地价稍低，并根据实际情况，删去了园地项目，增设了水田项目，将水田、旱田、山地各分为四等。

1914 年，根据交通部颁发《铁路收用土地暂行章程》，京张张绥两购地章

---

① 甘肃宁夏府赵太守惟熙上邮传部请建西北铁路条陈 . 东方杂志，1907，（8）：160.

② 方晓辑 . 二十年代初的绥远铁路电政 // 中共呼和浩特市委党史资料征集办公室，呼和浩特市地方志编修办公室 . 呼和浩特史料（第六集）. 1985：295-302.

③ 解放前包头铁路概况 // 包头市地方志史编修办公室，包头市档案馆 . 包头史料会要（第十一辑）（内部发行）.1984，8：72-83.

④ 关赓麟 . 交通史路政编（第九册）. 南京：交通部铁道部交通史编撰委员会，1935：1559-1560.

⑤ 关赓麟 . 交通史路政编（第九册）. 南京：交通部铁道部交通史编撰委员会，1935：1798-1803.

程合并修改为《购地条款》二十四条，并将原来交付的京平银折合为银元[①]。张绥铁路之后的新征用地和京张段的新置购地皆采用该条款。在后来的实施过程中，又略有调整，如1918年1月修筑大同支线时，又将地价降低了10%—30%，另增超等水田、上中等水田两项价格；1919年8月展修丰镇绥远段，因荒地多未开垦且无正当业主，即由购地员与当地垦务局商定，在大同支线地价的基础上再降10%—80%；1922年之后的地价稍低，但地上房屋等附属物价格有所上涨。

自1905年到1925年6月30日，整个京绥线购地99 081.379亩，合608 755.993公亩，按原价折合合计为1 248 811.302元，包括地上附属物。其中路基占地32 212.413亩，合197 913.066公亩；建筑物占地994.413亩，合6109.668公亩；植树面积1675.295亩，合10 293.012公亩；绥远段16 675.889亩尚未计划用途。剩余的47 523.370亩计划出租2196.688亩，已经出租1543.051亩，未出租653.637亩。[②]

4.2 资金筹备、人员与路轨购置

张绥铁路耗时14年建成，经清朝、民国两个历史时期。民国初期战乱纷纷，局势变幻，资金问题一直困扰着筑路的进程。

4.2.1 资金筹备[③]

张绥铁路是在京张铁路的基础上展筑的，当时计划采用京张铁路的建设经验，建筑资金和工程技术人员全部自办。《邮部筹定展筑张绥路线》中称：

> 查京张工费，系从京奉余利除补六个月借款本息外，余款项下按年拨济，奏明遵办在案。现由京张展筑张绥，该路工费，拟仍援案，就京奉余利项下分期提拨，其不敷之款，由京张路利拨用。现京张路指日竣工，届时便可专营此路。[④]

因此，在张绥铁路筹建之初，所需经费仍由京奉铁路余利项下拨付，欠缺部

---

① 关赓麟．交通史路政编（第九册）．南京：交通部铁道部交通史编撰委员会，1935：1803-1808.

② 关赓麟．交通史路政编（第九册）．南京：交通部铁道部交通史编撰委员会，1935：1812.

③ 详见《张绥铁路史（1909—1937）》。

④ 邮部筹定展筑张绥路线．地学杂志，1910，（1）：32-34.

分由京张铁路营业收入补齐。这样，从张绥铁路开工到 1912 年京张张绥合并，共拨付银元 10 312 951.74 元。民国期间，1916 年之后至全路竣工，交通部又共拨付银元 993 070.34 元。

1914 年 3 月，京绥铁路大同至丰镇段开工，筑路资金无处着落。铁路局诸位工程司出谋划策，考虑到通车到丰镇后会有可观的营业收入，商议采取募集即国内短期借贷方式，解决燃眉之急。此议商定后，上报交通部获批。1914 年 11 月，京绥铁路局开始募集第一次短期借款。计划筹集路款 30 万元，但在募集期内募集到了 433 850 元，超出了预期效果，并如期偿还。

1915 年 6 月，随着路工的继续，再加上第一次短期借款应在本年 11 月偿还，路局决定募集第二次短期借款，预期金额为 100 万元。本次募集到的资金也超出了计划金额，达 1 533 370 元，应募者踊跃，取得了良好的经济效果和社会效应。

1915 年 9 月，铁路修至丰镇。这时局长关冕钧离职，刘式训、蔡序东分别任正、副局长，资金更加短缺，筑路工程难以继续。这段时期，又正值第一次世界大战，很多由国外购买的建筑材料价格飞涨。时任交通总长的朱启钤也多次拨放部款但仍是杯水车薪。京绥铁路修建工程第二次停工，这次停工时间长达近 4 年，其间又进行了三次募集活动。

1916 年 6 月，就在第二次短期借款还清当月，铁路局又以“扩展新工”为名，进行了第三次短期借款，计划募集 100 万元。同前两期一样，此次募集到资金 1 421 150 元，超出募集计划，到期后仍有部分债户请求照章延期。1917 年 10 月，第四次募集，此次依然计划募集资金 100 万元，但效果并不像之前的三次，而且没能如期还清。

1918 年 7 月，第四次短期借款即将到期，偿还经费尚无着落。铁路局再一次以偿还第四次债券和工程所需材料款项为由，申请募集 400 万元的第五次短期借款。由于第四次借款尚未还清，民众已经对该路失去信心和信任，因此第五次募集未能行销。

根据现有史料，第五次募集确有“目的不纯”之嫌。首先，计划募集金额突然增大，由第三、第四次的 100 万元，突增为 400 万元；其次，在交通总长曹汝霖呈大总统文中，申明此次募集款项除用于支付第四次贷款本息和修建铁路工程外，还用于“筹备西北行驶汽车等事”[①]，说明此次募集到的款项或“另有他用”。

第五次募集期限（1918年7月1日至1918年9月30日）结束后，铁路局以债券未能行销为由，向日本东亚兴业株式会社借300万日元，以350万元券为担保，期限五年，月息九厘。但令人意外的是，这不仅是一次经济借贷，还是一场有政治预谋的交易。

东亚兴业株式会社并不是一家纯粹的商业机构，它秉承日本政府旨意，买通京绥铁路督办，利用内债招募不足为由，将原本限定在国内发行的内债转为外债，以便日资渗入。日本人贿赂该路督办11%的回扣，且在曹汝霖签订的交易合同中，京绥铁路只收到了规定款项的85%！[②]这次借贷不仅打破了京绥铁路国内自建的原则，还为日资渗入、威胁路权提供了机会。

1919年，京绥铁路修建工程在停工近四年之后复工。12月，铁路修至卓资山，此时资金再度叫急，修筑事宜举步维艰。时任局长萧俊生、副局长水钧韶与总工程师陈西林及本路各处处长商议，“暂取临时办法，以迅速通车为目的”，一切从简[③]，办公用房租赁民房，并商议募集京绥铁路第六次国债100万元，用以支付卓资山至绥远的筑路用款。1920年10月，京绥铁路第六次短期借款开始募集，计划资金100万元，专门用于卓资山到绥远的干线修筑。此次募集应该与前一次目的大不相同。由于国民经济大不景气，京绥路局大作宣传，在《铁路公报・京绥线》多次刊登该广告[④]。该次借款月息七厘五，一年为期。此次借款本应于1922年初本息还清，但当时经济缺乏，未能如期实现，经上报交通部，延期两次，每次半年。到1923年初，再度到期，仍无力偿还，又改为“长短期借券”[⑤]。直到1923、1924年间铁路盈利比较丰盈，才将本次借款还清。

1921年4月，京绥铁路即将修至绥远。铁路局又以解决即将展开的绥远到

---

① 《交通总长曹汝霖呈大总统拟订京绥铁路续募第五次短期借款简章呈鉴文》（附简章）（政府公报・公文・七月三日第八百七十七号）。

② 宓汝成．中华民国铁路史资料（1912—1949）．北京：社会科学文献出版社，2001：660.

③ 关赓麟．交通史路政编（第九册）．南京：交通部铁道部交通史编撰委员会，1935：1555-1556.

④ 在《铁路公报・京绥线》第十三期（1920年10月）28-29页、第十四期57-58页、第十五期51-52页、第十六期65-66页、第十九期36-37页都刊登有《本路募集第六次短期借款广告（九月二十八日）》（附《交通部募集京绥铁路第六次短期借款简章》）。

⑤ 平绥路局会计处．平绥债务节略．1935：225.

包头镇段铁路的修建资金为由，经交通部许可，发行 500 万元的短期公债，月息七厘五,五年为限。为吸引民众积极购买，该次借款推出了“九十五元购百元券”，并可“分红”的优惠政策。但受时局影响，金融停滞，投资者大多持观望态度，应募者极不踊跃，开募期间（1921 年 4 月 1 日至 1921 年 6 月 30 日）募集到 309 300 元。此时正值工程所需浩繁，交通部也索要用款，于是又上演了一出“国际借款”。时任交通总长的高恩洪依仗吴佩孚，于 1921 年 4 月 18 日再次向日本东亚兴业会社贷款，并为自己换取高额回扣。此次借贷日金 300 万元，仍以京绥铁路 350 万元的债券作为担保，期限四年，月息九厘。实际上，此次借贷的款项只有少数用在买料买车上，大多流入高恩洪等人之手。[①] 更为重要的是，日本人的觊觎之心更加贪婪。

这样，京绥铁路原定为国内募集的短期借贷，到 1921 年 10 月底，只抵押一项就高达 623 万元，合计高出发行总额 1 539 300 元。[②] 到 1923 年 9 月，仍有公债 351 300 元和日金 3 000 000 元未能偿还。[③] 其中单就日金借款，除付过第一、第二两次利息日金 30 万元（即 1923 年及 1924 年间），又先后付过息金 18 万余元外，本息“迄未照付。”1924 年 12 月 26 日，日资借款到期，仍未能还清。合计本金日金 300 万元，息金为日金 70 万元有奇。1926 年 6 月 30 日，即本次债券到期之日，“适以军事方兴，路款奇绌，应付本息，未能照章履行……十六年后，时局日形扰攘，路务更受影响，所有债务均告停顿”[④]。其间催还不能兑现，到 1926 年 12 月 25 日息金达 156 万余元。1927 年 5 月 10 日，东亚兴业株式会社称量向借款数额巨大，都已过期，丧失担保资格，拟请将此次利息改为短期借款，“并附拟改订借款合同草本两份”[⑤]。直到 1935 年，仍有少量债券没有兑换。

1921 年 8 月，京绥铁路又以“扩充营业资产”请示交通部进行短期借款 500 万元，因当时社会经济萧条，终未面世。[⑥] 表4-1为修建京绥铁路数次募集一览表。

同时，该路在向美日各厂商赊购枕木钢轨以及机车车辆欠额，又各约数百万元。所以在国有铁路中，其建筑资金最为零星，而债务亦最分散。

---

① 宓汝成．中华民国铁路史资料（1912—1949）．北京：社会科学文献出版社，2002：646.

② 平绥路局会计处．平绥债务节略．1935：228.

③ 关赓麟．交通史路政编（第九册）．南京：交通部铁道部交通史编撰委员会，1935：2123.

④ 平绥路局会计处．平绥债务节略．1935：5.

⑤ 平绥路局会计处．平绥债务节略．1935：5.

⑥ 平绥路局会计处．平绥债务节略．1935：235.

表 4-1 修建大同至包头段铁路借贷款情况表

次数	计划募集金额（万元）	实际情况
第一、第二、 第三次	30、100 100	募民踊跃，超出计划金额，如期还清 效果良好，有募民志愿延期
第四次	100	未能如期偿还
第五次	400	日资第一次渗入，督办受贿，未能如期还清
第六次	100	募集款项用于铁路，未能如期还清
第七次	500	日资再次渗入，未能如期还清
第八次	500	未发行

京绥全路建设费共 3900 余万元，其中干线 3700 余万，京门支线 79 余万、环城支线 55 余万、宣化支线 17 余万、大同支线 50 余万。而全路国家拨款共 22 662 737.06 元，即 1600 余万元是由本路余利及募集提供。

京绥铁路本意要打造成为中国第一条完全自办的干线铁路，但适逢乱世，国内经济无力援建，给当局者留下了可乘之机，为一己之私利，危及路权。两次借贷日资，个人所得远大于工程所得，为日本人染指路权大开方便之门。

4.2.2 工程技术人员的组成变化

张绥铁路既然由京张铁路负责展筑，工程技术人员即当由修建京张铁路的人员组成。在张绥铁路修建初期，情况确实如此。继续担任总工程司的詹天佑早在修建京张铁路期间，就曾多次安排人员对张绥铁路进行勘测、斟酌路线、分配工程等。

如前所述，詹天佑在修建京张铁路期间，粤汉铁路就曾力邀他主持该路修建工作。但是由于京张铁路的重要性，袁世凯上奏将其留下。随后詹天佑派邝孙谋代其前往粤汉铁路主持工作。京张铁路竣工后，詹天佑共在四条铁路担任六个职务，奔波于大江南北。史料表明，詹天佑一直关注张绥铁路建设。从信件日期可以看出，詹天佑虽然离职到广州，但他一直到 1910 年 5 月还在北京主持张绥铁路展筑工作，5 月底才到宜昌实地主持川汉铁路的修建工作[①]。另外他还于 1910

① 詹天佑致颜德庆 1910 年 5 月 11 日信 // 詹天佑科学技术发展基金会，詹天佑纪念馆 . 詹天佑文集：纪念詹天佑诞辰 145 周年 . 北京：中国铁道出版社，2006：283-284.

年 10 月 22 日在张家口写信，称准备到大同“确定路线”[①]。直到 1910 年 12 月下旬，詹天佑还在张家口办公。由此可见，詹天佑 1911 年初才离开张绥铁路到广东赴任，之前只离开四个多月。

在詹天佑离开张绥铁路后，邝孙谋担任本路总工程司，陈西林为副工程司。1919 年，陈西林担任总工程司。

邝孙谋和陈西林是在京绥铁路建筑过程中的杰出代表。邝孙谋留学美国，但在铁路专业只学习一年就被迫回国。幸运的是，他归国后就被安排到唐山路矿学堂，师从美国工程师布特（E. K. Buttles）学习铁路建筑，而不像詹天佑被派往水师学堂。陈西林属国内科班出身，二人皆被詹天佑重视，邝孙谋曾被詹天佑派往粤汉铁路担任总工程司，陈西林和詹天佑共同主持京张铁路开工仪式，足见他们的作用与地位。

张绥铁路不仅归于京张铁路管理局管理，人员也大多由詹天佑挑选派往，因此张绥铁路的工程技术人员基本与京张铁路相同，变化较大的就是总工程司一职。就铁路技术方面来讲，邝孙谋和陈西林都完全能够胜任总工程司一职，他们的变换不会影响铁路工程的质量。

值得一提的是，詹天佑除安排人员勘测张绥铁路路线外，在修建过程中也起到了重要作用。一是建议选线避北就西，并为向西勘测施工做了具体安排布置；二是他贡献出了自己的积蓄、财产，并动员子女购买了大量的“路债券”，为张绥铁路“募集”竭尽全力。[②]

4.2.3　路轨与枕木购置情况

张绥铁路从初建到建成运营，一直与京张铁路同归于京绥铁路局统一管理，因此专门为张绥段购置钢轨情况少有记载。本书选京绥铁路自 1909 年开始购置路轨情况，张绥段铁路应包含其中（表 4-2）。

① 詹天佑致颜德庆 1910 年 10 月 22 日信 // 詹天佑科学技术发展基金会，詹天佑纪念馆 . 詹天佑文集：纪念詹天佑诞辰 145 周年 . 北京：中国铁道出版社，2006：295-297.

② 谭权 . 归绥火车站通车前后的情况 // 中共呼和浩特市委党史资料征集办公室，呼和浩特市地方志编修办公室 . 呼和浩特史料（第五集）.1984，10：347-352.

表 4-2　1909—1921 年京绥铁路购置路轨情况表[①]

购置时间	种类	数量	购自商行或制造厂	备注
1909 年	每码 85 磅钢轨	3 155 条		
1911 年	每码 85 磅钢轨	5 912 条	汉阳铁厂	
1912 年	每码 85 磅钢轨	2 629 条	汉阳铁厂	
1913 年	每码 85 磅钢轨	11 179 条	汉阳铁厂	
1918 年	每码 85 磅钢轨	5 302.2 吨	慎昌洋行	附配件
	每码 65 磅钢轨	4 000 吨	慎昌洋行	附配件
	每码 65 磅钢轨	2 000 吨	茂生洋行	附配件
	每码 70 磅钢轨		茂生洋行	附配件
1921 年	每码 85 磅头等钢轨	2 500 吨	汉口良贸公司汉阳铁厂	
	每码 85 磅二等钢轨	3 500 吨	汉口良贸公司汉阳铁厂	
	每码 85 磅三等钢轨	4 000 吨	汉口良贸公司汉阳铁厂	
	每码 85 磅头等钢轨	12 886.7 吨	北京泰康洋行美国制钢公司	

1934 年，铁道部工务司工程科制定了《中华民国国有铁路工程状况表（附公营民营各铁路）》，对整修后[②]的平绥铁路的钢轨铺设情况进行了记录（表4-3）。图 4-2—图 4-5 都采自该集。

表 4-3　1934 年平绥铁路钢轨铺设情况

铺设地点	钢轨式样	说明
京张铁路全线	第 37 号（图 2-23）	
张家口至罗文皂	第 37 号	罗文皂站为天镇至阳高站之间的小站
罗文皂至苏集	第 31 号（图 4-2）	
苏集至平地泉	第 13 号（图 4-3）	
平地泉至美岱召	第 38 号（图 4-4）	
美岱召至包头	第 38 号与第 31 号	

铁道部当时统一的钢轨标准图样如图 4-5 所示。

京绥铁路建设初期，枕木多购自日本和美国，也有少数购自国内启新公司和京奉铁路局，种类有椴木、榆木、柞木、美国松等。其中美国松使用年限最长，可达十年，椴木则只可用五年。1909—1923 年京绥铁路购置枕木情况如表 4-4 所示。

① 据《交通史路政编》（第九册）第 1825-1831 页整理。1922 年以后到 1925 年 6 月底未购置钢轨。

② 1933 年和 1934 年，曾对京绥铁路进行整修，其中包括更换钢轨，见平绥铁路管理局 . 平绥 . 平绥铁路管理局总务处，1934.

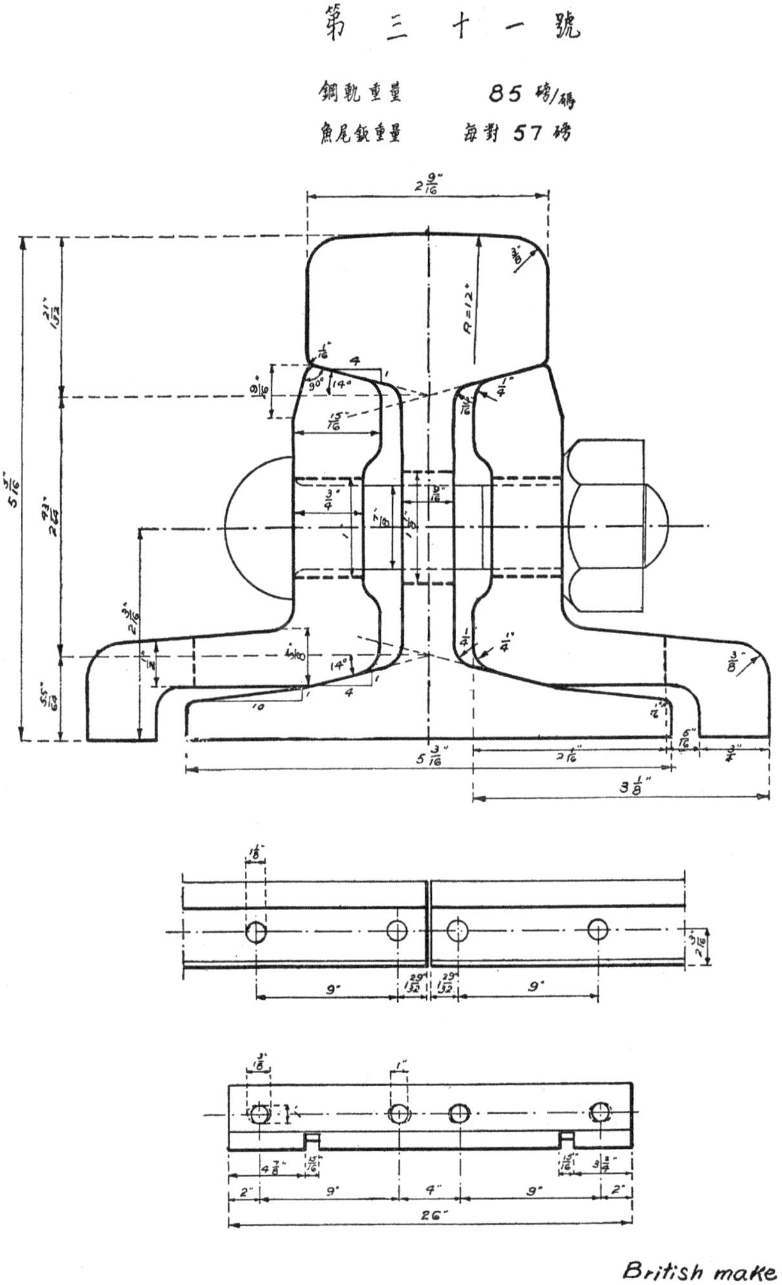

图 4-2 第 31 号钢轨

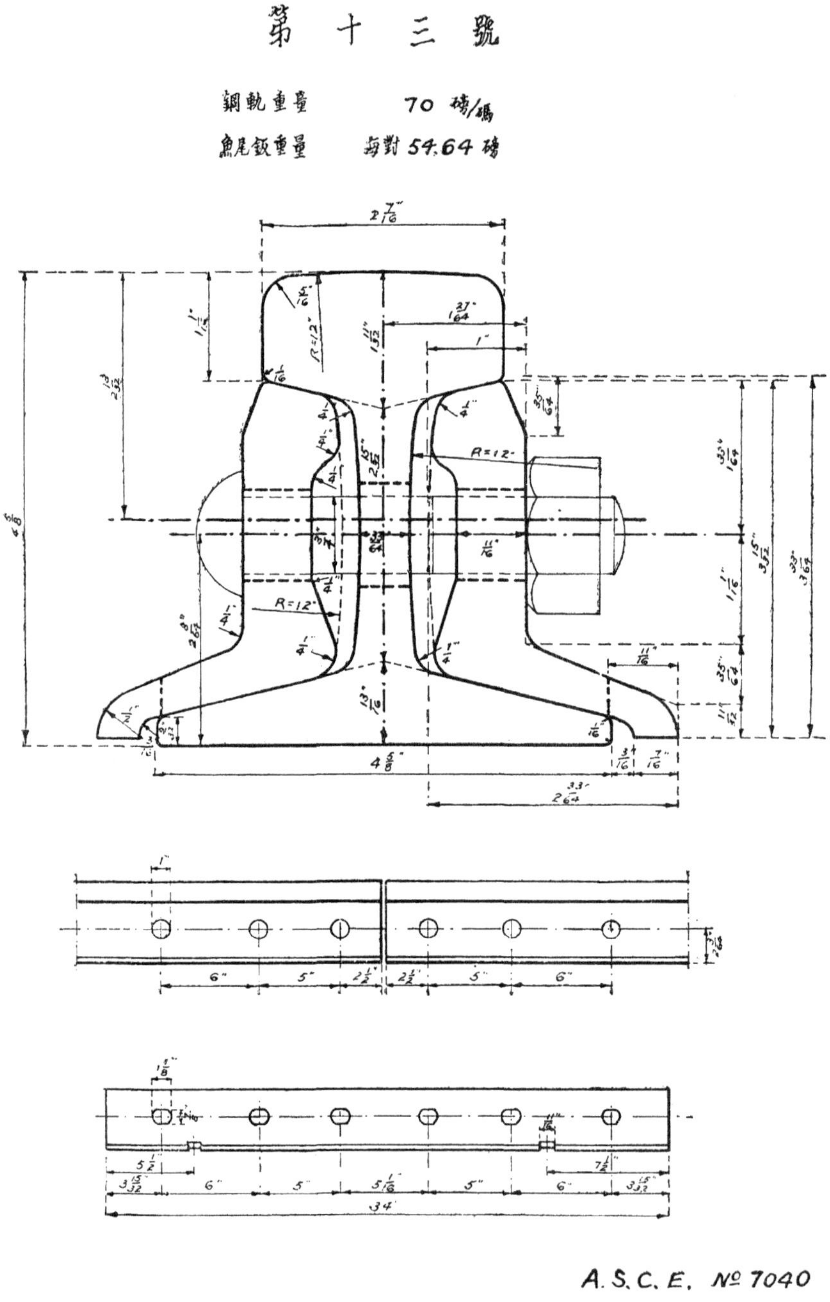

图 4-3　第 13 号钢轨

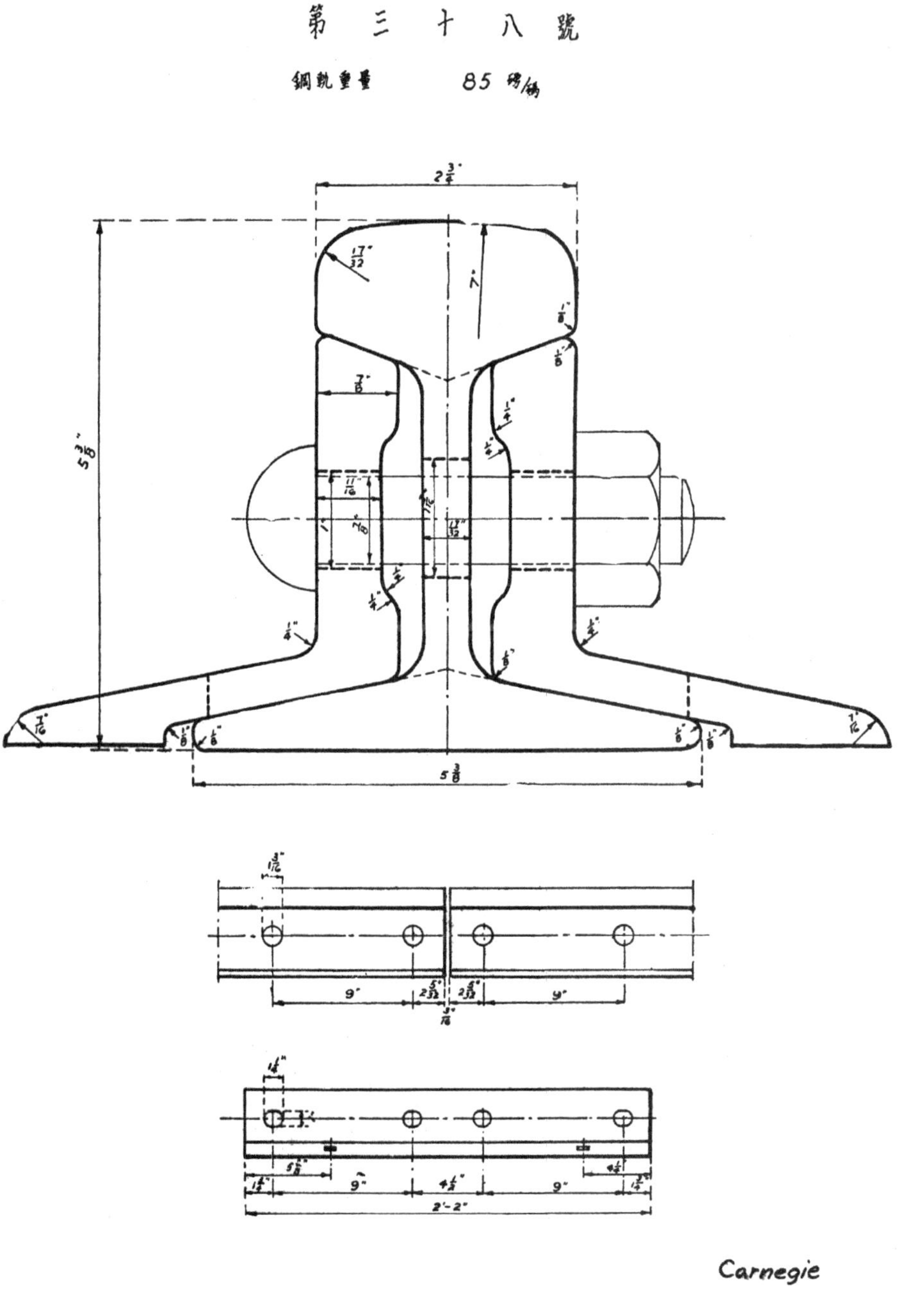

图 4-4　第 38 号钢轨

第　一　號

部定標準

鋼軌重量　　43公斤/公尺

魚尾鈑重量　甲種每對28.052公斤；乙種每對30.506公斤

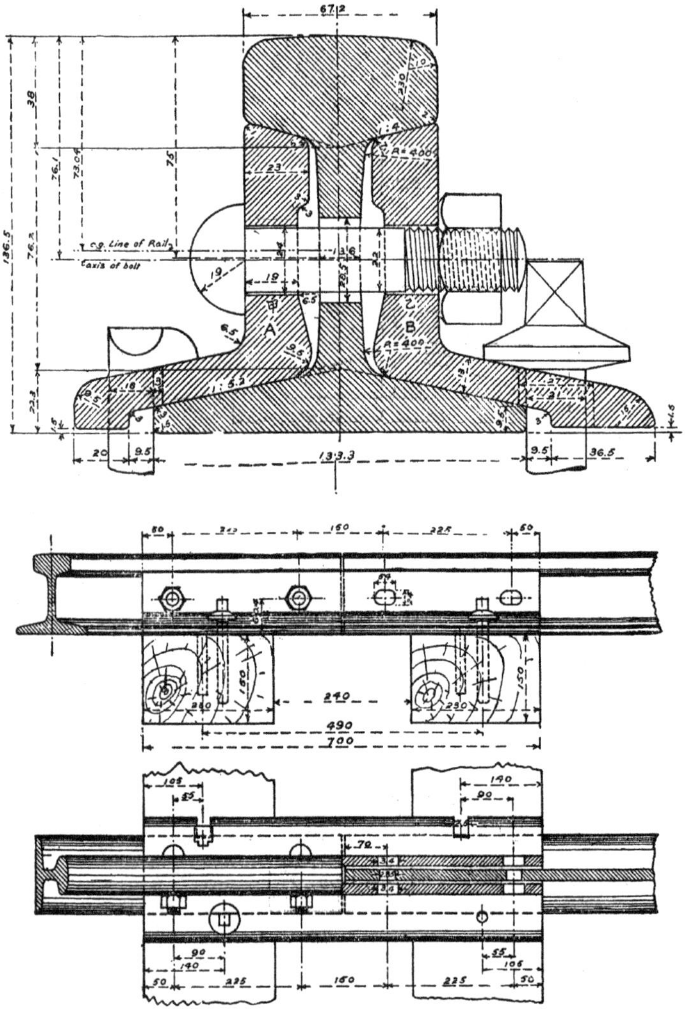

图 4-5　民国时期交通部制定的统一钢轨式样

表 4-4　1909—1923 年京绥铁路购置道木情况表[①]

购置时间	种类	数量（根）	购自商行
1909 年	头等道木	85 596	
	二等道木	3 024	
	三等道木	1 453	
1910 年	一丈桥道木	12	启新公司
	二等道木	1 000	启新公司
1911 年	头等道木	60 142	大仓洋行
	二等道木	4 410	大仓洋行
	三等道木	1 636	大仓洋行
	头等道木	19 374	武斋洋行
	二等道木	1 188	武斋洋行
	三等道木	416	武斋洋行
	二等道岔木	45	大仓洋行
	三等道岔木	10	大仓洋行
1912 年	头等道木	20 229	武斋洋行
	头等道木	54 214	大仓洋行
	头等道岔木	2 345	大仓洋行
	三等道木	37	京奉铁路局
1913 年	头等道木	41 020	三井洋行
	二等道木	13 384	大仓洋行
	道木	107	华美木行
	头等桥梁木	1 015	华美木行
	二等桥梁木	7	华美木行
	头等黑油道木	4 879	华美木行
	二等黑油道木	27	华美木行
	道岔木	219	华美木行
	头等道岔木	4 453	华美木行
	二等道岔木	16	华美木行
	头等黑油道岔木	196	华美木行
	二等黑油道岔木	2	华美木行
1914 年	头等道木	48 209	三井洋行
1915 年	油松道木	5 440	三井洋行
	柞道木	5 000	三井洋行

① 据《交通史路政编》（第九册）第 1835-1842 页整理。

续表

购置时间	种类	数量（根）	购自商行
1916 年	头等道木	85 320	三井洋行
	头等道岔木	5 564	三井洋行
1917 年	头等道木	93 744	三井洋行
	二等道木	5 719	三井洋行
	头等黑油道木	1 388	大来洋行
	二等黑油道木	112	大来洋行
	头等桥梁木	4 883	大来洋行
	二等桥梁木	117	大来洋行
1918 年	二等道木	17 500	祥泰木行
1919 年	头等道木	50 000	三井洋行
1920 年	头等道木	100 000	三井洋行
1922 年	头等道木	11 803	三井洋行
	头等道木	1 024	大来洋行
	二等道木	26	大来洋行
	头等道木	203 582	泰康洋行
	二等道木	8 600	泰康洋行
	头等道岔木	1 230	永发顺木行
1923 年	头等道木	92 591	泰康洋行
	头等桥梁木	1 016	大昌公司
	头等道木	27 798	复元公司
	二等道木	3 500	复元公司

4.3 路线勘测与选择

在京张铁路竣工之前一年，即光绪三十四年（1908 年）九月，京张铁路副工程司俞人凤被派往勘测张绥路线[①]。1920 年，张绥铁路局局长陈世华呈报接修绥包线，并派人进行初步勘测。

4.3.1 路线初定

绥远城在张家口正西偏北，路线大致可分为北、中、南三条。北线由张家口

① 商务官报（光绪三十四年九月，24 期 5 页）// 宓汝成 . 近代中国铁路史资料（1863—1911）. 北京：中华书局，1963：918.

向西北60里[①]到上韩努坝经兴化城、大草地、平地泉、十八台、卓资山、陶卜齐到绥远，行程720里。该线路程最短，但张家口到上坝一段坡度太陡不能筑路。光绪三十四年九月初十，开始测勘中线。中线由张家口向西南到柴沟堡，沿大洋河经二道河、张皋过鹁岭坝，经隆盛庄、丰镇、宁远、坝梁上、石匣沟、西沟门到归绥及托克托城、河口。测完中线返程时勘测南线，南线为张家口、太师庄，过羊河入洪汤水沟，经怀安过积儿岭（也作“枳棫岭”），经天镇、阳高、聚乐堡、大同、入云冈沟经左云、朔平，过老爷坝入杀虎口到绥远。测中、南二线往返历时五个月。三线相比，北线有上韩努坝，中线有鹁岭坝，南线有老爷坝，三处都为非常险峻之地，工程难度比关沟有过之而无不及，三线均不能被完全采用。

之后，陈西林、翟兆麟、张俊波、刘锜和初次参加勘测的俞人凤，工程员何宽容、唐庆麟、李鸿年、吴廷业，练习生张东寅、李宝成等详细复勘，再三比较论证，并综合考虑沿途物产商务及边防开垦、通车后营业收入和铁路工程修筑难度、资金等，决定避开艰险，采取南线的东部分，由张家口经万全、怀安、山西的天镇、阳高、大同，以避去北线的上韩努坝；由大同向北，取中线的中部分经丰镇，以避开南线西部的老爷坝（图 4-6）。

宣统元年（1909 年）七月，邮传部奉旨依议京张铁路局总办詹天佑、会办关冕钧汇报的测线情形。邮传部尚书徐世昌为此撰写了奏报。[②]

4.3.2　分段细测

初测后，拟将张绥全路分为四段进行细测。

4.3.2.1　张家口到天镇段

张家口到天镇为第一段，由俞人凤和陈西林复勘定线。张家口到太师庄需经过羊河，该段路线天然坡度为1%，经过多次重测、选择方通过。大羊河河面宽三千多尺[③]，细测时一边定线一边在羊河内打桩试探河底，并沿途租赁民房以备设局。之后经胡家屯入洪汤水沟至怀安县，怀安到积儿岭有两处地势过于陡峭，不能筑路。为了不耽误进程，俞人凤继续前行定线，陈西林则另寻他线。陈西林一人顺沟而下，到李信屯遇到天镇城北的大河，即南羊河，发现该河到柴沟堡处汇入大洋河，沿河而上即可开路。于是陈西林又沿河逆势而行至石嘴屯，听说附近有兰陵沟可做通达天镇的捷径，他想此路若通，则更为合适。但等沿路进入后

---

① 该数据来自 1921 年文献，应为清制里，本章余同。

② 关赓麟 . 交通史路政编（第九册）. 南京：交通部铁道部交通史编撰委员会，1935：1743-1745.

③ 此处数据及单位据交通部直辖京绥铁路管理局 . 京绥全路测线纪略 .1921.

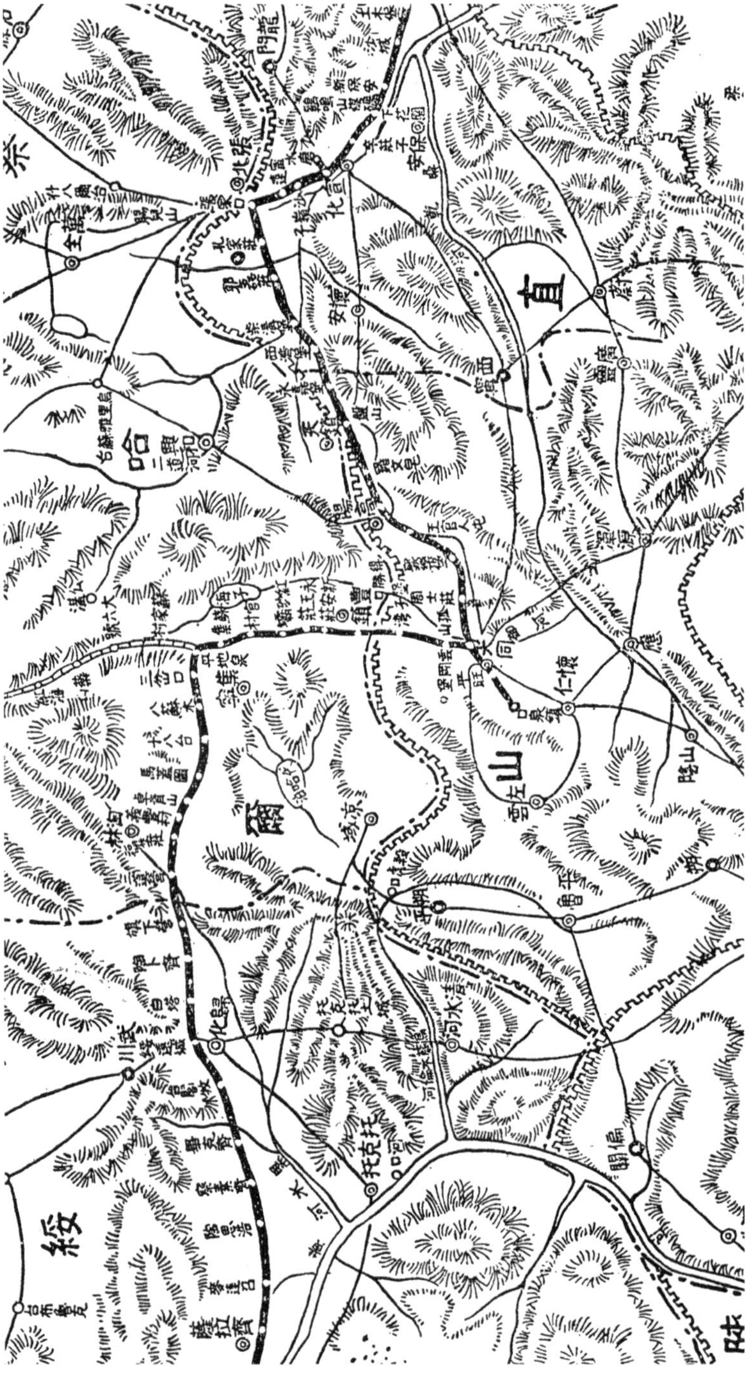

图 4-6 京绥路线图（局部）

资料来源：关赓麟. 交通史路政编（第九册）. 南京：交通部铁道部交通史编撰委员会，1935

才发现，此路沟窄路曲，不辨东西。此时已是黄昏时分，陈西林从附近雇了一位向导才找到了积儿岭测勘寓所，到达已是半夜时分[①]。陈西林决定再次分头试测，原计划的勘测继续前行。有人由积儿岭南的巨沟绕到李信屯，然后沿南羊河南岸到天镇。这时正逢詹天佑到达，决定由积儿岭草测到天镇，之后由天镇沿南羊河回测，到柴沟堡与原来的中线相接。尽管之前已经定线百余里，沿途已租赁民房，但尚未设局，河底仅打桩一根，损失不大。绕过积儿岭是该段一大成功之处。改测后的线路为张家口西南向沿羊河经柴沟堡再沿南羊河（羊河上游有三个源头，北边的称大洋河，中间的为小洋河，南边是南羊河）到天镇。

张家口到羊河一段，按照原测路线，需先向南绕过阎家屯山嘴，再向西南到羊河。但到阎家屯一段坡度为1%，坡度较大。登阎家屯村后山顶遥望，发现有一大片平原。该平原向东北直达高家屯，向西有山梁乱沟里许。由此过高家屯测有上、中、下三条线，上线绕行高家屯村西，坡度减缓但需开凿的工程较巨；中线直穿村落，坡度为0.5%，所经多为不毛之地，地价低廉，但需要拆除十八家百余间民房及一座破庙；下线沿大路即可，工程较易但坡度较大，且需要占用村民水田。最后决定采取中线，工程虽比下线大些，但省去了购置水田费用，总体上比较合算。铁路局通告了村民铁路所经路线，并按章付给拆迁费用，因保护了村民赖以生活的水田，他们欣然接受。如此选线，还可使张家口出站经过的通河大桥上移数百尺，河面变窄，工程更为容易，实为一举数得。

阎家屯向西至柴沟堡一段，尚属顺利。阎家屯偏西北至郭磊庄段稍有曲线，郭磊庄向南再西折，之后向西南再向南过大羊河，需建一座十六孔百尺桥。由南岸折向西南，经西沙洼南到小羊河，需建一座五孔百尺桥。过桥后到柴沟堡城西设站。再向南入山沟沿南羊河西岸经二道台、三道台村至清泉寺，再建一座五孔百尺桥过南羊河，沿东岸到双屯堡，西折到天镇。该段路线基本是“傍河”而定，坡度最大为一百三十分之一，经过多次反复勘测定线，既考虑路线坡度，也考虑工程难度，还考虑对以后的影响及当地居民的利益，颇费周折。

宣统二年三月，詹天佑、关冕钧奏请修改张家口至天镇的路线。[②]由陈西林重新选线，该线由张家口起，通过桥河，过大洋河、小洋河至柴沟堡，再沿南羊河北岸到天镇。

---

① 交通部直辖京绥铁路管理局．京绥全路测线纪略．1921.

② 詹天佑科学技术发展基金会，詹天佑纪念馆．詹天佑文集：纪念詹天佑诞辰145周年．北京：中国铁道出版社，2006：29-30.

4.3.2.2 天镇到大同段

天镇到大同段路线基本属“依山”而定。按照原测统由山麓试勘定线，其坡度以二百分之一为限，但行至关家堡处，发现工程巨大，另关家堡曾发生过山洪，不宜筑路。细测工作只得重返天镇站，并降低二百分之一坡度的要求。最终测得距离山麓稍远绕行阳高城北，再折向西门外设站，最大坡度为一百三十分之一。阳高至大同一段，据说有可绕过聚乐堡分水岭之处，即从阳高城西北入开山口沟至正红口沟，经过勘测虽然路程近三十里，但天然坡度太大无法通车。最后只得按原计划通过聚乐堡。经过连日察看，在聚乐堡东五里地方的分水岭最低处可以通过。

大同站的选址也是本路一个难题。大同是京绥铁路与同蒲铁路接轨的地方，此站的选址关系到以后的接轨问题。如果只考虑京绥铁路选站，就在玉河东岸设站，可以省去建桥之工。玉河东岸比西岸城南高五丈，比城北高七丈。在城南设站两岸高度相差小，但会比城北远十余里路程。为此提出三种方案：一是在城南，一是沿城根在大城与操场城之间，一是在操场城北门外。最后决定在操场城北门外，并为将来的同蒲铁路留下了接轨余地。

4.3.2.3 大同到丰镇段

大同到丰镇段初测后也有三条线供选择。一为直线，沿大路至山地村，绕行山上；但该段榆涧村、井疙瘩梁、老牛坡、五台洼等处坡度太陡，不能筑路。二为沿大路向西通过高原，到山地村西，沿羊房村东的巨沟，至榆涧上山，需要开凿千余尺隧道，多次取曲才能到达丰镇西关外。三为沿玉河流域，坡度适中，但经河湾三角工程非常艰难。所以此三线皆不适宜。

经过十余次选线比较，最后定线，由大同站沿大路向西，到羊坊村拐向东北过大沙沟，另沿一支沟到孤山西的高原上设站。然后再沿玉河流域至薯地沟，循清水河西岸，经祁皇墓村北盘山腰向西转过河湾，经宏寺堡、西平垣十余里达堡子湾设站。再过二十一沟、黑土洼、河湾山嘴到老牛坡底，过二十里平原直达五台洼，穿过村后的土梁到达丰镇西关外，设站。此段最大坡度为二百分之一，勘测历经数月，工程艰巨但较其他线尚属容易。

4.3.2.4 丰镇到绥远段

1918 年 9 月，工程司刘锜、邵善阊由丰镇出发，勘测丰镇到绥远的路线。该段初测路线为沿大路向西北过马场梁、天成村、宁远厅、坝梁上、石匣沟、西沟门到绥远。此线较短，但坝梁上、石匣沟一带坡度为三十分之一，约六十里，且需要开凿隧道，工程艰巨，只得放弃。到坝梁上、石匣沟一带，欲寻找坡度稍缓之处绕过，但数次勘测均无功而返。之后听说天成村到绥远有两条大路：一条途经石匣沟，路虽近但坡度大；另一条途经沙带沟，虽绕远四十里，但路属平易，只是其间仍有一段坡度为五十分之一到一百分之一。又有人提出第三方案，即从宁远厅到绥远避绕石匣沟的古道，但经勘测仍有一处坡度为七十分之一。所以以上方案皆不可行。

再次选线，则是听说丰镇到陶林大道需经过平地泉，而平地泉到绥远则稍有大山。陈西林携其友人杨云栋进行第二次测勘，到绥远时找到了一张地图，回测则沿此路线。他们从绥远出发，经白塔到格勒半乌苏入山，经陶卜齐过羊坡子上梁，但此处坡度太陡仍不满意。意外地在下坡时发现了陶卜齐村东河流的上游，遂沿河觅路，发现越过十八台梁的分水岭，不能避绕，但山势坡度可以减至百分之一。前行至弓箭滩，过葫芦、苏台上口达平地泉。其间有梁可以避绕或开凿隧道，路程约为三百二十里。平地泉是新建村落，在隆盛庄和海子的北面，为方圆几十里的平原，村内有教堂和几家旅店，百余户居民，是张家口到绥远、大同丰镇到陶林及滂江库伦纵横两大路的交点。遂由平地泉返回丰镇时又进行勘察，寻觅新线以做比较。

第二年（1919 年）春，两队人员由丰镇出发，进行第三次勘测。一队由邵善闾带领细测沙带沟一线，一队由陈西林带队绕行平地泉细测，两队在绥远会合，比较所测平度是否相合。沙带沟已有实测图，只需插标细测，寻找更为合适的路线；而陈西林所经只有草测，这次需要细测，“陈君西林每日带测地夫三人，携测具单骑往测，早出晚归、戴月披星、栉风沐雨，实多辛苦”①。测得沿大路九处山梁只有十八台梁和分水岭不能避绕，这两处也可减至百分之一的坡度。两队在距绥远五十里处的白塔会合，所测平度相差仅二尺多，已是非常精确。二队相随到绥远，之后在返程中由陶卜齐绕行甘草胡同至旗下营，察看路线能否改良，比较沙带沟和平地泉二线路程之远近、坡度之陡平、工程之难易等，并绘制了五幅实测图纸撰写了比较报告，上报交通部，由其定夺。交通部的批复为选择绕平地泉一线，但嘱咐铁路局仍需设法改良坡度。等到铁路由丰镇修至平地泉一段时，又由总工程司翟兆麟、总段长张鸿诰测得穿脑包沟过苏集线虽路程较短，但坡度还是太大，故仍用原线。

勘测任务于 1919 年 2 月完成。开工后修至苏集十八台一段，依照原来勘定

---

① 交通部直辖京绥铁路管理局 . 京绥全路测线纪略 .1921.

应该向西延伸，但改为向北行。

平地泉车站通车后，展修到卓资山段，刘锜按原图细勘定线。因苏集至十八台段坡度为 1%，陈西林与翟兆麟仍四处勘测，欲寻找新线以降低坡度，未果，只得作罢。在工程进行之际，陈西林和翟兆麟又初测平地泉往库伦方向的路线，但中途遭遇骑马土匪，乘坐汽车方才逃走。

卓资山到绥远一段，定线、铺轨深受时局影响，工作耽误两月之余。该段仍由刘锜按照原测路线详勘定线，定线后即于九月十五日开工，而定线至绥远时为十月初。后来陈西林和沈珣、郑大和对羊群窑至格勒半乌苏段进行了修改。

另外，在勘测通过归绥的选线工作当中，曾测过三条路线：一条沿大青山脚下，向西蜿蜒伸展。这是清朝时期沙俄想在我国西北筑路时勘测过的路线，因离市区太远被放弃。另一条沿绥远城南城墙，往西至归化（旧城）南门外、南茶坊一带，再径直往西，依傍这里原有的一条土路。虽然"距繁华区较近"，但"所过之处，农田熟地居多，谷物丰盛，地亩索价昂贵，又有桥梁一座，跨度较大"，故放弃。最后采取的第三条城北设线：沿新城北城墙外，入大教场，在大教场西南设立车站，然后西经公主府，过攸攸板至毕克齐。大教场原为清朝兵勇操练之所，民国以来无甚用处，且渐有人开垦种地，地势开阔，便于施工。选线既定，施工中修到归绥东郊区（今南店火车站附近），有一处财主的祖坟，财主说是"风水宝地"拒不让地，无奈他有钱有势，铁路只好改道绕过他处，此处中华人民共和国成立后才改直。①

京绥铁路干线的终点为绥远，绥远至包头段是作为支线修建的。该段是在铁路修至绥远之前测定的。1920 年冬，总工程司陈西林亲往勘测绥包路线。十一月，他又派工务员冯宏殷、学习员舒壮怀进行草测，之后又经正工程司刘锜，帮工程司唐庆麟、梁信瑚，工务员陈学蓟、晏英才、张廷隽和原来参加勘测的冯宏殷、舒壮怀再次勘测出南北两线。南线 260 里，最高坡度为五百分之一，但经过陶合齐、猫脑海、织机梁地带有几处洼地，施工较难，而且离几个大的镇市比较远，不是很适合。北线依山而行，长 279 里，所经地段均土质坚实，宜于路基，只是弯折略多。随后，邝孙谋派勘测队又另测一线，由绥远逐渐趋下，按照里数水平列表测最高坡度不得超过二十分之一，且不能有上坡。由绥远测至察素齐尚可勉强。但至察素齐以西 20 里，地势陡低，不得不由山麓渐至山腰。至孤雁村，则两峰对峙夹以深谷，丘壑相间，线路势必五步一桥、十步一洞，工程之巨，自

① 谭权．归绥火车站通车前后的情况 // 中共呼和浩特市委党史资料征集办公室，呼和浩特市地方志编修办公室．呼和浩特史料（第五集）.1984，10：347-352.

不待言，此线决不可行。之后正工程司周良钦再三比较，率队定线，分为三段。第一段趋从北线，第二段渐进南线，第三段则全部取用南线，坡度最高为四百分之一，里数为 274 里。定线之后，陈西林视察路线，由于绥远至察素齐段弯折多，路线长，故改由台阁牧，路线减少 3 里。1921 年 8 月勘测完。

4.4 修筑过程

按照勘测情况，张绥铁路计划以天镇、大同、丰镇为分界点分为四段施工，即在资金、人员、材料等施工条件允许的情况下，四段同时开工，这样可以大大缩短工期。但实际限于当时条件未能如此，只能采取逐段修建。京张铁路竣工后，张绥铁路随即开工。1911 年，当铁路修至山西阳高时，辛亥革命爆发，资金不能及时到位，工程被迫停止。民国元年（1912 年）冬，在总办关冕钧的努力争取下，铁路由阳高开工，1914 年 1 月修至大同。1915 年 9 月延至丰镇时，正值第一次世界大战，铁路所需材料价格上涨，原计划资金不能落实，停工近四年。1919 年 8 月再次复工，1921 年绥远通车。1922 年底铁路修到包头，1923 年 1 月，包头通车，京绥全线告竣。

4.4.1 张家口到大同修筑过程

张家口到天镇是张绥铁路的第一分段，路线距离大约 180 里。在施工过程中，该段又分为五小段，每小段各驻一名工程司负责具体的施工工作。

在定线时发现，按照初测线路，张家口至天镇须跨越积儿岭分水岭，工程艰巨。由积儿岭至怀安的自然坡度为 14.3‰，怀安至张家口的坡度为 10‰。为了绕避积儿岭，决定利用中线之一段，由张家口西南向，沿羊河绕过阎家屯，至郭磊庄再达柴沟堡，再沿南羊河由清泉寺、永嘉堡至天镇。改完此线后，既绕去了积儿岭分水岭，又可得到 7.7‰ 的限制坡度，取得了较好的效果（图 4-7）。[①]

铁路修到西湾堡时，按原计划应该由西湾堡西向南行，经永嘉堡设站；再过南羊河建桥，沿东岸到双屯堡，向西到达天镇，车站设在县城南面。但考虑到这样会使到大同的路线经过聚乐堡分水岭，上下坡各有三十里长的 1/30 的坡度，过于险陡，改由阎家屯山、张家屯，到孔家庄站；之后到郭磊庄，地势平缓，过大洋河桥（百尺桥十六孔），经西沙洼村过小洋河桥（百尺桥五孔），到柴沟堡；再过清泉寺、西湾堡，沿南羊河西北山麓，到天镇城北设站。

---

① 刘统畏．铁路修建史料（第一集）．北京：中国铁道出版社，1991：258.

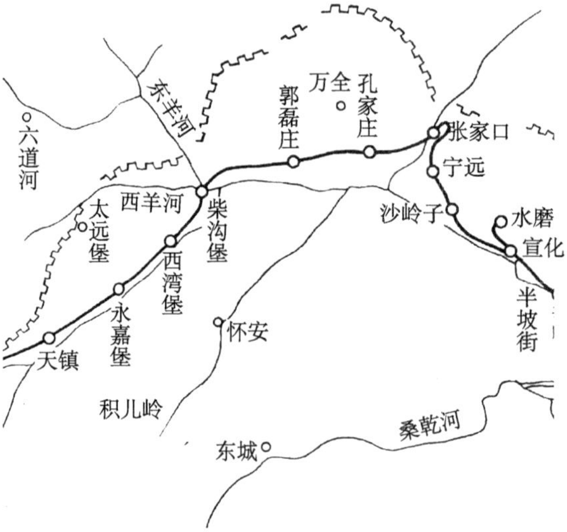

图 4-7　张家口至天镇路线图

资料来源：刘统畏 . 铁路修建史料（第一集）. 北京：中国铁道出版社，1991：258

宣统三年（1911 年）三月二十四日，邮传部令张绥工程加快进程。[①] 可见清廷对展筑张绥铁路非常重视，也希望能早日竣工，利国利民。为加快进程，增派总办、会办，而总办正是修建京张铁路时担任过总办的关冕钧。总工程司詹天佑离职，急派在粤汉铁路任职的邝孙谋到任。

天镇至大同的定线，原定计划从山麓开始，以 5‰ 的坡度为限。但当测至关家堡过真门山口及阳高以西的山麓时发现，该路线不但工程巨大，亦有水患之虞，必须放弃。遂改由天镇车站另行定线，以 7.7‰ 的坡度为限。新测定的路线离山较远，绕行阳高城北，再折向西门外设站，坡度为一百三十分之一。然后越聚乐堡分水岭，经西嘴子村而达大同。

大同玉河桥（图 4-8）为张绥铁路中最长的桥梁。该桥为 18 孔 100 英尺平顶钢梁结构，共长 540 米，高 16.5 米。1913 年 5 月开工，次年 6 月建成。修建时先以直径为 0.3 米的美国松木为桩，桩入地最深约 13 米，最浅 7 米多。东桥座桩木 59 根，西桥座桩木 54 根。每个桥墩由 46 根桩木打下，各地基桩木打下后，四周围以 5 米钢板，用机器抽水，挖深 4 米，之后将打入的桩木锯平，铺以石片，石片之上浇灌混凝土。桥墩地基厚 3 米，墩高 15.5 米。墩帽和地基均由水泥、

① 邮传部札张绥工程处文 . 转引自：关赓麟 . 交通史路政编（第九册）. 南京：交通部铁道部交通史编撰委员会，1935：1752.

沙子、石渣以 1∶3∶6 的混凝土筑成。桥梁座墩厚 0.6 米，以水泥、沙子、石渣以 1∶2∶4 的混凝土筑成。

图 4-8　大同玉河桥

资料来源：大同市地方志办公室 . 大同老照片 . 北京：方志出版社，2006：16. “玉河” 现称 “御河”

大同站址的选择，有玉河以东和玉河以西两个方案。若设在玉河东岸，不用再建大桥，将来第三段定线时可在薯地沟跨玉河，比较经济；但要为将来和同蒲铁路接轨，应设在玉河以西。在玉河西岸设站又有城南城北之说。最后，决定将大同站址设在河西操场城北门外，并预留将来与同蒲铁路接轨部位。图 4-9 为 1914 年修建的大同车站。

图 4-9　1914 年修建的大同车站

资料来源：大同市地方志办公室 . 大同老照片 . 北京：方志出版社，2006

1914 年 1 月，大同车站通车。1915 年 2 月，司长沈琪在验收报告中称：

> 该路系自办之路，款由国家筹措，人材由国内选用。且路线出入西北严寒之地，全年内只有六个月可以兴大工作，情形较他路不同，竟能完成。张同一段，路线适当，工资节约，良由主持者规画咸宜、执事者劳瘁不辞、群策群甘苦与共，始克成此巨工。[①]

可见，京绥铁路直到大同，都秉承了京张铁路“自办”的模式，“款由国家筹措，人材由国内选用”。但从大同之西开始，京绥铁路开始利用民间募集来筹措款项。

此段铁路建成后，一篇名为《张同铁路调查记》的文章被多家杂志收录。[②]全文分“全路之工程”“轨道”“桥沟工程”“车站房厂各项工程”“车辆之设计”“实支经费与原估价目之比较”“大同绥远间工程之进行”等七个部分，对张同段铁路初建成的情况做了详细而简要的概述。同时，交通部呈报了奖赏修筑张同铁路的工程人员名单。[③]

4.4.2 大同到绥远修筑过程

大同至丰镇段铁路于1914年3月开工，1915年8月竣工，历时一年三个月，路程81里。从大同出发过杨河村、大沙沟到孤山站，沿玉河流域至薯地沟，循清水河经祁皇墓、宏寺堡、西平垣达堡子湾设站，过二十一沟、老牛坡至丰镇西关外设站。

该段路线最初测时未经实测，复勘定线时发现有三条线路：一是取直线，沿大路至山底村，绕行上山，过榆树村、井疙瘩梁、老牛坡、五台洼，上下山梁共五处，坡度较大，不宜筑路；二是由大路以西的高原上定线至山底村西，沿羊房村的巨沟至榆涧上山。此路线须开凿长约300米的隧道至井疙瘩梁，再绕沿宏赐西的山麓北上，避去老牛坡山梁，由其以西平坡漫下，至胡家村，过老牛坡之大沙沟，然后北出长城至五台洼村西，东向上村后之山梁，再折而向西沿山麓下至暮鱼沟，在丰镇西关外设站。该段最大限制坡度仅能控制在10‰；三是沿玉河流域至丰镇。此线坡度虽可行，但沿线河流曲折，工程非常艰巨。最后，经详细研究比较，确定由大同站沿大路迤西高原定线，至羊房村折向东北，过大沙沟，另沿支沟至孤山西高原设站，再沿玉河流域至薯地沟，然后沿清水河西岸经祁皇

---

① 司长沈琪呈交通部文．转引自：关赓麟．交通史路政编（第九册）．南京：交通部铁道部交通史编撰委员会，1931：1759.

② 中华工程师学会会报，1915年第二卷第七期；铁路协会会报，1915年第36期，第30-31页。

③ 交通部呈报张同铁路告成文并批令．铁路协会会报，1915年第四卷第三册。

墓村北盘山腰折而向西，转过河弯西北，经宏赐达堡子湾设站，再过黑土洼至老牛坡，直穿五台洼达丰镇关西设站。此路线最大限制坡度为 5‰。工程虽然艰巨，但与其他方案相比尚属容易。

1915 年 9 月，京绥铁路修至丰镇后停工。

1919 年 8 月，停工近四年的张绥铁路再度开工，丰镇绥远段开始复测定线。原勘线路由大路西北行，越马场梁经天成村、宁远厅，再越坝梁，穿上石匣沟，出西沟门而至绥远。其中坝梁至上石匣沟一段的最大限制坡度只能控制在 33.3‰，长约 30 千米，而且要修建隧道，工程的困难程度比关沟段还大，因此必须设法绕避。

之后加测三条比较线：第一条线路由丰镇至天成村向北，越韩庆坝沿大海滩东岸经麦胡图入沙带沟，然后越大小坝、沙井坝、五里坝，经广汗不浪、大榆树、石人湾、红砂坝、东二十家子，出麦达山口而至绥远。此线坡度为 20‰，较经由石匣沟远 20 千米。第二条线路由丰镇至宁远厅西行 10 余千米，过二道脑包，穿茶房沟过中二十家子，出前公喇嘛山口而至绥远。该段坡度为 14.4‰，线路较由石匣沟远 40 千米，工程虽比沙带沟较难，但比石匣沟为易。第三条线路是绕行平地泉，经葫芦、苏台越十八台。坡度虽然可以控制在 10‰，但路程较经由石匣沟远 60 千米。最后，将勘测结果绘制成路线比较图，并与工程的难易程度等情况，一起呈局转报交通部核定。交通部批复取平地泉一线，并嘱设法改良坡度。勘测工作于 1919 年 2 月完成。① 在丰镇站附近的涌月湾、红沙坝、官村一带以及三岔口、八苏木一带和马盖图、卓资山一带，由于毗连河流，为防止河流冲刷对路基造成破坏，该段路基均用石片砌成，加以保护。丰镇站南面的五台洼，开挖土坡的土质遇水则黏、经风则硬，为防止坍塌，在坡面及边沟里面砌以大石片，路基之下垫以石渣，防止泥土下流，亦有益于缓解因地冻出现的地面隆起情况。卓资山以东地势低洼，路线沿霸王河而行。路成后，河流曾穿越路基数次，仅 1922 年夏就冲断多处路基，之后将路线北移近 500 米。

1919 年，京绥铁路修至苏集时，依照原来勘定应该向西延伸，即设计在今平地泉村建平地泉火车站，但因平地泉地区天主教会、教民的干预反对，只得将车站移至平地泉北的老鸹嘴村（今集宁），因站名已备案，不便更改，所以车站建成后仍用了“平地泉车站”站名，而平地泉则改称“老平地泉”，以示区别。老鸹嘴村随之易名平地泉 ②（图 4-10）。

---

① 刘统畏 . 铁路修建史料（第一集）. 北京：中国铁道出版社，1991：263.

② 段敏利 . 集宁城市的兴起与初步发展：1919—1956 年 . 呼和浩特：内蒙古师范大学硕士学位论文，2009：6.

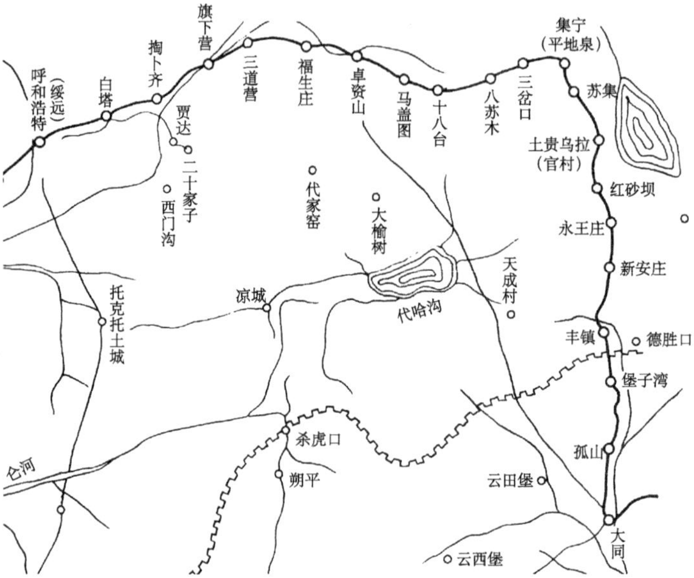

图 4-10　大同至绥远路线图

资料来源：刘统畏. 铁路修建史料（第一集）. 北京：中国铁道出版社，1991：258

由于资金不足，工需急进，尤其是卓资山到绥远一段，沿路石碴尚未铺齐，车站建筑也未齐备。虽然通车，但工程需要进一步加固。

1921 年 5 月绥远车站通车。归绥车站站中心位于 671.80 千米处。共铺设五股铁道，其中三条站线、两条备用线；另有一条货物线、一条机车出入车房的走行线。站内有效长不足 600 米，两端扳道房设在站台上。货场设在车站东面，后因货运量增加，移至南边。

1921 年 9 月 20 日，交通总长张志潭、次长徐世章到绥远车站为京绥铁路通车进行了盛大的庆祝活动，同时也为展筑绥包铁路开工仪式进行了剪彩。归绥地区除车站外，还有两个较大的单位：机务段（又称“车房”）和工务段。机务段设在站西北，工务段设在车站对面，二者与车站成鼎足之势。建站之初，还有一支施工队伍，住在铁道以南一座大院内。这里据说原是一位清朝军队管带的住处，后改为铁路子弟“扶轮学校”。由于铁路员工需要随铁路到处为家，通车时修建了一批职工宿舍，人称“官房”。官房盖在车站的正北面，大都是 12 平方米的平房，每五间为一排。大都用“虎皮石”砌成。“官房”仅为一般职员和少数长工所住（长工即正式工，短工为临时工）。至于站长、段长所住则称“公馆”，大多是独门独院的三合房。并由工人种植花木，铺墁花砖，富丽堂皇，非常气派。①

4.4.3　绥远到包头修筑过程

绥包线于 1921 年 10 月开工，沿大青山南麓展开。其间路线平缓，只是在台阁牧、大里堡、泽洛村、呼拉克、陶思浩、老藏营、扳生齐、公积坂、协盛、永窑子、古城湾等处略显低洼，路基需稍垫高。在水磨沟架桥两丈二十孔、万家沟架桥四尺六孔、麦达沟架桥丈二四十孔、五道沟架桥两丈十二孔，包头河建桥两丈三十五孔，共建桥梁 5 座。②

1922 年 12 月，铁路修至包头。包头城距黄河码头南海子十余里，如果在南海子设站，包头城远离车站；在包头城和南海子之间设站，对于二者皆不便利，最后决定在包头城设站（现包头东站）（图 4-11）。南海子的货运设在包头站前一站磴口站。1923 年 1 月 1 日，包头车站通车。至此，京绥铁路全线通车，修建历时 18 年。

图 4-11　包头火车站老照片（1922 年摄）

资料来源：张贵 . 老包头影集 . 呼和浩特：内蒙古大学出版社，2007：217

① 谭权 . 归绥火车站通车前后的情况 // 中共呼和浩特市委党史资料征集办公室，呼和浩特市地方志编修办公室 . 呼和浩特史料（第五集），1984，10：347-352.

② 关赓麟 . 交通史路政编（第九册）. 南京：交通部铁道部交通史编撰委员会，1935：1763.

4.4.4 修建大同运煤支线

大同运煤支线由大同到口泉，全长约20千米。1918年4月开工，9月1日通车。

早在1914年6月，大同干线通车后，铁路局就决定修建该支线。总工程司陈西林、正工程司柴俊畴都曾先后履勘，但均因故中止。当初基本确定了该支线的路线取向，即从大同站南面向西折，然后沿操场城北面至城角耳，再折向西南到达口泉山口。

1917年9月，京绥铁路局局长丁士源提出“开源办法”，即修筑大同到怀仁县城的支线。怀仁盛产煤炭，且距离大同站只有30多千米。此路若成，既便于晋煤外运，又便于火车使用。当局同意，定线为大同经口泉到怀仁。但在具体落实时，因经费原因决定先修建大同至口泉段，命名为“大同运煤支路”。12月，经柴俊畴详细审定，改由车站北端伸出再转折半圆以达口泉。这样设计，干支两线往来列车均可直达专设月台，不用倒转。将来与同蒲线接轨亦方便，只是口泉相距矿区尚有约15千米。本来计划本年12月开工，但因疫情发生，工程延迟至次年4月开工。

该支线多经平原，4月开工，6月27日开始钉道，7月27日工程车即可到达平旺车站，8月23日到达口泉，9月1日通车，其他善后工程11月底做完。预算经费除去原有的材料，共需45万元，由第四期短期借款以及本路营业收入拨付。

4.5 机厂的建设

前已述及，京张铁路设南口机厂。随着张绥路段的延伸，又设立了张家口机厂，规模稍小于南口机厂。

4.5.1 南口机厂

南口机厂设立于光绪三十二年（1906年）七月。建设初期，设备简陋，机器、铆炉、翻砂、打铁同处一室，库房也连同一体在内，机车房仅为卷棚，没有修车房，业务事宜几乎都在机器房处理。

宣统元年（1909年），随着路线逐步延伸，事务亦逐渐繁多。机厂原有规模不能应对，于是新建了四间公事房、一间铆炉房和一间修车房，并添设了一座机车起重架。1910年，又新建了三间机器房、三间打铁房。1912年，添建一间锅炉房、二间半公事房。1913年又新建了一间机车房、六间机器房、九间打铁房、六间翻砂房及一间油车房，原来的打铁房改为木样房。1914 年，另建三间修车房，原来的修车房改为木工房。1915 年又增建四间库房。1916 年，新建二十二间油车房，原有油车房改为铆炉房，原有铆炉房改为木工房，并将机车房扩至七间。1921 年，木工房扩为七间。至此，全厂分为机器房、机车房、铆炉房、修车房、木样房、木工房、打铁房、翻砂房、油车房等九处，南口机厂初具规模。

到 1925 年①，南口机厂各厂房面积如表 4-5 所示。

表 4-5　南口机厂各工作车间房屋面积表②

用途	间数	面积（平方英尺）	用途	间数	面积（平方英尺）
机器房	33	11 220.8	油车房	44	17 080
机车房	25	12 692.96	锅炉房	3	1 560
铆炉房	77	22 777.12	杂工房	3	900.75
修车房	58	39 735	工牌房	3.5	900
木样房	6	778	库房	14	4 915.126
木工房	35	10 290	公事房	13.5	4 011
打铁房	9	4 280	巡警分驻处	5	985
翻砂房	14	5 090.77	门房	1	面积在工牌房内包括

自光绪三十二年（1906 年）七月建厂至 1921 年（1922—1925 年无购），南口机厂逐年添设机器。至 1925 年，购进机器情况如表 4-6 所示。

表 4-6　至 1925 年南口机厂购进机器表③

名称	功率（马力）	数量	名称	功率（马力）	数量
马力机	10	1	镟床	15	2
	16	1		6.5	1
	80	1		2.5	3
横刨床	17.5	1		2	4
	7.5	1		3	8
	2	1		4	1
	4	1		26	1
钻床	6.25	1		2.25	1
	1.5	3	钢轨轮锯	3	2
	1	3	铰螺丝机床	3	3

① 该时间参考《交通史路政编（第九册）》相关内容而定，原表中无明确时间。

② 关赓麟 . 交通史路政编（第九册）. 南京：交通部铁道部交通史编撰委员会，1935：1852.

③ 关赓麟 . 交通史路政编（第九册）. 南京：交通部铁道部交通史编撰委员会，1935：1859-1862.

续表

名称	功率（马力）	数量	名称	功率（马力）	数量
水力套轮机	7.5	1	旋木机	2	1
碾轧机	6.25	1	冲剪机	3	1
扇风机	11.5	2	汽锤		1
	5	1	水轮机	1	2
砂轮机	2	1	车轮轴大镟床	20	1
	1.5	1	风机	5	1
竖刨床	7	1	上水泵		1
	8.75	1	圆轮锯木机	12	1
	12.5	1	凿木机	12	1
洗炉管机	3	1	刨木机	2	1
炉管接火机	3	1			

注：1 马力 =735 瓦特（W）

在添设的机器中，有一架扇风机和一架水轮机为南口机厂自制，其他都购自国外厂家，如 The Pickering Combinating Port and Conn. U.S.A 和 John Birch & Co. 等。

随着京绥铁路延伸，业务增多，机厂规模的扩大，厂内职员也逐年增加。到 1925 年 6 月底，职员和工匠总数已达 920 人。每年职工人数如表 4-7 所示。

表 4-7　1913—1925 年南口机厂职员工匠一览表 [1]　（单位：人）

年份	1913	1914	1915	1916	1917	1918	1919	1920	1921	1922	1923	1924	1925
职员		14	14	15	22	30	30	32	30	27	34	34	34
工匠	427	544	604	567	568	722	773	818	815	851	870	859	886
总数	427	558	618	582	590	752	803	850	845	878	904	893	920

从表 4-7 中可见除 1916 年、1924 年人数减少外，大致呈上升趋势。

据统计 [2]，自光绪三十二年（1906 年）至 1925 年 6 月，南口机厂共造客车 31 辆、货车 2 辆；修理机车 168 辆次、客车 1867 辆次、货车 12 183 辆次，合计 14 218辆次；新装机车36辆、客车3辆、货车111辆、调车机车23辆、守车2辆。

1926 年，南口大战使南口机厂遭受了巨大损失。之后国内战事不断，京绥铁路路政亏损，经济上无力支持，南口机厂仅处于维持状态。直到 1933 年，随着平绥铁路整顿，南口机厂开始清理财产，工作逐步步入正常轨道。

① 关赓麟 . 交通史路政编（第九册）. 南京：交通部铁道部交通史编撰委员会，1935：1866-1867.

② 关赓麟 . 交通史路政编（第九册）. 南京：交通部铁道部交通史编撰委员会，1935：1864-1865.

1933 年 11 月，南口机厂在修车房西面安设了“转盘”。该转盘直径 62 英尺（合 18.9 米），并在周围铺设了 60 英尺（合 18.3 米）短道岔 14 股、40 英尺（合 12.2 米）短道岔 2 股。这样不仅方便了维修车辆的存放，而且提高了效率。[①]

经过整顿的南口机厂略见起色，1933 年 7 月至 1935 年 6 月，修理的机车、货车和客车数量如表 4-8 所示。但麦克豆式机车仍然需要到北宁路的唐山机车厂和胶济路的四方机厂修理。[②]

表 4-8　1933 年 7 月至 1935 年 6 月南口机厂修理车辆数量一览表 [③]　（单位：辆）

时间	1933 年 7 月至 1934 年 6 月			1934 年 7 月至 1935 年 6 月		
种类	机车	货车	客车	机车	货车	客车
新造	0	0	0	0	0	10
大修	17	188	78	15	188	107
中修	10	20	7	4	0	0
合计	27	208	85	19	188	117

1934—1935 年，南口机厂得到了进一步扩充。添建了大马力机车工场铁棚、增建六间工牌房、修缮了场内外马路并安置了铁大门、修建了八座清炉沟小转盘地脚、移建了烧轮箍炉及装轮箍平台并添筑围墙 320 英尺、新建水泥洗油泥池、添建七间木样工作房、修改木样房作办公室、修改镟工房和杂工房作电机办公室、增建材料储存棚和巡警房等，整个机厂大为改观。[④] 以锅炉场为例，1935 年 7 月初，有工目 2 人、工匠 46 人、小工 51 人、工徒 6 人、升火夫 3 人，总数达 108 人。1935 年 7 月，南口机厂锅炉厂设备情况如表 4-9 所示。

表 4-9　1935 年 7 月南口机厂锅炉厂设备一览表 [⑤]

名称	数目（台）	已使用年数	附注
压风机	1	26	
压风机	1	由鸡鸣山运来	
蒸汽机	1	28	
滚钣机	1	28	

① 平绥铁路管理局 . 平绥 . 平绥铁路管理局总务处，1934：25.
② 平绥铁路管理局 . 平绥 . 平绥铁路管理局总务处，1934：3-4.
③ 平绥铁路管理局 . 平绥 . 平绥铁路管理局总务处，1934.
④ 平绥铁路管理局 . 平绥 . 平绥铁路管理局总务处，1935：38.
⑤ 江昭 . 南口机厂锅炉场改进工作步骤概况 . 平绥技术汇刊，1935，2（3）：43-52.

续表

名称	数目（台）	已使用年数	附注
剪冲机	1	28	
打风机	1	20	
立身锅炉	4	20	
洗管机	1	13	
风动接管机	2	13	
风铲机	13	13	各式，内损坏者 4 具
风模机	19	13	各式，内损坏者 6 具
风钻机	13	13	各式，内损坏者 4 具
风动顶钉器	3	13	
风动磨机	1	6	
人力水压机	1	13	

注：1935 年新购置风铲机 2 具、风钻机 1 具、风动紧螺丝把 1 具

当时经机务处处务会决议，南口机厂除承修马力式、太平洋式及其他各式机车外，还须临时修理其他各类机车，以及张家口机厂送来的大修锅炉。按此计算，南口机厂应具有每月可大修锅炉三架半的能力。厂内机器设备，除缺少吊车外，可应对一般的机车修理维护工作。

但当时作业效率仍较为低下，其主要原因是原材料短缺、工序没有理顺，个别环节出现问题便会耽误整个工序。当时日本修理机车最快为四天半，英国采用备用锅炉制度，需要五天。但南口机厂在当时情况下，最快也需要四周。直到 1935 年，南口机厂仍未形成现代工业作业程序，“仍是一个旧式的工厂”[①]。这与初建时期因陋就简，之后多经战乱，没有一贯的计划、统一的政策有关，南口机厂实际上一直没有得到良好稳定的发展。例如建厂三十年间（1906—1935 年前后），历经十五任厂长，其管理、规模乃至发展状况可想而知。1935 年，南口机厂厂址五万平方米，工人九百多名。但全厂没有大型起重机，被修理的机车不能被很方便地移动进入“流水线”，而是靠人工搬至一处后，修理工人“流水般”的进行轮修，“要铆工时，铆工就来；铆工完了，要跌匠时，跌匠就来。这种辗转循环，自然是很误工的，并且计划也很难筹就，管理也很难周全。但在目下景况，又别无善法可想”。[②] 再加上所修机车型号不一，大多配件需要个个打样，个个制范，效率非常低下。管理也非常混乱，直到 1935 年 9、10 月

① 卓如 . 参观南口机厂的杂感 . 独立评论，1935，（182）：13-19.
② 卓如 . 参观南口机厂的杂感 . 独立评论，1935，（182）：13-19.

间，南口机厂才在上下班管理、门卫管理和厂内交通等方面有所改进。[①] 尽管如此，作为京张铁路线上规模最大的机厂，南口机厂还是为京张铁路运输提供了一定的保障。

1935 年，南口机厂在之前购进 250 千瓦交流电机的基础上，又购进 150 千瓦交流电机 1 架、160 马力锅炉 3 架、风压机 1 架。[②]

1935 年，南口机厂新造客车 10 辆（图 4-12）。所造客车的整个车身为实木结构，木架间用铁料固定。各车车身长 21.34 米、宽 3.10 米，车顶距钢轨高 4.32 米。头、二等车重 41.5 吨，三等车重 40 吨。车身内外层都用美松槽缝板，中间夹油毡和隔热板。头、二等车内侧为美观起见再粘上等胶合板。车顶从外到内依次为帆布、油毡、槽缝板、空隙、隔热板、槽缝板共六层，头、二等车再加一层胶合板。车窗为柚木制，打开方式均为向上提，安有弹簧，四周有毡条。头、二等车窗为双层玻璃，配上卷式油皮窗帘，三等车玻璃一层，百叶窗上下两层，夏季均装有窗纱。车身外面的标志等文字均用平面铜字做成，车顶涂银灰色油，车身涂浦文磁漆油。[③]

图 4-12　1934—1935 年南口机厂建造客车车辆状况

资料来源：平绥铁路管理局 . 平绥 . 平绥铁路管理局总务处，1934

① 卓如 . 参观南口机厂的杂感 . 独立评论，1935，(182)：13-19.

② 平绥铁路管理局 . 平绥 . 平绥铁路管理局总务处，1936：88.

③ 平绥铁路管理局 . 平绥 . 平绥铁路管理局总务处，1936：85.

车厢内卫生设施齐全，各车内均配有精致铜质痰盂。卫生间地面铺以白瓷砖。头、二等车在走廊一端配有电灯用来指示卫生间是否正在使用。车厢内空气流通，并采用新式暖气，温度可以调节至适宜。各车内均有电灯，卧铺还设有看书用的小电灯。餐车内装有风扇。包房和餐车内有电铃，用来传唤服务人员。①

4.5.2 张家口机厂

张家口机厂始建于宣统二年（1910年）九月，十月底停办，宣统三年（1911年）七月重新开办，内设机器房、机车房、铆炉房、修车房、木工房、打铁房、翻砂房、油漆房等八处。

到1925年②，张家口机厂各厂房面积如表4-10所示。

表4-10 张家口机厂各工作车间房屋面积表③

用途	间数	面积（平方英尺）	用途	间数	面积（平方英尺）
公事房	7	1 547	翻砂房	9	2 280
门房	2	364	木工房	3	1 271
锅炉房	5	1 080	油漆房	1	242
机车房	10	4 719	杂工房	1	192
铆炉房	4	1 453	工目房	2	572
修车房	1	242	家具房	2	572
机器房	27	6 480	库房	6	1 716
打铁房	5	1 512	共计	85	24 242

到1925年，张家口机厂购进机器如表4-11所示。

表4-11 至1925年张家口机厂购进机器表④

<table>
<tr><th>名称</th><th>每架马力数</th><th>数量（台）</th><th>名称</th><th>每架马力数</th><th>数量（台）</th></tr>
<tr><td>马力机</td><td>40</td><td>1</td><td rowspan="3">镟床</td><td>3</td><td>3</td></tr>
<tr><td>锅炉</td><td>50</td><td>2</td><td>2.5</td><td>1</td></tr>
<tr><td>上水泵</td><td></td><td>2</td><td>2</td><td>1</td></tr>
<tr><td>馀汽箱</td><td></td><td>1</td><td>圆转钻床</td><td>6.25</td><td>1</td></tr>
</table>

① 平绥铁路管理局. 平绥. 平绥铁路管理局总务处，1936：86.
② 该时间参考《交通史路政编（第九册）》相关内容而定，原表中无明确时间。
③ 关赓麟. 交通史路政编（第九册）. 南京：交通部铁道部交通史编撰委员会，1935：1869-1870.
④ 关赓麟. 交通史路政编（第九册）. 南京：交通部铁道部交通史编撰委员会，1935：1867-1869.

续表

名称	每架马力数	数量（台）	名称	每架马力数	数量（台）
颈剪冲床		1	单螺丝床	3	1
滚床	6	1	砂轮磨床	1.5	1
方圆锯床	3	1		2	1
平刨床	15	1	水轮磨床	1	1
	12	1	径立刨床	8.5	1
径形刨床	1.5	1	风扇机	5	1
钻床	2	1	汽锤		1
	1.5	3			

以上购置的设备中，除一架水轮磨床为张家口机厂自制外，其他都购自国外厂家，如 Hilles & Jomrs 和 Shewan Tomes & Co. 等。由表 4-11 可以看出，和南口机厂相比，张家口机厂规模明显要小些。

张家口机厂规模也在随着铁路路线增长、业务日益繁忙逐步扩大，人员由宣统二年（1910 年）的 47 人增至到 1925 年 6 月底的 353 人（表 4-12）。

表 4-12　1910—1925 年张家口机厂职员工匠一览表[①]　　（单位：人）

年份	职员	工匠	总数	年份	职员	工匠	总数
1910	4	43	47	1918	6	81	87
1911	2	53	55	1919	6	81	87
1912	2	63	65	1920	7	130	137
1913	4	80	84	1921	7	280	287
1914	4	85	89	1922	9	293	302
1915	4	87	91	1923	14	330	344
1916	4	80	84	1924	15	339	354
1917	6	73	79	1925	15	338	353

据统计[②]，1912 年至 1925 年 6 月，张家口机厂共修理机车 62 辆次、客车 205 辆次、货车 3135 辆次，合计 3402 辆次。其间没有新造机车及客货车。

1934—1935 年，为扩充张家口机厂，铁路局将其北边的“西北汽车处”旧址改建。利用旧建筑改建成一间修车房、一间工牌房、油漆房，并添建片石围墙。[③]

① 关赓麟 . 交通史路政篇（第九册）. 南京：交通部铁道部交通史编撰委员会，1931：1872-1873.

② 关赓麟 . 交通史路政篇（第九册）. 南京：交通部铁道部交通史编撰委员会，1931：1870-1871.

③ 平绥铁路管理局 . 平绥 . 平绥铁路管理局总务处，1936：38.

张家口机厂中机器设备和工具每年略有所增添，到1936年，厂内机器设备如表4-13所示。

表4-13 张家口机厂1936年设备情况[①]

名称	数量	名称	数量	名称	数量
卧式马力机	3台	大小镟床	10台	风窝机	6具
卧式锅炉	2具	六尺镟床	5台	风钻机	9具
压风机	2台	套丝床	2台	立刨床	1台
冲剪机	1台	镟轴头床	2台	立式锅炉	1具
汽锤	2台	风钻机	7具	锯木机	1台
钻床	6台	风顶机	2具	氧气焊	1具
锯轨床	1台	棒形风磨机	1具	铣床	2台
滚床机	1台	卧式水泵	2台	喷漆机	1具
镟机车汽门机	2台	刨床	5台	车轮镟床	1台
镟机车汽缸机	1台	砂轮磨刀机	2具	风扇	2具

同南口机厂一样，张家口机厂在1934年之前管理比较混乱，管理和技术人员“同室混合办公”[②]。1934年9月，张家口机厂改组，重新分配职员，组织结构如表4-14所示。

表4-14 1934年张家口机厂组织结构

厂长								
部门	人事股	事务股	材料股	第三部工厂	第二部工厂	第一部工厂	工作股	司账股
人员配置	主任1人	主任1人	主任1人	主任1人	主任1人	主任1人	主任1人	主任1人
	司事1人	司事、书记各1人	事务员1人	监工1人	监工1人	监工1人	事务员、监工、司事各1人	综核课课员1人、司事4人
职责	掌管考工事宜	收发文件、保管案卷、拟稿制表各事宜	专司收发材料及办理预决算事宜	管理机器、打铁、翻砂三工房	管理修车、木工、油漆三工房	管理机车、铆炉、杂工三工房	分配工作、办理统计事宜	管理全厂账务、计算制品成本事宜

人事股和事务股两处主任由事务员担任，司账股主任由会计处派任，其他

① 林为榕.张家口机厂两年来工作改进概况.平绥技术汇刊，1936,（4）：59-80.
② 林为榕.张家口机厂两年来工作改进概况.平绥技术汇刊，1936,（4）：59-80.

主任均由工务员或工程司担任。为了形成对比，促进效益增长，张家口机厂于1933年底开始着手编制统计表。

1936年，全厂工匠452名，各工房工匠名额见表4-15。

表4-15　1936年张家口机厂各工房工匠名额情况

部门	第一部工厂			第二部工厂			第三部工厂		
工房	机车房	铆炉房	杂工房	修车房	木工房	油漆房	机器房	打铁房	翻砂房
工种及人数（名）	工目2	工目2	工目2	工目2	工目1	工目1	工目2	工目2	工目2
	工匠35	工匠19		工匠27	工匠21	工匠11	工匠37	工匠13	工匠22
	工徒6	工徒3		工徒5	工徒2	工徒2	工徒4	工徒2	工徒2
	小工40	小工27	小工35	小工26	小工3	小工3	小工24	小工21	小工16
总数（名）	83	51	37	60	27	17	67	38	42

另有抄写员3名、牌工2名、更夫8名、库工5名、杂役3名、门役1名、信差1名、司机4名、司炉3名等共30名。

经过改组后的张家口机厂作业能力明显增强，全厂每年修理机车能力由之前的16辆增为22辆，如1935年全年大修机车共25辆次（表4-16）。[①] 按照修理程序计算，毛格尔（Mogul，也称“摩加尔”）机车大修约需要780工（1工=1人×1工作日），中修需要655工；调车机车大修需要680工，中修需要490工；麦克豆机车大修需1010工，中修需830工。但由于张家口机厂设备相对简陋、工具不全，修车配件一直没有库存，凡损坏机件均需新造，所以修车时常会因待料而拖延。由于没有水压力机、电焊机等设备，有些损坏机车需要送往南口机厂进行修理。[②]

表4-16　1933年7月至1935年6月张家口机厂修理车辆数量一览表[③]　（单位：辆）

时间	1933年7月至1934年6月			1934年7月至1935年6月		
种类	机车	货车	客车	机车	货车	客车
大修	20	26	5	23	49	2
中修	0	8	0	0	224	15
合计	20	34	5	23	273	17

① 林为榕.张家口机厂两年来工作改进概况.平绥技术汇刊，1936，(4)：59-80.

② 林为榕.张家口机厂两年来工作改进概况.平绥技术汇刊，1936，(4)：59-80.

③ 平绥铁路管理局.平绥.平绥铁路管理局总务处，1934.

可见，张家口机厂无论从规模还是维修、制造机车车辆能力来讲都不及南口机厂。实际上，当时的南口机厂在全国铁路机厂中制造机车的能力也不是很强，主要的功能是做日常的保养和维护。机车制造主要由其他铁路的机厂完成。

4.6 京绥铁路整体概况

1923 年 1 月包头车站通车，标志着京绥铁路全线竣工。干线进程如表 4-17。京绥铁路干线全长 814 千米，初建时设 65 站。全线岔道长 186 千米，四支线共长 67 千米（表 4-18）。

表 4-17　京绥铁路修建进程表（干线）

站名	丰台	张家口	阳高	大同	丰镇	苏集	卓资山	绥远	包头
修至时间	1905 年 9 月	1909 年 8 月	1911 年 11 月 /1912 年冬	1914 年 6 月	1915 年 9 月 / 1919 年 8 月	1920 年 1 月	1920 年 12 月	1921 年 4 月	1922 年 12 月
干线长	200 千米	125 千米	57 千米	44 千米	67 千米	80 千米	93 千米	148 千米	
备注	干线总长 814 千米，支线共 67 千米。干支线共 881 千米。全线历时 17 年 3 个月								

表 4-18　京绥铁路总况（支线）

支线名称	京门支线	环城	大同	宣化
起始站	西直门—门头沟	西直门—西直门	大同—口泉	宣化—水磨坊
途经站	西黄村、石景山、三家店	德胜门、安定门、东直门、朝阳门（正阳门、东便门系租借京奉铁路）	平旺	
开竣工时间	1907 年 2 月至 1908 年 8 月	1915 年 6—12 月	1918 年 4—8 月	1918 年 10—12 月
路长（千米）	25.24	至东便门 12.34	20.55	9.12
岔道（千米）	12.42	13.05	4.65	3.16
总长（千米）	37.66	25.39	25.20	12.28

由于经费短缺和国内时局较乱，整条京绥铁路中，绥包段工程质量最差。京绥铁路全线铺设的钢轨共有 8 种，其中绥包段最差，有 42 千克与 36 千克混接的，也有 42 千克钢轨使用 36 千克配件的，而且螺栓道钉不足数。到 1949 年，整个绥包区段的螺栓道钉竟有一半在抢修时被拔取。号志是列车出入车站时的指令标识，但铁路初到包头，绥包间九个站均未安装。1934 年才收罗了全路的号志零件，为台阁牧、毕克齐、察素齐、陶思浩、包头五个站安装，1935 年由南口机

厂自行制造了一部分，加上采购来的一部分，才为其余四个站配齐。电气通信设置在铁路运行过程中非常重要，但直到京绥路全线通车 12 年后，即 1935 年 4 月才在铁路局修建无线电台一座，同时设电报线路网。在总局、西直门、南口、康庄、下花园、张家口、柴沟堡、阳高、大同、丰镇、平地泉（集宁）、卓资山、绥远、萨拉齐、包头共设了 15 个转报站。此后又有改善，其中在归绥设立一台无线电台，并在绥包间铺设了有线电报，利用双信法传递命令、信号。绥包段内九站原建时都是临时土坯房屋，到 20 世纪 30 年代初，已全部残破不堪。1934 年、1935 年，动工兴建正式房屋，其中包头、萨拉齐两站 1934 年 5 月动工，10 月完成。[①] 京绥全路轨间距采用英国标准，即后来的国际标准（1.435 米）。

京绥铁路铺设的八个钢轨种类有每码八十五磅钢轨、八十五磅加硬钢轨、七十磅钢轨、六十七磅三钢轨、六十磅钢轨、五十磅钢轨、二十五磅钢轨及小钢轨。枕木多购自日本和美国，也有少数购自国内启新公司和京奉铁路局。种类有椴木、榆木、柞木、美国松等。

自丰台到包头，大小桥梁、涵洞共 1786 座，共长 11 941.27 米，情况如表 4-19 所示。

表 4-19　京绥铁路桥涵情况表

分类	铁桥	石桥	木桥	涵洞	合计
座数	553	194	131	890	1 768
长度（米）	7 647.22	1 055.9	2 340.95	897.2	11 941.27

丰台至绥远间道房有转盘 10 座、地磅 6 座；号志由柳村至丰镇干线共 133 个。另绥远到包头看路房 98 间（1922—1923 年修建）（表 4-20）。

表 4-20　道房情况

分类	看路房	扳闸房	觇信号房	总数
间数	490（+98）	60	50	
占地面积（平方米）	7693.3	641.68	389.82	8724.8

至 1921 年，丰台至绥远干支线车站共 66 个，其中干路车站 55 个，丰台、正阳门、东便门系租用京奉铁路，见表 4-21。自修车站 63 个，房屋 894 间，占地面积 20 228.23 平方米，月台宽 6—9 米、长 60—300 米。1922 年展筑至包头，增设 9 站。台阁牧站房屋 27 间，毕克齐站房屋 31 间，察素齐站房屋 25 间，陶

① 解放前包头铁路概况（内部发行）// 包头市地方志史编修办公室，包头市档案馆．包头史料会要（第十一辑）.1984，8：72-83.

思浩站房屋 21 间，麦达召站房屋 22 间，萨拉齐站房屋 20 间，公积坂站房屋 19 间，磴口站房屋 13 间，包头站房屋 292 间。1923 年，西直门三家店间为运煤方便增添西黄村站，房屋 7 间。

表 4-21 1928 年京绥路车站一览表①

干线车站	丰台	广安门	西直门	清华园	清河	沙河	昌平县	南口	青龙桥
	康庄	怀来	土木	沙城	新保安	下花园	辛庄子	宣化	沙岭子
	宁远	张家口	孔家庄	郭磊庄	柴沟堡	西湾堡	永嘉堡	天镇	罗文皂
	阳高	王官人屯	聚乐堡	周士庄	大同	孤山	堡子湾	丰镇	新安庄
	永王庄	红沙坝	官村	苏集	平地泉	三岔口	八苏木	十八台	马盖图
	卓资山	义丰村	福生庄	三道营	旗下营	陶卜齐	白塔	绥远	台阁牧
	毕克齐	察素齐	陶思浩	麦达召	萨拉齐	公积坂	磴口	包头	
支线车站	西直门	西黄村	石景山	三家店	门头沟				
	西直门	正阳门	东便门	朝阳门	东直门	安定门	德胜门		
	大同	平旺	口泉						
	宣化	水磨							

丰台到绥远共有水塔 32 座。其中 25 站为行车上水站，水塔直径 3.96 米，容积 29.44 立方米。郭磊庄、柴沟堡、西湾堡、永嘉堡、天镇、阳高、王官人屯、聚乐堡、周士庄、丰镇、红沙坝、苏集、十八台、卓资山、三道营、陶卜齐等站的水塔就是这样的小水塔。另有 7 站为驻机车站，水塔较大，直径 6.1 米，容积 106.75 立方米，如张家口、大同、平地泉、绥远等大站的水塔。

京绥铁路关沟段最大坡度为 3.33%，居 1934 年国有二十二条干路之首。②

京绥铁路在军事、政治、经济上都具有非常重要的作用，从清政府到民国政府，都非常重视，并关注其工程进度。如前所述，不管是没落的清政府还是混乱的民国政府，都曾下令督促工程进度，也曾在人员、资金上给予应有的支持。但时局动荡影响了铁路的修建。1911 年之前，修建日程从未间断，但在民国初期却两度停工。在资金方面，尤其是进入内蒙古地区，筑路资金基本全靠铁路自身营业收入与募集款项维持，这种形式在建路初期尤其是适逢乱世非常艰难。张绥铁路虽然经历了朝代更替、辛亥革命以及总工程司换任（1910 年冬

① 资料来源：《京绥线临时行车时间表（中华民国十七年三月一日实行）》（见：京绥铁路管理局 . 京绥铁路公报（第一号）.1928 年 3 月 1 日）。与 1920 年 10 月 1 日《列车时刻表》相比多出“宁远站”和“永王庄站”两站。

② 铁道部工务司工程科 . 中华民国国有铁路工程状况表（附公营民营各铁路），1934.

詹天佑赴粤，邝孙谋接任），但仍能顺利完成，与京张铁路的影响有着密切的关系。

4.6.1　电报、电话和电灯在京绥铁路中的建设

电报是近代西方先进的通信方式，早在铁路之前就被引进中国。电报在京张铁路建设初期就开始着手筹办；使用电话要稍晚些，使用电灯要到民国时期了。

4.6.1.1　电报与电话建设

京张铁路初建期间，临时采用了一种简单的报车设备——报车器（图 4-13），这是京张铁路上特有的一种提示邻站开车的工具。由一根钢轨（图 4-13 左）和一个铁锤组成。用铁锤敲击钢轨，最后响声若为一下，表示下行列车准备由邻站开车了；若为两下，表示上行列车准备由邻站开车了。

图 4-13　京张铁路特有的报车器
作者于 2010 年 4 月摄于青龙桥车站

光绪三十一年（1905 年）六月，京张铁路开始着手筹建电报。通电报之前，机车与沿线车站没有直接通信设施，均采用铜路签和钢路牌两种（即机械路签、路牌）。初创行车电报时，设备为西门子式莫尔斯纸条电报机。1912 年，在南口至康庄间增设架空明线一条，设电器路签，置路签机 6 副。1920 年广安门至西直门站间架设明线一条，设电器路签机 1 副。1935 年平绥路始用英、美所制电话设备。

电报线通至各地的时间如表 4-22 所示。各支线电报铺设情况如表 4-23 所示。

表 4-22　京绥铁路（干线）电报线通至各地时间表

站名	线长（华里）	到站时间	该站通车时间	备注
丰台	220	光绪三十一年（1905 年）八月		1. 由天津到丰台借用京奉铁路的电杆。 2. 1925 年 1 月，因业务日趋繁忙，线路拥挤，拟架北京直达绥远电线，但因资金问题未果，无奈采取限制部分业务的办法。 3. 祁皇墓、前八号都不是站名。 4. 电报线大都先于通车。
沙河	67	光绪三十一年（1905 年）九月		
南口	34	光绪三十一年（1905 年）十二月		
青龙桥	32	光绪三十二年（1906 年）二月		
怀来	43	光绪三十三年（1907 年）二月		
下花园	87	光绪三十三年（1907 年）十月		
张家口	104	光绪三十四年（1908 年）四月	宣统元年（1909 年）	
柴沟堡	87	宣统二年（1910 年）二月		
天镇	88	宣统二年（1910 年）四月		
大同	157	宣统三年（1911 年）七月	1914 年	
祁皇墓	45	1914 年 6 月		
丰镇	39	1914 年 11 月	1915 年	
前八号	35	1919 年 4 月		
苏集	86	1919 年 6 月	1920 年	
卓资山	150	1920 年 7 月	1920 年 12 月	
绥远	171	1920 年 10 月	1921 年	
萨拉齐	190	1922 年 7 月		
包头	80	1922 年 9 月	1922 年 12 月	
合计	1715			

表 4-23　京绥铁路（支线）电报线通至各地时间表

支线名	起止站	竣工时间	线长（华里）
京门支线	西直门—三家店	光绪三十三年（1907 年）二月	42
	三家店—门头沟	光绪三十四年（1908 年）十月	5
环城支线		1915 年 7 月	23
口泉支线		1918 年 5 月	36
宣化支线	宣化—龙烟铁矿公司	1918 年 11 月	22
合计			128

在铺设电报线利用电报的同时，京绥铁路还相应制定了《洗刷电瓶领料办法》（1914 年 9 月 24 日本路电务处制定）、《各站收发加急商报办法》（1914 年 10 月 24 日）、《电报替班简章》（1917 年 5 月 11 日）、《电报员司薪费办法》（1917

年 8 月 4 日）、《电报领班值报延误电报惩戒规则》（1918 年 3 月 18 日）、《京绥铁路电报规则》等一系列规章制度，保证了电报的正常使用。

京绥铁路使用电话要比电报晚些。宣统二年（1910 年）正月，总局到西直门连接了电话，是京绥铁路使用电话之始。宣统三年（1911 年）十月，总局到南口的电话接通，1913 年 11 月西直门至南口的电话接通，之后逐渐增加。1923 年 10 月，该路曾自编电报密码，用于通信。

本路全线通车 12 年后，即 1935 年 4 月，铁路局修建了一座无线电台，同时设电报线路网。在总局、西直门、南口、康庄、下花园、张家口、柴沟堡、阳高、大同、丰镇、平地泉（集宁）、卓资山、绥远、萨拉齐、包头共设了 15 个转报站。此后又有改善，其中又在绥远设立一台无线电台，并在绥包间铺设了有线电报，利用双信法传递命令、信号。

1937 年前，铁路电力设施均由机务部门管理。日本侵华期间设电气段，铁路局所在车站设有流动发电车。南口至青龙桥之间修建长 18 千米的电力贯通线路，当时铁路用电负荷主要是供车站照明、信号以及机务段、检车段的动力使用，供电量小。前门西、广安门、西便门、张家口、宣化、下花园等站靠地方供电。解放战争时期，铁路电力设施破坏严重。1949 年开始在修复铁路的同时对电力设施进行抢修。

4.6.1.2　电灯的使用

1913 年 5 月，京绥铁路总局迁至羊肉胡同，开始使用电灯，是京绥铁路使用电灯照明之开端，由商办京师华商电灯公司承办。

京师华商电灯公司创于 1905 年。1904 年 9 月 26 日，原北京城南御史蒋式瑆、御史兼刑部员外郎史履晋和候补同知冯恕，经商部向清政府上奏，请求批准创建中国人自己的电灯公司，以与北京的洋人势力进行竞争。1905 年，经清政府商部许可，第一个官僚资本开办的电力工业——京师华商电灯公司成立，营业区域为京师城厢内外。公司和发电厂厂址设在正阳门内顺城街路北一个小院子里（今顺城街北京供电局所在地），安装了购自上海瑞生洋行的一台 75 千瓦柴油发电机和两台 150 千瓦蒸汽机带动的发电机。1906 年 10 月 10 日开始发电，供商店、路灯、官府中约 8000 盏电灯用电。1910 年和 1912 年又分别安装购自上海瑞生洋行的 320 千瓦蒸汽机带动的发电机和 1000 千瓦汽轮发电机组，共用资金 180 余万元。后者是当时最新型的发电机组。到 1912 年北京城里已装有电灯 3 万余盏。[①]

---

① 华丽 . 北京电灯照明的起源 . 工会博览，2001，（1）：28-29.

南口站因为有机车厂，自备了25千瓦的发电机（电压为220伏）和25千瓦蒸汽机，但车上仍然没有电灯。京绥铁路各站使用电灯始于1923年12月西直门站，当时也由京师华商电灯公司承办，共有电灯202盏。1925年3月，张家口站、大同站均由本地电灯公司承办使用电灯，其他如康庄站、平地泉站急需使用电灯者，因为当地没有电灯公司，拟采用南口模式自行发电。包头站所用电力，购自本镇电灯公司。

4.6.2 京绥铁路警务、卫生、教育工作

京绥铁路还开创了我国自办铁路警察、铁路医院的先例。光绪三十二年（1906年）三月，京张铁路局首先在阜成门工程局内开设了铁路医院。同年五月，又设置了铁路警察，京张铁路总局“开办铁路警察，为自办警察之始”[①]。

4.6.2.1 警务工作

清光绪三十二年（1906年）五月，京张铁路开始设置路警，当时设巡官、巡弁、检事各1人。另外由北洋巡警学堂（1902年9月由直隶总督、北洋大臣袁世凯设立）调拨50名“长警”，分驻材料厂及各工地，负责安全。九月，南口通车，又增设巡弁1名，长警50名。到1908年，本路已有长警200名，其中20名于1907年驻鸡鸣山煤矿。宣统三年三月初五，制定了《巡警在车站等处防卫简章》。

1912年4月，巡官改称为“总巡”，巡弁改称为“分巡”。5月9日，制定了《巡警应守规则》。1914年铁路局设立巡警总公所，设总巡1人、正分巡6人、副分巡3人、巡记1人、书记3人。并设立巡警教练所设管理员1人、教员4人、书记1人、每班学警30人，三个月毕业。12月又增订了《巡警奖惩条例》。之后还制定了《京绥铁路警察规则》《京绥铁路警察服务规则》，其中《京绥铁路警察服务规则》分为三编一百三十三条。

1923年前后，巡警多以马代步。绥远、包头一带时有劫匪出没，曾出现巡警收抚土匪之事。但在军阀混战期间，土匪猖獗，路警屡遭骚扰，难以维持铁路秩序。

4.6.2.2 医务工作

清光绪三十二年（1906年），铁路局在阜成门外陈家大门工程总局内设立了一所医院，称之为“阜成门医院”，1907年4月在下花园设立分院。当时设备简

---

① 李占才．中国铁路史（1876—1949）．汕头：汕头大学出版社，1994：360.

陋，只有一名医生奔走于各工地之间，医药费医生包办，连同生活费用按月报销。到 1910 年，京张铁路竣工后工程局移至张家口，阜成门医院搬到西直门，称为“京张铁路医院”，下花园医院称为“京张铁路分医院”，所需药品改由工程局购发。1916 年，京张铁路医院称为“西直门医院”。

1910 年，随着张绥铁路的展修，京张铁路医院又分别于柴沟堡、阎家屯设立分医院，统称为“张绥铁路医院”，由工程局管理。1911 年阎家屯医院移至张家口，称“张绥铁路医院”；柴沟堡医院移至天镇，称“天镇分医院”。10 月又设立南口分医院，都归工程局管理。1913 年天镇分医院又移至大同，称“大同分医院”，仍归张绥铁路医院管理。

1916 年 11 月，全路职制改组，原属于工程处的医院改属于总务处管理。

1918 年，张家口以西发生鼠疫，为预防疫情，除加设丰镇医院外，将西直门、南口、下花园、张家口、大同五家医院加以扩充，张家口的张绥铁路医院改称“张家口医院”。此次大同分医院由原来租用民房改为自建用房，并对外施诊。

1918 年 4 月，医院改组。六家医院各自独立，皆隶属于总务处。且各医院分段负责（表 4-24），药品按季度领取。5 月 20 日制定了《诊病规则》和《住院养病规则》。9 月，购置一辆医药车，并在未设医院的大站配备了救急药箱。

1919 年 7 月，修建丰镇到平地泉之间的铁路期间，在新安庄和红沙坝之间的地局子设立了临时医院。1921 年 1 月，随着工程进展，丰镇医院移至平地泉，撤销了地局子医院，又于卓资山、陶卜齐设立新工医院。1921 年 6 月，铁路修至绥远，卓资山、陶卜齐两处新工医院归并到绥远，称“绥远分医院”。1922 年 6 月，在绥远和包头之间设立临时诊疗所，隶属于绥远分医院。

表 4-24　1918 年京绥铁路各医院负责区间

医院	西直门医院	南口分医院	下花园分医院	张家口医院	大同医院	丰镇医院
负责区间	丰台至昌平，环城及京门支线	南口至康庄	怀来至沙岭子	张家口至天镇	罗文皂至大同	孤山至丰镇

1921 年 4 月，总务处增设卫生课，全面管理全路医药卫生事务。以西直门医院为总院，其他五家医院为分医院归总院管理，仍归总务处，并制定了相关章程和规则。1922 年 2 月，因与章制不符，交通部准其撤销卫生课，该课事务设施归于总医院。自此，总医院负责全路卫生医疗事务兼各分院事务。

1923 年夏秋之间，张家口、大同医院出现霍乱患者，总院吩咐各院注意防范，疫情没有大面积扩散。此外，医院还收回以前在各大站配备的救急药箱，重新换发，并配备药品。1924 年，山洪冲毁卓资山与红沙坝之间的铁路，工人冒雨抢修，昼夜不停，食宿卫生不能得到保障，肠胃病患者增多。总院得知后，速派医药车和医护人员进行救援，一边以医药车作为临时诊所，一边通知平地泉和绥远分院增派医护人员，病情得到控制。为此还同时成立了包头分医院。至此，京绥铁路共设立医院八家，即西直门总医院、南口分医院、下花园分医院、张家口分医院、大同分医院、平地泉分医院、绥远分医院、包头分医院。据统计[①]，1912—1924 年，就诊患者共 287 649 人，其中京绥铁路患者 263 669 人，旅客 666 人，其他患者 23 314 人。

4.6.2.3 铁路教育工作

京绥铁路的教育工作按照服务对象可分为两类：一类是扶轮学校，学生为铁路职工子弟；另一类是铁路职工学校，培训对象为铁路工人及其他铁路服务人员。

1）扶轮学校

随着铁路的延伸，铁路工作人员日益增多，铁路职工子弟入学问题日益明显。1912 年，柴俊畴首先在南口筹建了名为“南口旅学”的学校。该学校只设初等小学（四年制），毕业后升入附近地方的高等小学。学校开设国文、算术、习字、历史、地理、修身、图画、体操等课程，还另设一个英文班（每日授课一小时）。因学生年龄学识不同，先分为甲、乙两个班，暂定学生 35 名。学校教职工由外聘人员和铁路职工组成。南口旅学于 1912 年 4 月 17 日开学，学校经费主要由创办人捐资，学费按照学生父兄在铁路的收入收取。1913 年，铁路总工程司邝孙谋呈请铁路局每年资助该学校 1000 元作为办学经费。

南口旅学开班后，邝孙谋在张家口也筹办了一所，基本情况与南口相同。只是学生名额定为 50 人，兼收铁路外子弟。铁路外子弟学费稍高于铁路子弟。

1916 年冬，陈西林继任总工程司，接管了学校所有事务。1917 年学校整改，将校名统一改为“京绥铁路旅学校”，并冠以所在地名，将现有的南口、张家口两校都扩充为初等和高等两等小学（学制：4+3），另设“特别班”（英文班），并修订了学校章程。

1917 年，张家口扶轮学校成立，原“旅学校”归入。之后，京绥铁路会同京汉、京奉、津浦四路共商开办学校及费用等事宜。

截至 1925 年，京绥铁路扶轮学校共有 8 所，分别在北京、西直门、南口、

---

① 关赓麟 . 交通史路政编（第九册）. 南京：交通部铁道部交通史编撰委员会，1935：1739-1740.

康庄、宣化、张家口、大同和绥远。

2）铁路职工学校

京绥铁路的职工类学校先后有职工补习所、职工学校、车务员司练习室、巡警教练所等。还有少数资助国外留学的情况，虽不在京绥铁路职工学校内，但属于京绥铁路职工教育范围。

1918 年 8 月，交通部为提升职工技能、减少运输事故，令各路设立“技手养成所”。京绥铁路积极响应，成立了南口职工补习所，并制定了《京绥铁路南口职工补习所章程》。该所培养目标是使铁路工人具有普通行车及机车知识。教师和工作人员由南口机厂职工兼任，分为车务和机务两类，初定各班名额为 30 人。1919 年 3 月，南口职工补习所在南口医院旧址成立，每期学员需要全日制学习一年方可毕业。同年 10 月 1 日正式开学。1920 年 12 月毕业 96 人，1921 年 12 月毕业 86 人。毕业人员皆被升职或录用。

1921 年 1 月，交通部为培养铁路职工，使之接受普通教育、增进铁路业务技术，令各路开设职工学校。职工学校性质与职工补习所相同，因此 1922 年 2 月补习所停办。1921 年 3 月 11 日，京绥铁路上的铁路职工学校在南口、张家口、丰镇三地同时开学。学校宗旨为“养成职工之公民品格及增进其工作效能”。教师既有专任也有本路职工兼任，一般利用工余和周末时间上课。上课分昼班和夜班，每天一小时，昼夜班各同时开三个班，分普通班和高等班。普通班需修满 500 小时，高等班需修满 720 小时。按照章程，普通班毕业生升入高等班，高等班毕业生安排工作。1922 年，三校在校生达 700 余人，但到 6 月，铁路局因经费紧张，无法支付教师工资等学校所需经费，令三校停办。直到 1925 年 3 月，交通总长叶恭绰令恢复职工学校。经商议，只恢复南口、张家口两校，丰镇职工学校不再开办。而南口、张家口两校原先的校舍也已转租他用，一时无法腾出，只得借用扶轮学校的校舍，上课时间只能改为晚上。

1925 年 2 月，车务处长方伯麟呈请局长宋良仲开设“车务员司练习室”，以供在站“车务司事”及“电务练习生”明白章程、熟谙技术。因工作原因，每班暂定为 10 人，毕业后再接替他人轮流学习。“车务员司练习室”同年 5 月 1 日开办，学制为六个月，学生 20 名，分甲乙两班，甲班“练习”电务，乙班“练习”站务。

1914 年 4 月，京绥铁路开办了“巡警教练所”，直属于京绥铁路管理局警察处。截至 1916 年底，先后毕业 8 个班共 240 人，1917 年 7 月停办。1918 年 5 月，交通部成立“铁路警员养成所”，陆续送进警员进行学习培训。1919 年巡警教练所重新开办，1920年12月每班学警学期为两个月，至1921年11月毕业7班共354人。1922年6月，因直奉战争，教练所停办；7月又开办，每班30人，两个月一届；10月又改为每班50人，恢复原来三个月一届。1923年9月，巡警教练所迁至张家口。1924年，奉命将巡警教练所整改为路警备补队。

京绥铁路在职工培训教育方面除开设以上学校外，还资助本路工人去国外留学。最早是1909年颜景旒以京张铁路工程学员身份自费到美国学习机械工程，中途不能缴纳学费，申请获得铁路局资助，学成后回本路工作。后又有徐傅元、程干云效仿。以上三人都属于个人行为。1921年1月，交通部令各路选派人员到欧美国家学习验收国外材料等事务，除薪水照发外还补发一定的生活费用。京绥铁路的向国华曾前往英国学习，后又有徐承燠（1921年7月）、徐承爌（1922年11月）二人到国外深造。这三人都为交通部组织，铁路局选派资助。

4.7 张绥铁路与京张铁路建设过程的比较

张绥铁路与京张铁路本为一线，管理运营实为一体。由于修建所处时期不同，两段铁路在修建过程中存在较大差异。

（1）社会背景。京张铁路修建于1905—1909年，完全属于清政府时期。该时期内忧外患，半殖民地半封建社会已经形成，但国内形势统一，举国上下尚能执行朝廷旨意。尽管外国列强多加干扰，但清政府内部，尚能上下一心，例如利用京奉铁路余利自建铁路，其他各路在人员上亦能听从调遣，京张铁路是举全国之力修建而成的。铁路沿线的各地方官员也积极配合，尽管有少数地段存在阻挠行为，也多是由于个人私利，基本不存在成规模的滋事活动。这样的社会背景使得詹天佑在工作进程中得到了支持，使得工程进展顺利，在短短四年的时间完成了如此浩大的工程。

张绥铁路修建于1909—1923年，跨越晚清和北洋政府两个时期，尤其是北洋政府时期，内乱纷扰，时局动荡。1911年修至天镇时，因逢辛亥革命而中断，直到1912年冬天才又复工。之后因经费问题多次借贷。修至丰镇，又因第一次世界大战，筑路材料价格上涨，停工四年有余。铁路途经区域又逢直奉战争，时局动乱又遇水灾，路工延期，工程质量得不到保证。

（2）资金方面。京张铁路资金全部为国内自筹，在晚清国力日下的情况下，京张铁路通过多种渠道为工程筹备资金。当预计每年100万两白银仍不能满足时，每年又加拨30万两，最后干脆先由银行按期垫付，国家埋单。资金的充足为京张铁路顺利建设提供了强有力的保障，这取决于国家权力能够贯彻落实。

在完成京张铁路的情况下，清政府本意展筑张绥铁路，无论在人员还是资金方面皆与京张铁路相同，即资金继续利用京奉余利，詹天佑仍任总工程司。但正是资金问题阻碍了张绥段工程的进展。先是辛亥革命后，英国借口停止拨付京奉铁路余利；后又有第一次世界大战，铁路材料价格上涨，国内战事连绵，大同通车后交通部无力应付。大同之西的铁路基本是靠铁路自身的收入来修筑的。大同至包头段数次筹集、两次引入日资，遂完成此工。

（3）人员方面。张绥铁路总工程司一职，原计划与京张段一样，都由詹天佑担任。后因粤汉铁路的邀请，詹天佑于 1911 年离任张绥铁路，由邝孙谋担任总工程司。事实上，一方面詹天佑仍然在诸多方面对张绥铁路进行了指导，如张家口到大同段的路线选择等，并时时关注张绥铁路。另一方面邝孙谋曾在京张铁路修建期间代詹天佑担任过总工程司，并在詹天佑无法离任京张铁路时被詹天佑派往广州担任粤汉铁路总工程司，应该说在筑路技术管理方面邝孙谋也能够胜任总工程司一职。因此邝孙谋替代詹天佑在技术上应该不会对铁路修建产生明显的影响。

另外京张铁路主要工程司陈西林、颜德庆、俞人凤、翟兆麟、柴俊畴等人都留任张绥铁路，因此京张铁路的主要工程技术人员和展筑张绥铁路技术队伍在铁路技术本身不存在太大的区别。

（4）工程质量方面。在筑路工程难度上，张绥铁路易于京张铁路，既没有关沟段的崇山峻岭，也没有八达岭山洞的艰难险阻。京张铁路虽然路线迂回曲折，绕山越岭，但在总工程司詹天佑的严格要求下，质量达到了当时条件下的最高标准。但在展筑张绥铁路时，由于资金及工期等原因，道基、路碴多不合规定，多处桥梁为临时搭建，尤其是绥远到包头段，站房都为土坯筑墙，风吹雨淋后不能再用，该区段桥梁多为木桥，年久之后必须加固或重建，否则无法通行。

由上可见，在技术人员对等的情况下，影响工程质量与进度的重要因素是社会背景及由此带来的资金问题。晚清时期，列强瓜分我国，但在如此情况下，尚能举全国之力修建好京张铁路；北洋政府时期，国内混乱，资金不能得到保证，使得张绥铁路工程进展缓慢，多次停工，质量得不到保证。可见，社会稳定是重大工程顺利实施的重要条件。

第五章

风云变幻勇担当：京绥铁路车辆、运营与影响（1905—1937年）

1923年，京绥铁路全线通车，时值北洋政府统治时期。1928年，京绥铁路改称为“平绥铁路”。京绥铁路全线管理比较复杂，运营情况受到军事及自然灾害的影响时好时坏。作为我国西北主要交通要道，京绥铁路对西北地区的诸多方面都有着非常重要的影响。

5.1 京绥铁路的车辆购置与号志设立

由于所处历史时期不同，京张铁路建设和京绥铁路建设两个时期的车辆及其购置情况也有所不同。

5.1.1 京张铁路的机车和客货车购置

按照詹天佑最初的想法，该时期机车和客货车均由关内外铁路的唐山制造厂制造[①]。但该厂生产能力有限，不能满足京张铁路的需求。

① 詹天佑.詹天佑1905年6月20日致金达的信//詹天佑科学技术发展基金会，詹天佑纪念馆.詹天佑文集——纪念詹天佑诞辰145周年.北京：中国铁道出版社，2006：167.

5.1.1.1　机车购置

机车即提供驱动力的车，一般被称为“火车头”，根据提供能量的原料可分为蒸汽机车、内燃机车、电力机车。1879 年 5 月 31 日，德国人维尔纳·西门子（Werner Siemens）在柏林的贸易展览会上展出了他的小型铁路机车。这是世界上第一台电力机车。随后的 1880 年，美国人爱迪生造了一台小型电力机车。内燃机车的出现要晚于电力机车。1892 年，德国人鲁道夫·狄塞尔（Rudoif Diesel）申请了柴油机专利，并于 1897 年造出了世界上第一台柴油机。但直到 1912 年 9 月，德国和瑞士的公司才试制成功了第一台内燃机车。

蒸汽机车的鼻祖被世人公认为是乔治·史蒂芬森，他于 1825 年开始了世界上第一台蒸汽机车的运行，开创了铁路蒸汽机车时代。蒸汽机车利用蒸汽驱动，主要由锅炉、汽机、车架、走行部、煤水车组成，还有制动、发电、操纵、照明等设备。汽机将蒸汽转换为驱动动轮的动力，蒸汽通过汽机，驱动机车行走。

从乔治·史蒂芬森的第一台蒸汽机车到京张铁路建设，蒸汽机车已经走过了 80 年的历程，在世界各地的使用与改进中，各项技术趋于成熟。但当时我国国内蒸汽机技术尚处于起步阶段，主要依靠进口外国零部件组装成车。

机车分客运机车、货运机车、调车机车及工矿机车等，前两种属于干线机车，即在铁路干线拖动车辆；调车机车主要用于铁路站场内专用线上车辆的编组、解体、拉出、转线等调车作业，一般不跑长途。

蒸汽机车通常以轮子数量、车轴排列（即轴式）来分类和命名，如 1-4-1 型、2-3-1 型等。1-4-1 型机车，是指该机车有 1 对导轮、4 对动轮、1 对从轮。导轮直径很小，目的是使其他轮安全通过曲线线路；从轮一般用来支撑锅炉火箱的重量。决定机车性能的主要是动轮，动轮直径大，机车速度就快，但牵引力小；动轮直径小，速度就慢，但牵引力大。动轮的个数显示了机车输出功率的大小。0-2-0 型、0-3-0 型、0-4-0 型机车，即前无导轮后无从轮的机车多用于调车机车。其中 0-2-0 型重量小，牵引力也小，多作轻便之用。如果需要稍大的牵引力可以选择 0-3-0 型甚至 0-4-0 型。

据统计，截至 1909 年 10 月，京张铁路购置调车机车 11 辆，分别购自鲍尔温机车厂、北英机车公司、劳及司（Rogers，今译作“罗杰斯”）机车厂；毛格尔机车 9 辆，购自唐山制造厂；马力跑山机车 4 辆，购自北英机车公司（表 5-1）。①

① 关赓麟. 交通史路政编（第九册）. 南京：交通部铁道部交通史编撰委员会，1935：1875.

表 5-1　京张铁路截至宣统元年（1909 年）十月购置机车情况表[①]

购车时间	机车种类	数量 / 辆	生产厂家
光绪三十二年（1906 年）闰四月	调车机车	3	鲍尔温机车厂
光绪三十三年（1907 年）四月	调车机车	1	鲍尔温机车厂
光绪三十四年（1908 年）六月	毛格尔机车	6	唐山制造厂
光绪三十四年（1908 年）八月	毛格尔机车	1	唐山制造厂
光绪三十四年（1908 年）九月	马力跑山机车	3	北英机车公司
光绪三十四年（1908 年）十月	调车机车	2	北英机车公司
宣统元年（1909 年）正月	调车机车	3	劳及司机车厂
宣统元年（1909 年）正月	调车机车	2	鲍尔温机车厂
宣统元年（1909 年）闰二月	毛格尔机车	2	唐山制造厂
宣统元年（1909 年）十月	马力跑山机车	1	北英机车公司
合计		24	

图 5-1 为 1906 年美国鲍尔温机车厂制造的机车。该机车总重 45.72 吨，车长为 11 430 毫米，车轴排列为 1-3-2 型。

图 5-1　鲍尔温机车厂 1906 年生产的 DB_3 型 1 号机车

资料来源：严介生，杨照久，焦守恭，等. 中国蒸汽机车世纪集影（1876—2001）. 北京：中国铁道出版社，2001：67

图 5-2 是鲍尔温机车厂 1909 年生产的 PL_{11} 型机车。该机车总重 54.3 吨，机车全长为 9855 毫米，动轮直径为 1168 毫米，车轴排列为 1-3-1 型。

毛格尔机车是当时比较先进的机车类型，轴式为 1-3-0 型，它不仅牵引力大，而且前置的一对导轮也便于引导动轮驶上轨道，因此是当时性能较好、使用最为普遍的机车。

① 据《交通史路政编》（第九册）整理。

图 5-2　鲍尔温机车厂 1909 年生产的 PL_{11} 型 1 号机车

资料来源：严介生，杨照久，焦守恭，等. 中国蒸汽机车世纪集影（1876—2001）. 北京：中国铁道出版社，2001：65

唐山机厂 1900 年开始组装蒸汽机车。该厂从北英机车公司进口机车零部件，组装出毛格尔型蒸汽机车（代号 MG），轴式为 1-3-0 型。1900—1903 年，唐山机厂组装了部分毛格尔 3 型蒸汽机车，轴式仍为 1-3-0 型，机车总重（机车及煤水车）79.68 吨，机车全长达 17 300 毫米，汽缸直径为 432 毫米，鞲鞴行程为 610 毫米，动轮直径为 1370 毫米。1903—1916 年，又批量组装生产了部分毛格尔 1 型蒸汽机车，轴式为 1-3-0 型，机车总重在 96.8—106.3 吨，机车全长在 17 300—17 729 毫米，汽缸直径为 482 毫米，鞲鞴行程为 610 毫米，动轮直径为 1520 毫米，锅炉蒸汽压力为 13 千克力 / 厘米 ^{2}，传热面积为 153.02 米 ^{2}，其中 1908 年为京张铁路制造了 7 台毛格尔型机车。[①] 图 5-3 为唐山机厂 1908—1909 年生产的 MG_1 型 13 号机车。该机车运转整备重量为 97.9 吨，机车全长为 17 685 毫米。

图 5-3　唐山机厂生产的 MG_1 型 13 号机车

资料来源：严介生，杨照久，焦守恭，等. 中国蒸汽机车世纪集影（1876—2001）. 北京：中国铁道出版社，2001：186

① 张治中. 中国铁路机车史（上）. 济南：山东教育出版社，2007：225-226.

图 5-4 为 1908 年英国北英机车公司制造的 PL_5 型机车。该机车总重 37.59 吨，机车全长为 10 236 毫米，动轮直径为 1069 毫米，车轴排列为 1-3-1 型，为鞍形水柜机车。

图 5-4　北英机车公司 1908 年制造的 PL_5 型机车

资料来源：严介生，杨照久，焦守恭，等. 中国蒸汽机车世纪集影（1876—2001）. 北京：中国铁道出版社，2001：35

图 5-5 为 1909 年美国劳及司机车厂制造的 XK 型 54 号机车。该车总重 40.6 吨，机车全长为 8400 毫米，又称 6 轮型，车轴排列为 0-3-0 型，用作京张铁路的调车机车。

图 5-5　美国劳及司机车厂 1909 年制造的 XK 型 54 号机车

资料来源：严介生，杨照久，焦守恭，等. 中国蒸汽机车世纪集影（1876—2001）. 北京：中国铁道出版社，2001：52

京张铁路南口至康庄段，全是坡道。其中南口关沟段，山高坡陡，坡度达 3.3%，另外还有 4 条隧道，坡度之陡险前所未有。该处行车异常困难，必须采用大牵引力机车。在关沟段选用机车问题上，詹天佑曾向外国友人咨询：

在12英里长、1/30坡道的路线上采用何种机车，我尚未做出决定。据你所知，美国有没有这样大坡道的铁路？哪种类型的机车能确保在这样的大坡道上运行安全？我想最不利的情况，恐将是机车在下坡道行驶的时候。制动以后，整个列车是否将沿轨面向下滑动？再有，此路弯道甚急，有多处700英尺半径或8度的曲线。何种机车可以在1/30坡道上牵引10辆30吨重车行驶且尚有余力？如你提供给我一些资料，我将极为感谢。

我也需要知道有关这种机车速度的简要情况。①

詹天佑应该是从友人那里得到了帮助。1908年，詹天佑首先从美国利玛机车公司（Lima Locomotive Works）定制了RA谢伊型齿轮传动蒸汽机车（Shay Geared Locomotive），轴式为0-2-2-2-0型（图5-6）。②该机车为直立汽缸齿轮传动，所有车轮都是驱动轮，依靠自身的黏着重量可以牵引列车在3‰以上的陡坡运行，非常适宜在山区大坡度的铁路上使用。它的三个汽缸全部在机车右侧，锅炉在机车左侧。机车及煤水车总重达100吨，动轮直径为1168毫米，为齿轮传动。

图5-6　轴式为0-2-2-2-0式蒸汽机车

资料来源：张治中．中国铁路机车史．济南：山东教育出版社，2007：27

同年，詹天佑又从英国北英机车公司购买了轴式为0-3-3-0马列型机车（代号为ML_1）（图5-7）。该机车为复涨式爬山机车，有4个汽缸。该机车及煤水车总重达139.59吨，机车全长为21 654毫米，动轮直径为1295毫米。③

该种机车专用于关沟段，两辆分置于列车前后，一拉一推，通过3.3‰的陡坡（图5-8）。

① 詹同济．詹天佑书信选集．广州：华南理工大学出版社，2006：40.

② 张治中．中国铁路机车史．济南：山东教育出版社，2007：27.

③ 严介生，杨照久，焦守恭，等．中国蒸汽机车世纪集影（1876—2001）．北京：中国铁道出版社，2001：45.

图 5-7　ML_1 型 24 号机车

资料来源：严介生，杨照久，焦守恭，等. 中国蒸汽机车世纪集影（1876—2001）. 北京：中国铁道出版社，2001：45

图 5-8　两辆机车过关沟

资料来源：严介生，杨照久，焦守恭，等. 中国蒸汽机车世纪集影（1876—2001）. 北京：中国铁道出版社，2001：46

5.1.1.2　客货车购置

与机车相对应，客货车都被称为“车辆”。车辆用来装载乘客或货物，自身不会产生动力，靠机车牵引而行。这样，机车与车辆之间、车辆与车辆之间就需要有连接的装置。在火车刚被使用时，机车和车辆、车辆和车辆之间是用链子车钩连接的，之后在英国又稍作了改进，改为螺杆链环钩。链子车钩和螺杆链环钩存在着隐患，只是在车速不太快的时候不太明显。在中国，在京张铁路之前，机车和车辆之间的连接都是用链子车钩的。1868 年 4 月 21 日，美国人伊利·汉密尔顿·詹内（Eli Hamilton Janney，1831 年 11 月 12 日—1912 年 6 月 16 日）获得了“自动车钩”发明的专利权（图 5-9）。后来，詹内继续改进，又于 1873 年 4 月 29 日获得第二次专利权。1906 年 1 月，詹天佑使用从关内外铁路借来的机车车辆时发现，链子车钩容易折断造成列车脱轨事故。詹天佑开始引进这种美国发明的“自动车钩”，并奏请清廷统一铁路标准，使用这种车钩。詹天佑在 1906 年建议引进时将这种自动车钩称为“姜尼车钩”（Janney Coupler）[①]，在之后编撰的《新编华英工学字汇》中将其译为“郑氏车钩”[②]。

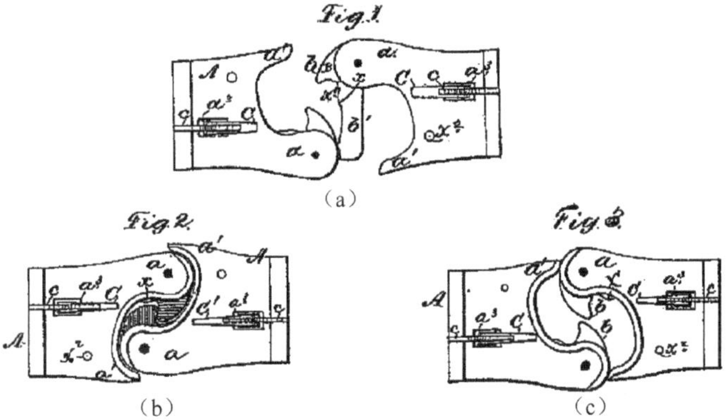

（a）（b）（c）

图 5-9　詹内于 1873 年申请专利的“自动车钩”俯视示意图

资料来源：https://en.wikipedia.org/wiki/Janney-coupler［2018-8-1］

“自动车钩”由钩头、钩身和钩尾三部分组成。钩头由钩舌、钩舌销、锁提销、钩舌推铁和钩锁铁等组成，其关键机构就是钩头上有可以绕钩舌销转动的钩舌。车钩后部称为钩尾，在钩尾上开有垂直扁锁孔，以便与钩尾框连接。

为了实现挂钩或摘钩以使车辆连接或分离，车钩需具有以下三种位置，即车钩三态：一是锁闭位置——车钩的钩舌被钩锁铁挡住不能向外转开的位置，两个车辆连挂在一起时车钩就处在这种位置；开锁位置——钩锁铁被提起，钩舌只要受到拉力就可以向外转开的位置，摘钩时，只要其中一个车钩处在开锁位置，就可以把两

① 詹天佑科学技术发展基金会，詹天佑纪念馆．詹天佑文集——纪念詹天佑诞辰 145 周年．北京：中国铁道出版社，2006：10.

② 詹同济．詹公天佑工学文集．铁路工程博物文献，1991：125.

辆连挂在一起的车分开；全开位置——钩舌已经完全向外转开的位置，当两车需要连挂时，只要其中一个车钩处在全开位置，与另一辆车钩碰撞后即可连挂。

车钩的解锁需要人工开启，钩头上部设有提升机构，当车提杆的把手转动时，另一端通过提钩链提起锁提销使车钩解锁（图 5-10）。

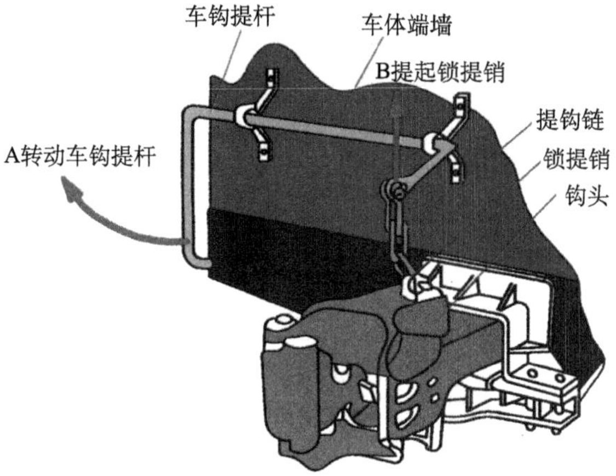

图 5-10 车钩解锁示意图

资料来源：亚牛，廉洁. 漫话车辆. 北京：中国铁道出版社，2009：46

为了缓冲车辆停止或启动时的剧烈晃动程度，车钩的钩尾处会装有缓冲器（图 5-11）。

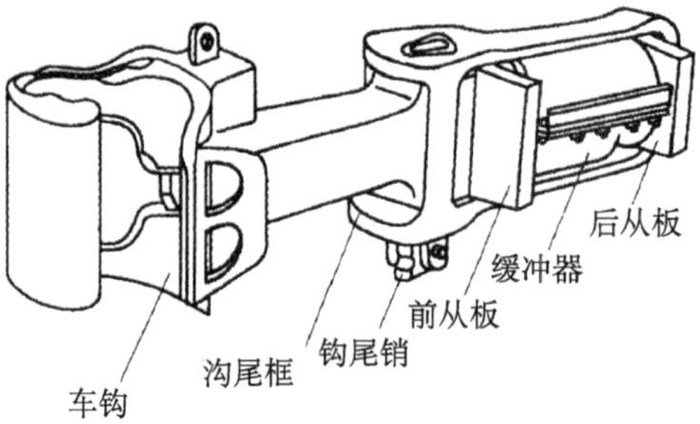

图 5-11 车钩缓冲装置示意图

资料来源：亚牛，廉洁. 漫话车辆. 北京：中国铁道出版社，2009：48

京绥铁路的客货车在 1916 年以前，全都购自唐山机厂（表 5-2）。

表 5-2　京绥铁路截至宣统三年（1911 年）购置客货车情况表[①]

购置情况	时间	种类	数量 / 辆
客车购置情况	光绪三十三年（1907 年）三月	一二等合车	5
		三等车	14
		车守车	6
		公事车	1
	光绪三十四年（1908 年）十二月	一二等合车	1
		车守车	2
		公事车	2
	宣统元年（1909 年）九月	车守车	4
	宣统二年（1910 年）三月	花车	2
		一等车	3
		二等车	4
		一二等合车	3
		三等车	12
		公事车	1
	宣统二年（1910 年）十一月	车守车	4
		公事车	1
货车购置情况	光绪三十二年（1906 年）五月	30 吨石渣车	100
	光绪三十三年（1907 年）八月	30 吨铁篷车	19
		30 吨邮守车	1
		20 吨平车	20
		20 吨马车	6
	光绪三十四年（1908 年）十月	20 吨水柜车	2
		高边车	48
	光绪三十四年（1908 年）十二月	30 吨铁篷车	7
		30 吨邮守车	5
		30 吨行李车	6
		高边车	2
		20 吨马车	26
		10 吨猪车	10
	宣统元年（1909 年）九月	30 吨石渣车	50
		30 吨高边车	50
	宣统三年（1911 年）六月	30 吨高边车	50
	宣统三年（1911 年）六月	30 吨高边车	50

① 据《交通路政编》（第九册）整理。

图 5-12—图 5-14 依次为头等客车、货车、煤车①，除此之外还有头等花车、包车、铁篷车、碴车、平车、猪车、马车等。当时的客车、货车结构比较简单，如三等客车多由货车（铁篷车）加放长条木凳充当。碴车、平车为施工用车，猪车、马车为运输牲畜专用车。

图 5-12　头等客车

图 5-13　货车

图 5-14　煤车

5.1.2　京绥铁路车辆购置情况

京绥铁路的机车多购自国外，后来也向唐山制造厂购置了组装的机车。客货车大多购自唐山制造厂。

① 图 5-13、图 5-14、图 5-15 引自：国家图书馆古籍馆 . 国家图书馆藏京张路工集 . 天津：天津古籍出版社，2013：254，258，266.

5.1.2.1　机车

张绥铁路的机车购自唐山制造厂的有轴式 1-3-0 型（Mogul），购自英国的有轴式 1-3-1 型（Prairie），购自美国的有轴式 0-3-0 型（Six-Wheels）、轴式 1-3-2 型（Double end）、轴式 2-3-1 型（Pacific）、轴式 1-4-0 型（Consolidation）、轴式 1-4-1 型（Mikado）、轴式 1-3-1 型（Prairie）（表 5-3）。[①]

表 5-3　京绥铁路宣统元年（1909 年）十一月后购置机车情况表[②]

购车时间	机车种类	数量 / 辆	生产厂家
宣统元年（1909 年）十一月	佘跑山机车	3	利马厂
宣统二年（1910 年）十一月	调车机车	4	鲍尔温机车厂
宣统三年（1911 年）三月	马力机车	4	鲍尔温机车厂
民国元年（1912 年）四月	毛格尔机车	1	利马厂
民国元年（1912 年）十月	佘跑山机车	3	利马厂
民国元年（1912 年）十二月	拖货机车	6	美国机车厂
民国三年（1914 年）八月	麦克豆机车	4	美国机车厂
	美马力跑山机车	4	美国机车厂
	派赛费机车	5	美国机车厂
民国三年（1914 年）十一月	麦克豆机车	1	美国机车厂
民国五年（1916 年）十月	麦克豆机车	5	美国机车厂
	派赛费机车	2	美国机车厂
民国六年（1917 年）一月	派赛费机车	1	美国机车厂
民国七年（1918 年）五月	麦克豆机车	4	美国机车厂
民国九年（1920 年）六月	调车机车	3	鲍尔温机车厂
民国九年（1920 年）十二月	麦克豆机车	5	美国机车厂
	马力跑山机车	3	美国机车厂
民国十年（1921 年）五月	派赛费机车	10	美国机车公司
	麦克豆机车	25	美国机车公司
	加大马力	7	美国机车公司
民国十年（1921 年）七月	派赛费机车	3	美国机车公司
	麦克豆机车	2	美国机车公司
民国十年（1921 年）八月	调车机车	10	鲍尔温机车厂
合计		115	

图 5-15 为 ML_2 型机车，1911 年由美国鲍尔温机车厂制造。该机车及煤水

① 张治中．中国铁路机车史．济南：山东教育出版社，2007：26.

② 据《交通史路政编》（第九册）整理。1921 年 9 月至 1925 年 6 月未添购机车。

车总重 119.28 吨，机车全长为 20 663 毫米，动轮直径为 1219 毫米，车轴排列为 1-2-2-1 型。该机车与 ML_1 型机车（图 5-7）的共同之处是都有 4 个汽缸，适用于大坡道运行。ML_2 型机车高、低压汽缸各两个，与一般机车的不同之处是，它将主车架、动轮、汽缸、十字头、阀动装置等分成前后两组，前后主车架用转动销连接在一起，左右高压汽缸装在后主车架上。蒸汽由锅炉先进入高压汽缸，工作后由蒸汽管送入装在前主车架上的低压汽缸，再进行工作后，经乏汽喷口从烟囱排出。蒸汽在高低压气缸中工作两次，加大了机车牵引力，且容易通过曲线半径较小的线路。

图 5-15　ML_2 型机车

资料来源：严介生，杨照久，焦守恭，等．中国蒸汽机车世纪集影（1876—2001）．北京：中国铁道出版社，2001：48

1922 年，美国机车公司又为京绥铁路生产了 ML_4 型机车。该机车仍为 4 个汽缸的机车，机车及煤水车总重 289.54 吨，机车全长为 28 907 毫米，动轮直径为 1270 毫米，车轴排列为 1-4-4-1 型，使用于八达岭大坡道上（图 5-16）。

图 5-16　ML_4 型机车

资料来源：严介生，杨照久，焦守恭，等．中国蒸汽机车世纪集影（1876—2001）．北京：中国铁道出版社，2001：92

图 5-17 为 PL_7 型机车，是鲍尔温机车厂在 1909—1921 年制造的。机车总重 50.3 吨，机车全长为 10 871 毫米，动轮直径为 1118 毫米，车轴排列为 1-3-1 型。京绥铁路曾购置该种机车 17 台。

图 5-17　PL_7 型机车

资料来源：严介生，杨照久，焦守恭，等 . 中国蒸汽机车世纪集影（1876—2001）. 北京：中国铁道出版社，2001：63

图 5-18 为曾配属于京绥铁路的 PL_8 型机车，1911 年由美国鲍尔温机车厂制造。机车总重 63 吨，全长为 10 000 毫米，动轮直径为 1571 毫米，车轴排列为 1-3-1 型。[①]

图 5-18　PL_8 型机车

图 5-19 为曾配属于京绥铁路的 SL_1 型 115 号机车。该机车由美国机车公司

① 严介生，杨照久，焦守恭，等 . 中国蒸汽机车世纪集影（1876—2001）. 北京：中国铁道出版社，2001：63.

于1914—1922年制造，机车及煤水车总重132.84吨，机车全长为20 397毫米，动轮直径为1580毫米，车轴排列为2-3-1型。①

图5-19 SL_1型115号机车

1914年，京绥铁路使用的蒸汽机车开始加装过热器，这样就大大提高了机车的热效率，比饱和蒸汽机车节煤15%—20%、节水25%—30%。过热器采用的是美国过热器公司生产的A式过热管。②

民国初年，铁路通车至大同，京绥铁路客货输运量大大增加，詹天佑又从美国购置了轴式为1-4-4-1的马列型机车7台。该机车由美国机车公司1914年制造，机车及煤水车总重187.66吨，机车全长为26 035毫米，动轮直径为1270毫米。③机车有4个汽缸，牵引力为41 958千克，在山区用于爬坡，其牵引力之大为东亚铁路之冠④（图5-20）。

图5-20 轴式为1-4-4-1的马列ML_3型98号机车

① 严介生，杨照久，焦守恭，等．中国蒸汽机车世纪集影（1876—2001）．北京：中国铁道出版社，2001：71.

② 杨毅．三十年来中国之铁路机械工程//张治中．中国铁路机车史．济南：山东教育出版社，2007：13.

③ 严介生，杨照久，焦守恭，等．中国蒸汽机车世纪集影（1876—2001）．北京：中国铁道出版社，2001：91.

④ 张治中．中国铁路机车史．济南：山东教育出版社，2007：27.

1922 年，美国机车公司又为京绥铁路生产了 JF_{12} 型机车。机车及煤水车总重 135.77 吨，机车全长为 20 218 毫米，动轮直径为 1270 毫米，车轴排列为 1-4-1 型（图 5-21）。

图 5-21　JF_{12} 型机车

资料来源：严介生，杨照久，焦守恭，等 . 中国蒸汽机车世纪集影（1876—2001）. 北京：中国铁道出版社，2001：89

1917 年，北洋政府交通部成立了“铁路技术委员会”，詹天佑任会长，聘英国、法国、日本、美国工程顾问各一人。其设计了标准机车车辆，制定了机车车辆制造规范等铁路技术标准。其中，客运机车采用太平洋系列（Pacific，代号为 PF 或パシナ），轴式为 2-3-1（即 2 对导轮、3 对动轮、1 对从轮）；货运机车采用密卡杜（又称密克道、密加杜、米卡依、米卡尼）系列（Mikado，代号为 MK 或ミカイ），为 1-4-1 轴式。这两个系列的机车性能优良，以后逐渐成为中国铁路的主要机车，京绥铁路历年购置机车数量见表 5-4。[①]

表 5-4　京绥铁路历年购置机车数量一览表[②]

时间	机车数量 / 辆	时间	机车数量 / 辆
光绪三十三年（1907 年）	4	民国三年（1914 年）	85
光绪三十四年（1908 年）	19	民国九年（1920 年）	88
宣统元年（1909 年）	35	民国十年（1921 年）	98
宣统三年（1911 年）	39	民国十一年（1922 年）	138
民国元年（1912 年）	45	民国十三年（1924 年）	137

① 张治中 . 中国铁路机车史 . 济南：山东教育出版社，2007：13.

② 平绥铁路管理局 . 平绥 . 平绥铁路管理局总务处，1936：80.

续表

时间	机车数量 / 辆	时间	机车数量 / 辆
民国十四年（1925 年）	119	民国二十年（1931 年）	87
民国十五年（1926 年）	136	民国二十一年（1932 年）	98
民国十六年（1927 年）	117	民国二十二年（1933 年）	102
民国十七年（1928 年）	72	民国二十三年（1934 年）	109
民国十八年（1929 年）	94	民国二十四年（1935 年）	103
民国十九年（1930 年）	83		

5.1.2.2 客货车

客车和货车结构简单，初期大多购自唐山制造厂（表 5-5—表 5-7）。20 世纪 20 年代，也有购自国外。

表 5-5 京绥铁路 1911—1921 年购置客车情况表[①] （单位：辆）

时间	种类	数量	来源
宣统三年（1911 年）	车守车	2	唐山制造厂
民国元年（1912 年）六月	车守车	1	
民国三年（1914 年）七月	车守车	4	
民国三年（1914 年）十月	公事车	1	
民国四年（1915 年）十月	饭车	2	
民国五年（1916 年）五月	二等车	2	
	三等车	8	
民国九年（1920 年）五月	二等车	1	
	三等车	2	
	车守车	2	篷车改造

表 5-6 京绥铁路 1913—1921 年购置货车情况表[②] （单位：辆）

时间	种类	数量	购自
民国二年（1913 年）	30 吨高边车	120	唐山制造厂
	10 吨高边车	10	
民国四年（1915 年）	30 吨铁篷车	50	
民国三年（1914 年）	10 吨高边车	10	
	30 吨高边车	100	瑞记洋行
	30 吨高边车	100	逸信洋行

① 据《交通史路政编》（第九册）整理。1921—1925 年 6 月未添购客车。
② 据《交通史路政编》（第九册）整理。1922—1925 年 6 月未添购货车。

续表

时间	种类	数量	购自
民国九年（1920 年）	30 吨高边车	30	唐山制造厂
	30 吨高边车	1	宜夔铁路
民国十年（1921 年）四月	40 吨铁篷车	300	美国芝加哥
民国十年（1921 年）八月	40 吨铁篷车	100	怡和洋行

表 5-7　京绥铁路历年客货车数量一览表①　　（单位：辆）

时间	客车	货车	时间	客车	货车
光绪三十三年（1907 年）	55	21	民国十二年（1923 年）	128	1523
光绪三十四年（1908 年）	63	491	民国十三年（1924 年）	156	1534
宣统元年（1909 年）		640	民国十四年（1925 年）	183	
宣统二年（1910 年）	77		民国十五年（1926 年）	185	
宣统三年（1911 年）	81		民国十八年（1929 年）	32	583
民国三年（1914 年）	82	672	民国十九年（1930 年）	49	495
民国四年（1915 年）	93	808	民国二十年（1931 年）	91	771
民国五年（1916 年）	103		民国二十一年（1932 年）		779
民国八年（1919 年）	111	832	民国二十三年（1934 年）	110	1069
民国十年（1921 年）		931	民国二十四年（1935 年）	128	1178
民国十一年（1922 年）	119				

为了便于比较，以货车数量、客车数量共有数据的年份作为横轴，以车辆数量为纵轴制图，如图 5-22 所示。

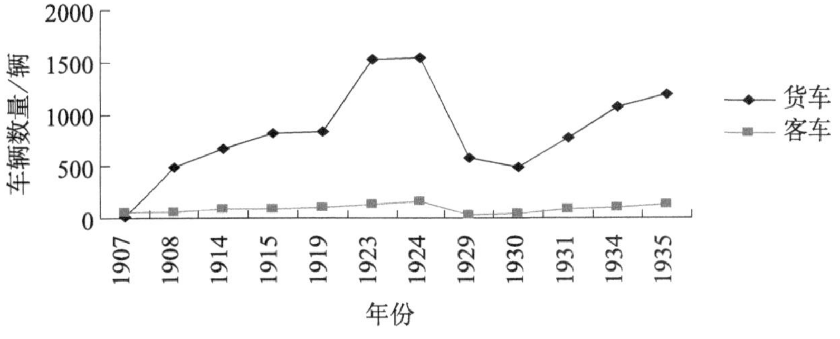

图 5-22　京绥铁路 1907—1935 年客货车数量图

由图 5-22 可以看出两点：一是京绥铁路货车数量远大于客车数量，只有在

① 据平绥铁路管理局．平绥．平绥铁路管理局总务处，1936：80.

1907 年京张铁路第一段通车时客车多于货车，这说明京绥铁路以货运为主；二是在 1924 年之前，随着铁路线的延伸，车辆逐渐增多，但到了 1929 年，客车和车数量减至 1924 年的 1/3，客车减至 1924 年的五分之一，其间 1927、1928 年数据缺失。1926 年客车数量达到最多，此时正值直奉战争时期，车辆多用作军事，用于运送士兵和装备。1930 年客货车数量到低谷，1931 年开始上涨，之后呈逐步上升状态。

随着线路的延伸，运输量逐步增长，客货车数量增长属正常态势；但军事干扰使其脱离了正常轨道，对京绥铁路的运营产生了巨大影响。

5.1.3 号志的设立

铁路号志是指示火车前行、缓行和停止的标志，是保证火车安全运行的必需设施。电报和电话是铁路运输重要的通信方式。

1825 年，史蒂芬森在斯托克顿至达灵顿的铁路上，以一人手执红旗骑马为火车做向导，是为铁路号志之滥觞；1834 年，利物浦至曼彻斯特的铁路开始使用圆盘号志，为固定号志之始；1841 年英国人格雷戈里（G. H. Gregory）发明了臂型号志。[①] 此后电气联锁相继出现。

京张铁路通车伊始，号志简陋。光绪年间制定的《行车规则》[②]，其中第七条为“司机匠不时查察机车各件，并沿途看明号志方可前驶”。光绪季年制定的《标志规则》如下：

> 一、凡司机匠遇行车之时，务须恪遵标志，以昭慎重。倘有不遵标志者，即当查明，按事轻重究办。标志形式开列于后：
>
> 红标志为示险阻，见之即须立刻停车；
>
> 白标志为示平安，见之即可向前行车；
>
> 绿标志为示谨慎，见之须要小心慢行车。
>
> 二、凡车行时突见前面有手摇旗帜、灯光或别物乱摇不定者，其意皆示险阻，当即停车。
>
> 三、凡执标志者，须立在当眼之处，面向来车，令司机匠易见。
>
> 四、凡应有标志之处，若不见标志，司机匠必须停车询明缘由，方可前进。
>
> 五、凡在本路办事之人，无论火车行至何处，如见铁路险阻，即须

① 金士宣．铁路运输学．上海：商务印书馆，1948：146.

② 关赓麟．交通史路政编（第九册）．南京：交通部铁道部交通史编撰委员会，1935：1902-1903.

先令来车立刻停轮，避免意外之虞。

六、凡派在全路当差人等不准穿戴红色衣帽及持雨伞等物，诚恐偶立远处，司机匠遥辨不真，认为号志，以致停车，有碍行程。倘有外人穿戴红色衣帽及持雨伞者，凡全路栅夫巡警等即当戒令勿近路旁。①

由以上内容可见，《标志规则》只强调了颜色标识，但具体物件不得而知。1909年，将《标志规则》改为《号志规则》。光绪季年制定的《手执号志规则》中有如下内容：

一、凡系红色号志或双手高举者为示险阻，见之即须立即停止。

二、凡系绿色号志或只手高举者为示谨慎，见之即须小心慢车。

三、凡白色号志或只手平举者即示平安，见之即可向前行车。

四、凡车行时突见前面有旗帜、灯光或别物乱摇不定者，其意皆示险阻，当即停车。

五、凡在全路当差人等，车行时不准穿戴红色衣帽及持红色雨伞等物，行进铁路，恐偶立远处，司机匠遥辨不真，认为号志，以致停车，有碍行程。倘有外人穿戴红色衣帽及持红色雨伞者，行车时，该在事人等当令其勿近路旁。②

光绪季年制定的《杆号规则》中，其中有如下两条：

凡日间号杆左边横橛下垂，见此图式，系示平安；晚间及迷雾下雪之时，悬绿色灯亦然。

凡日间号杆左边横橛平系，见此图式，乃示险阻；晚间及迷雾下雪之时，悬红色灯或白色灯亦然。③

1909年将《杆号规则》修改为《立杆号志规则》，其中有如下内容：

一、凡立杆号志又名洗马佛号志，计分两种，一曰近站号志，一曰在远号志。其制法系用一高杆，左边之上系以横橛，以便司机匠易见。

六、凡日间近站号志左边横橛下垂四十五度，系示平安无阻；黄昏后及迷雾下雪之时，前悬绿色灯而灯后不见白光亦然；如号志已示平安

① 关赓麟．交通史路政编（第九册）．南京：交通部铁道部交通史编撰委员会，1935：1922.

② 关赓麟．交通史路政编（第九册）．南京：交通部铁道部交通史编撰委员会，1935：1923.

③ 关赓麟．交通史路政编（第九册）．南京：交通部铁道部交通史编撰委员会，1935：1924.

地位，而灯后仍见白光发现者，系号灯安放不妥，该站长人等务须立刻修正。

七、凡日间近站号志左偏横橛平系，系示险阻有碍；黄昏后迷雾下雪之时，前悬红色灯而灯后显白光亦然；如号志已示险阻地位，而灯后不见白光者，系号灯安放不妥，该站长人等务须立刻修正。

八、凡在远号志设立之处，约距近站号志约两千尺，除横橛之尖系开叉如燕尾式外，其余制法与近站号志皆同。

“立杆号志”在后来的一段时期内通用，采用“二位法”，即“横橛”只有“横橛平系”和“下垂四十五度”两种位置。京张铁路采用的是美国通用的“三位法”，即“横橛”有“横橛平系”“横橛下垂四十五度”“横橛与地面垂直”三种位置。

“其构造，普通用末端平直至木臂，以木、铁或三合土作柱，使长方形之臂附与柱顶。其臂之高，约出轨条面六公尺上下。臂之外面，油漆成红色，并画一竖白色条；里面油漆成白色，并画一竖黑色条。臂之一端附有号灯。”[①]（图5-23、图5-24）

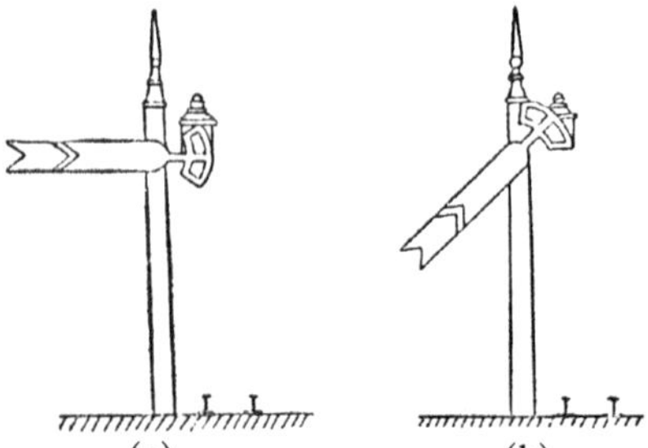

(a)　(b)

图5-23　进站号志

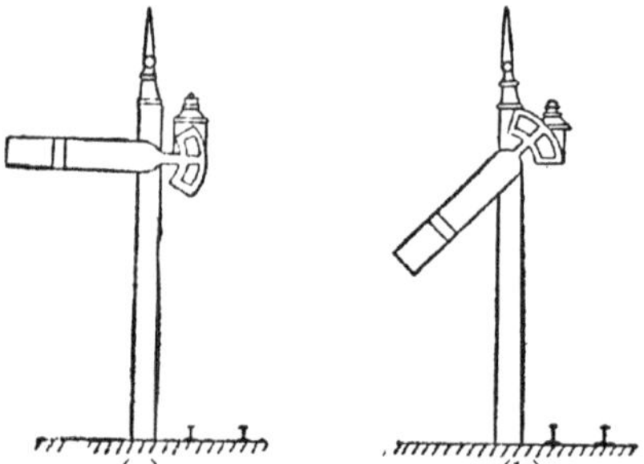

(a)　(b)

图5-24　远距号志

光绪季年制定的《响墩号志规则》共两条：

一、凡铁路遇有阻碍或迷雾难行之时，即当以响墩为号。凡有一二具置于钢条之上，必须立即停止。

二、凡响墩只用于阻碍及迷雾之时，各车站至少须预备十二具，若非关紧要之时，不得乱用。[②]

---

① 聂肇灵．铁路．上海：商务印书馆，1933：110-111.

② 关赓麟．交通史路政编（第九册）．南京：交通部铁道部交通史编撰委员会，1935：1928-1929.

光绪季年制定的《车灯号志规则》[①]，其中有如下内容：

> 每次所开之车，其末尾一辆后边日间挂长方红牌一面，夜间加挂红灯二个，系示另有加车随后而来，所有办事人等各宜防备，以便后来之加车向前直行而免阻滞。

由以上数条“规则”来看，京张铁路在通车之初，号志比较简单，大多为手执号志、立杆号志及车灯号志、响墩号志等。

京张铁路早期仅有南口、西拨子、康庄 3 站设有远距离及进站固定臂板号志，和进站线路无联锁装置，其余各站均无固定号志。当时采用的非固定号志为：手旗、手灯、响墩、挂灯、汽笛及吹哨等。1930 年，除东园、居庸关、三堡以外，各站均设远距离进站臂板信号机。到 1935 年，各站臂板信号机与车站两端最外方道岔相联锁。日伪时期京张铁路各站均采用电气路签（牌）闭塞，臂板进站号志和联锁箱、电气联锁。1938 年，于西直门至南口、康庄增设日本制电气路签（牌）闭塞机。1938 年 10 月，对南口、康庄、宣化、张家口加装日制电锁器联锁，其余各站均用日制联锁箱联锁。1950 年，京张铁路使用单导线臂板信号机。

前已述及，绥远至包头段的号志，1934 年才为台阁牧、毕克齐、察素齐、陶思浩、包头五个站安装，其余四站 1935 年配齐。

5.2　京绥铁路的管理与运营情况（1909—1937 年）

京绥铁路在晚清、北洋政府、南京国民政府三个时期，管理比较复杂。本节拟以时间为界，考察其管理运营方面的情况。

铁路是工业社会的产物，铁路运输系统在社会系统中特殊且相对独立。就铁路系统内部而言，铁路管理组织可分为“分处制”和“分段制”两种。“分处制”又称“纵式组织”，即以事务性质分设若干处，各处由主管领导负责办理该处所有事务，并指挥监督该处所有人员。各处之上为该铁路最高领导。若运输路线太长，处下又可分段管理，各段主管只能管理该分段的特定事物，而不是该路段的全面负责者。“分段制”又称“横式组织”，即以区域为单位，将全线分为若干段，每段主管人负责该段所有事务，并指挥本段一切人员，各段

---

① 关赓麟 . 交通史路政编（第九册）. 南京：交通部铁道部交通史编撰委员会，1935：1928-1929.

主管之上为该路最高主管。也可在段之下，再行分段。这两种组织方式各有利弊，“分处制”之利在于各处责任明确，易于培养专才，弊在于缺乏合作精神，遇事不能及时综合处理，有相互推诿之嫌；“分段制”利在于在一定区域内可以及时综合处理事务，弊在于各段间不能很好地配合。我国旧时铁路组织皆采用“分处制”[①]。

5.2.1 设站情况

车站的设置由路线距离和沿途城镇的分布决定。蒸汽机车时代，机车不能无限制地储存煤炭和水，因此在一定距离内，即便没有城镇，也需要设立站点补给机车。在一些会车处，也需要设置站点处理事务。当然，车站也会根据情况有所调整。车站一旦设立，就被纳入了铁路管理体系，既要管理人员，也要管理设备通信。

京绥铁路的车站不断调整。1909 年 8 月京张线竣工时，设车站 14 个、月台 28 个、天桥 1 座。丰台站租用关内外铁路，故未重新设站（原计划修筑京张、万寿山两线连接线，因万寿山线未修，改设清华园站；鸡鸣驿站改名为新保安站，彰仪门站改名为广安门站）。1912 年，为提高关沟段的运输通过能力，增建了东园、居庸关、三堡 3 个会让站。1915 年，增设辛庄子站，1916 年增设昌平站为会让站。1919 年秋，增设土木站为会让站，增设宣庞支线水磨站。1922 年，增设宁远站为会让站。1939 年，宣庞支线增建赵川、白庙两站。1942 年，将狼山、西八里、下花园三信号所改设为狼山、西八里、下花园 3 站。1943 年增设宣庞支线庞家堡站，将马圈子信号所改设为马圈子站，原信号所改设的北城台、茶坊两乘降所，改设为北城台站、茶坊站。1953 年 10 月至 1954 年 12 月，康庄至狼山间改线工程中，新设东花园站，撤销怀来站。1956 年增设张家口南站（属张家口站），撤销宁远站。1958 年，宣庞支线增设贾家营站；北京西站（前门站）拆除；西便门站划归广安门站附属。1959 年，宣庞支线增建侯家庙站（附属宣化站）。1960 年，增建青龙桥西站、73 千米线路所（1979 年改名为八达岭站）、71 千米辅助所（均附属青龙桥站）；增建 28 千米线路所、26 千米和回龙观两辅助所（均附属清河站）；在南口至东园建 54 千米线路所。1961 年，宣庞支线增设李大人庄站，翌年增设小吴营站。1986 年 3 月，增设王玉庄站、沙城西站（附属沙城站）、沙岭子东站（附属沙岭子站）等组合站。据 1990 年末统计，京张段有车站 28 个、附属站 4 个、附属线路所 5 个；宣庞

---

① 王成森，沈达宏 . 铁路管理 . 上海：商务印书馆，1933：15.

支线有车站 6 个。

张绥铁路建成后，车站设立稍有变更，但在 1937 年之前整体没有太大变化。京绥铁路各站与丰台站之间的距离如表 5-8① 所示。

表 5-8　京绥铁路各站距丰台站的距离　　（单位：千米）

站名	距丰台	站名	距丰台	站名	距丰台	站名	距丰台	站名	距丰台
丰台	0	康庄	84.80	柴沟堡	248.82	新安庄	444.45	陶卜齐	635.99
广安门	7.32	怀来	96.37	西湾堡	263.59	红沙坝	464.48	白塔	651.81
西直门	14.83	土木	111.78	永嘉堡	279.63	官村	478.65	绥远城	668.36
清华园	20.21	沙城	118.92	天镇	297.23	苏集	494.35	台阁牧	687.06
清河	25.97	新保安	127.81	罗文皂	311.61	平地泉	510.28	毕克齐	704.44
沙河	36.24	下花园	143.80	阳高	326.61	三岔口	525.10	察素齐	718.55
昌平	49.62	辛庄子	154.42	王官人屯	341.43	八苏木	536.98	陶思浩	735.95
南口	54.96	宣化	168.97	聚乐堡	355.95	十八台	548.68	麦达召	753.90
东园	60.56	沙岭子	183.12	周士庄	367.69	马盖图	562.47	萨拉齐	772.15
居庸关	65.09	宁远	191.90	大同	383.15	卓资山	575.59	公积坂	786.26
三堡	68.95	张家口	201.20	孤山	396.45	福生庄	589.75	磴口	801.65
青龙桥	72.96	孔家庄	218.75	堡子湾	413.89	三道营	604.84	包头	816.23
西拨子	78.82	郭磊庄	234.93	丰镇	428.01	旗下营	617.85		

新安庄、红沙坝原设有永王庄站，卓资山、福生庄之间原设有义丰村站

前已述及，根据实际情况，有的地方设站只是为了加水或来往车辆会车停留，并没有乘客和货物上下；有些站专为货站，无乘客。例如，1928 年 3 月 1 日的“京绥线临时行车时间表”中只有 62 站，如表 5-9 所示。

表 5-9　1928 年京绥铁路干线各站②

丰台	广安门	西直门	清华园	清河	沙河	昌平县	南口	青龙桥
康庄	怀来	土木	沙城	新保安	下花园	辛庄子	宣化	沙岭子
宁远	张家口	孔家庄	郭磊庄	柴沟堡	西湾堡	永嘉堡	天镇	罗文皂
阳高	王官人屯	聚乐堡	周士庄	大同	孤山	堡子湾	丰镇	新安庄
永王庄	红沙坝	官村	苏集	平地泉	三岔口	八苏木	十八台	马盖图
卓资山	义丰村	福生庄	三道营	旗下营	陶卜齐	白塔	绥远	台阁牧
毕克齐	察素齐	陶思浩	麦达召	萨拉齐	公积坂	磴口	包头	

① 据绥远通志馆 . 绥远通志稿（第十册）. 呼和浩特：内蒙古人民出版社，2007：3-6 整理。

② 据京绥铁路管理局总务处编译课 . 京绥线临时行车时间表（中华民国十七年三月一日实行）. 京绥铁路公报（第一号），1928 年 3 月 1 日。

5.2.2 晚清时期对京绥铁路的管理（1905—1911 年）

1905 年 4 月，督办关内外铁路大臣、直隶总督袁世凯和会办关内外铁路大臣胡燏棻奏准修造京张铁路，委任陈昭常为总办、詹天佑为会办兼总工程司。5 月，京张铁路总局在天津设立，在北京设分局与工程局，在丰台设材料厂，购地所随同工程进展而定。总局设立在天津主要是为了利用航运，方便运输购来的筑路材料。总局内设总务、电务、总收支三处，分别有提调总文案、电务总管、总收支各一人。分局设坐办一人，材料厂设副总管一人，购地所设购地员八人。其余文案、翻译、司事等共三十多人。工程局由会办兼总工程司负责，除管理其他工程司之外还兼管材料厂事务。

1906 年 5 月，随着工程的进展，京张铁路总局移至北京，撤销北京分局。在天津设材料转运所，以便转运、购办国外材料及报税事项。并设立车务处，任杨昌龄为车务总管，筹备丰台至南口的通车事宜，规划运输章程及印票事项。7 月，在南口设机械厂，设副总管一人，以备修理机车和客货车厢之需，厂务由总工程司兼任。8 月，在南口设立材料厂，归并丰台材料厂，设副总管一人，总厂务由总工程司兼任。9 月，邮传部成立，管辖关内外各条铁路，京张铁路也不例外。1907 年 4 月，陈昭常转任东三省督署参赞，詹天佑任总办兼总工程司，关冕钧任会办。

1909 年 4 月，车务处增设领班一名，核算客货票进款和本处决算预算等事项。5 月，京张全线车务分为南北两段，各设段长一名，管理行车事务。9 月，在原来草拟的各项章程规定基础上修订了一系列的章程，有《京张铁路展修张绥工程办事章程》《展修张绥工程材料处暂行试办章程》《张绥工程册籍处办事人员规则》《京张铁路南口材料总厂办事章程》《张绥材料总厂暂行试办章程》《张绥铁路分段工程材料处办事章程》等。10 月，撤销车务总段长，京张全线车务划分为三段管理。

在京张铁路创办之前，我国的干线铁路大多为外国工程师管理，其管理模式及规章制度由外国人参照本国条例制定。而京张铁路作为我国第一条“自办”的干线铁路，管理当然完全由中国人自己管理，这就需要路局结合清政府体制制定章程。时任总办兼总工程司的詹天佑承担了主要管理任务，除总办、总工程司外，他还总管车务、材料，而一些规章制度也是在摸索中形成的。在这样的体系下，京张铁路亦有创新，例如，在我国铁路建设史上首先开办了医院和警察事务所，为之后的铁路建设提供了参考模式。

1909年京张铁路竣工，全线通车。同时，张绥铁路开始修建。1910年，工程局移到张家口，即“张绥工程处”。1911年3月，詹天佑赴任粤汉铁路总理，关冕钧担任京张铁路总办，郑诚为会办，邝孙谋任总工程司。当月，张绥总局与京张总局分立，原来的张绥工程局改为张绥铁路工程总局，郑诚兼任张绥铁路总办，关冕钧兼任会办。9月，张绥铁路工程总局又被撤销，张绥铁路所有展筑事宜皆归京张铁路兼办，二铁路并称为“京张张绥铁路”，郑诚职务全免，京张铁路会办职位也一并撤销。实际上，京张、张绥两路分立时间短暂，且名存实亡，就在分立的短短的半年时间，管理人员亦为一套。

晚清时期，京绥铁路尚未完成，张绥段一直归京张路局管理。张绥铁路在修建的过程中，基本沿用了京张铁路的工程队伍。这使得张绥段与京张段诸多方面保持了高度的一致，这种延续一直到张绥铁路竣工后的很长一段时间仍有体现。

5.2.3　北洋政府时期京绥铁路的管理（1912—1927年）

1911年，以四川保路运动为导火线的辛亥革命推翻了统治中国二百多年的清朝政府。袁世凯成立了北洋政府，但其间军阀混战，国无宁日。政府执政者走马换卒，影响了铁路的正常秩序。

1912年1月，京张张绥铁路撤销电务总管，原有事务划归车务处管理。6月，撤销收支处、核算处，改设收支科、统计课。11月，俞人凤担任车务主管。

1913年，“京张张绥铁路管理局”成立，7月，设立印刷所，隶属总务处；车务处正、副领班分别改称总、副核算员；合并收支科、统计课为会计处，内设核算科。京张、张绥两路收支科分别核算、收支，但款项事务归总会计李懋勋一人处理。12月，核定该路名称为“交通部直辖京张张绥铁路管理局”，原“总办”改称“局长”。1914年2月，派蔡序东为副局长、陈炳嵩为车务总管（原车务总管俞人凤调任津浦铁路局副局长）。3月设立局报编辑所，刊行公报、规定、章程，暂定每周三、六、日出版公布部局各项重要命令文件，局报“专记载本路已成线及展修线一切行政事实及工程进行等，俾路员咸知本路事情”①。

1914年4月，路局实行会计“复式制”管理，即各站车务账目皆由会计处指挥办理，各处账目管理亦由会计处分派人员。5月，车务处内设总务科、运输科、核算科、车辆科。12月，邝孙谋兼任副局长。

---

① 关赓麟．交通史路政编（第九册）．南京：交通部铁道部交通史编撰委员会，1931：1587.

1915 年 6 月，刘式训任局长，关冕钧离职。全路车务改为三段管理。

1916 年，京张张绥铁路管理工作做了较大的调整。1 月，合并京张张绥两路，合称“京绥铁路管理局”，分设总务、车务、工务、会计四处，佘埣为车务总管。2 月，全路车务改为四段管理。6 月，免邝孙谋副局长职务并派傅榜担任。8 月，免邝孙谋总工程司职务，由陈西林担任。9 月，姜可钦为局长，刘式训离任。10 月 12 日，交通部公布《京绥铁路管理局编制专章》，并编制了《京绥铁路管理局职员名额表》（表 5-10）。

表 5-10　1916 年编制专章的职员名额表

职别	局长	副局长	处长	厂长	主任员	事务员	段长	分段长	站长	副站长	车队长	总工程司	工程司	工务员
名额	1 人	1 人	不得逾 4 人	2 人	不得逾 16 人	不得逾 80 人	每总段 1 人	每分段 1 人	每站 1 人	不得逾 22 人	不得逾 32 人	1 人	不得逾 6 人	不得逾 16 人

11 月，全路按照《京绥铁路管理局编制专章》进行编制改组，结构如表 5-11 所示。

表 5-11　编制改组表

管理局															
总务处					车务处				工务处			会计处			
文书课	编查课	警务课	材料课	庶务课	文牍课	运输课	电务课	计核课	文牍课	工程课	机务课	文牍课	综合课	出纳课	检查课

其间，南口材料厂改称“南口材料总厂”，张家口材料厂改称“张家口材料分厂”。警务总分所、天津转运所、各医院、鸡鸣山煤矿、印刷厂都归总务处管理。派张仁甫任总务处长、佘埣任车务处长、鲍庚任车务处长、李懋勋任会计处长，并规定了办公时间，如表 5-12 所示。

表 5-12　1916 年京绥铁路管理局的办公时间表

时间段	办公时间	
6 月至 8 月	上午 9：00—11：30	下午 2：30—6：00
9 月至次年 5 月	上午 9：00—12：00	下午 2：00—6：00

1917 年，交通部频调人员。5 月，派傅榜任局长、金鼎任副局长；6 月，派郑洪年任总务处长，调傅榜任沪宁铁路局长，派陆梦熊为京绥局长；7 月，陆梦熊被调回交通部，丁士源任局长，阚铎任副局长兼总务处长，郑洪年调任京奉铁

路局副局长；9月，因1916年10月制定的《京绥铁路管理局编制专章》实行困难，决定做出修改，修改后如表5-13所示。

表5-13　1917年编制专章的职员名额表

职别	局长	副局长	处长	总工程司	副总工程司	课长	一二三等课员	厂长	段长	分段长	站长	副站长	车队长	工程司	工务员
名额	1人	1人	不得逾4人	1人	1人	不得逾15人	不得逾80人	3人	每总段1人	每分段1人	每站1人	不得逾22人	不得逾32人	不得逾6人	不得逾16人

1917年9月，何瑞章接替阚铎任副局长兼总务处长。10月，免去鲍庚工务处长职务，由总工程司陈西林兼任。11月，总务处添设统计课和地亩课，撤销购地所；天津转运所、张家口材料分厂、鸡鸣山煤矿均改为事务所；车务处撤销文牍课，改计核课为车辆课；工务处、会计处均撤销文牍课。12月，设立口泉事务所，专门采购晋煤以供机车使用。

1918年8月，随着路线的修建，全路改为五分段管理。11月，何瑞章回交通部，陈西林任副局长，翟兆麟为总工程司。12月，陈西林兼总务处长，翟兆麟兼工务处长，柴俊畴为副总工程司兼总段长，全路工务两段并为一段，五分段并为三分段，副总工程司兼总段长驻张家口统筹养路等一切事宜。

1919年3月，展筑丰镇至平地泉段，将张家口材料事务所移至丰镇。9月，总工程司处也迁至丰镇。12月，交通部令京汉、京绥两路合并，并编制专章。

1920年1月，京绥铁路与京汉铁路合并，其管理机构称“京汉京绥铁路管理局”。丁士源任局长，陈西林任副局长，水钧韶任总务处长，翟兆麟为工务处长，佘埣为车务处长，邝孙谋为机务处长，程大澂为材料处长，陈振家为会计处长。7月，两路分立，恢复原来建制。8月1日开始，该路暂行1916年10月制定的《京绥铁路管理局编制专章》。萧俊生任局长，陈西林任副局长，卢毅为总务处长，翟兆麟为工务处长，佘埣为车务处长，邝孙谋为机务处长，李懋勋为会计处长。就在当月，陈西林改任总工程司，水钧韶为副局长，佘埣回交通部，关葆麟担任车务处长。10月，第三版编制专章修订出台：总务处的统计课、编查课合并为编译课；车务处增设文牍课，车辆课仍改称计核课；工务处增设文牍课；机务课设为机务处，内设文牍课、工事课，机厂机车房亦由工务处划归机务处管理；会计处增设文牍课。这次修改除增设“机务处”外，与1916

年10月制定的编制专章大致相同，表5-14为1920年编制专章的职员名额表。

表5-14 1920年编制专章的职员名额表

职别	局长	副局长	处长	所长	厂长	课长	课员	总段长	分段长	站长	副站长
名额	1人	1人	5人	3人	4人	不得逾18人	不得逾110人	每总段1人	每分段1人	每站1人	不得逾32人

就在1920年10月，交通部还改组警察课为警察处，派任徐朔为处长。警察处设第一、第二、第三课，管辖全路各段警察事项。11月，《京绥铁路公报》发行局报章程并进行改版。12月，陈世华新任局长。

1921年2月，张缉光接替卢毅任总务处长，全路分为六段管理。3月，设立“路务审查委员会”，总务处长任委员长，在各处内遴选九名委员对重要路务进行审查；工务处长翟兆麟改任工程顾问，总工程司陈西林改任新工顾问，机务处长邝孙谋改任工务处长，副总工程司柴俊畴为工务副处长，王承祖为机务处长，撤销总工程司、副总工程司两个职位。4月，总务处添设卫生课，管理全路遗物卫生事宜；设造林事务所筹划沿途造林事宜。5月，取消卫生课，医院药库归警察处管辖；6月，恢复原来建制，卫生课恢复，医院药库仍归总务处。12月，沈琪任局长。

1922年3月，设立材料标本陈列室。6月，交通部为削减开支，令各路局撤销副局长、副处长、副课长职位，原副局长张仁侃、工务副处长柴俊畴、机务副处长韦以黻、会计副处长王延煦离职。7月，撤销“路务审查委员会”，遇事临时召集各处长、课长议决。8月，将京绥全路分为两总段，各段设总段长一名，总段之下设七分段，各设分段长一名。扩充材料课为材料处，下设采购课、计核课，原隶属于总务处的天津转运所、口泉收煤事务所、南口材料总厂、丰镇材料分厂都归于材料处。

1922年10月，交通部又颁行新修订的京绥路局编制专章，这是第四次修订专章。这次修订的目的主要是裁撤机构，京绥路局若按照该专章需裁撤造林事务所、天津转运所、总分医院（共七个）、车务处的计核课、工务处的文牍课、机务处的文牍课和工事课、警察处及第一、第二、第三等课，共一处七课二所七医院。当时正值绥包线即将竣工，正是用人之际，且如此多的部门突然被裁撤，事务人员无法归并安置，所以上报交通部请求暂缓，获准后遂将此专章搁置。

1923年1月，包头通车。全路机务化为两总段，第一总段驻南口，管辖西直门、南口、康庄、张家口四个车房；第二总段驻绥远，管辖大同、平地泉、绥远、包头四个车房，为节约开支，第二总段仍由第一总段长兼管。12月，路局为统一名称，仿照津浦等路的工务组织，仍旧沿用总工程司暨各级工程司系列的职务名称，经交通部同意，工务处长兼任总工程司，总段长为正工程司，段长为副工程司，分段长改为帮工程司。1923年增设材料处，不久将造林事务所归入地亩课，材料处改为材料课。

1924年3月，交通部因警察处所管“事务日渐繁赜，所负责任亦非常重要”，改名为“警务处”。1924年4月，路局将各站按照运输量及事务繁简重新划分等级如下：

大站（14）：丰台、西直门、南口、康庄、青龙桥、宣化、张家口、阳高、大同、丰镇、平地泉、绥远、萨拉齐、包头；

中站（22）：广安门、石景山、门头沟、东园、居庸关、三堡、西拨子、怀来、新保安、下花园、宁远、柴沟堡、天镇、口泉、苏集、卓资山、陶卜齐、毕克齐、麦达召、公积坂、磴口（察素齐：原书缺）；

小站（38）：前门、朝阳门、东直门、安定门、德胜门、三家店、清华园、清河、沙河、昌平、土木、沙城、辛庄子、沙岭子、孔家庄、郭磊庄、西湾堡、永嘉堡、罗文皂、王官人屯、聚乐堡、周士庄、平旺、孤山、堡子湾、新安庄、红沙坝、官村、三岔口、八苏木、十八台、马盖图、福生庄、三道营、旗下营、白塔、台阁牧、陶思浩；

电报站：黄村[①]。

其中，中站石景山、门头沟、口泉以及小站前门、朝阳门、东直门、安定门、德胜门、三家店、平旺为支线站。

1924年6月，将第四分段划入第一总段，各分段区域不变，具体如表5-15所示。

表5-15　1924年京绥铁路分段管理表

总段	第一总段（驻地西直门）：丰台—阳高（京门、环城、宣化三支线）				第二总段（驻地绥远）：王官人屯—包头（大同支线）		
分段	第一段	第二段	第三段	第四段	第五段	第六段	第七段
管辖区域	丰台、广安门、西直门、清华园、清河、沙河、昌平、南口	东园、居庸关、三堡、青龙桥、西拨子、康庄、怀来、土木、沙城、新保安	下花园、辛庄子、宣化、沙岭子、宁远、张家口	孔家庄、郭磊庄、柴沟堡、西湾堡、永嘉堡、天镇、罗文皂、阳高	王官人屯、聚乐堡、周士庄、大同、孤山、堡子湾、丰镇	新安庄、红沙坝、官村、苏集、平地泉、三岔口、八苏木、十八台、马盖图	卓资山、福生庄、三道营、旗下营、陶卜齐、白塔、绥远、台阁牧、毕克齐、察素齐、陶思浩、麦达召、萨拉齐、公积坂、磴口、包头

① 关赓麟.交通史路政编（第九册）.南京：交通部铁道部交通史编撰委员会，1935：1856.

续表

总段	第一总段（驻地西直门）：丰台—阳高 （京门、环城、宣化三支线）				第二总段（驻地绥远）： 王官人屯—包头（大同支线）		
分段	第一段	第二段	第三段	第四段	第五段	第六段	第七段
兼辖支线	石景山、门头沟、三家店、德胜门、安定门、东直门、朝阳门、东便门、正阳门		水磨		口泉、平旺		
驻地	西直门	康庄	张家口	张家口	大同	平地泉	绥远

1924 年 12 月，材料处改为材料课，仍归总务处管辖。

1925 年 2 月，撤销造林事务所，原有事务归地亩课；增设车务副处长一名。6 月，交通部获报，有路警私运煤粮情况，遂制定相应制度和措施进行管制。

由此可见，自 1912 年进入民国北洋政府时期，京绥铁路管理非常混乱，人员调换过于频繁。虽然张绥铁路在此时期建成，但两次停工四年有余。管理因时局而无序，以局长为例，1913—1924 年 11 年间经历 17 任局长，平均 8 个月换一任，最为频繁的是 1922 年，居然一年 7 任，其中，赵德三仅仅任职 6 天（表 5-16）！

表 5-16　1913—1924 年间京绥铁路管理局局长任期表

上任时间	1913 年 12 月	1915 年 6 月	1916 年 9 月	1917 年 5 月	1917 年 6 月	1917 年 7 月	1920 年 8 月	1920 年 12 月	1922 年 1 月
局长	关冕钧	刘式训	姜可钦	任傅榜	陆梦熊	丁士源	萧俊生	陈世华	唐德萱
上任时间	1922 年 5 月	1922 年 7 月 24 日	1922 年 8 月 23 日	1922 年 8 月 29 日	1922 年 9 月 19 日	1922 年 11 月 28 日	1923 年 3 月 21 日	1924 年 10 月 27 日	
局长	萧俊生	沈琪	赵德三	赵蓝田	佘垿	刘堃	项致中	宋良仲	

注：关冕钧 1911 年 3 月任总办，相当“局长”一职

1921 年之后，军阀混战，局长任免因时局而定，“随军政权之转移为进退”，而各处长又随局长更替而任免，混乱之极，无以复加。交通部命令修订专章共四次，第一次和第三次类似，第四次不符合当时的实际没有实施，说明三次修改都没有成功，真正实施的基本上是第一次制定的专章，而三次修改基本上都是“无

用之功”。

5.2.4　南京国民政府时期对京绥铁路的管理（1928—1937 年）

民国初期，交通部为国有铁路管辖部门。1928 年 11 月，南京国民政府开始设立铁道部。铁道部内设总务、业务、工务和财务四部门，对外直辖各铁路管理局和工程局。铁路工程局是在铁路修建时期设置的，待全线通车开始营业时，即由铁路管理局接管。

总务处是全路事务集中分配的机构，并非平行于工务、车务、机务、会计四处，即以上四处及其外所有事务如警务、医务、地务等皆归总务处管理。总务处的责任在统率而不在执行。车务处负责行车管理、设备、保安、运价规定、客货招揽、商务调查等；机务处分车辆、技术、材料、车房、机厂四个部门；工务处分路线建筑和修养两个部门；会计处分票据、账目、款项和统计。车站管理为集车务及会计事务的部分事务，如承办运输、列车调度、账务登记等。

包头通车之后，京绥铁路运输能力增强，京绥铁路管理局于 1924 年被批准设为一等局。1928 年，铁道部成立后，京绥局为二等局。下设的警务处改组为警察署，直辖于铁道部路警管理局。

铁路管理局设局长、副局长各一名，下设车务、公务、总务、机务和会计处，各处分设处长。每处分设三至四课。沿路设段长、副段长，分别驻西直门、康庄、张家口、大同、平地泉、绥远、包头七大站，就近指挥各站办理站务，员工待遇极为优厚。为避免职工子弟失学，设立扶轮学校，此为当时其他单位少有。

铁路管理局根据各站事物繁简，将各站分为三等。头等站设站长一名，下设副站长、车长、客票室、电报室、行李室、货票室，有的还设货仓。二等站设站长一名，下设客票室、电报室、行李室、货票室，有的设副站长。三等站则仅设站长、电报生。各站经费因级别而不同，头等站每月 2000 余元，二、三等站在 300 元以下，均由北平管理局领取。绥远、包头为头等站甲种，平地泉、丰镇为头等站乙种，萨拉齐站、卓资山为二等站。

1931 年，管理局增设总稽核驻路办事，开始有总稽核室。管理局下设会计处、机务处、车务处、工务处、总务处，另有警察署和秘书室。总务处下设文书课、材料课、产业课、庶务课、南口材料厂、天津转运事务所、口泉购煤事务所、医务长室。工务处下设稽核课、工程科、工务第一总段、工务第二总段。车务处设运输课、计核课、营业课、车务第一到第七段。机务处设厂务课、段务课、南口机厂、张家口机厂、机务第一道第七段。会计处设综核课、出纳课、检查课。警察署设总务股、行政股、司法股、督察股、护局警察所、警察第一道第七段。管理局编制专章于 1929 年 12 月由交通部公布，1932 年 7、8 月两次进行修正（表 5-17）。

表 5-17　1933 年平绥铁路组织系统表[1]

平绥管理局																				
总务处							工务处			车务处				机务处			会计处			
文书课	编译课	材料课	地亩课	警务课	庶务课	医院	文牍课	工程课	技术室	文牍课	计核课	运输课	电务课	文牍课	工事课	机厂	文牍课	综核课	出纳课	检查课
			地亩段[2]			各地分院							电务分段							

值得一提的是，南京国民政府在铁路建设方面做了一系列的改善措施。[3]

第一，于 1932 年 7 月 21 日公布了中国有史以来第一部铁道大法《铁道法》。

第二，铁道部对全国国有铁路进行路务整顿，收到了一定成效，提高了铁路运输能力，提高了铁路运输质量，从而提高了铁路运输效益。1925 年全国国有铁路（包括东北地区的国有铁路）旅客运量为 37.6 亿人千米，货物运量为 41.1 亿吨千米，客货运收入超过 1.27 亿元；而 1935 年国有铁路（不包括东北地区国有铁路）旅客运量达 43.5 亿人千米，货物运量达 64.9 亿吨千米，客货运收入超过 1.71 亿元。

第三，整理铁路欠款。就平绥铁路材料欠款方面而言，平绥铁路欠美国车辆公司及美商泰康洋行材料款到 1933 年底本金 204 万美元，由于原订利率高，且复利相加，因此欠利 436 万美元，超过本金 4 倍以上。经和美方交涉，依据息不逾本原则，双方同意按一本一息计算，偿还总额定为 410 万美元，以后永不加利。一次付给美方 8000 张期票，每张面额 5125 美元，每月偿还一张期票，偿清为止。

第四，加强铁路的经济功能：① 利用舆论，大力宣传铁路对于发展国民经济的重要性，以增强路内人员铁路扶持经济的责任感，动员人们充分利用铁路；② 注重对铁路沿线资源、物产的调查；③ 举办“全国铁路沿线出产货品展

① 据：王成森，沈达宏．铁路管理．见：王云五主编．万有文库．上海：商务印书馆，1933：19-21.

② 其中“地亩段”下设“林场”，“林场”下设“苗圃”。

③ 李占才．中国铁路史（1876—1949）．汕头：汕头大学出版社，1994：219-256.

览会”，创设“国货贩卖所”；④ 对农产品和部分国产工矿产品及出口产品实行“优惠价”运输。

第五，铁路战备，整备旧路：① 抽换钢轨和枕木；② 加固桥梁，“尤以平汉、胶济、平绥路最为积极”。

这些措施对改善铁路运输起到了积极作用。

1933 年 7 月，铁路管理局对处室再次进行了调整。[①] 管理局下设会计处、机务处、车务处、工务处、总务处，另有警察署和秘书室。总务处下设文书课、材料课、产业课、庶务课、南口材料厂、天津转运事务所、口泉购煤事务所、医务长室。工务处下设稽核课、工程科、工务第一总段、工务第二总段。车务处设运输课、计核课、营业课、车务第一到第七段。机务处设厂务课、段务课、南口机厂、张家口机厂、机务第一至第七段。会计处设综核课、出纳课、检查课。警察署设总务股、行政股、司法股、督察股、护局警察所、警察第一至第七段。

1933 年，平绥铁路加开特别快车。当时路务受到军事等干扰，管理比较混乱，各种免费乘车凭证“满天飞”，铁路收入损失很大。平绥铁路借整顿路务之机，从快车开始整顿全路各车。快车规章制度很严，所有乘客一律买票。快车由于准时，干净便捷，因此收到了良好的效益，同时也刺激了普通客车。普通客车也进行了整顿，并“随时派员，调查地方商业；待遇旅客力求谦和便利”[②]。经过局长沈昌等的严厉整顿，除部发之乘车证外，一律购票，秩序井然。同时在规章制度方面进行了切合实际、行之有效的修改。“客运通则”如下：

平绥铁路客运通则（摘要）

1. 按时发车，旅客受伤或毙命不负任何责任；

2. 购票当面，遗失不补，过期作废；

3. 4—12 岁儿童半价；

4. 大站车开前两小时售票，小站一小时前。开车十分钟前停止售票；

5. 头等旅客可免费携带行李 80 公斤（合 134 华觔），二等 60 公斤（100.5 华觔），三等 40 公斤（67 华觔）。超此规定需照章收费。

---

① 平绥铁路管理局 . 平绥 . 平绥铁路管理局总务处，1934：2.

② 绥远通志馆 . 绥远通志稿（第十册）. 呼和浩特：内蒙古人民出版社，2007：33.

平绥铁路发售头二等短期来回游览票简章（摘要）

1. 按普通客票价目减收25%。

2. 此票在正阳门、西直门、清华园三站出售。

3. 在期限内，可以中途下车，乘坐其他车。（类似于现在的联票货通票）

平绥铁路发售卧车床位票简章（摘要）

1. 在第一、二次直达通车各暂挂头等卧车一辆。每辆床位14张。

2. 指定在13个站购买。

3. 每床每晚收费3元。

5.2.5 京绥铁路的运营情况

京绥铁路是分段建成的，在修建过程中，已建成路段先行运营。例如，丰台至南口为京张铁路第一段，1906年8月11日建成后即通车，此时第二段、第三段还在修建中。

5.2.5.1 全线通车前的运营情况

1909年运营之初，京张线只有客车35辆，其中，一、二等混合客车6辆，三等客车14辆，公事车3辆，安车12辆；货车352辆，其中，棚车40辆，敞车312辆。京张间日开行客货混合列车1对，货车6对。

1911年全年开行客车384对，货车1740对，客货混合车1177对。1912—1916年，全线添置客车18辆，其中，安车5辆、公事车1辆、餐车2辆、三等客车8辆、二等客车2辆；添置货车390辆，其中，30吨铁棚车50辆、30吨高边车320辆、10吨高边车20辆（表5-18）。

1917—1926年，全线增置客车5辆，其中，三等客车2辆、二等客车1辆、安车2辆；增置货车731辆，其中，40吨棚车300辆、30吨高边车31辆、40吨高边车400辆。

运营初期，本路以货运为主，未设置专门的客运机构。随着京绥铁路的逐步修建，运营路线逐步延长，营业收入也相应地逐年增加，例如，1912年收入262万余元，到1921年，增至818万余元。但有个别年份因特殊情况有所减少，例如，因土匪骚扰，1917年比1916年收入减少；因粮食减产，1921年运输收入少于1920年。

表 5-18　京绥铁路初期客货车开行情况

路段	开行时间	客车车次（每日上下行）	货车车次（每日上下行平均）	客货车次（每日上下行）
丰台—南口	光绪三十二年（1906 年）八月十一日	各一次	各二次	各一次
	光绪三十四年（1908 年）	各一次	各五次	各一次
北京—张家口	宣统元年（1909 年）八月一日	各一次	各六次	—
康庄—张家口		—	—	各一次
北京—张家口	宣统二年（1910 年）	—	各八次	—
	宣统三年（1911 年）	各一次	各九次	各三次
	民国元年（1912 年）四月一日	各一次	各二十一次	各四次
张家口—阳高		—	各一次	各一次
北京—张家口	民国二年（1913 年）	各一次	各二十二次	各四次
张家口—阳高		—	各一次	各一次
京门支线	光绪三十三年（1907 年）十月十六日	—	各三次	各一次
	民国元年（1912 年）四月一日	—	—	各二次

单就京张段而言，自 1909 年转入运营，当时虽未延至绥远，但运量直线上升。例如，1909 年货运量为 42 万吨，客运量为 41 万人次；到 1915 年，货运量达到 180 万吨，客运达到 91 万人次，短短七年，货运量增长了约 3.3 倍，客运量增加了约 1.2 倍。之后运量虽因战端迭起，有所波动，但上升趋势极为明显（图 5-25）。①

5.2.5.2　全线通车后的运营情况

京绥全线通车后，全路资产略统计约值 6000 万元。共有干支线 885 千米、岔道 213 千米；客车 149 辆，货车 1537 辆，机车 138 辆；购买地亩 79 676 亩。京绥铁路经过冀晋察绥四省，沿途地域，物产丰富，货运畅通。1925 年，京绥铁路营业收入首次达到高峰，达 1174 万余元。其中，由京绥铁路输出的物品，以杂粮、胡麻、菜籽、皮毛、牲畜、煤、药材为主；输入物品以杂货、盐铁、绸缎、布、茶、烟、煤油、洋货为主。之后的战事及中俄绝交，中断了此线的国际

① 宋树勋，贾银忠 . 通向发展繁荣之路 // 中国铁道学会，铁道部科学技术馆 . 詹天佑逝世七十周年京张铁路通车八十周年纪念活动专辑 . 北京：中国铁道出版社，1990：14-15.

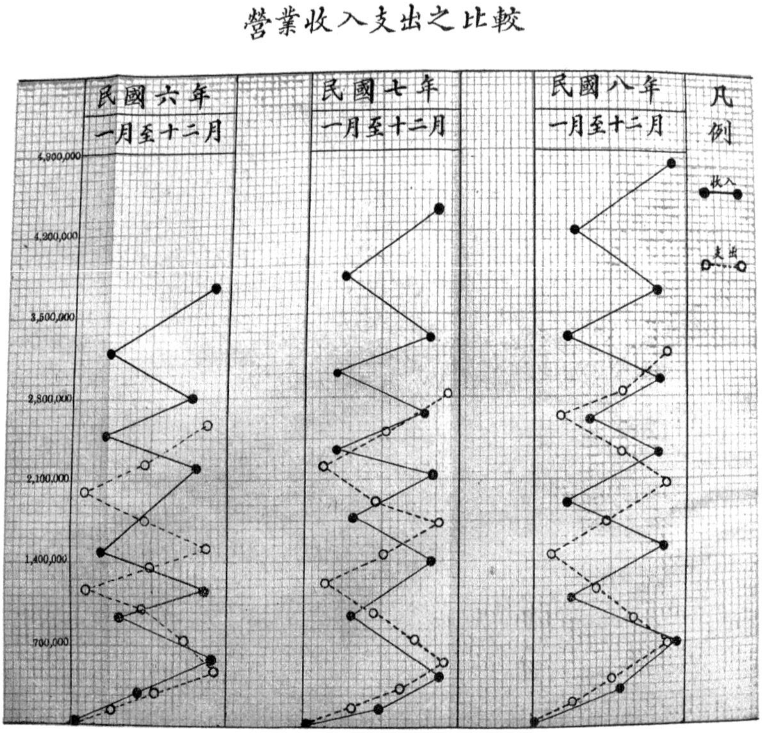

图 5-25 1917—1919 年京绥铁路营业收入支出之比较

资料来源：《铁路公报·京绥线》第三十八期（民国十年七月）

贸易，运输量受到了极大的影响，进款降至 500 万。而营业用款，则逐年增加。[①]1930—1935 年，交通部增配给平绥铁路局客车 80 辆、货车 1100 辆。至 1935 年末，共计有客车 90 辆、货车 1500 辆。

1923 年，交通部制定了《国有铁路客车运输通则》，规定除出售普通单程票外，还发售往返程票、定期票、学生团体减价票及铁路职工和家属用免票等，并规定各等客票颜色、价率及行包运送办法，统一儿童票年龄为 4—12 岁；旅客免费携带的物品重量为一等票 80 千克、二等票 60 千克、三等票 40 千克，并出售站台票。随着铁路的延伸，车次逐年增加，到 1923 年京绥铁路终点站包头通车后，货车每日上下约行开行 55 次。到 1925 年 6 月底止，京绥铁路客车开行次数约为 21 074 次，货车开行次数为 183 748 次，客货车开行次数为 139 638 次，总

① 方晓辑 . 二十年代初的绥远铁路电政 // 中共呼和浩特市委党史资料征集办公室，呼和浩特市地方志编修办公室 . 呼和浩特史料（六）. 1985：295-302.

计 344 460 次。一列客车一般有 7 节乘客车厢，货车一般有 14 节。每列火车一年一般行程为 1400 万—3400 万千米。客运票价基本上以每华里三等 0.8 分、二等 1.6 分、头等 2.4 分计，客票有 12 种之多，纸质有硬质、软质两种。1937 年，平绥线日发客车 3 对、货车 16 对。

从 1923 年全路通车到 1926 年，京绥铁路路政井然。之后进入战事时期，政局连年不定，以前的规章制度逐渐被破坏，车辆又破又少，“行车无定时，售票无定额”，货车调动不灵，路基失修，行车震荡，出轨撞车情况也曾发生。又有借口军需，加挂车箱，自行运货，与商争利。或持护照（军人），免费乘车；也有人托人办假护照，免费乘车。以上种种，致使交通混乱、路局收入锐减。时任车务处长的金士宣曾发通告征求多方建议。大意为：铁路是商业性质的事业，应以便利人民交通、发展运输营业为宗旨，国有铁路更应该以顾念民生、扶助地方经济为使命。此路为西北交通唯一干线，联系新蒙边疆。又是全线建筑不假外才，不借外资，尤为我国最有价值之铁路。但由于时局不能正常运营，希望各界人士集思广益。

南京国民政府建立后，国内出现了一统局面，客观上为铁路事业的稳定和繁荣提供了有利因素。平绥铁路在遭受了军阀创伤之后，力图振兴。一方面整顿路务，另一方面加大宣传，以增加本路运输收入。1933 年 6 月，沈昌被派任平绥铁路管理局局长一职。当时正值“热河陷落、察绥告急、张垣同盟军起而交通中断旬日，方吉刘孙复先后叛变”，路务一塌糊涂，收不抵支。半年内将债务整理清楚，信用才有好转。一年来“人尽其才、物尽其用、秩序不紊、收入有增”，大为改观。①

图 5-26 为 1925—1934 年平绥铁路载运货物延吨公里数、旅客延人公里数比较图。图 5-27 为 1925—1934 年平绥铁路营业进款、用款及盈余比较图。

1934 年 7 月，平绥铁路局局长沈昌邀请吴文藻（燕京大学教授，与沈昌是留美同学）组织一个“平绥沿线旅行团”，游察哈尔和绥远约一个月。其目的是要教授们参观完之后，每人写一篇文章，介绍当地的古迹、物产、风俗，以激起游客的兴趣。②该团由 8 人组成，有文国鼎、雷洁琼、顾颉刚、郑振铎、陈其田、赵澄、吴文藻、冰心，8 人分工明确，各有侧重。③顾颉刚撰书《平绥铁路旅行读物——王同春开发河套记》。同年，平绥铁路车务处还编写了《平绥铁路沿线特产调查》，记载了平绥铁路沿线所产各种粮食的产地、产量、销量及运输情况。

---

① 平绥铁路管理局 . 平绥 . 平绥铁路管理局总务处，1934.

② 郑振铎，冰心 . 西行书简 · 平绥沿线旅行机 . 太原：山西古籍出版社，2002.

③ 郑振铎，冰心 . 西行书简 · 平绥沿线旅行机 . 太原：山西古籍出版社，2002：222.

这些举措收到了良好的效果。

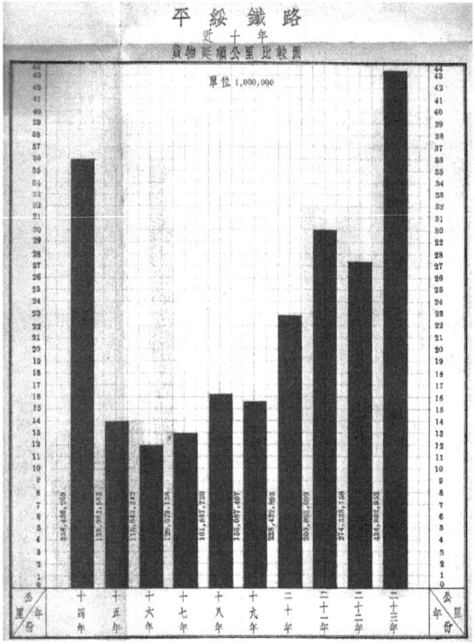

（a）

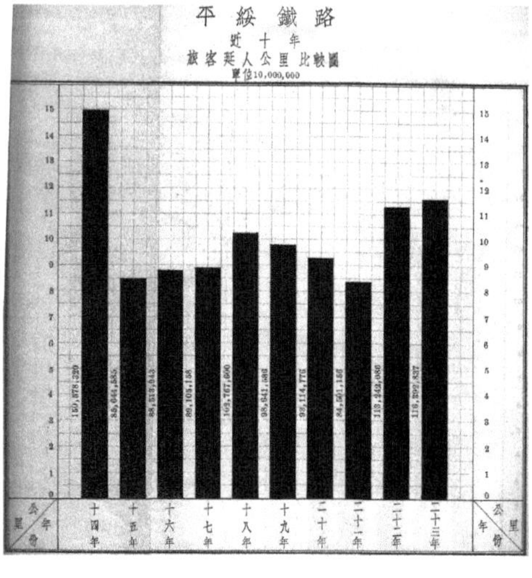

（b）

图 5-26 1925—1934 年平绥铁路载运货物延吨公里数、旅客延人公里数比较图

资料来源：平绥铁路管理局 . 平绥 . 平绥铁路管理局总务处，1936

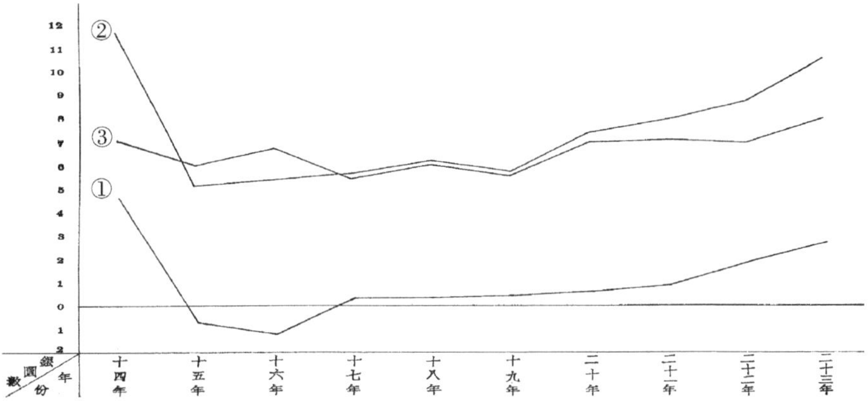

图 5-27　1925—1934 年平绥铁路营业进款、用款及盈余比较图（银元单位：百万）

注：① 为"盈余或亏损"，② 为"营业进款"，③ 为"营业用款"

资料来源：平绥铁路管理局 . 平绥 . 平绥铁路管理局总务处，1936 年

平绥铁路在整顿后有了显著的变化，货运、客运和营业收入皆有明显的提升。表 5-19 为"京绥铁路历年载运客货数目比较表"。

表 5-19　京绥铁路历年载运客货数目比较表[①]

年度	载客人数 / 人	比较上年		运货吨数 / 吨	比较上年	
		增 / 人	减 / 人		增 / 吨	减 / 吨
宣统二年（1910 年）	405 104			428 890		
宣统三年（1911 年）	451 272	46 168		436 639	7 749	
民国元年（1912 年）	489 095	37 823		667 990	231 351	
民国二年（1913 年）	730 473	241 378		787 329	119 339	
民国三年（1914 年）	769 581	39 108		960 816	173 487	
民国四年（1915 年）	732 369		37 212	1 057 508	96 692	
民国五年（1916 年）	911 088	178 719		1 830 422	772 914	
民国六年（1917 年）	971 684	60 776		1 109 159		721 263
民国七年（1918 年）	897 916		73 948	1 305 378	196 219	
民国八年（1919 年）	1 210 846	312 930		1 386 090	80 616	
民国九年（1920 年）	1 096 185		114 661	1 494 344	108 250	
民国十年（1921 年）	1 101 555	5 370		1 407 153		87 191
民国十一年（1922 年）	1 097 673		3 882	1 372 774		35 379

① 据绥远通志馆 . 绥远通志稿（第十册）. 呼和浩特：内蒙古人民出版社，2007：13-16.

续表

年度	载客人数 / 人	比较上年		运货吨数 / 吨	比较上年	
		增 / 人	减 / 人		增 / 吨	减 / 吨
民国十二年（1923 年）	1 289 143	191 470		1 961 604	588 830	
民国十三年（1924 年）	1 441 530	152 387		1 558 381		403 223
民国十四年（1925 年）	1 783 104	341 574		1 918 874	360 493	
民国十五年（1926 年）	843 102		940 002	870 779		1 048 059
民国十六年（1927 年）	810 675		32 427	753 435		117 344
民国十七年（1928 年）	782 830		27 845	733 785		19 650
民国十八年（1929 年）	956 584	174 024		938 213	204 528	
民国十九年（1930 年）	978 508	21 654		1 017 819	79 606	

正当平绥铁路整顿见效、运营正常、收入渐佳之时，日军入侵，并迅速控制了平绥铁路。为了加速侵略进程，日军加固了一些铁路线。在日伪期间及解放战争期间，平绥铁路部分路段时有破坏。直到中华人民共和国成立后，才得以修整。对抗日战争前的数据进行收集，可得表 5-20。

表 5-20 京绥铁路历年营业收入数目表[①]

年度	收入 / 元	支出 / 元	盈余 / 元	另有数据
宣统二年（1910 年）	1 932 160	1 254 437	677 722	
宣统三年（1911 年）	1 806 344	1 156 641	649 703	
民国元年（1912 年）	2 622 886	1 128 676	1 494 210	
民国二年（1913 年）	3 294 003	1 416 296	1 877 707	1 881 707
民国三年（1914 年）	3 490 778	1 536 364	1 954 414	
民国四年（1915 年）	3 613 494	1 940 047	1 673 447	1 656 992
民国五年（1916 年）	3 895 779	2 317 138	1 578 641	
民国六年（1917 年）	3 718 001	2 548 203	1 169 798	
民国七年（1918 年）	4 400 638	2 866 190	1 534 448	
民国八年（1919 年）	4 826 717	3 176 590	1 650 127	
民国九年（1920 年）	5 632 053	3 340 842	2 291 211	
民国十年（1921 年）	5 509 432	4 372 429	1 137 003	
民国十一年（1922 年）	6 593 824	4 536 041	2 057 783	
民国十二年（1923 年）	8 317 768	5 650 749	2 667 019	

① 民国十九年（1930 年）以前数据来自《绥远通志稿》（绥远通志馆 . 绥远通志稿（第十册）. 呼和浩特：内蒙古人民出版社，2007：7-12.），民国十九年（1930 年）的数据由《平绥》查阅整理得出。

续表

年度	收入 / 元	支出 / 元	盈余 / 元	另有数据
民国十三年（1924 年）	8 188 389	6 127 845	2 060 544	
民国十四年（1925 年）	11 763 265	7 062 830	4 700 435	
民国十五年（1926 年）	5 184 348	5 967 506	-783 158	
民国十六年（1927 年）	5 473 532	6 664 717	-1 191 185	
民国十七年（1928 年）	5 657 060	5 373 480	283 580	
民国十八年（1929 年）	6 205 545	5 927 435	278 110	
民国十九年（1930 年）	5 708 153	5 418 342	289 811	
民国二十年（1931 年）	7 418 916	6 882 792	536 124	
民国二十一年（1932 年）	8 385 015	7 071 724	1 313 291	
民国二十二年（1933 年）	9 704 950	7 103 827	2 601 123	
民国二十三年（1934 年）	10 995 642	8 058 750	2 936 892	

由表 5-20 数据可生成图 5-28。

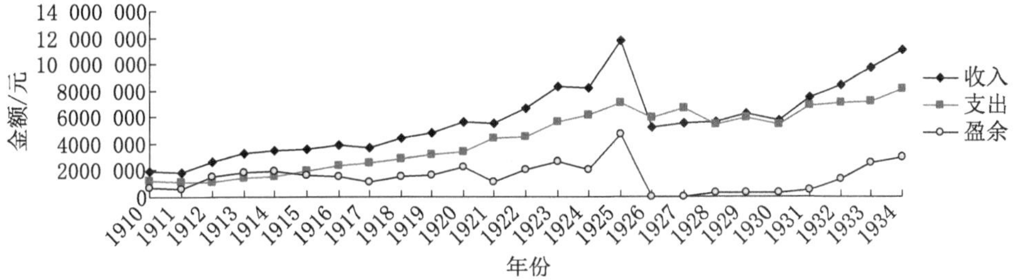

图 5-28　京绥铁路 1910—1934 年营业收入、支出、盈余图[①]

就收入情况来看，1925 年之前，随着京绥铁路的逐步延伸，营业收入逐步上升，尤其是包头通车后的 1923、1924 年收入超过 800 万元，到 1925 年达 1100 多万元。但 1926 年骤然下降 50% 之多，其原因是“兵戈骤起，重以水灾”[②]。1927 年之后，又略有起色。就支出情况来看，1926、1927 两年不同于其他年份都高于收入，是因为军事破坏设备车辆后需要添设。就营业盈余来看，1925 年达到最高，之后连续两年亏损，1928 年开始又有所好转。由以上分析可见，军事干扰是影响京绥铁路运营收入的主要原因。

① 为方便绘图，将亏损按零盈利处理。

② 平绥铁路管理局 . 平绥 . 平绥铁路管理局总务处，1934.

5.3 京绥铁路的其他成果

京绥铁路作为自办的第一条国有干线，除建设了铁路本身，还为后世留下了一些重要的文献史料，对之后中国的铁路建设和铁路史研究起到了重要的参考作用。

5.3.1 《京张铁路工程纪略》《京张铁路工程纪略（附图）》

京张铁路竣工后，詹天佑将其修建过程整理成册，著《京张铁路工程纪略》，1915 年由中华工程师学会出版，可看作是京张铁路的附属“产品”。

《京张铁路工程纪略》“根据各段之报告而成”，记述了京张铁路的“起原、开办各情形及工程一切事宜”，“不特可以考证事实，且以供工学家之参考”。[①] 该书约 86 000 字，分“总纲”“路线”“轨道”“土石”“桥工”“涵沟”“山洞”“房厂”“水塔”“栽种”等十章，并附“京门支路”和“鸡鸣山煤矿支路”。全面细致地记录了京张铁路的勘测、选线、建造情况，还有京张全路“曲线一览表”“坡度一览表”“岔道一览表”等，附有详细数字，以及桥涵、山洞详细地址（橛号）和尺寸，是工业考察的重要参考依据，也是研究京张铁路建筑过程的一手资料。里面除了记载修建过程，还附有与之相关的奏章禀牍，便于后人了解当时的背景情况。

该书“叙”为詹天佑亲自起草：

> 世事至棼也，然衡其究竟，每败于易而成于难。若因其难而畏之，则事之底于成者卒鲜！蒙于承修京张一路，益不禁憬然于既往矣。张家口距京师驿路计四百余里，既属重镇，又当孔道，不但互市之要区，实亦西北之屏藩也。迨有清光绪三十一年，因京奉一路进款颇充，始建以京奉余利筑京张全路之议。先是直省之唐山开有煤矿，载运弗便；因集商股，试筑铁路一小段，约三十余华里。继则逐渐扩充，而津榆、而关内外、而新民屯，以至西北达京师，东北抵奉天，遂定名为京奉铁路。积久利兴，获有盈余；然其修路之款，实贷自英，修路之人，亦聘于英。彼时俄国因为毗邻。复订长城迤北不准他国修路之约，利益必欲均沾，两持各不相下。政府有鉴于此，改议自办，因而举蒙以董全工。维

① 詹天佑 . 京张铁路工程纪略 . 广州：中华工程师学会，1915：凡例 .

时我国风气初开，于路工一门，研究恒鲜；不获已，仅择谙习工程之学生二人，率同履勘。由丰台之柳村，趋东而北，沿都城，越清河，抵南口，穿八达岭，出岔道城，跨怀来、宣化，以达张家口，延袤三百六十余里。其中层峦叠嶂，盘路峭石，实居全路十分之一，境险工艰，以及曲线坡度各作法，胥载本略，无事再縻楮墨。溯开筑伊始，襄事者仅二三人，复因事他调，相助益孤。只以此项路工实关大局，窃谓我国地大物博，而于一路之工，必须借重外人，引以为耻！更不得不力任其难，勉副众望。于是昼则手胼足胝，夜则绘图计工，困苦经营，其成功之迟速利钝，初何暇计耶？肇修以后，三阅月而飞桥通，两周岁而山洞辟。迨至宣统纪元，全工幸而告竣。前尘回首，如在梦寐中！盖始则几忘其难，继则不敢畏难，且直欲自秘其难。浸假中道而废，其不贻笑于邻国者几希！此所以毖后惩前，益不禁懔然于既往也。今则蒇事矣，推原厥始，若非督会办大臣提倡于前，邮部赞同于后；与夫信用之专、筹款之速、曷克臻此。至于共事诸君，夙夜在公，尤当时深儆惕，以晟将来，或者继起之工，不至帮助他山，取材异地，尤为蒙所希冀者也。因志本末，非敢问世，亦聊以供同志励一已焉耳。南海詹天佑自叙。

从“叙”中可看出詹天佑迎难而上、为国争光的伟大情怀，可感受到他日夜操劳、困苦经营的情景，更可领略到其“三阅月而飞桥通，两周岁而山洞辟”的乐观自豪的精神。

《京张铁路工程纪略（附图）》配合《京张铁路工程纪略》使用，单独成册，按章节排列，共有示意图62幅。每幅图大小不一，按比例记录了京张铁路相关建筑。图5-29是其中一幅。

《京张铁路工程纪略》《京张铁路工程纪略（附图）》是詹天佑留给后人的宝贵资料，它们忠实地记载着京张铁路的建设过程，是研究京张铁路最为完整的珍贵建筑史料。可以预想到，它会比它记录的主体京张铁路“存活”更长的时间。

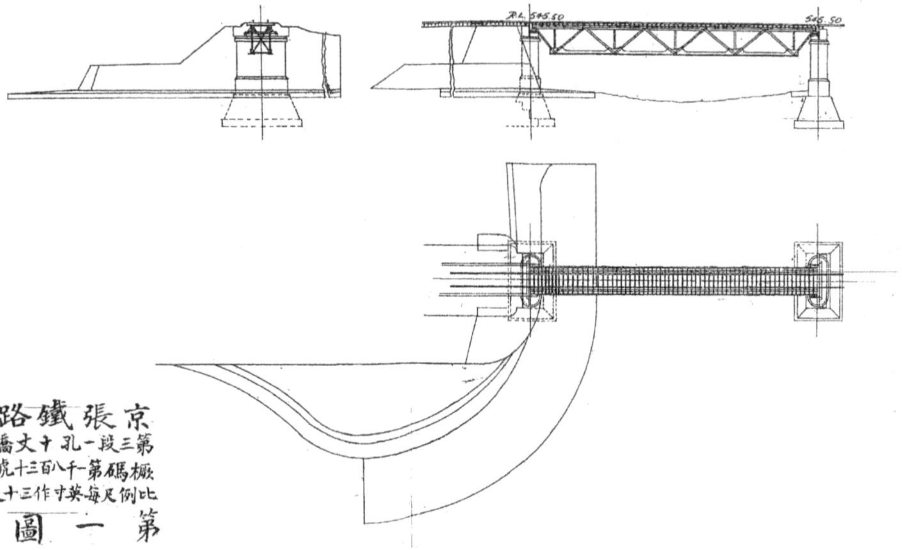

图 5-29 《京张铁路工程纪略（附图）》中图

5.3.2 规章制度

京张铁路修建之前，中国的铁路由外国人管理经营，其管理模式及章程都按照他国条例，没有符合中国实际的管理模式和规章制度。詹天佑在管理京张铁路的过程中，编制了一系列的规章制度，成为之后我国铁路规章制度的雏形。

詹天佑在京张铁路第一段即丰台到南口完工通车运营前，就拟定了客运、货运票价以及货物等级分类标准等运输规定，又于京张铁路全线通车前主持制定了一套行车规章，为全线通车营业做好了准备。这些规则有《行车规则》（光绪年间制定，具体时间不可考，下同）、《南口至康庄车守打旗挂钩人等特别规则》（1909 年修订为《南口至康庄行车特别规则》）、《车务特别规则》（1909 年修改为《风雨雾雪行车特别规则》）、《火车路签规则》、《标志规则》（1909 年修订为《号志规则》）、《手执号志规则》、《杆号规则》（1909 年修订为《立杆号规则》）、《响墩号志规则》（1909 年有修订）、《移车号志规则》（1909 年有修订）、《车守号志规则》（1909 年修订为《车队长号志规则》）、《车灯号志规则》（1909 年有修订）、《司机匠应遵守风闸规则》、《搬闸夫及执号志人等应守规则》（1909 年修订为《扳闸夫规则》）、《南口至康庄行车遇险救援办法》等[①]。

---

① 关赓麟. 交通史路政编（第九册）. 南京：交通部铁道部交通史编撰委员会，1935：1902-1944.

由此可见，詹天佑对行车安全考虑细致，针对特殊路段制定了特殊规则，这些规则对于整个京张线的运营安全起到了保障作用。之后这些规章不断得到修改和完善。京张铁路是我国自主经营的第一条干线铁路，以上规章对我国铁路的规章建设起到了重要的参考作用，这一整套行车规则的制定具有重要的借鉴意义和历史价值。

除此之外，詹天佑在修筑京张铁路过程中还制定了《京张路局员司请假章程》[1]，该章程共八条，简单明了而不失周详，既限制了普通请假期限，又嘉奖了勤奋工作的员工。如限制请假期限，但在期限内不扣薪水；四年为一期，期满给假，薪水照发；期满继续工作者，再加奖赏。该章程规定了奖惩分明、严格管理的工作制度，保证了筑路出工率，也调动了筑路人员的积极性，体现了詹天佑的管理思想。

铁路修建是技术共同体中成千上万人互相配合、共同努力的事业，没有严格科学的管理，就不可能实现建设目标。章程的制定与实施，就是京张铁路成功修建的重要保证。

5.3.3 《京张铁路标准图》

詹天佑非常重视铁路工程标准化，在修筑京张铁路的过程中，他主持编制了《京张铁路标准图》(图 5-30)。

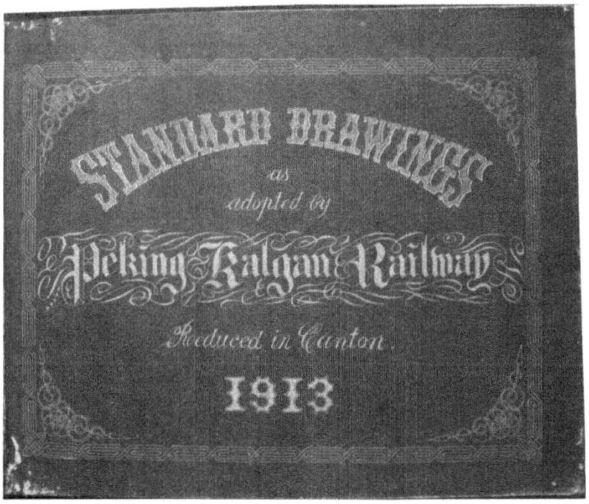

图 5-30　英文版《京张铁路技术标准图》封面

资料来源：詹同济 . 詹天佑书信选集 . 广州：华南理工大学出版社，2006

① 詹天佑科学技术发展基金会，詹天佑纪念馆 . 詹天佑文集——纪念詹天佑诞辰 145 周年 . 北京：中国铁道出版社，2006：27-28.

该图册编入了京张铁路工程标准第一至第四十九号，共49项，包括桥涵（12、20、30、60、100英尺跨度钢梁及拱涵涵洞等）、轨道（60、85磅钢轨，轨道，6、7、8、9、12号道岔及渡线）、线路（路基横断面、竖曲线、复式缓和曲线）、隧道（衬砌断面及避险洞）、机车库（库房及转盘等设备）、水塔及水鹤、房屋（车站站房、扳道房、员工宿舍等）、头等二等混合客车、车辆限界等，共有图纸102幅。[①]《京张铁路标准图》加强了京张铁路修筑中的工程管理，保证了工程质量，并为国内其他铁路的修筑提供了良好的借鉴。

《京张铁路标准图》于1913年在广州缩编成册，使用英文出版（图5-30），由中华工程师学会出版。[②] 图5-31、图5-32为《京张铁路标准图》中的两幅图。

这套图在当时的条件下既力求高标准，又尽量节俭，在设计中对节约水泥、木材、金属材料等均有一定具体措施。车站房屋、办公房屋和职工宿舍均为平房，设计以实用为原则，"按节省办法划定标准图式"，"从简朴不务华瞻"。工程设计采用当时的头等干线标准。例如，路基宽度6.1米（20英尺），正线用42千克/米（85磅/码）钢轨，轨长9.15米（30英尺），每节轨铺设枕木13根，正线道岔为12号。桥梁标准载重为古柏氏E-50级。隧道衬砌顶拱为半圆形，用混凝土砖砌筑，边墙分为混凝土灌筑和片石浆砌两种。车站建筑，一律按标准图式，分为四个等级，确定其规模。给水水塔的水柜，用熟铁皮铆制成圆筒形，小者直径3.7米，高2.2米；大者直径6.1米，高3.7米。小水柜为方形塔身，大水柜为圆筒形塔身。机务设备中，机车库、转向设备等设施，是标准图中的重点内容之一。设计中亦充分考虑民族传统习惯的因素。一般职工住房多采用当地习用的火炕，旁筑锅台，其门窗梁式均为中国式，上设拱形装饰，以求美观。当时，社会上通用的数字写法为中国传统式数字写法，标准图中专门制定了中国的数字书写规格，线路里程标、坡度标均照此设计。一些特殊设计未编入标准图册中，例如，京张铁路在南口关沟段采取的某些特殊设计和措施，为防止在大坡道地段上钢轨爬行，在每一轨节中部额外增设鱼尾板一块，固定于增设的枕木上（当时无防爬器）；桥墩混凝土中掺加片石，以节省水泥；关沟段大量采用混凝土拱桥设计以及本路专用的大马力机车库等设计。[③]

---

① 詹同济．詹公天佑工学文集．铁路工程博物文献，1991：126.

② 恩正，文中．詹天佑编著的科技书籍．书城，1994，（11）：48.

③ 詹同济．我国第一套铁路标准设计图．铁道标准设计通讯，1984，（9）：45.

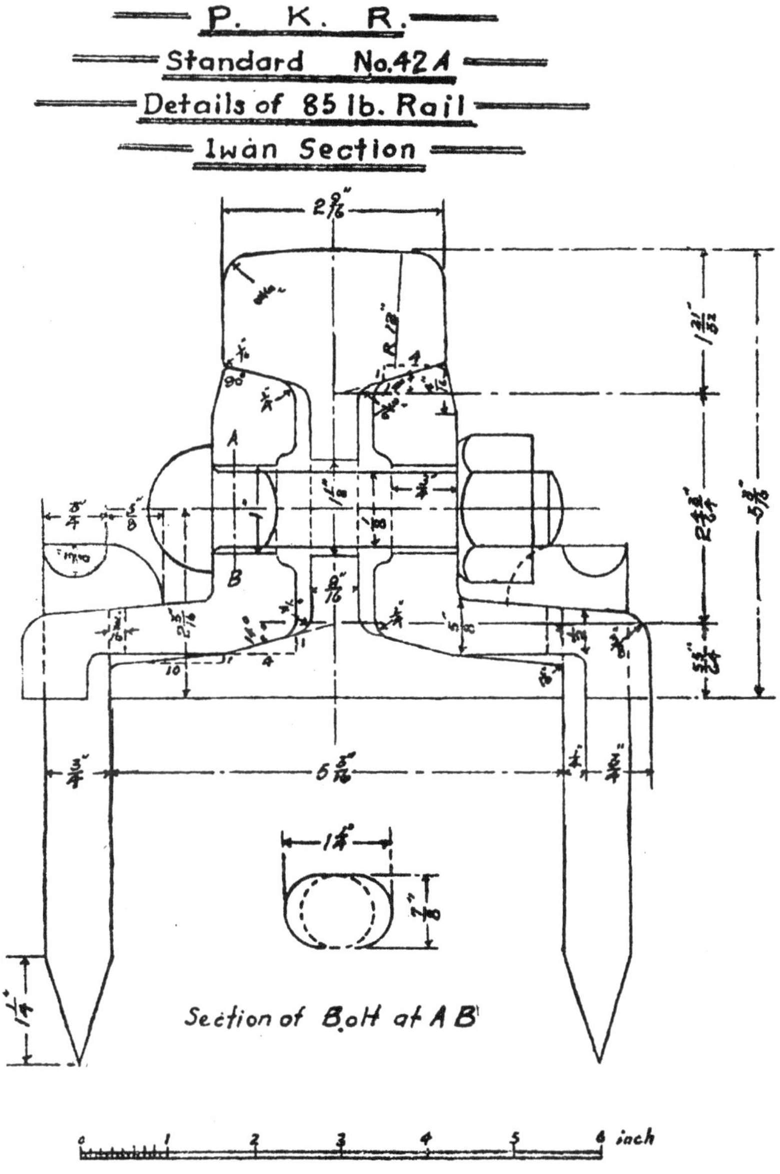

图 5-31 《京张铁路标准图册》中“85 磅钢轨标准断面图局部”

资料来源：詹同济 . 詹公天佑工学文集 . 铁路工程博物文献，1991：127

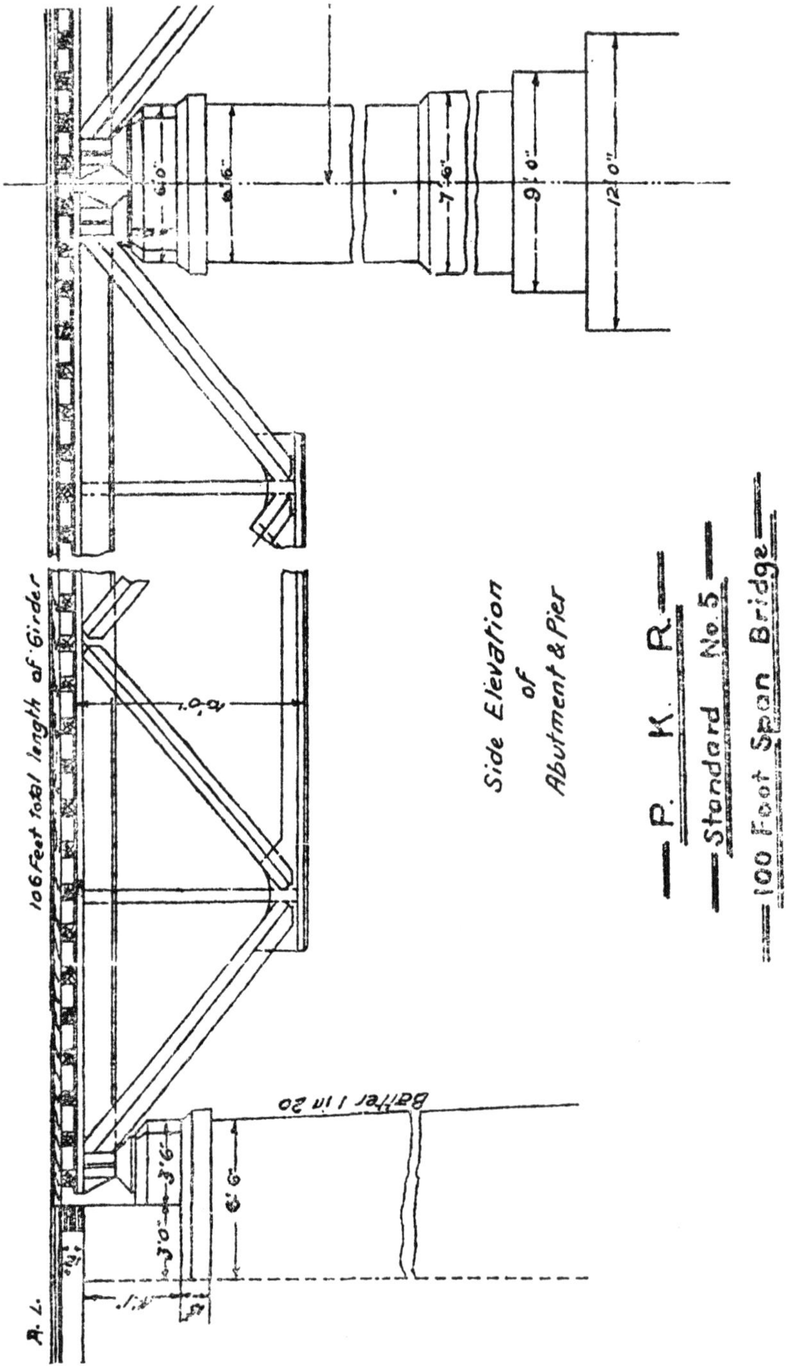

图 5-32 《京张铁路标准图册》中"京张铁路 100 英尺跨度钢梁标准图局部"

资料来源：詹同济. 詹公天佑工学文集. 铁路工程博物文献，1991：128

清朝末年，我国的路权被外国侵略者占有，工程标准零乱繁杂。鉴于此，詹天佑就线路等级、桥梁载重、路基宽度、线路最小半径、限制坡度、站台高度、车辆限界、机车载重、车钩安装等多项标准提出规定。其后，清政府据此制定了全国铁路建设的技术标准，詹天佑被任命为清政府商部、邮传部路务议员及顾问。

《京张铁路标准图》是我国铁路方面的第一套工程标准图，在我国铁路工程标准化发展史上居于重要地位，对其后编制我国铁路建筑规范起到了奠基性的作用。

5.3.4 《平绥技术汇刊》[①]

随着平绥铁路的整顿，路局出版了我国第一份铁路技术期刊《平绥技术汇刊》。该刊属内部期刊，由平绥铁路局机务、工务二处于1934年开始编发。

5.3.4.1 概况

《平绥技术汇刊》（图5-33）为交流铁路技术而编。当时国外专门刊登铁路技术的杂志较多，国内尚属空白。该刊的发行是希望国内各条铁路的技术人员借此“得以各抒所见，互相灌输。进而探讨实施，使吾国铁路技术日见进步”[②]。当时，平绥铁路管理局发行的年刊《平绥》中，工务处对该刊的发行目的和编辑情况予以了说明：

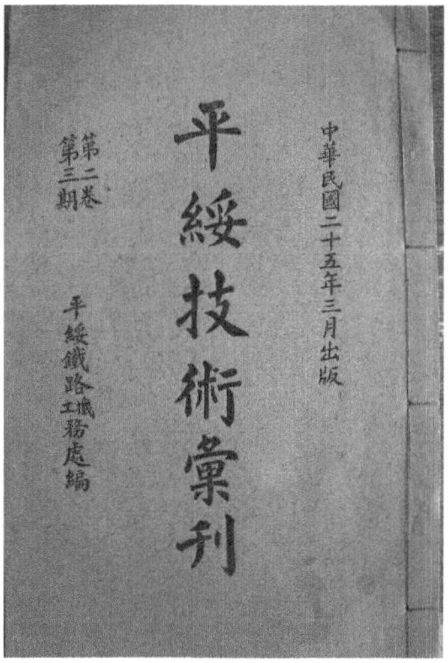

图5-33 《平绥技术汇刊》封面

> 欧美各国铁路技术，日新月异，新的发明，常载于各类工程书籍杂志之中。技术同人，为工作时间所限，每苦不能遍览。爰联合机务同人，编译《平绥技术汇刊》一种，内容暂分译丛著述两大类。前者皆选自欧美各国书籍杂志之最新改良以及发明之技术，由各同人于公余分任翻译，藉作他山之助；后者则同人等各举其经验心得，撰著为文，期获切磋之效。[③]

---

① 详见段海龙.《平绥技术汇刊》述略.长沙理工大学学报（社会科学版），2013，（5）：24-28.

② 引自杨毅为《平绥技术汇刊》所作之“序”。

③ 平绥铁路管理局.平绥.平绥铁路管理局总务处，1934：33.

该刊“定期每三个月发行一次，每期免费分发本路各部分处及送铁道部、各路局暨其他技术机关”[①]，主要登载本路及其他铁路人员有关铁路技术的译著、心得和发明等。该刊内容以“译丛”和“著述”为主，附有“选录”。“译丛”“皆选自欧美各国书籍杂志最新改良及发明之技术，由同人分任翻译，藉作他山之助”；“著述”为路人技术心得，撰文发表以商榷探讨；“选录”为选载国内专家关于铁路技术方面的名著。[②]

该刊第一卷第一期于1934年9月出版，时任路局局长沈昌、副局长段宗林和主要负责编辑工作的杨毅、金涛（时任工务处处长）依次作序，论及该刊出版的意图与意义。该刊为季刊，笔者目前只见到前十册，1937年日军入侵并占领了平绥铁路，推测该刊共发行十册。

5.3.4.2 内容分析

就其内容来看，该刊十册共112篇文章，按照“译丛”“著述”“选录”顺序，各期依次的文章篇数如表5-21所示。

表5-21 《平绥技术汇刊》各期文章情况

卷（期）	1（1）	1（2）	1（3）	1（4）	2（1）	2（2）	2（3）	2（4）	3（1）	3（2）	总数/篇
篇数/篇	4/7/1	6/4/2	4/6/1	4/5/2	8/2/1	7/2/1	8/3/1	10/3/1	5/2/1	9/1/1	65/35/12
总篇数/篇	12	12	11	11	11	10	12	14	8	11	112

为直观起见，表5-21可转换成图5-37。

由表5-21、图5-34可以看出，译丛类文章约占文章总数的58.0%，著述类文章约为31.3%，选录类文章约为10.7%，可见翻译国外先进技术为该刊的主要意图。

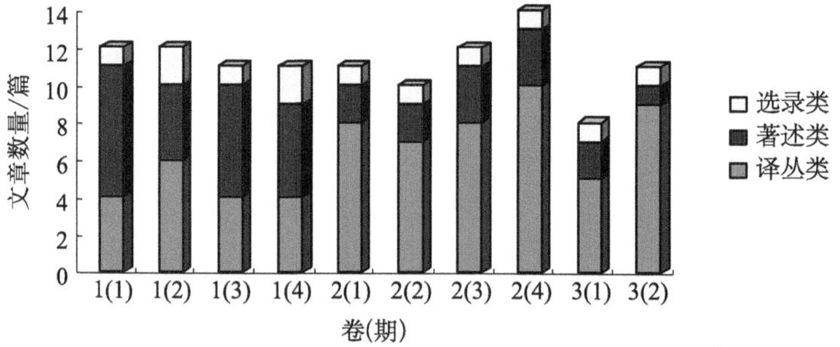

图5-34 《平绥技术汇刊》各类文章比例示意图

① 引自《平绥技术汇刊》之“本刊启事”。
② 引自金涛为《平绥技术汇刊》所作之“序”。

1）译丛类文章来源

“译丛”文章大多标注了文章来源，据此统计，大多文章翻译自英美国家著名期刊，如表 5-22 所示。此外还有国外杂志及书籍 *Baldwin Locomtive*、*Heat Treatment & Forging*、*General Electric-Arc Welding for Railroads*、*Proceedings of American Society of Civil Engineers*、《铁路建筑法》(*Railroad Construction*)、*Railway Mechanical Engineer*、*The British Engineer's Export Journal*、*The Du Pont Magzine*、《英国建筑工程杂志》(*The Structural Engincer*) 及 *The Shanghai Evening Post and Mercury* 等，也有转译的美国桥梁建筑物协会、英国工程师学会等当时发表的结果，也有采自《构造工程师会刊》(1934 年 8 月）及南满铁路公司的技术成果。

表 5-22 《平绥技术汇刊》译丛类文章主要来源杂志情况

杂志名称	国家	转译文章篇数 / 篇
Engineering News-Record	美国	16
Railway Engineering & Maintenance	美国	12
American Railway Engineering Association Bulletin	美国	4
Eastern Engineering and Commerce	英国	2
The Railway Engineer	英国	3
Compressed Air Magazine	英国	2
The Railway Gazette	英国	5
Civil Engineering	美国	2
总数		46

被转载的杂志一般都是当时在国际上有影响力的，例如，美国的《工程新闻纪录》(*Engineering News-Record*)，每周发行一期，每半年为一卷，当时已有 50 多年的历史。文章转载比较及时，一般 1936 年 5 月在美国杂志上发表的文章，在 1936 年 12 月的《平绥技术汇刊》即被转译出版。从原文发表到《平绥技术汇刊》转译出版最短的仅仅三个月（第二卷第一期《俄罗斯之新标准钢轨》一文）。就当时的邮寄运输情况及铁路技术自身的改进情况来看是很及时的。

2）文章涉及内容

全书内容涉及钢轨的沿革、钢轨的焊接、钢轨的消磨和枕木的养护实验、筑路养路技术、筑路测量技术、蒸汽机车相关技术、轨状记录机、国外铁路工事之新发展、美国最新高速度客车情况、美国货车机车最近之趋势、自制工务专用无线电报机件的设计、客车空气调整装置、收尘器、混凝土的使用、蓄电池改进技术等，其中不乏当时非常先进、之后非常重要的技术，如空调技术和飞航摄影测量技术。也有对当时技术难题的探讨与对国外先进技术的引进，例如，就轨条的爬行，多次转载了国外技术和现状。

除了介绍先进技术，《平绥技术汇刊》也介绍了当时平绥铁路的一些改进工作，如《南口机厂锅炉厂改进工作步骤概况》《平绥工务述要》《张家口机厂两年来工作改进概况》《平绥铁路自造冷藏车》等。1936 年 12 月发行的第三卷第二期中有《平绥铁路自造冷藏车》即被1936年12月出版的第二十二期的《交大季刊》转载。

除目录显示的内容之外，在一些单页空白处还偶尔插有篇幅短小的文章，以小字排版。例如，第一卷第二期第 8 页有金涛的《答客问铁路曲线外轨超高方法》，第 22 页有朱颖卓译自 *Eastern Engineering and Commerce* 的《黄河水灾——巴瓦利亚群山中防灾之研究》，第 44 页郭懋诚译自 *Compressed Air Magazine*（第 38 卷第 10 期，1933 年 10 月出版）的《新制强力建筑钢》。在第一卷第三期第 30 页，有郭懋诚译自 *Engineering News-Record*（第 112 卷第 2 期第 49 页，1934 年 1 月 11 日初版）的《世界水力发展数量表》，第 48 页有郭懋诚译自美国 *Compressed Air Magazine*（第 38 卷第 9 期第 4223 页，1933 年 9 月出版）的《巧胜天公之人造石》。在第二卷第一期的第 12 页有《日光动力》一则，由郭懋诚译自英国的 *Eastern Engineering and Commerce*（第 26 卷第 2 期，1935 年 2 月出版），介绍了新发明的光能电池。该期还有《百年后犹堪利用之废桥木料》，由庄以临译自 *Engineering News-Record*（第113卷第2期，1934 年 7 月 12 日初版）。该期的《库库努替氏解决三点问题法》，由刘天成译自 *Engineering News-Record*（第 114 卷第 2 期，1935 年 1 月 10 日初版），由南达科他州立大学的土木工程教授 J. Maughs Brown 著。第二卷第四期有朱颖卓译自 1935 年 8 月东方工商杂志 *Eastern Engineering and Commerce* 的《石棉天花板》。

该刊文章大多结合当时的实际情况，具有较强的实践指导意义。例如，马容骥的《钢筋混凝土工作之杂述》（1934 年 12 月撰，1935 年 9 月出版），是为“本路绥包段最近应建桥梁甚多，洋灰混凝土工作，实居大部。唯西北工人多愚拙呆惰，指导非易。各工头对此种工作，复乏经验，监督无方。著者为利明年工事计，试就工地之观察，平素所涉猎，草述此篇。拟赠各监工资为借镜”①。时任张

① 马容骥 . 钢筋混凝土工作之杂述 . 平绥技术汇刊，1935，2（1）：59-80.

家口机厂厂长的林为榕和南口机厂的江昭都分别就两厂近年来取得的成绩作了总结报告，于该刊发表，既是工作总结，也是经验交流。金涛著的《平绥工务述要》原稿为英文，原为中美工程师协会月刊和美国著名杂志《工程新闻纪录》刊用。因涉及平绥铁路状况，遂请平绥工程司郭懋诚译为中文发表在《平绥技术汇刊》上。①

据统计,《平绥技术汇刊》的撰稿者共有 42 人，其中有两人合译一文，另有一文作者署名为“津浦铁路津济工务总段”。当时担任平绥铁路工务处长的金涛是该刊的主要编撰者，共撰稿 19 篇。其次为平绥铁路工程司郭懋诚，撰文 13 篇。郭懋诚毕业于唐山铁路学校，宛平县人，1919 年曾任京绥铁路地亩课课员。② 嵇铨是津浦铁路正工程司，他也热心于该刊，共发稿 9 篇，居第三。由此可见，《平绥技术汇刊》除引进国外先进技术外，使国内各路间的交流也取得了良好的效果。

5.4　京绥铁路的影响

京绥铁路的起点是丰台，连接平汉、北宁两路，以此东达关外、南达郑汉，并由此两路转陇海、津浦等路通向各地；终点包头为西北水陆要埠，借黄河水运可达宁夏、兰州，本路对沿线乃至整个中国的交通运输、社会经济等诸多方面都有着重要的影响。对于平绥铁路的影响已有论文探讨，如杨文生的博士学位论文《平绥铁路与社会变迁研究：1909—1937》及其发表的系列文章③。也有一些文章涉及平绥铁路的影响问题，如李丽娜的论文《京绥铁路与大同城市近代化进程：1914—1937》④。也有一些经济史专著提及平绥铁路对经济的影响，如汪敬虞的《中国近代经济史：1895—1927》⑤等。本节对京绥铁路在沿线经济、城市格局等方面的影响做一补充。

---

① 金涛．平绥工务述要．平绥技术汇刊，1936，2（3）：59-80.

② 全国铁路职员录·京绥线，1919 年。

③ 包括杨文生博士学位论文《平绥铁路与社会变迁研究：1909—1937》以及论文《平绥铁路与农产平商业化》［中国农史，2006，（3）：86-93］、《平绥铁路与人口迁移及其职业变迁》［河北大学学报（哲学社会版），2006，（1）：109-113］、《平绥铁路与商人的迁移及其社会影响》［历史教学问题，2006，（3）：72-75］、《铁路与社会习俗的变迁——以 1909—1937 年间的平绥铁路为中心》［华南师范大学学报（社会科学版），2007，（2）：95-101］.

④ 李丽娜．京绥铁路与大同城市近代化进程：1914—1937. 山西师大学报（社会科学版），2006,（4）：113-117.

⑤ 汪敬虞．中国近代经济史：1895—1927. 北京：人民出版社，2000.

5.4.1 京绥铁路对沿线经济的影响

京绥铁路借便利的交通贸易对经济产生了重大影响。铁路运输较之传统运输方式，一是加快了运输效率，二是通过铁路网络便利了全国各地的沟通。而其运价便宜、不受气候影响的特点更是其他运输方式不能相比的。

京绥铁路贯穿绥察，头枕燕晋，为西北一大干线。包头通车后，又与黄河航道相连接。西宁的羊毛，宁夏的药材，临河、五原的粮食和土特产可由水路运至包头，再经铁路运输或转销内地或转天津，到达全国各地。

绥远通车后，西北一带人民开始使用现代交通工具，感到极为方便。客货量一再增加，路收盈多，盛极一时。通车之初，仅有一对北京—绥远的快车：1 次 2 次，每日上午由西直门、归绥对开，后改为包头。之后又增加了 303 次和 304 次一对快车，并与北京到上海的 301 次、302 次接运。区间列车 75 次、76 次由大同至归绥，77 次、78 次从归绥至包头，每日归绥到发客车共计四对八趟。以后又加开了混合列车和四等小票车。列车编组状况是：快车为一等一节，二等二节，三等三至五节，餐车、寝车、行李车各一节；慢车不挂头等、寝车和餐车。当时旅客涌集，争先购票乘车，每日不下数百人。①

同时，关外的煤炭、矿石、牲畜、毛皮和粮食等源源不断运入关内，而关内的棉布、砖茶、煤油、纸张等工业产品也远销于西北各省区，商旅莫不称便。通车的当年即运送旅客 40 余万人、货物 42 万多吨，收支相抵盈余 677 000 元。之后客货运均有所增长，特别是 1921 年延伸到绥远、1923 年展筑至包头后，对国家巩固国防与发展经济意义更为重大。1926 年后战乱频仍，该路遭受重大损失。但截至 1934 年，客运量仍增长 2.9 倍，货运量增长 5.4 倍，为发展河北、山西、察哈尔、绥远、宁夏、甘肃与青海的经济做出了巨大贡献。②“1921 年京绥路通车后，更使扎达海河两岸的皮毛业和其他服务兴行业进入鼎盛时期。”③

此外，京绥铁路的开通还加强了通商口岸与内地市场的联系，促进了华北外贸的发展。过去西北羊毛出口要先花几天至几十天时间从各路集中到呼和浩特或张家口，然后在那里抖沙，重新包装，再运到通州，然后水运至天津。通州以上

---

① 谭权 . 归绥火车站通车前后的情况 // 中共呼和浩特市委党史资料征集办公室，呼和浩特市地方志编修办公室 . 呼和浩特史料（五）. 1984：347-352.

② 马许，等 . 京张铁路八十年 // 中国铁道学会，铁道部科学技术馆 . 詹天佑逝世七十周年　京张铁路通车八十周年纪念活动专辑 . 北京：中国铁道出版社，1990：20-21.

③ 刘映元 . 扎达海河及其两岸的发展与变迁 // 中共呼和浩特市委党史资料征集办公室，呼和浩特市地方志编修办公室 . 呼和浩特史料（二）. 1983：182.

陆运主要靠骆驼，但往往因缺少骆驼，货物停留归化候运长达半年之久。[①]在这期间，市场供求、物价涨落等情况可能会发生很大变化，而且存放日久，货物也易受损。铁路由天津向西逐渐延伸以后，西北各路的皮毛、药材等大宗土产用骆驼等运至最近的火车站即可，这使过去驼运紧张的状况得以缓解。华北的棉花、皮毛、煤炭、草帽缏等土产也多改由铁路运往沿海口岸。同样，从口岸进口的各色洋货也通过铁路运往内地城乡市场。铁路运输安全、迅速、量大、价廉、受气候影响小，比起畜运、水运等旧的运输方式具有明显的优越性，因此京绥铁路很快就成了天津等通商口岸至内地运输的主要承担者。

归绥原为西北一带的贸易中心。从这里运出杂粮、皮毛、牲畜、药材、盐、碱等，又从内地运来食糖、茶叶、布匹、绸缎等日用杂货。归绥本地又出产面粉、毛织品及手工业品，亦需向外输运。因此，京绥路上的归绥、张家口是两个货运量最大的车站。1922 年京绥路总收入为 6 593 824 元，归绥占相当比例。全路货物发送量为 1 372 774 吨，归绥站占 10%。[②]

1923 年火车通至包头，使包头拥有了现代化交通工具，真正成为直通京津的“水旱码头”，大大提高了包头在西北地区的商业集散地的作用，也促进了包头的皮毛贸易活动，在当时有“皮毛一动百业兴”的说法。[③]京绥铁路使包头与另一端的国际港口天津联系起来，成为我国西北地区商品集散中心。20 世纪 20 年代末 30 年代初，包头市平均每年的进出总值约为 2000 万两。[④]据推估，1922 年 12 月到 1949 年，每年从包头转运出去的、以及由大西北经水路运进包头的部分货物有：碱与盐 500 万斤（1 斤 =0.5 千克），西宁皮子 20 000 余张，宁夏毛 500 万斤，枸杞 100 万斤，西宁大黄 10 万斤，兰州水烟 20 000 箱，从五原、临河运来的粮食 20 万担以上。每年从当地收购运出的羊毛、驼毛有 1100 万斤，各类毛皮五六十万张。运进包头的货物则以日用百货和工业品为大宗。可见，铁路通到包头后，对于促进该地区的经济发展确实起过巨大作用。[⑤]

当然，铁路运输在一定时期内会对原有的经济模式形成冲击。恩格斯曾说：“中国的铁路意味着小农经济和家庭工业整个基础的破坏；由于那里甚至没有中

① 许道夫．中国近代农业生产及贸易统计资料 // 汪敬虞．中国近代经济史：1895—1927. 北京：人民出版社，2000：131.

② 谭权．归绥火车站通车前后的情况 // 中共呼和浩特市委党史资料征集办公室，呼和浩特市地方志编修办公室．呼和浩特史料（五）. 1984：347-352.

③ 包头市地方志史编修办公室，包头市档案馆．包头史料会要（第七辑）. 1982：53.

④ 包头市商业局．包头商业志稿：4.

⑤ 白涛．美丽包头．呼和浩特：远方出版社，2005：252.

国的大工业给予的平衡，亿万居民将陷入无法生存的境地。”[①]

火车首先在交通方面对汽车行业产生了影响。1919—1920 年，归绥旅蒙商号大盛魁各号创办西北汽车公司，资本 10 万元，汽车 20 余辆，地址在旧城西茶坊。车程仅通至萨拉齐、包头。京绥铁路通车后，该汽车公司于 1922 年停业。[②]

除了交通方面，铁路对其他产业也产生了消极作用。例如，当时从事织毯业的，都是小本经营的小作坊。1921 年京绥铁路通车后，由于交通便利，毯子销路不断扩大，织毯业有了更大的发展。但在此后的几年里，铁路沿线从事织毯业的人越来越多，这就使归绥地区的绒毯失去了“特产”桂冠，销路反而不如最初畅通了。[③]

另外，交通便利也给不法之徒带来了便利。绥远建站之后即在京绥铁路上出现了贩运毒品情况。当时绥远省内的很多地方种植罂粟，归绥一带的鸦片“味好劲足”，被称为“西口土”，内地需求购买者甚多。鸦片毒品在“禁运”之列，然有权有势者可以公开贩运，一般走私贩，则随身夹带。[④]铁路当局曾明令禁止[⑤]，但历届政府均以此作为财政军饷的主要来源，运送烟土也成为路局的一项收入[⑥]，屡禁不止。尤其是在日伪时期，张家口绥远一带，日寇与军阀地痞勾结令农民广泛种植毒品罂粟，并以此提炼烟土，号称“北土”，官土私土十分猖獗。

图 5-35 为日伪时期 1939 年伪蒙疆输出、输入各种产品所占比重图，鸦片输出之收入所占比例仅次于谷物，占输出总额的 27%。其绝大部分都是由铁路运输。[⑦]

---

① 转引自：尹铁 . 晚清铁路与晚清社会变迁研究 . 北京：经济科学出版社，2005：序 .

② 颜景良，王俊颜 . 清朝民国年间呼和浩特交通运输简况 // 中共呼和浩特市委党史资料征集办公室，呼和浩特市地方志编修办公室 . 呼和浩特史料（一）. 1983：304.

③ 呼和浩特市纺织工业局党史资料征集办公室 . 呼和浩特毛纺织工业概况（上）// 中共呼和浩特市委党史资料征集办公室，呼和浩特市地方志编修办公室 . 呼和浩特史料（二）. 1983：190.

④ 谭权 . 归绥火车站通车前后的情况 // 中共呼和浩特市委党史资料征集办公室，呼和浩特市地方志编修办公室 . 呼和浩特史料（五）.1984：347-352.

⑤ 京张张绥铁路管理局公报（第八十五号，1915 年 1 月 13 日）中有“局饬”，其中有关于“私运烟土情况较为严重，局令严查”的命令。

⑥ 马许，等 . 京张铁路八十年 // 中国铁道学会，铁道部科学技术馆 . 詹天佑逝世七十周年　京张铁路通车八十周年纪念活动专辑 . 北京：中国铁道出版社，1990：20-21.

⑦ 伪蒙疆银行调查，据昭和十四年度《伪蒙疆贸易年报》// 中村信 . 伪蒙疆经济 . 徐同功译 . 有光社版 .1941 年 4 月写于张家口 // 内蒙古地方志编纂委员会总编室 . 内蒙古史志资料选编（第九辑）. 162.

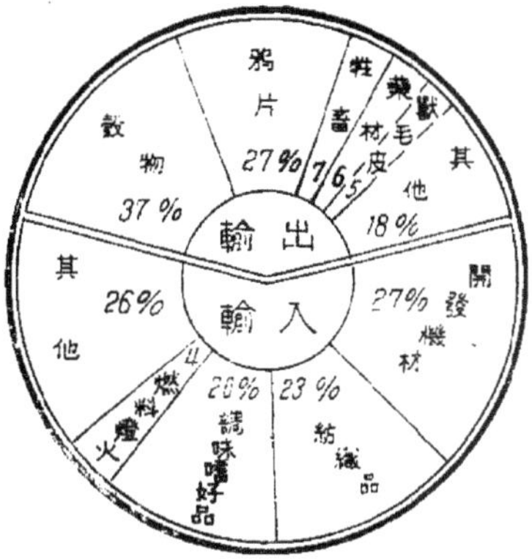

图 5-35 《伪蒙疆贸易年报》中 1939 年输出、输入各种产品所占比重图

1926 年之后，京绥线处于忧患之中。先有直奉战争、直皖战争，之后日本侵入热河，骚扰察绥、张北等地，伪蒙疆傀儡政权骚乱，以迄于百灵庙战役，战火连年不断，正常的线路工作和行车工作无法进行。

日伪期间，日军将其在绥远一带的控制区域称为“蒙疆”，即原察哈尔（以张家口为中心）、晋北（大同及其周边）和绥远（呼和浩特、包头等一带）地区。日本侵略者非常重视铁路的作用，对京绥铁路在伪蒙疆的作用做了细致的分析，认为“京包线通车，流入优质廉价的外地产品，更使产业资本的发展受到影响”是伪蒙疆 1937 年前“产业资本”非常缺乏的三个原因之一：从国内来看，先是山西资本执本地商业之牛耳，京包线通车以后，京津方面的资本就挤了进来；包头、呼和浩特和宁夏、新疆、青海、甘肃、陕西等地区的经济关系，自汉人迁移定于这两个城市以来，是非常密切的，尤其自 1923 年京绥铁路延长到包头之后，两个城市一直起着把这些边疆地区和京津连接起来的中间通商要道的作用，有言“西北贸易的中心在包头”①。并对京绥铁路运输的产品比例、经铁路与其他渠道的贸易额比例等做了对比与分析。

由图 5-36 可以看出，铁路运输实现的贸易额占有绝对比重。而从贸易城市来看，北京和天津的贸易额也占有相当分量，北京和天津的贸易当是通过京绥铁路的运输而实现的。可见京绥铁路在整个伪蒙疆的作用是巨大的，这也加速了日军侵略进程，加深了对这一地区的殖民化。②

---

① 中村信 . 伪蒙疆经济 . 徐同功译 . 有光社版 .1941 年 4 月写于张家口 // 内蒙古地方志编纂委员会总编室 . 内蒙古史志资料选编（第九辑）：11-184.

② 伪蒙疆银行调查，据昭和十四年度《伪蒙疆贸易年报》。见：中村信 . 伪蒙疆经济 . 徐同功译 . 有光社版 .1941 年 4 月写于张家口 // 内蒙古地方志编纂委员会总编室 . 内蒙古史志资料选编（第九辑）：163-164.

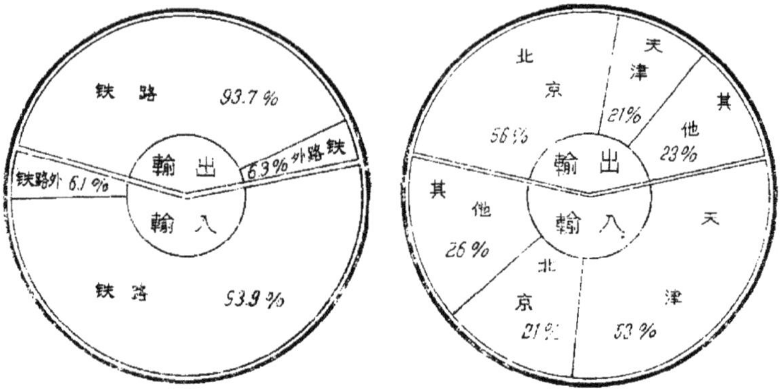

（a）　　　　　　　　　　　　（b）

图 5-36　经铁路和其他渠道实现的贸易额所占比重与各地贸易情况图

5.4.2　对城市兴起和城市格局的影响

铁路是工业化产物，同时也催生了一些城市，火车站的进驻，影响了一些城市的格局，客观上促进了城镇的近代化进程。

5.4.2.1　对新城镇的催生和促进

京绥铁路全线通车，势必会催生和促进其沿线一些城镇的发展。

由于地理位置的原因，京绥铁路在进入内蒙古地区时取道平地泉。前已述及，1919 年京绥铁路修至苏集时，原设计是在今平地泉村建平地泉火车站，但因平地泉地区天主教会、教民的干预和反对，只得将车站移至平地泉西北 10 千米的老鸹嘴村（今集宁），因站名已备案，不便更改，车站（今集宁南站）建成后仍用了“平地泉”车站站名，而平地泉村改称为“老平地泉村”，老鸹嘴村随之易名为“平地泉”。

老鸹嘴村原本不过是一个只有几户人家的偏僻小村，铁路通车后，商业活动逐渐繁荣，1921 年设立“平地泉设治局”，1924 年改为集宁县，成为“张绥适中之孔道，实扼绥库之要冲，商旅进出必由之路”[①]，集宁也随着经济的发展壮大起来。在《绥远通史稿》中“集宁县城”条有这样的记载：

> 城街分桥西、桥东两部，亦即集宁车站之东西也……昔当火车未通以前，在今县治东有李家村，居民寥寥数家，迨平绥车通，设治局立，

① 集宁县知事杨保初撰《集宁县志》，民国十三年（1924 年）抄本。

由是商贾云集，逐渐展开，即今九龙街也……平地泉站居平绥路之要冲，运输便利。民国十年十一月间，粮商闻风麇至，粟店林立，营业日形发达，其他各行商贾接踵而来，剪茅辟土，庀工聚材，争先建筑，栉比鳞次，得一分廛以为幸。①

可见，京绥铁路通车，直接催生了集宁。

包头位于内蒙古西部，处于巴彦淖尔、乌兰察布、伊克昭三盟交汇地。但直到 19 世纪 70 年代之前，它还不过是地方市镇的类型。之后随着外国资本和国内买办资本进入内地，其在 19 世纪末 20 世纪初具有“水旱码头”之势，但包头到张家口段的旱路交通全靠单套马车盘运。直到京包铁路通车，包头才冲破地方性市镇的类型正式与国际港口——天津联系起来，商业急速发展。严格地来讲，包头具有国内商业城市规模，也就是从此开始的。② 这个原属于萨拉齐的小村镇，1926 年被改置为县。

当然，铁路促进了一些城镇的发展，也对一些城市有反面影响，例如，1915 年铁路通至丰镇时，丰镇一度成为终点，热闹非凡。但在 1921 年通至呼和浩特后，丰镇马上就萧条了下来。③

5.4.2.2　火车站对城市格局的影响

铁路通过不仅影响着沿线城镇的发展，而且火车站的进入，还影响着当地城市的格局。

呼和浩特在 1921 年以前主要由归化城（旧城）和绥远城（新城）组成。归化城是建立于明代的半农半牧城市，而绥远城是建立于清朝乾隆时期的军事重镇，归化与绥远合为归绥，即现在的呼和浩特市的前身。

1921 年，京绥铁路通车后，在归绥设立了车站。之后，车站周边陆续出现了住宅、商业网点以及绥远电灯股份有限公司及附属面粉厂，并开通了火车站粮栈西街到归化城北门的“通道街”以及与新旧城大街（中山路）相交的“锡林北路”，这样方便了火车站与新、旧两城的联系。随着车站附近生活设施的逐渐完备，以归化城、绥远城、火车站三处构成的“品”字城市结构形成（图 5-37）。④

① 绥远通史稿·城市 // 内蒙古地方志编纂委员会总编室 . 内蒙古史志资料选编（第二辑）：396.

② 包头市地方志史编修办公室，包头市档案馆 . 包头史料会要（第一辑）.（内部发行）1980 年初版，1985 年二版：112.

③ 内蒙古自治区公路交通史志编审委员会 . 内蒙古公路交通史（第一册）. 北京：人民交通出版社，1993：11.

④ 张威 .1572—1921 年呼和浩特城市形态演变分析 . 内蒙古社会科学，1990，（2）：55-60.

随着城市的进一步发展，现在呼和浩特的“品”字形已经模糊不清，但火车站对当时城市的布局影响是至关重要的。

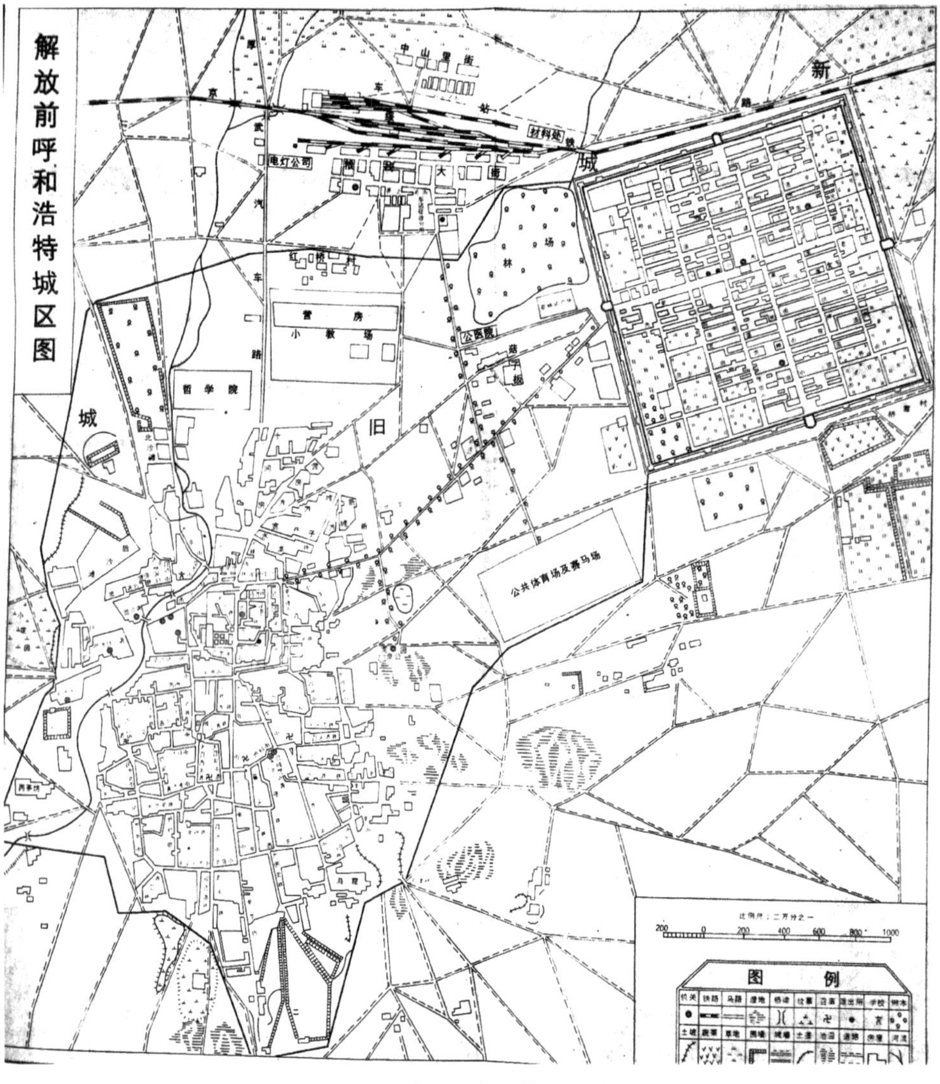

图 5-37　中华人民共和国成立前呼和浩特市城区图

资料来源：呼和浩特市计划委员会．呼和浩特国土资源．呼和浩特：内蒙古人民出版社，1989

大同在铁路没有经过之前，像其他传统城市一样，商业中心在城内。火车站修建后，原来北门外的荒凉之地顿时商业兴起。“车站附近商户百余家，概系新式建筑，然空房甚多，盖由京绥路初通至大同时一般资本家预期此地将来必成繁盛市场，争相出资购地建屋……北关商户以转运公司、粮栈、木栈、煤栈为最著，客栈饮食店亦不少，大同机器面粉公司在其西。”①大同的两家电灯公司也设在北门外铁道附近。不久，火车站附近的北门外一片区域逐渐形成了新兴工商业区。从城市的空间格局来看，大同这座城市已然形成了“子母城”城市格局，老城里有传统的行政机构，依然行使政治功能；新区则突破城墙的束缚，依铁道而建，呈现出不规则形，经济功能突出。城市空间格局的这一演变，凸显了大同正由一个功能上主要是行政军事控制与消费中心的城市向经济型的近代城市转化，而铁路在其中的作用尤为重要。②

5.4.3 对巩固边防、救援灾区的作用

修建铁路本身是为了交通运输方便，而客观上又具有非常重要的政治、军事意义。京绥铁路由京师直通西北，对边疆的开垦固防意义非凡，其政治军事意义不言而喻。

1909 年 7 月，邮传部尚书徐世昌在上奏“展筑张绥路线筹定办法”折中曾称：

> 臣等窃维殖民必筹及交通，实边即所以固围。有路以供运输，则物产之贱者可昂，征调之迟者可速。张绥一线，实于行军、理藩政策极有关系，即使营业本金稍有短缺，亦难置诸缓图。③

早在 20 世纪 30 年代，就有人著《平绥铁路在西北边陲之重要及其价值》论述了平绥铁路对于西北地区乃至全国在交通、商业、矿产开发、边防等方面的重要性，呼吁国民重视此路，“保守此路”，“扩张此路”，期望“筹边者之急起之追，以补救于万一”。④文章虽然简短，但值得关注。

> 平绥铁路……为连锁西北之大干线，将来铁路如有进展之日，可由此而外蒙而新疆而甘肃而宁夏，使边远各省之商贾物料，咸得藉轨道而通至太平洋，再详细考察如据绥包铁路之终点，依山面河，形势扼要，

① ［佚名］大同之经济状况．中外经济周刊，1926 年 2 月 20 日（8）．

② 李丽娜．京绥铁路与大同城市近代化进程：1914—1937．山西师大学报（社会科学版），2006,（4）：113-117.

③ 关赓麟．交通史路政编（第九册）．南京：交通部铁道部交通史编撰委员会，1935：1743-1745.

④ 李英标．平绥铁路在西北边陲之重要及其价值．边事研究，1936，（1）：35-36.

以地当水陆要冲，铁路则东达北平，民船可西运宁夏，并有长途汽车，直抵兰州，实扼西北交通要枢，论以形势而言不特绥省依之为要险，亦秦晋诸省之保障也，论其商业，凡黄河上流，及内外蒙古之货物，咸来萃集平津，及西北诸地客商，亦多设栈于此，为专收牲畜皮货之用，市井之盛，有凌驾归绥之势，俨然内外蒙古间之一大商场，其重要当何如耶，就地藏而言，热察绥三省矿物，均甚富饶，以煤铁为尤重……

平绥铁路贯穿热察绥，而热察绥三省东拊满洲、北控朔漠，西顾陇右，南瞰幽燕，秦晋唇齿相依，呼应相助，诚黄河流域之屏藩，筹边之要地，环顾今日，东方之屏藩，已由固体而液化，北面之朔漠，亦徒兴鞭长而莫及，延绵千余里之铁路，不特不足以拱固屏藩，而且自顾不暇，言念及此，易胜浩叹，尤有为吾人所注意者，我国国有铁路，强半皆建筑于外人之手……

平绥铁路……崎岖险峻，与蜀道之难何殊，而足能克底厥成者，亦足见我国工程家之勇敢精神及自信力之不减于外人也，应如何始足以保守此铁路，应如何始足以扩张此铁路，是所望于筹边者之急起直追，以补救于万一。

铁路在军事方面的作用不言而喻。外国人对于京张铁路的成功赞叹道：“此路竣工后，不特于军事上有实用，即营业上亦多裨益。”[①]

京绥铁路展修至包头具有开垦“边疆地区”的用意，起到了移民开发偏远地区的作用。北宁、津浦、平汉、平绥 4 条国有铁路都订有减价优待农民前往东北和西北的办法，人流多时还开行专列。

京绥铁路对于赈灾事务也多有帮助，1929 年，平绥铁路为运输赈灾粮，减免运费。并由路局出面，上报交通部，其途经之绥远地区萨拉齐亦为灾情严重区域，得到核实后，该站运输粮物也实行了减条例。[②] 平绥铁路一边运送赈灾粮，一边运送灾民，为运输灾粮制定了《取缔运输粗粮赴灾区各站卸车办法》[③] 等诸多优惠政策，对运送难民也多有贡献[④]。1936 年，北京地区灾民众多，有慈善团体建立“粥厂”，以供灾民食用。欲由绥远、大同等地采购小米，数量较大，借

① 颐谷 . 对于京张铁路成绩之外评 . 进步，1912,（3）：1-6.

② 铁道公报，1929,（9）：107-108.

③ 京绥铁路管理局 . 铁路公报 · 京绥线（第十五期）. 1920 年 10 月：54.

④ 在 1920 年的《铁路公报 · 京绥线》各期中都有“运送难民人数表”，可见铁路管理局将“运送难民”作为其工作的一部分。

助火车运输很是快捷。[①]

京绥铁路对沿线经济的发展、城市的形成与格局、固边赈灾有着重要的影响，其管理和运营受外界条件影响非常严重，尤其是军事影响。时局混乱，管理不能连续，制度不能贯彻，铁路设施得不到良好的修理和完善，大大降低了运输能力。军事需求致使铁路运输不能正常经营，军需调车、免费乘车，使得铁路收入减少、铁路借贷信誉受损。南京国民政府时期，京绥铁路经过整顿，略有起色。铁路运输和社会诸多因素相互影响。

① 北平市市政公报，1936，（383）：15.

第六章

百年京绥放异彩：工业遗产视野下的京绥铁路

京绥铁路自 1923 年全线通车至今，已近百年。它历经晚清、北洋政府、南京国民政府及中华人民共和国成立，其间经历了辛亥革命、军阀混战、国民革命、抗日战争、解放战争及新中国建设，作为中国西北地区主要的交通干线，京绥铁路见证了历史的沧桑，也承受了多次的创伤，有修补也有破坏，有改道也有增线。京绥铁路在改造中仍发挥着重要的交通干线作用。此外，作为百年工业标本，京绥铁路具有丰厚的历史价值和工业遗产价值，还有待于进一步深入研究。

6.1 京绥铁路的变迁

京绥铁路初修建时，限于时间和经费等因素，在路线选择、工程质量方面都存在缺憾。例如，京张铁路关沟段由于地势陡峭一直是制约运输量的瓶颈；张绥铁路绥包段工程质量较差，站房都是临时搭建。

关于京张铁路的变迁，王嵬在其著作《我的京张铁路》（共三册）[①] 一书中已有详细的描述，关于张绥铁路的变迁则少有人关注。

① 王嵬 . 我的京张铁路 . 北京：中国铁道出版社，2017.

6.1.1　中华人民共和国成立前的变迁情况

1923—1949 年中华人民共和国成立，京绥铁路在军阀混战、抗日战争及解放战争时期，时常被军事活动利用，破坏和修筑兼有。其间又有洪水泛滥，多次冲毁路线，在修筑的过程中路线亦有变动。

6.1.1.1　线路修护及变动

京绥铁路京张段工程质量较好，张绥段由于时局、资金等问题，部分路段存在着隐患。洪水等自然灾害以及军事原因使得京绥路线时有破坏。

1924 年，下花园站至蛇腰弯一段，因羊河水涨，曾改建一部分。1929 年，旗下营、陶卜齐之间的二道河地方受到洪水冲击，铁路受损，1930 年将路线由黑河水道旁移至附近山麓，并开凿了一条长 50 米、顶高 6.7 米的隧道。1931—1934 年，三岔口至八苏木及卓资山至福生庄也稍作了改线，卓资山、义丰村、三道营等处将便道改为正道①（图 6-1）。1934 年 6 月，平地泉至三岔口，卓资山以西、三道营以东，三道营至旗下营，二道河隧道西一段均被冲毁，破坏严重，1935 年夏开始了较大规模的改线、护线工程。②

图 6-1　1935 年三道营站西改线工程

资料来源：平绥铁路管理局 . 平绥 . 平绥铁路管理局总务处，1934

在工程整修方面，路局于 1931 年将弯道与直道的枕木进行了对换；1933 年

---

① 平绥铁路管理局 . 平绥 . 平绥铁路管理局总务处，1934.

② 邱泽同 . 中国国有平绥铁路之沿革及工务之概况 .1939.

7月到1934年6月，平绥全线换正道枕木50万根，占全路正道的1/3；关沟段的钢轨损害最为严重，路局根据实际情况对弯道外侧高度进行了调整；之前按照每小时40英里的速度计算，因道路破损，速度下降，需要降低外侧高度，此次按照最高速丰镇东每小时25英里、丰镇西每小时30英里进行了调整；在多处车站对站内岔道进行了改良和增设，以应对日益增加的运输量；福生庄西原有20孔四尺明桥，有被水淹没危险，遂将其移至下游，建16孔6尺桥；另外，在铁路全线大约100处增建了防水工程[①]。

在京张段，南口至康庄长仅30千米，而其间曲线有51处，长达10千米；南口至西拨子段长9.6千米，曲线有50处。除去中间三站平地，其他平线仅为0.32千米。这样的路线严重遏制了运输速度。1934年，路局欲改造此段，但限于地理条件，根本就无法改良，唯一的办法是另测他线，但随后测新路线未有结果。[②]

1934年7月到1935年6月，路局另在93处增建了防水工程[③]，并协助修葺了八达岭长城[④]。

此间对铁路的修缮和保护赖于军事需求。例如，1934年1月召开的国民党四届四中全会决议："首先完成西向之干路，使我国海口外尚有不受海上敌国封锁之入口。"[⑤]1934年，蒋介石聘请的德国军事顾问塞克特向其进言："发展具有战略性的交通系统，在日本入侵时，可以迅速输送部队至危险地区，实为当前首要任务。"[⑥]南京国民政府显然在这方面有所作为，对旧有的铁路进行了改造，主要包括更换铁轨、坚固桥梁、添购车辆、改善信号系统、增加军用站台和军用岔道等，这一切大致在抗日战争以前均已完成。[⑦]

1937年，日军占据了平绥线，平绥铁路全部沦陷。1940年的百团大战，八路军毁坏了部分平绥铁路。华北沦陷后，日军为了军事运输和更大程度地掠夺当地的矿产资源，对所辖区域的铁路进行了加固并修筑了支线，对华北铁路采取殖民主义管理和经营。1944年5月后设天津、北京、张家口、济南、太原、开封、徐州、石家庄8个局，除少数汉奸大多为日本人管理。日军为了大批量掠夺矿产资源，新

---

① 平绥铁路管理局．平绥．平绥铁路管理局总务处，1934：10-20.
② 平绥铁路管理局．平绥．平绥铁路管理局总务处，1934：30-31.
③ 平绥铁路管理局．平绥．平绥铁路管理局总务处，1936：25-34.
④ 平绥铁路管理局．平绥．平绥铁路管理局总务处，1934：45-46.
⑤ 第二历史档案馆．中华民国史档案资料汇编（第五辑）．南京：江苏古籍出版社，1991：406.
⑥ 郭汝槐，黄玉章．中国抗日战争正面战场作战记（上）．南京：江苏人民出版社，2002：256.
⑦ 关吉玉．十五年来中国经济．沈阳：经济研究社，1947：69.

修了宣化至庞家堡铁矿支线 40.6 千米，以及包头至召沟煤矿支线 41.4 千米。①

1937 年末，日军因想增加平绥铁路的列车长度，遂将青龙桥车站股道延长至 280 米（其他站均延长至 320 米），并于 1938 年 2 月投入使用。由于此工程开挖的土石堵塞了山水通道，1939 年夏的洪水泛滥将站东减水渠冲毁、南侧挡水墙冲倒，车站被淹；又因山洪夹带土石而下，青龙桥至南口线路、桥梁损坏极为严重。同年 8 月，日军对该段进行改线：废弃五桂头、石佛寺两隧道，另开 4 处隧道，总延长 800 多米，改线 10 多千米；另建桥梁 5 座，总延长 200 多米，用款 550 万元。1940 年 7 月完工投入使用。改线后区间最大坡度由原来的 33.3‰ 升至 35‰。

1945—1949 年，国共两军在平绥线上展开较量，为了达到军事目的，双方对铁路时而破坏时而修理。平绥路北平至青龙桥段在国民党接手后维持通车；青龙桥至怀来段被严重破坏；怀来至天镇段通车，被解放区接收；天镇至旗下营段遭到不同程度的破坏；旗下营至包头段国民党接手后维持通车。抗日战争胜利后至内战初期，形成了“铁道交通战”，国共两党争夺铁路。国民党先修后破，共产党先破后修。②

6.1.1.2　站房等建筑物的变迁

京绥铁路京张段车站、住房等建筑物严格按照规制修建，坚固耐用。但绥包段站房都为临时搭建。“绥包段凡九车站之房屋工程，均系临时性质。但于二十三四两年间，另建正式新房。”③

1925 年之后，由于军事影响，京绥铁路路款缺乏，道路失修。1927 年、1929 年两次水灾又将路基、房屋等冲毁百余处，尤其是平地泉到绥远段。历年有修，但力度不够。直到 1933、1934 两年大修，才颇有成效。④这两年不仅新建了绥包段的站房，对原有车站用房也进行了修整与扩充。

> 全路原有之员工住房，均系早年所建，现已渐成坍败之像，且为数过少，不敷住用。二十二三两年间，曾在张家口站添建住房九十间……二十四年复添建南口站员工住房五十间……大同七十间……二十四年度曾添建各项房仓，南口机厂内动力房一处，张家口机厂修车房一处，西

① 李占才．中国铁路史（1876—1949）．汕头：汕头大学出版社，1994：268-307.

② 李占才．中国铁路史（1876—1949）．汕头：汕头大学出版社，1994：311-314.

③ 邱泽同．中国国有平绥铁路之沿革及工务之概况，1939.

④ 平绥铁路管理局．平绥．平绥铁路管理局总务处，1934.

直门废车房改建货仓一处，包头新货仓一处。①

1933 年 7 月到 1934 年 6 月，路局对西直门车站进行了改良，包括票房和月台加筑水泥地面、添建进站栅门和两边的围墙、添建并移装车站栅栏、站西添设围墙等。并将站前广场到护城河的马路翻修成石渣路。②图 6-2 为京张铁路初建时的西直门车站，图 6-3 为 1934 年修建的西直门车站。

图 6-2　京张铁路初建时的西直门车站

资料来源：国家图书馆古籍馆．国家图书馆藏京张路工集．天津：天津古籍出版社，2016

图 6-3　1934 年修建的西直门车站

资料来源：平绥铁路管理局．平绥．平绥铁路管理局总务处，1934

绥包段初建时，车站房屋、员工住处皆为土坯房屋，不到十年风吹雨打破烂不堪。1934 年，路局首先重建了包头和萨拉齐车站及员工住所，图 6-4、图 6-5 分别为 1934 年新建的包头火车站站房和萨拉齐火车站站房。1935 年 6 月下旬，

① 邱泽同．中国国有平绥铁路之沿革及工务之概况，1939.

② 平绥铁路管理局．平绥．平绥铁路管理局总务处，1934.

其他七个车站的站房均已完工。[①] 1934 年，本路共修建了 3040 间房屋，并添设张家口员工住房、改良张家口站公共浴室、恢复南口站浴室、管理局设新式厕所四处等。[②]1933 年 7 月到 1934 年 6 月，又增设了车房、修复了康庄旧车房、翻修了车房房顶、南口机厂添建了转盘机房屋、修葺并添建了车房围墙煤台清炉沟。[③]

图 6-4　1934 年修建的包头车站站房

资料来源：平绥铁路管理局 . 平绥 . 平绥铁路管理局总务处，1934：23

图 6-5　1934 年修建的萨拉齐车站站房

资料来源：平绥铁路管理局 . 平绥 . 平绥铁路管理局总务处，1934：23

6.1.2　中华人民共和国成立后的变迁情况

中华人民共和国成立后，在全国范围内开始对铁路进行大规模的修理和整顿，京绥铁路部分路段铺设为双线。1957 年 2—12 月，沙城至郭磊庄铺设双线；1960 年 2 月至 1961 年 12 月，南口至康庄铺设双线；1975—1989 年，除关沟段外，

① 平绥铁路管理局 . 平绥 . 平绥铁路管理局总务处，1936.

② 平绥铁路管理局 . 平绥 . 平绥铁路管理局总务处，1934：23.

③ 平绥铁路管理局 . 平绥 . 平绥铁路管理局总务处，1934：23-26.

京张段木枕均更换为钢筋混凝土轨枕，每千米铺枕 1760 根。

6.1.2.1 线路改建

中华人民共和国成立后，针对京绥铁路的实际情况，在线路上做了一些调整。

（1）新建丰沙铁路：丰沙铁路（丰台—沙城）是中华人民共和国成立后建设的第一条干线铁路，是京张铁路的姊妹线，该线正是詹天佑为京张铁路设计的首选线路，但当时由于资金和工期所限未能实现。丰沙线从丰台到沙城，之后和原来的京张铁路接轨，绕开了关沟段。现在的丰沙线成为京张铁路的主要路线。

（2）康狼间改线工程：1951 年 10 月，为避开新建的官厅水库蓄洪区，京张铁路康庄至狼山开始勘测设计新线。最终选定由康庄站西约 2.5 千米处，经清水河、西花园、定州营，跨越官厅水库至狼山站东约 1 千米处与原线接轨。线路全长 15.97 千米，中间设东花园站（原西花园站），撤销怀来站。该线 1951 年 10 月动工，共修筑特大桥 1 座（妫水河桥）（663.4 米）、大桥 1 座（92.6 米）、中小桥 16 座、涵洞 2 处、车站 1 处。1954 年 12 月改线工程竣工，1955 年 3 月交付使用。

（3）老龙背改线工程：该工程于 1970 年 7 月开始，1973 年 10 月完成。修建复线隧道长 191 米，京包线自 149.500 千米处至 150.635 千米处改线，改线全长 1135 米，较原线路缩短 78 米。消除了原线路小半径曲线、长期限速及钢轨磨损严重等问题。新改线技术标准为限坡 5‰，设 800 米曲线 1 处。有涵洞 2 座，砌筑导流设施 700 米 ^{3}。

（4）清华园改线工程：20 世纪 50 年代末，因清华大学扩建，清华园站东移 0.8 千米，京包线 16.446 千米处至 21.202 千米处线路改铺，较原京张线延长了 106 米，另建清华园新站，到发线有效长 650 米，原货场仍保留使用，与新站连接，工程于 1960 年第一季度完成。

（5）张家口站改线工程：原张家口站地处市区中心，站内货场线有效长度仅为 366 米，且进站线路存在一个曲线半径仅为 243 米的弯道。应张家口市要求，1955 年 11 月开工改线，自宁远站以东、京包线 188.400 千米处另选新线并修建二线，线路跨清水河至 217.500 千米处与原京包线相接。改线长度为 7.324 千米，较原京包线缩短了 11.781 千米，最小曲线半径为 600 米。张家口新站设到发线 6 股、编组线 6 股，设机务折返段及三角线，改线工程于 1956 年 4 月竣工。

京张铁路初设 14 个车站、3 条支线，之后有旧支线拆除也有新支线建设，到 1997 年末仅剩 1 条支线。1938—1973 年，为加大运输量及克服自然灾害影响先后 5 次改线。1957 年为改善北京的市政交通，封闭了环城铁路，京张铁路起点改为西直门站（现北京北站）；1969 年 8 月，北京铁路枢纽东郊站（北京东站）至沙河站东北环线开通运营，原环城铁路各站拆除，京包铁路改由北京站始发，经东北环线到沙河后与原线接轨。到 1997 年末，京张线共有车站 38 个（含支线 7 站），其中，特等站 1 个、一等站 4 个、二等站 3 个、三等站 7 个、四等站 23 个。

6.1.2.2　车站站房的遗弃与新建

随着经济的发展，京绥铁路各车站客货流量日益增加。为了满足运输需求，很多车站都进行了大规模的扩建或改建。另外，由于其他交通工具如汽车的普及、火车提速的需要等，一些小站被撤销，站房也逐步被遗弃。一些大站如大同、呼和浩特、包头等站在中华人民共和国成立后曾先后改建、扩建 2—3 次。

到 1935 年，平绥干支全线共有车站 76 个[①]，个别车站有所增减。根据《绥远通志稿》[②] 记载，干线车站有丰台、广安门、西直门、清华园、清河、沙河、昌平县、南口、东园、居庸关、三堡、青龙桥、西拨子、康庄、怀来、土木、沙城、新保安、下花园、辛庄子、宣化、沙岭子、宁远、张家口、孔家庄、郭磊庄、柴沟堡、西湾堡、永嘉堡、天镇、罗文皂、阳高、王官人屯、聚乐堡、周士庄、大同、孤山、堡子湾、丰镇、新安庄、红沙坝、官村、苏集、平地泉、三岔口、八苏木、十八台、马盖图、卓资山、福生庄、三道营、旗下营、陶卜齐、白塔、绥远、台阁牧、毕克齐、察素齐、陶思浩、麦达召、萨拉齐、公积坂、磴口、包头等 64 站，支线车站有西黄村、石景山、三家店、门头沟、正阳门、东便门、朝阳门、东直门、安定门、德胜门、平旺、口泉等 12 站[③]。现在多数小站已被撤销，建筑设施破落或彻底被拆除。

6.2　对京绥铁路工业遗存的初步考察

“京绥铁路”连同 1928 年之后的“平绥铁路”已经成为历史名词。昔日的京绥铁路经过改造成了现在的“京包铁路”。京包线较之京绥线，有两处发生了较大的变化：一是京张铁路段中丰沙线的开辟，避开了关沟段；二是张绥铁路段中张集线（张家口南至集宁南，经内蒙古自治区乌兰察布市兴和县境内）的新建，使张绥铁路避开了山西大同。这两段线路的连通大大缩短了京包之间的距离。但原来的京绥线路仍在使用中。

---

① 平绥铁路管理局 . 平绥 . 平绥铁路管理局总务处，1934：1.

② 绥远通志馆 . 绥远通志稿（第十册）. 呼和浩特：内蒙古人民出版社，2007：3-7.

③ 之前在新安庄站后有永王庄站、卓资山站之后有义丰村站。宣化支线终点站水磨站可能当时被撤除。

6.2.1 考察过程

2008年5月，第二届全国中青年技术史研讨会在北京航空航天大学召开，作为工业遗产考察的一项内容，会务安排参观青龙桥车站。笔者有幸参加此会，首次见到了“人”字形轨道。之后，笔者一直关注京包铁路的变化，并对其进行了多次实地考察。

第一次集中考察是在2010年4月，从呼和浩特出发，途径察素齐、萨拉齐到包头，然后又由包头经大同、张家口到达北京。4月4日上午，笔者乘1673次列车首先到达察素齐。途径第一站台阁牧站，此站只作为货站，附近有厂矿；第二站毕克齐站，比台阁牧站规模大些，有老站房。笔者在察素齐车站附近采访了一位开小卖铺和小旅店的纪姓铁路退休工人。纪师傅时年78岁，身体硬朗，河北人，原来在铁路装运、开吊车。他说该段路线在他的印象中一直没有改过，只是车站东移了100米左右。又有一路人介绍美岱召和毕克齐的水塔为日本人修建，卓资山票房为日本人所修，保存较好。在察素齐前往萨拉齐的路上经过陶思浩和麦达召两站，沿途在大规模的换轨、增加轨道。同察素齐车站一样，萨拉齐站也比较现代化，只是还要比察素齐站繁华一些。在包头图书馆看了几幅老照片和手抄本的《绥远通志稿》(该书初稿完成于1937年，2007年由内蒙古人民出版社整理出版)。4月8日，采取呼和浩特—卓资山—集宁—大同路线初步考察。呼和浩特到卓资山依次经过白塔、陶卜齐、民族、旗下营、三道营、福生庄站。其中三道营和福生庄站已经拆掉。陶卜齐的旧站房被破坏了(图6-6)，虽样式未改，但色彩已变。卓资山站房是该路段保存最好的站房。[①]

图6-6 破旧的陶卜齐站旧站房[②]

卓资山站房(已被保护)直至1987年10月才停用，2003年7月全面大修，

① 在丰镇站西的新安庄站，铁路南，也有与卓资山站一样的站房，只是规模要小些。2011年4月25日正在被拆除，因为新建的铁路要通过那里。

② 本章图片除注明出处的以外，皆为作者本人拍摄或绘制。

2007年7月又进行了细致的修缮，“使其较好保留了始建原貌”。该处站房被设立为“卓资山车站爱国主义教育基地”，据《卓资山站志》（内部资料）记载，此处老式站房是京包铁路线保存最完好的一处，具有重要的文物价值（图6-7、图6-8为卓资山站房）。

（a）

（b）

图6-7　卓资山站房正面（向南）、背面（向北）照片

（a）

（b）

图6-8　卓资山站房侧面（向西）、侧面（向东）照片

卓资山站向东第一站为姑家堡站，下一站马盖图站有和卓资山站相同的旧站房，只是站房的窗户被堵得严严实实，显然不再是站房。

笔者在途中看到，三岔口车站的站房正在拆除中。在红沙坝和新安庄之间，有一段路线显然是被修改过了，去弯取直，开凿了隧道，舍弃了原来的弯道和桥梁，如图6-9所示。

从大同到张家口，刚修建时中间有11站。本次考察期间，最慢的火车也只停四五站。小站的撤销给当地居民出行带来了不便，途中遇见一位女士，从大同回老家西湾堡，而现在西湾堡站被撤，她回家需要坐到柴沟堡，然后再折回。柴沟堡是县城，西湾堡属乡镇所在地，西湾堡和柴沟堡之间没有公共汽车，乘火车到西湾堡的乘客颇感不便。

图6-10为笔者在途中发现的郭磊庄站的旧式站房。

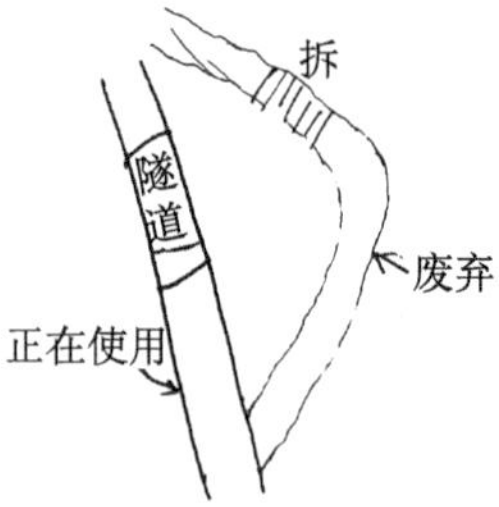

图 6-9 红沙坝和新安庄之间路线改变示意图

图 6-10 郭磊庄站的旧式站房

张家口车站处，轨道正在换枕。图 6-11 为当时拍摄的进入张家口站的岔道。张家口车站的老站房还在，其他一些房屋被改为他用。

图 6-11 进入张家口站的岔道

笔者在张家口车站发现了即将消失的木枕和钢轨的结合（图 6-12），也根据路人提供的线索找到了早期的钢轨（图 6-13）。

（a） （b）

图 6-12 枕木与钢轨结合

图 6-13　1907 年的钢轨

从张家口到北京，途中发现新保安站和宣化站都有旧式站房。西直门车站（现北京北站）已被扩建，原来京绥线上的“西直门站”被“隐藏”在新车站之北，被保护了起来（图 6-14）。

图 6-14　2010 年被保护起来的西直门站

之后，笔者到青龙桥及其周边进行了实地考察。青龙桥车站是京绥线上保存最为完好的车站，该站是“人”字形轨道所在地（图 6-15）。

（a）　（b）

图 6-15　青龙桥站老站房及“人”字形轨道

南口站是关沟段的始点，京张铁路的大多数机厂都设于此。但旧站已不复存在，听铁路工人说“都埋了两个台阶了，不成样子了”，而机车厂及周边被“保护了起来”，据说要弄成展览馆的形式。只有“昌平区文物单位”老站房，做了办公室，正面站名都褪掉（图 6-16）。

2013 年夏，笔者又对白塔老站和毕克齐车站进行了考察。通过这次考察，笔者发现毕克齐老站房与 2010 年相比有所修缮，屋檐粉刷一新。站房牌匾上有“中华民国廿四年”字样（图 6-17），可以肯定的是，现存的毕克齐老站房是经过修整的，是 1935 年建设的站房。

白塔车站原是呼和浩特站的向东的第一站，因线路修改已被遗弃。白塔车站位于现在呼和浩特市巴彦镇黑土凹村东。该站建于 1921 年，1938 年日军侵略绥远（现呼和浩特）后进行了扩建，现占地面积为 3400 米^2。白塔火车站由站房（图 6-18）、信号房（图 6-19）、碉堡（图 6-20）、站长住房（图 6-21）等多座建筑组成，目前基本保持原貌，为京包铁路沿线现存极少，保存较完整的二、三级小站。它与现在的白塔火车站相邻，是内蒙古自治区重要的近现代建筑。只是该站站房部分被改造，破烂不堪。当时听说呼和浩特铁路局要连同马盖图、陶卜齐两处站房一同修缮。

图 6-16 南口站仅存的老站房

图 6-17 毕克齐站老站房站牌

图 6-18 白塔站老站房

图 6-19 白塔老站信号房

图 6-20　白塔站碉堡

图 6-21　白塔老站站长住房

2014 年 7 月 1 日，京张铁路终点站张家口车站停止承担旅客上下车业务，具有 105 年历史的老站正式“谢幕”，但目前站房等设施保存尚好（图 6-22）。2017 年夏，笔者又对张家口站进行了考察。

图 6-22　2017 年夏拍摄的张家口站站房

就整条京包线来看，整体线路仍在使用，但微小的线路改动在不断进行。由于铁路自身特性，路轨、路枕、石碴需要不断更新，且技术本身也在更新，因此保持初建铁路时的原貌的可能性很小。但也有一些建筑如站房可以得到较好的保护。目前来看，京包铁路保护尚属良好，一些有特色的站房（如西直门站、青龙桥站、张家口站、卓资山站等）及路线（如关沟段路线）基本保持了原有的状态。

6.2.2　京包线上老站房的几种风格

通过对京包铁路进行初步考察，笔者发现该路线上还遗存一些老站房。这些老站房的建筑风格特色鲜明，具有一定的历史价值。整体上看，京包线上现存的老站房就其建筑风格可分为三类。

6.2.2.1 北京到大同的老站房

京包铁路京张段由詹天佑主持修建，在站房建设方面，詹天佑不仅统一了建筑风格，还制定了与车站相对应的等级制度。根据营业繁简定为四等，各站建筑规模也按四等建设。车站建设以节省为宗旨，不同等级的站房按照不同的规模修建。

图 6-23 为 1909 年建成的宣化火车站。其余头等站与此大致相同，二、三、四等车站形式相仿，规模要小些。

该区间现存较完好的站房是青龙桥站老站房，已成为北京市文物保护单位，它代表了整条京张铁路上站房的风格，只是外观色彩被涂改。现存的张家口站老站房式样相同，只是规模要比青龙站老站房大得多。京张铁路上的站房风格一直延续到大同站之前。

图 6-23 1909 年建成的宣化站

资料来源：国家图书馆古籍馆 . 国家图书馆藏京张路工集 . 天津：天津古籍出版社，2013：247

京张铁路上的老站房为砖木结构，门窗上部采用拱形，站房正面左右对称，属古典折中式风格，有人认为这是当时美国流行的小车站形式。[①]屋顶有女儿墙，属中国传统建筑的元素。屋顶出檐很浅，类似庑殿顶，即四面斜坡，一条正脊，四条斜脊，只是斜面无弧度。

现存图片资料显示，1945 年仍存在的山西境内的阳高、天镇及周士庄火车站站房（图 6-24），从牌匾式样、拱形窗户及房屋外观来看，式样仍承袭张家口

① 王世仁，张复合，村松伸，等 . 中国近代建筑总览・北京篇 . 北京：中国建筑工业出版社，1993：14.

站站房风格，只是不同程度地被改造或破坏了。

图 6-24　中华人民共和国成立前的周士庄站

资料来源：大同市地方志办公室．大同老照片．北京：方志出版社，2006：140

现存的这一风格的站房虽然大多保存较好，但都不同程度地受到了改修。其中破坏最为明显的当属屋顶前部的女儿墙，目前唯一一座保留有通车初期的女儿墙的站房是清华园火车站老站房[①]，但该站房整体已经被破坏（图6-25）。其他站房（如青龙桥站站房）上的女儿墙是后来“复原”的。张家口站站房的女儿墙早已不复存在。

（a）　　　　　　　　　　（b）

图 6-25　清华园站老站房及詹天佑书写的牌匾

6.2.2.2　大同到呼和浩特的老站房

从图片资料看，初建的大同站站房（见前图）与京张铁路上的站房风格完全不同。而大同到呼和浩特站，初建的站房式样都一样，只是在规模上大小有异。

① 王嵬．我的京张铁路：开通首段．北京：中国铁道出版社，2017：166.

目前大同至呼和浩特尚存的老站房以卓资山老站房（已被保护）保存较为完好。《卓资山车站站志》记载：卓资山站房始建于 1921 年 5 月，1987 年 10 月停用，2003 年 7 月全面大修，2007 年 7 月又进行了细致的修缮，“使其较好保留了始建原貌”。在此站房设立“卓资山车站爱国主义教育基地”，此处老式站房是京包铁路线保存最完好的一处，具有重要的文物价值。但在此站房上装订的指示牌匾中有“卓资山旧站房始建于公元一九三六年十二月”的字样，与《卓资山车站站志》相悖。

该段站房屋顶采用“庑殿顶”样式，加设牌匾，悬檐，周围用木柱支撑。屋顶坡度较陡，出檐深远，风格庄重朴实。大同站站房的屋顶虽然与张家口站站房的屋顶相似，都采用的是庑殿顶，四面斜坡，一条正脊，四条斜脊，斜面无弧度，但出檐要比张家口站站房深得多。廊柱明显，对称分布。站房正面的站名牌匾呈等腰三角形分布，两侧面的站名牌匾呈半圆形。就“屋顶坡度平缓，出檐深远，色彩简洁明快，风格庄重朴实”的特点来讲，有唐代建筑之遗风。

在大同和呼和浩特间，与卓资山站老站房样式相同但规制稍小的站房还有几处，如马盖图车站（图 6-26）、陶卜齐车站等。

图 6-26 马盖图站站房

6.2.2.3 呼和浩特至包头的老站房

1921 年，京包铁路通车至呼和浩特。在修建呼和浩特至包头段的铁路时，车站站房等铁路附属设施没有配齐，站房是临时搭建的土坯房，不经风雨，极易倒塌。1934 年 5 月，路局首先将包头站和萨拉齐站修葺一新；1935 年 6 月下旬，其他 7 个车站的站房也先后竣工。该段现存站房仅有毕克齐站一处（图 6-27）。

（a） （b）

图 6-27 现存毕克齐站老站房与 1935 年时的比较

资料来源：平绥（二），1936 年

由图片资料看，呼和浩特至包头段中九站的站房样式不一致。例如，1934年修建的萨拉齐站站房（图 6-5）就与毕克齐站站房形制上不尽相同。

可以看出，呼和浩特到包头段 20 世纪 30 年代新建的站房没有像之前一样采用统一模式，而是采用当地民房式样，砖木结构，屋顶采用“硬山顶”样式，风格简单凝重。目前除毕克齐站尚存民国时期的站房外，其他站尚未发现同类站房。

以上三种老站房，代表了京包铁路三个时期修建的站房的不同风格。修筑年代大致可定，除京张段站房为詹天佑设计外，其他设计者暂不可考。

老站房作为铁路的附属建筑物，具有历史、技术、社会、建筑等价值。它们是中国近代建筑物中特殊而又重要的组成部分，代表了当时的建筑水平和建筑风格。在技术上，运用当时的建筑材料和建筑工艺，是建筑史上的实物史料。老站房的设计与修建也反映着当时的社会风俗和文化，例如，青龙桥站房里的候车室就有“男”“女”之分，旧社会“男女有别”由此可见。京包线上现存的老站房，大多距今有百年的历史。由于修建时间跨度较大，站房呈现了不同风格，尤其是青龙桥站老站房和卓资山站老站房特色鲜明，具有典型的代表性，是京包铁路上富有历史价值、文物价值、建筑价值的工业遗存。

目前京包铁路线上的老站房的存在状态不容乐观，虽然有少数被铁路系统或当地保护了起来，但随着铁路线路的拓展及变更，还会有被拆毁的可能，尤其是 2012 年张集铁路（张家口—集宁）的开通，避开了大同，正在逐步遗弃原有的张绥铁路的大部分路线。而对这些遗产资源的赋存与保护状况还缺乏系统的调查和研究。这条有着重要历史意义的铁路的工业遗产价值尚未被系统彻底地考察，其工业遗产价值亟待被评估。

因此，对京包铁路线上的老站房的深度调研，不仅对研究建筑技术和建筑史有着重要的补充作用，而且对进一步研究京包铁路的修建及其与社会变迁的关系乃至周边区域的民风民俗等社会现象亦有着十分重要的意义与价值。火车站建筑往往会成为所在地的标志性建筑，火车站的老站房就像一位历史老人一样站立在铁路线旁，默默地注视着车来人往，感受着历史带来的沧桑。

6.2.3　对白塔火车站和卓资山火车站老站房的测量

2018 年 1 月 18 日，笔者又同董利军博士和研究生姚文俊一起驱车到白塔旧站和卓资山车站，对两站的老站房进行了细致的数据测量。此前的 2017 年 10 月 12 日，笔者曾与董利军博士对白塔站老站房进行了初测。

6.2.3.1　白塔站老站房

与2017年10月相比，白塔站老站房所在的院落更换了新的大门，站房附近增设了消防设施，院内有两个工程用的水箱，推测是为修复工程做准备的。可能由于季节的原因，白塔站老站房更显萧条（图6-28）。看护人员说屋顶随时都有东西掉下来。

图6-28　白塔站老站房（南面拍摄）

根据对站房及周边的考察，可推测站台在站房南边，当时乘客是经站房西侧由北向南进站乘车。原站台已经被土掩埋，土下有大石块，可大致推测站台位置，距站房地基约有5米。

整体上看，白塔站站房外部呈四方状。地基由大石块累积而成，外部由水泥混凝土涂抹。地基东西长24.46米，南北宽约[①]13.64米，外沿到站房外墙约2.21米，到廊顶3.26米。站房东西两面墙长9.20米，南北两面墙长约19.92米。

东墙（图6-29）原有一门一窗，门在南，宽1.84米，该门南侧距南墙外侧1.49米。北部为窗户，宽1.18米，窗户北侧距北墙外侧1.85米。门北侧距窗户南侧2.88米。从现在的痕迹来看，南面的门之后被改作窗户。

图6-29　白塔站老站房东墙

① 本节中数据，带有“约”字者，为数据累加或推测得出，其他为直接测量得出。

站房南面为正面。南墙现有三门四窗（图 6-30）。东门分上下两部分，上部分为弧形砖碹，碹厚 0.33 米，碹底距地面 1.85 米，弧形高 0.88 米；下部分是门，门的上边距弧形内侧 0.69 米，门高 2.06 米、宽 1.82 米，上门框下沿到地基 2.06 米，碹内侧顶到地基高 2.75 米。中门宽 1.05 米，门高 2.07 米，连窗高 2.67 米。西门高 2.09 米，宽 0.89 米。四扇窗户，西一窗户宽 1.18 米，高 1.69 米；西二窗户宽 1.17 米，高 1.70 米；东二窗户宽 1.18 米，高 1.69 米；东一窗户宽 1.17 米，高 1.70 米。外墙距西门西侧 0.94 米，西门东侧距西一窗西侧 1.32 米，西一窗东侧到西二窗西侧 1.10 米，西二窗东侧到中门西侧 1.59 米，中门东侧到东二窗西侧 1.34 米，东二窗东侧到东一窗西侧 1.40 米，东一窗东侧到东门西侧 2.01 米，东门东侧到外墙 1.76 米。南墙到地基外沿为 2.23 米。

图 6-30　白塔站老站房南面

站房西墙增建了一间厨房，幸运的是，站房原有结构未受到破坏。该墙原本有四扇窗户，都宽 0.61 米、内侧高 1.70 米，南二窗后来被改作门。西墙到地基外沿为 2.21 米。此次考察最大的收获是看到了站房北面（图 6-31）并进行了测量。北墙有一门（在西边）六窗。六窗户皆宽 1.18 米、高 1.73 米。窗户上有白色扇形，高约 0.41 米，两边各超出窗户 0.21 米。外墙距东一窗东侧 2.06 米，东一窗西侧距东二窗东侧 2.22 米，东二窗西侧距东三窗东侧 1.42 米，东三窗西

图 6-31　白塔站老站房北面

侧距东四窗东侧 1.33 米，东四窗西侧距东五窗东侧 1.58 米，东五窗西侧距东六窗东侧 1.03 米。西门宽 0.89 米、高 2.08 米。

该站房所有窗户下部都有水泥预制板凸出，预制板上面倾斜，外沿厚约 0.12 米、长 1.52 米。预制板上沿距地面 0.94 米，下沿距地面 0.82 米。该站房窗户大致如此。

站房外墙底部有水泥作为保护层，水泥层高 0.44 米，其中斜面高 0.06 米。外廊地面由水泥抹平，又划为 0.40 米 ×0.40 米方砖状痕迹。

站房外廊，东、西各有 5 根，南、北各有 9 根木质支柱，支柱油漆成绿色。木柱横截面为 0.14 米 ×0.14 米，距地面 0.9 米到 2.35 米间四棱被削去，小楞斜面 0.02 米。东面由南到北 5 根支柱之间的内侧距离分别为 3.11 米、3.11 米、3.14 米、3.14 米；西面 5 根柱子的间距与东面大致相同。南面 9 根支柱，由东到西支柱间的内侧距离分别为 3.10 米、3.11 米、2.80 米、2.30 米、2.29 米、2.82 米、3.10 米、3.10 米。北面由东向西 9 根支柱间的内侧距离依次为 3.12 米、3.09 米、2.81 米、2.30 米、2.31 米、2.82 米、3.11 米、3.14 米。其中第 8 根柱子嵌在补砌的墙体中。木柱下有水泥基础，0.26 米 ×0.26 米、高 0.21 米，水泥基础斜面高 0.06 米。北面支柱水泥基础距外墙水泥层 1.74 米，支柱内侧距砖墙体 1.89 米，即水泥保护层厚约为 0.09 米。地基外沿距支柱水泥基础外侧 0.22 米，距墙体水泥保护层 2.22 米。北面东一柱水泥基础距地基东外沿 0.20 米，西一柱水泥基础距地基西外沿 0.23 米。

南面窗户外有铁柱做防盗用。铁柱穿过窗户中档，在上下两端有铁板固定。窗户上部有金属质窗纱。从工艺程序来看，应为站房初建时装配（图 6-32）。

（a）　　　　（b）

图 6-32　白塔站老站房南墙窗户及用于固定护窗钢条的钢片接头

站房南面屋顶有三角形牌匾，上书“白塔车站”，左侧落款“陈世华书”（陈世华时任铁路局局长）及时间“中华民国十年八月”（图 6-33）。东西两面屋顶都有半圆形牌面，外圈有 PAITA 字样，内圈有“白塔车站”字样。东面牌面中间有掉落部分，图 6-34 是西面牌匾。站房内顶棚用窄木板封闭，并施以白灰。墙体为砖，内壁亦施以白灰。站房内部多处已经被改造，无法复原初建时的格局。图 6-35 是站房东侧的一间，显然被改作教室使用。

图 6-33　白塔站老站房南面牌匾

图 6-34　白塔站老站房西面牌匾

图 6-35　2018 年 1 月站房内部（东部分，显然做过教室使用）

在距站房东南角东南约 0.5 米地方，有一信号房。信号房的四面墙各宽 3.28 米，门在西墙上。南墙有一窗户，宽 1.2 米，内侧高 0.91 米；东墙亦有一窗户，大小同南墙。从水泥护层上端到顶沿下端 2.18 米。门宽 0.92 米，内侧高 2.10 米，门南侧到外墙 1.09 米（图 6-36）。

该信号房屋顶呈正四面椎形，内部为“十”字形梁，梁置于四个墙角处（图 6-37），承重是在墙上还是墙内的支柱上尚不可知。

站房东北角、东南角各有一个碉堡，东北角者顶部缺失，壁厚约 0.52 米，呈椭圆形，东北方向有 8 个射击口（图 6-38）。

图 6-36　白塔站老信号房

（a）　（b）

图 6-37　白塔站老信号房屋顶结构

（a）　（b）

图 6-38　白塔站老站房东北角碉堡和光滑坚固的碉堡内壁

站房路西，有四间房，为站长住房（图 6-39）。东墙长 5.2 米，北墙长 14.32 米。四间中东两间现在有人居住。蓝砖砌成墙，砖长 0.26 米、宽 0.13 米、厚 0.55 米。在西一间对面，设有一厨房。

图 6-39　白塔站老站长住房（现东侧两间有人居住）

站长住房西边，有一排职工宿舍，现有人居住，大约20余间，有14个烟囱，间隔不一。

6.2.3.2　卓资山站老站房

与白塔站不同的是，卓资山站目前仍在使用中，1987 年站房停用。该站房经常修复，目前保存较为完好。

卓资山站房与白塔站站房形制相似，只是规模要小一些。图 6-40 为卓资山站老站房南墙和东墙。

图 6-40　卓资山站老站房南墙和东墙

站房东墙现有一门一窗，门在北，窗在南。外墙距门北侧 1.90 米，门南侧距窗户北侧 2.74 米，窗南侧距外墙 1.80 米。门宽 1.5 米，窗户宽 1.19 米。但有明显的痕迹表明，南面的窗户原本是门（图 6-41）。根据目前可见的痕迹，可推测该南门原来宽 1.88 米，此门距北边的门 2.41 米。

图 6-41 卓资山站老站房东墙南窗户

站房南墙有二门五窗，从东到西依次为东门、窗、窗、中门、窗、窗、窗。东墙距东门东侧 2.06 米，东门西侧距东一窗东侧 2.51 米，东一窗西侧距东二床窗东侧 1.27 米，东二窗西侧距中门东侧 0.99 米，中门西侧距东三窗东侧 0.99 米，东三窗西侧距东四窗东侧 1.28 米，东四窗西侧距东五窗东侧 1.27 米，东五窗西侧距西墙 1.16 米。中门宽 1.05 米，内侧高 2.86 米，门扇高 2.11 米，弧高 0.1 米。现存东门门宽 1.51 米，框内侧高 2.70 米（门扇高 2.07 米）。但从痕迹来看，该门初建时应宽 1.88 米，现变窄 0.37 米。

站房西墙有四扇窗户，该侧窗户宽度要明显小于其他侧窗户。该侧窗宽 0.61 米，内高 1.61 米（至弧顶，去弧后高 1.53 米），窗户下端预制板为玄武石质，上沿距地面 0.93 米，下沿距地面 0.78 米。南一窗南侧距外墙 1.30 米，南一窗北侧距南二窗南侧 1.13 米，南二窗北侧距南三窗南侧 1.81 米，南三窗北侧距南四窗南侧 1.11 米，南四窗北侧距北墙 1.32 米（图 6-42）。

图 6-42 卓资山站老站房北墙和西墙

站房北墙亦有二门五窗，从东到西依次为窗、窗、窗、中门、窗、窗、西门。西墙距西门西侧 0.90 米，西门东侧距西一窗西侧 1.75 米，西一窗东侧距西二窗西侧 1.21 米，西二窗东侧距中门西侧 0.94 米，中门东侧距东三窗西侧 0.94 米，东三窗东侧距东二窗西侧 1.22 米，东二窗东侧距东一窗西侧 2.90 米，东一窗东侧距墙 2.07 米。

同白塔站老站房一样，廊下由木柱支撑。但木柱基础为玄武石质，而不是水泥。木质支柱方 0.15 米，四棱的每一棱都呈凹形（图 6-43）。木质支柱基础为石质，0.31 米 ×0.31 米，高 0.22 米，斜面部分高 0.08 米（图 6-44）。

图 6-43　卓资山站老站房木柱一棱（局部）

图 6-44　卓资山站老站房木柱石质基础

东、西两面各有支柱 5 根，东面支柱内侧距离由北到南依次为 3.04 米、3.11 米、3.11 米、3.07 米；南、北两面各有支柱 8 根，南面支柱内侧距离由东向西依次为 3.08 米、3.09 米、3.53 米、3.53 米、3.30 米、3.12 米、3.08 米。南面支柱内侧距砖墙 1.85 米，西面支柱内侧距砖墙 1.81 米。

站房外墙水泥护层高约 0.35 米（其中斜坡高约 0.06 米）。现在地面距廊顶 3.1 米，廊下地面水泥抹平，有 0.53 米 ×0.53 米的刻痕。

现在站台地面与站房基础上面齐平，既无法得知地基高度，又不能确定现在裸露在外的地基边界就是原来的地基边界。目前测得，站房北面的石质柱础距地基外沿 0.24 米，与白塔站老站房相近，推测裸露地基应为原来的地基。

与白塔站老站房不同的是，卓资山站站房的窗台与支柱基础都为玄武石质，白塔站老站房为水泥混凝土。玄武石质预制板外沿距窗户 0.2 米，最薄处（外沿）厚约 0.14 米，里端厚 0.17 米。上面依窗户形有弧线，外稍低于内，便于水流。

白塔站老站房和卓资山站老站房是京绥铁路大同到呼和浩特段颇具代表性的站房，目前马盖图站和陶卜齐站的旧站房还在，其他都已拆除。

从以上分析可以看出，白塔站老站房和卓资山站老站房建筑风格完全一致，只是在规模和一些细节上有所区别，白塔站老站房比卓资山站老站房稍大一点、木质支柱造型稍有不同、支柱基础有水泥和石质的区别、白塔站老站房北面没有牌匾（卓资山站老站房背面的牌匾何时设立不得而知），等等，但总体上相仿。两站房东南角两面都开设有门（之后被改），西面的窄窗户设置也一样，推测是为相同的用途而设。

需要补充说明的是，该区间站房的廊式结构在京张段的部分建筑中已经出现，例如南口工程司处正房、南口机器总管处正房、康庄站站房及张家口站站房背面都有使用。窗台下沿在白塔站是水泥筑成，在卓资山站是玄武石质，南口站的一些房屋中的则是木质。南口养路工程司住房（图 6-45）与此段的站房颇有相似之处，只是屋顶要比白塔等站简单得多。

（a）　　（b）

图 6-45　南口养路工程司住房及其柱础

资料来源：王嵬 . 我的京张铁路 . 穿越关沟 . 北京：中国铁道出版社，2017：48

在 2017 年 10 月的调研中，笔者拍到了白塔站老站房屋顶的吊灯处，竟然与南口养路工程司住房屋内的吊灯处风格相似（图 6-46）。但修建年代暂不可考，或许是之后同一时期修葺所致。

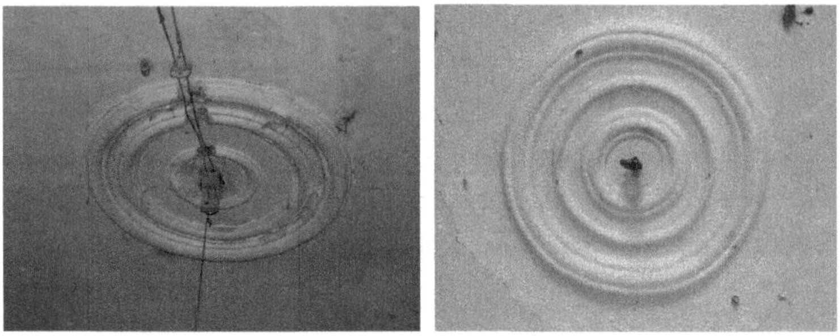

（a）　　（b）

图 6-46　白塔站老站房内的吊灯处与南口养路工程司住房内的吊灯处

资料来源：王嵬 . 我的京张铁路 . 穿越关沟 . 北京：中国铁道出版社，2017：49

关于该线站房，仍有一些问题没有得到解决。卓资山站老站房墙上的标识显示，该站房建于1936年。但火车通到卓资山是在1921年1月。有资料显示，与卓资山站站房形制相同的大同站站房建于火车通到大同时的1914年。这样可以有两种推测：一是火车通到卓资山时并没有建站房，等到1936年才建；二是1921年建成了站房，1936年又重建。笔者目前还是怀疑“建于1936年”的说法，认为此说法有误。

另外，关于此站房的设计者，目前还没有找到相关史料记载。有铁路工作人员认为是日本人修建，这也有值得商榷的地方。1918年京绥铁路第一次向日本人借款，有资料显示1919年1月4日京绥铁路交予日方管理。由此卓资山站站房有可能是日本人插手修建，但大同站站房与此站房形制相同，是日本人早于此前就查收京绥还是之后模仿大同站站房进行修建的呢？且白塔站站房站名由当时的路局局长陈世华书写，又如何解释？只能待史料的进一步发掘来破解这些谜案。

6.3　工业遗产视野下的京绥铁路

京绥铁路是西方铁路技术移植到我国的重要案例。京张铁路总工程司詹天佑的精神是优秀的文化财富。京绥线上的很多车站见证了历史的变迁。时至今日，京绥铁路线还发挥着重要的经济作用。京绥铁路应当是我国重要的工业文化遗产。

6.3.1　国际对于作为工业遗产的铁路的评价情况

工业遗产也称为“产业遗产”，是具有历史、社会、科技、建筑等价值的工业遗存，“是在一个时期一个领域领先发展、具有较高水平、富有特色的工业遗存”[①]。工业文明已经影响并仍在影响着整个人类的发展，甚至影响了地球上其他的生命形态。工业遗产正是工业活动的物质证据，这些体现深远意义转变的证据具有普遍的人类价值，研究和保存这种证据的重要性显而易见。

国际上针对铁路作为工业遗产的标准制定较晚，Anthony Coulls参考了世界遗产委员会关于早期运河和桥梁的研究，提出如下标准要点。[②]

（1）显示人类智慧的创造性工程。有时在全世界非正式的铁路排名中，此类标准常被应用。铁路是技术系统，由工程师设计和建造，因此辨别出世界上最伟大的工程师和铁路是可操作的。像铁路这样复杂的社会技术系统，不仅体现了少

① 单霁翔．关注新型文化遗产——工业遗产的保护．中国文化遗产，2006，（4）：10-45.

② Coulls A.Raiways as World Heritage Sites.Paris：ICOMOS，1999.

数精英的智慧，而且是各行各业集体合作的产物，因此还必须强调铁路建设的合作特征。

（2）技术革新的影响和对技术革新的反作用。修建铁路的基本目的是提供货运和客运服务，但科技在其中扮演了关键的角色，因此科技革新应该被列入世界遗产的标准中。铁路科技包括铁轨、路基、工程和建筑结构以及建造方法。早期的铁路大多由手工建造，之后机械化迅速被引进。科技创新的标准可以应用到不同类型和时期的铁路发展中。技术人员的世界性在铁路机械建造史上发生得很早，而且也是其更晚时期的一个特征。技术的因素永远需要被考虑，现代科技史编纂学还需要跨学科的方式：社会的、经济的、环境的和政治的因素。把技术从历史中剔除，会丢掉整个故事的最重要部分：技术改变和影响全球，社会和经济也受其影响。

（3）优秀的或最具代表性的典型案例。这种典型性体现在不同方面。设计优秀，或者即便不够典型但由于其存活下来而变得特殊，因而具备突出价值，原创性和权威性也许是评判铁路典型性的因素。遗产曾经很普通，但经过岁月变迁存留下来的少数案例。某一事例尽管从其他标准来看并不突出，却由于其历史完整性而具有国际重要性——在具备有意义的历史内容的同时仍满足着运输的功能。要指出在建筑和历史意义方面都出色的国际性火车站，是很容易的。也许最好的选择是把大火车站作为一种分列的世界遗产项。小的火车站可以归为相应地区的完整铁路的一部分。

（4）能体现社会和经济发展的历程。建造铁路的目的是利用其运输功能。这个基础功能为很多政治、经济和文化的目的服务，同时还满足了人们旅游和贸易的需要。然而，这种多元性也为遗产自身带来了挑战。尽管评估铁路对社会和经济的直接贡献很困难，但铁路对经济发展和工业化的推动作用不言而喻，除了少数因铁路而兴起的工矿市镇外，城市和郊区之间的电车轨道、高架轨道和地铁等也影响了城市地区的社会发展。即使铁路对城镇或城市内居民的迁移意义不大，有旅客和行李停留的车站对城市形态的演变也有着重要的影响。

上述各方面不是孤立存在的，而是相辅相成、互为补充。某一案例可以在某方面比其他方面有更多意义。一个地点也许在技术上意义重大，而另一地点可能更有社会和经济价值，在针对个案进行分析的时候需综合考虑。

国外被《世界遗产名录》收录的铁路有奥地利的塞梅宁铁路（1998 年收录）、印度高山铁路（大吉岭喜马拉雅铁路，2005 年收录）及贾特拉帕蒂·希瓦吉终点站（维多利亚火车站，2004 年收录）等。国内也有铁路（或相关建筑）

被保护，如中东铁路建筑群、武汉大智门火车站、嘉阳小火车和芭石铁路、鸡街火车站、东清铁路哈尔滨总厂铸造车间等。

从以上受保护的铁路（或相关建筑）来看，它们各有特点，笔者将其特点归纳为以下几个方面。

（1）首创性。塞梅宁铁路是人类建造的第一条穿越崇山峻岭的铁路线，并沿用至今。大吉岭喜马拉雅铁路是世界上第一条，也是最杰出的一条山区旅客运输铁路线的典范。而武汉大智门火车站是我国第一条长距离准轨铁路的大型车站。首创尤其是技术上的首创在技术发展史上有着重要的意义，是技术成熟与突破的表现。

（2）建筑物具有鲜明的地域特色或别具一格的建筑风格。许多建筑都反映着时代的特色和地域的风格，工业时代最重要的运输铁路及其附属建筑（如车站）更是为世人重视，其建设更能体现当时典型的建筑风格和地域特色。同时，由于历史原因，这些具有鲜明特色的建筑还可能带有政治色彩。例如，维多利亚火车站的建筑风格属于维多利亚风格，同时也保留了印度的工业特别是铁路在殖民经济支持下的发展的烙印；我国的中东铁路建筑群就具有俄罗斯风格，同时它也是晚清时期根据《中俄密约》由华俄道胜银行承办建设的，具有政治侵略性；武汉大智门火车站则呈法式建筑风格；鸡街火车站的主要建筑为中西合璧的仿法式建筑。

（3）代表性和稀有性，这是遗产的基本特点。火车作为交通工具，其技术也是在不断革新和发展的，适当保存一些早期的技术，可以供后人很好地了解铁路和火车的发展历程。例如，嘉阳小火车就是采用了第一次工业革命的技术，至今仍保留着传统的燃煤式炉瞳门、人工手铲加煤、锅炉蒸汽传动、古曲式汽笛、窄小的轮轴和铁轨；芭石铁路的信号、搬道、电话也一直沿用传统的机械方式。一些铁路由于地域特点或其他原因，当时修建时没有按照常规，这显示了技术的多样性和普适性，亦是技术价值的体现。例如，个（个旧）碧（碧色寨）石（石屏）寸轨（轨距 60 厘米）铁路就是这方面的典型。

（4）艺术性。由于铁路建筑所处的地理位置重要、人口流动量大等特点，其历来被建筑界重视，很多铁路建筑（如车站）都成了所在城市的地标性建筑，所以铁路建筑业更能体现出设计者的美学理念，折射出当时当地的主流或是盛行的建筑风格，有很多铁路建筑是当时“最美”的设计，这也是工业遗产的美学价值所在。例如，维多利亚火车站、中东建筑群中的建筑等都是当时典型的具有浓郁特色的建筑。

（5）有一定历史、社会、政治意义。有些建筑尽管在技术价值方面不够显著，但由于历史原因，可能发生过很多有政治影响的事件，这就给铁路建筑增添了政治色彩和教育功能，即它的教育和精神价值，如东清铁路哈尔滨总厂铸造车间。

（6）保存相对完整。除了有以上特点外，所有受保护的遗产都有一个共同点，就是保存相对完整，这也是工业遗产保护对象所必需的。只有完整才能更好地体现多方面的价值。尤其是在美学价值方面，其对完整性的要求就更高些。例如，智利的阿拉曼达火车站和巴拉圭的亚松森到萨普卡依铁路体系，虽然有很高的保护价值，但由于其“美学的完整性受到了侵害”以及“忽视和人为破坏，铁路线受到损害”，被列入“1996—2006 年世界古迹基金观察名单”中，它们原有的价值被打了折扣。

6.3.2 京绥铁路的工业遗产价值初探

京绥铁路已有百年历史，是中国百年的见证者，具有重要的工业遗产价值。

6.3.2.1 京绥铁路工业遗产价值分析

京绥铁路具有重要的历史价值。它是工业文明进入我国的重要体现，是我国铁路建筑史上的里程碑。它见证了由于它的存在，沿途的社会、经济、交通的发展以及风土人情的变迁。京绥铁路首先对经济产生了巨大影响，如前所述，曾为小镇的水旱码头包头由于京绥铁路进入京津地区，成为国内贸易的重要港口。北京到张家口、张家口到包头，在火车未通之前运输主要是靠人力和畜力，效率低下、价格昂贵，严重影响了经济的发展。人们长期偏居一隅，几乎与世隔绝，尤其是绥远地区，偏离内地，情况更甚。京绥铁路的发展奠定了我国西北地区的工业基础，见证了我国西北地区人们生活的变迁，它不仅为西北地区的交通运输做出了巨大贡献，而且开创了我国自建铁路的历史，显示了工业遗产所具有的重要历史价值。

京绥铁路具有重要的社会价值。它见证了铁路沿线人们不同时期的日常生活，它在给人们出行、贸易带来便利的同时，也成为人们不可割舍的精神依赖。它记录了我国第一批铁路建设者的难忘经历，成为“京张人”“张绥人”社会认同感和归属感的基础，产生了不可忽视的社会影响。京张铁路是詹天佑一生中经手的最为辉煌的工程，他在临终前还说“魂梦所系，终不忘京张”[①]！肺腑之言，

---

① 詹同济，黄志扬，邓海成．詹天佑生平志．广州：广东人民出版社，1995：208.

感人至深。京张铁路和詹天佑的丰功伟绩是当时中国人的骄傲、工人的自豪，同样也让后人景仰。京张铁路反映着时代特征，是承载历史信息的工业遗产，能够振奋民族精神，传承产业工人的优秀品德；京张铁路蕴含着同仇敌忾、自强不息、勇于创新、励精图治、锐意进取、精益求精等优秀品质，京张铁路精神是一种永不衰竭的精神气质。京张铁路不仅承载着真实的历史信息，帮助人们追述近代社会图景，还是对京张铁路工人历史贡献的纪念和其崇高精神的传承。

京绥铁路具有重要的科技价值。“科技价值是工业遗产价值的核心”[①]，科技价值在工程上直接体现为技术价值，技术价值也是工业遗产不同于其他文化遗产的根本特点所在。作为首次完全由中国人设计施工的京绥铁路，在引进吸收西方铁路技术的同时，中国传统的建筑技艺也潜在地注入该路的建设当中。前文所述的三合土和片石的使用、手工开凿隧道的技术、桩柱法夯实地基等都是传统技术的应用。西方先进技术既体现在建筑实体中如钢架桥的利用，更深层次地蕴含在铁路的勘测修建过程中。铁路建筑工程是综合性很强的工程，是多种技术的集合体。从钢轨的铸造和铺设，到水泥的生产和使用，再到机车的制造，乃至整个铁路的运输与管理系统，都是先进技术的体现。京绥铁路就是中国传统技术与西方先进技术的结合体，是技术融合的标本。京绥铁路的技术价值也反映在它是中国工业技术及其发展的见证。从建筑原材料、所用设备到路线铺设、铁路运营，都记载了当时技术的进步与创新，从中我们可以了解到中国工业发展的脉络。铁路技术是工业时代的伟大杰作，铁路建设是铁路技术的综合实施。京绥铁路的建设首次实现了完全由中国人设计施工管理的目标，从铁路的选线、勘测、定线，到具体的铺道、铺碴、安放枕木、固定钢轨，再到最后的通车运营，都具有特殊的科技价值。京绥铁路的路线还成为现在增扩路线的重要参考。

京绥铁路具有重要的经济价值。按照初建投资，京绥铁路价值六千万元[②]。经历了百年沧桑，其依然在发挥着作为铁路的功用。2008 年北京奥运会前夕，北京北站至延庆站的旅游专线“S2 线”开通运营，京张铁路上开始行驶“和谐号”。百年铁路与千年长城相得益彰，中国古代长城、近代第一条自主修建的铁路与象征现代高科技的动车组，形成了一幅穿越历史的魅力画面。在京张高铁建成之后，京张铁路的运输量有所减少，京、张两地之间的直达旅客可能更愿意选择高铁，但京张铁路区间的运输功能会日益凸显，例如北京北站到延庆站旅游专线的开设，就是一个很好的例子。这是它作为工业遗产的经济价值，也是它的实

① 寇怀云 . 工业遗产技术价值保护研究 . 上海：复旦大学博士学位论文，2007.

② 郭则诚 . 整理平绥铁路刍议 . 交通杂志，1933，(6/7)：183-193.

体价值。该路的开通不仅给奥运期间国内外游客游览八达岭长城及北京北部景区提供了方便，还大大改善了北京西北部地区的交通运输条件，为该地区的经济社会发展提供了有力的运力支撑。2008 年国庆假期期间，共运送旅客 5.8 万人次，受到了市民的欢迎。在张家口以西的内蒙古地区，京绥铁路仍然发挥着重要的交通运输作用。“平绥铁路的沿途风景如八达岭之雄伟，洋河之迂回，大青山之险峻；古迹如大同之古寺，云冈之石窟，绥远之召庙，各有其美，各有其奇，各有其历史之价值。瞻拜之下，使人起祖国庄严，一身幼稚之感，我们的先人惨淡经营于先，我们后人是应当如何珍重保守，并使之发扬光大！”[①]1906 年詹天佑为满足关沟段机车维修的需要设立了南口工厂，现在的南口机车车辆机械厂已发展成一家现代化的企业。[②]

京绥铁路的建筑也有自己独特的风格，这是它的美学价值。不同建筑风格的站房、桥梁乃至“人”字形路线，都是京张铁路的美学价值体现。

京张铁路是我国精神宝库中的一笔巨大的财富。它在日薄西山的晚清政府时期，通过国人上下一心、历经艰辛，在外国人的感叹中建成。“詹天佑领导修建京张铁路的卓越成就为深受侮辱的当时中国人民争了一口气，表现了我国人民的伟大精神和智慧，昭示着我国人民的伟大将来。”[③]京张铁路精神激励着中国人民自强不息、坚忍不拔、发愤图强。

京绥铁路已成为沿途各地不可或缺的组成部分，融入了我国广袤的西北地区，并成为其灵魂。该地区任何城市的发展规划都需要考虑它的存在，社会经济的发展都会和它相互影响。它已经成为人们日常生活中的一部分，也必将成为后人的重要的研究对象。

保留京绥铁路工业遗产的物质形态，弘扬其文化精神，既能为后世留下曾经承托经济发展、社会成就和工程科技的历史形象记录，也能为城市经济的未来发展带来许多思考和启迪，更能成为推动经济发展的重要源泉。

6.3.2.2　对京绥铁路工业遗产的考古情况

在“工业遗产”名词进入我国之前，对京张铁路的宣传和保护已略有举措。21 世纪初，京张铁路逐步被重视，例如，青龙桥车站被列为北京市重点文物保

① 郑振铎，冰心 . 西行书简 · 平绥沿线旅行记 . 太原：山西古籍出版社，2002：221.

② 中国铁道学会，铁道部科学技术馆 . 詹天佑逝世七十周年　京张铁路通车八十周年纪念活动专辑 . 北京：中国铁道出版社，1990.

③ 李四光 . 李四光在 1961 年 4 月 26 日詹天佑诞生一百周年的纪念会上讲话 . 人民日报，1961 年 4 月 27 日（4）.

护单位，南口车站为昌平区重点文物保护单位。但是仍有很多车站被改造原貌，没有得到很好的重视和保护。京张铁路的河北段也面临着类似的问题。

随着工业遗产意识的逐渐增强，人们也开始从工业遗产视角来审视京张铁路，并对其进行工业考古。由《北京日报》和首都博物馆组成的北京工业遗址调查小组曾对京张铁路北京段进行实地考察。[①] 河北省文物局与石家庄经济学院工业遗产调查课题组合作，组建了工业遗产专项调查队伍，也对京张铁路（河北段）进行了调查。[②]

2006 年，北京市建筑设计研究院《建筑创作》杂志社与中国文物研究所文物保护传统技术与工艺工作室合作，组成“建筑文化调查小组”，发起“华北地区历史建筑遗迹考察”系列活动，其中将“京张铁路沿线重要建筑历史遗存调查”列为系列活动的一项。该活动以田野考察为基本方法，结合古代典籍，深入调查京张铁路沿线现存历史建筑的分布情况及其保存现状，重点考察沿线各地历史文化街区的保护与当地经济发展、人民生活的关系问题。[③] 但这次调查重于沿途建筑，所以不是对京张铁路的工业考古。

2006 年中国工业遗产保护论坛之后，与工业遗产有关的新闻报道出现于报纸等媒体，但对京张铁路深入系统的工业考古尚没有出现，张绥段就更不为人重视了，尤其是没有技术史工作者的直接参与，使得考察不够完满。

值得关注的是，有一些民间组织利用业余时间对京张铁路进行了广泛的调研，并将部分照片公布于网络。由于参与人数多、方式灵活，其对保护和宣传京张铁路工业遗产有着积极的意义。

以上是对“京张铁路”的工业考古和调查，对张家口到包头一段的工业考古到目前为止很少发现。

6.3.3　技术史视野下京张铁路的工业遗产价值

京绥铁路的工业遗产价值集中体现在京张铁路中。本部分拟以京张铁路为对象，重点讨论其工业遗产价值中的技术价值。

6.3.3.1　京张铁路的技术史价值

工业遗产视野下京张铁路的技术史价值主要体现在以下几个方面。

---

① 北京日报，2007 年 10 月 24 日（5）.

② 河北日报，2009 年 9 月 4 日（7）.

③ 殷力欣，温玉清，刘锦标，等 . 京张铁路历史建筑纪略 . 建筑创作，2006，（11）：150-162.

1）路线的勘测选择具有创新性

铁路线路测定，宜取平取直。一为筑路容易，所用经费少；二为行车顺利，维护费用少。北京到张家口之间崇山峻岭不可避绕，加之工期、经费及技术条件的限制，路线测定成为铁路建设的首要难题。

为了和京奉铁路衔接，京张铁路以京奉铁路 60 号桥为起点。整条路线以南口和岔道城为界分为三段勘测，其中第一段和第三段路线相对平顺，易于定线。第二段中，即从昌平到康庄一段，经过多次勘测，几经比对，才最终确定了路线。

在这一段路线中，原定开凿三条隧道，即五桂头、石佛寺和八达岭隧道。但在施工的过程中，发现居庸关一带地势过于险陡，坡度超过了修建铁路的最大限度，为降低坡度必须要延长线路，因而增开了居庸关隧道。八达岭隧道是京张铁路中最艰难的工程，初测时隧道长达 6000 多英尺（合约 1830 米），开凿时间需要两年之多。这是工期所不允许的（清政府要求四年内建成京张铁路）。为了缩短隧道长度，只得另择隧道开凿处，为此在青龙桥附近采用“人”字形路线，既降低了坡度，又将八达岭隧道的开凿长度缩短了一半，节省了工时，也节约了经费。“人”字形路线已经成为京张铁路的标志。

铁路建设首先是路线的确定。面对无法避绕的八达岭，詹天佑等工程师通过多次实测对比，最终选定了路线。在此过程中，因地制宜十分重要，显示了工程建设的“唯一性”，也凸显了工程师工作的创新性。

2）传统技术的应用与创新

京张铁路完全由中国人自己修建，由于经费紧张，詹天佑尽量减少购置国外先进设备。在修建该路时，大多采用传统技术。

在开凿八达岭隧道时，在隧道中间开挖两个竖井，使工作面增加为六个，大大加快了开凿进度。詹天佑首次采用拉克洛炸药开凿铁路隧道，此种炸药爆炸力强但性能稳定，之前只用于开发煤矿。

在修建桥梁墩台时，为了节省水泥，詹天佑在混凝土里掺以片石。片石为京张铁路自己开厂生产的，属詹天佑“开源节流”的重要举措之一。一些厂房的墙壁，也用片石替代砖来建造。在桥梁架设过程中，为了增加桥梁强度，要在水泥混凝土中铺设钢材，但当时国内掌握这种技术的人很少。京张铁路的水泥混凝土中经常加入沙、碎石，这样既增加了桥梁强度，也节省了水泥。在厂房修建时，地基多采用石灰、黏土和细沙组成的三合土，来替代水泥混凝土。

为了加固车库等的地基，京张铁路多采用桩柱法，即用几百根 1—1.2 米长的柳树桩打入地内，以增加地质硬度。墙基分为三层：第一层为一四八石灰三合土，厚约 0.5 米，宽 1.8 米；第二层为一三六石灰三合土，宽 1.5 米；第三层为一四八水泥混凝土，厚 0.6 米，宽 1.1 米。这样既节省了经费，又不影响建筑质量。

上述拉克洛炸药用于铁路隧道开凿中属首次，而使用三合土、片石及树桩法都是传统技术在铁路建设中的运用。这也是铁路技术移植中国本土化表现的一个方面。

3）首次引进“自动挂钩”

京张铁路修建时期，机车及车辆之间的连接有链子车钩、螺旋车钩和自动车钩三种。链子车钩适用于平原，在山区容易脱钩；螺旋车钩在山地行驶比较安全，但摘挂不便。在京张铁路修建之前，中国多采用链子车钩。

詹天佑在修建京张铁路时发现，链子车钩在山路上容易断裂。经过比较，决定在京张铁路使用“自动车钩”，并上书清政府统一铁路标准，建议全国铁路推广这种挂钩。[①]该挂钩曾一度被传为是詹天佑发明的“詹氏挂钩”[②]，其实詹天佑本人最早将其译作“姜尼挂钩”，在之后编著的《新编华英工学字汇》中，定名为“郑氏车钩”。

自动挂钩的引进，是中国铁路建设中的一件大事。在这之前中国铁路多由英国工程师主持修建，车辆之间的链接多采用链子车钩，在关沟段就曾发生过车辆脱钩的事故。因此，有留美经历的詹天佑决定引进此挂钩并在全国推广。这对全国铁路规范化具有促进作用。

4）站房建筑特色

站房是旅客乘坐火车办理乘车手续及候车的场所，是铁路系统重要的附属设施。由于站房是连接铁路与地方的固定建筑，所以其特色往往被铁路系统和当地双重重视。铁路上的建筑都带有显著的特色，很多建筑会反映出设计师的审美风格。例如，中东铁路的建筑多为俄罗斯风格，胶济铁路的建筑多为德国风格。大多铁路站房不仅是本铁路线的标志，也总是会成为当地的地标性建筑。

京张铁路的站房有统一的形制，按照车站运输量大小，将站房建设分为四个等级。除个别特殊车站外，同一等级的车站站房样式、规模都一样，大多数车站都按照规定建设。不同等级的站房，规模大小不同，式样统一。有研究者认为京

---

① 詹天佑科学技术发展基金会，詹天佑纪念馆 . 詹天佑文集——纪念詹天佑诞辰 145 周年 . 北京：中国铁道出版社，2006：10.

② 徐启恒，李希泌 . 詹天佑和京张铁路 . 上海：上海人民出版社，1957：53.

张铁路的站房风格是采用了当时美国流行的小车站站房式样。[①]

铁路工程建设代表着当时的技术水平，京张铁路建设既有西方先进技术的引进，也有中国传统技术的运用。京张铁路是传统技术与西方技术结合的标本，在技术史上具有重要意义。

作为中国工程师全面主持修建的第一条干线铁路，京张铁路在铁路技术的移植方面做了有益的探索，并取得了成功。[②]与单纯的技术不同，工程活动具有“唯一性”的基本性质和基本特征[③]，京张铁路的修建具有自己的技术特色。

6.3.3.2 京张铁路上的纪念物

1）詹天佑纪念馆

詹天佑纪念馆坐落在延庆区八达岭长城北侧，是一座为纪念詹天佑而建立的专题人物纪念馆，1987 年 11 月建成开放。纪念馆由瞻仰厅、序幕厅及陈列厅构成，展现了詹天佑从求学、投身铁路建设到抗清护路、拥护辛亥革命所走过的历程，同时展出了詹天佑生前使用过的测绘仪器、用具、印章、勋章以及京张铁路施工用具等。

该馆藏品有 1000 余件，其中包括詹天佑遗物——测绘用具、图纸、图书、手稿、勋章、奖章、学会证书、詹天佑建议全国推广使用自动车钩的建议书史料和自动车钩模型、詹天佑祖先在广东省南海县申请入籍获准的史料、詹天佑遗著、生活用品以及他所保存的辛亥革命历史照片等。陈列按詹天佑生平历史年代布置，展出了各个时期的文物、照片和模型。纪念馆编印有詹天佑名言录和生平事迹简介等资料。詹天佑纪念馆比较集中地展现了詹天佑的奋斗历程以及京张铁路的修建，是研究詹天佑及京张铁路的重要场馆。

2）书籍

詹天佑非常注重用文字记录工程情况，在京张铁路的修建过程中，他详细写下了测量日记，成为后人研究京张铁路的重要史料。

（1）詹天佑日记及书信。詹天佑的日记及书信已被整理出版多次，是研究詹天佑及京张铁路的重要参考资料，如《詹天佑日记书信选集》[④]《詹天佑文集——

---

① 王世仁，张复合，村松申，等．中国近代建筑总览・北京篇．北京：中国建筑工业出版社，1993：14.

② 段海龙．铁路技术在中国本土化的早期努力．中国科技史杂志，2016，（3）：338-347.

③ 李伯聪．工程与工程思维．科学，2014，（6）：13-16.

④ 詹同济．詹天佑日记书信选集．珠海：珠海出版社，2008.

纪念詹天佑诞辰 145 周年》[①] 等。

（2）《京张铁路工程纪略》及《京张铁路工程纪略（附图）》为詹天佑总结京张铁路工程而编写，是研究京张铁路的第一手资料。《京张铁路工程纪略》共 158 页，约 86 000 字，按照“总纲”“路线”“轨道”“土石”“桥工”“涵沟”“山洞”“房厂”“水塔”“栽种”等记录了京张铁路修建的细节。《京张铁路工程纪略（附图）》另编为一册，配合《京张铁路工程纪略》使用，里面有数十幅图，都如实记录了京张铁路的工程建设。

（3）《京张路工撮影》。《京张路工撮影》是一部记录京张铁路工程的摄影集，它用照片形式记录了京张铁路各段工程的桥梁、隧道、车站、水塔、停车场、制造厂和铁路材料厂，各类型机车、车厢，铁路工程局机关、工程人员、官员，工程验收和通车典礼情形。《京张路工撮影》分上、下两卷，共收录照片 178 幅，为广东摄影师谭锦棠摄、京张铁路局编制、同生照相馆制作[②]。拍摄时间是在京张修建和刚通车时，詹天佑曾送给美国的索夫人，引起了耶鲁大学经济学院教师高宗鲁的注意，之后和凌鸿勋共同编撰了《詹天佑与中国铁路》。《京张路工撮影》不是公开发行的图片集，只是作为礼品送给一些人。现今《京张路工撮影》在北京档案馆、詹天佑纪念馆及国家图书馆等都有收藏。詹天佑 1910 年 3 月 24 日曾致信美国友人威利·诺索布：“亲爱的威利：寄上照片册，请存念。内有各种富有兴味的工程建筑，这是中国工程司修筑的第一条铁路。”[③]猜测其中的“照片册”极有可能是《京张路工撮影》（图 6-47）。

图 6-47　《京张路工撮影》封面

20 世纪 80 年代，北京社会科学院历史所的研究人员在台湾见到了《京张路工撮影》的缩微片，认为十分珍贵，曾做了幻灯片，在国内学术会议上介绍。21 世纪初，北京市档案馆将所藏《京张路工撮影》申报“中国档案文化遗产”，被列入《首批中国档案文化遗产名录》。《京张路工撮影》是研究京张铁路、振奋民族精神的不可多得的珍贵史料。

① 詹天佑科学技术发展基金会，詹天佑纪念馆．詹天佑文集——纪念詹天佑诞辰 145 周年．北京：中国铁道出版社，2006.

② 据国家图书馆检索信息。

③ 詹天佑．詹天佑致威利·诺索布 1910 年 3 月 14 日信 // 詹天佑科学技术发展基金会，詹天佑纪念馆．詹天佑文集——纪念詹天佑诞辰 145 周年．北京：中国铁道出版社，2006：276.

中国国家图书馆曾从中选取32张有代表性的照片，制作成两套明信片发行，每套16张，分别命名为“京张路工”和“京张路工车辆”。2013年，天津古籍出版社影印出版了《国家图书馆藏京张路工集》，内容包括《京张路工撮影》和《京张铁路工程纪略》。

3）纪念物

为纪念詹天佑100周年诞辰，邮电部于1961年6月20日发行了一套（两张）纪念邮票（J87）[①]，由吴建坤设计（图6-48）。一枚为詹天佑像，面值8分；另一枚为“京张铁路”，面值10分。

图6-48　纪念詹天佑100周年诞辰邮票（J87）

据悉，我国台湾地区于1961年4月26日（詹天佑100周年诞辰）发行一套两张的邮票，由刘志炎设计、李炳干和陈廉惠雕刻的雕刻凹版制作。[②]可见华人对詹天佑具有共同的情怀。北京站曾以“纪念京张铁路”为主题发行了一套12枚的站台票（图6-49）。

（a）

① 中国邮票全集（中华人民共和国卷）. 北京：北京燕山出版社，1989：68.

② http://www.360doc.com/content/17/0103/11/8527076_619704195.shtml［2018-8-1］.

副　券
站
台
票
1.00元
(6) 12-2　京张铁路　西直门车站
一次有效　当日使用
请勿上车　售出不退
北京铁路局
加盖站名日期有效

（b）

副　券
站
台
票
1.00元
(6) 12-3　京张铁路　南口通车庆典
一次有效　当日使用
请勿上车　售出不退
北京铁路局
加盖站名日期有效

（c）

副　券
站
台
票
1.00元
(6) 12-4　京张铁路　南口机车房
一次有效　当日使用
请勿上车　售出不退
北京铁路局
加盖站名日期有效

（d）

副　券
站
台
票
1.00元
(6) 12-5　京张铁路　“人”字形铁路
一次有效　当日使用
请勿上车　售出不退
北京铁路局
加盖站名日期有效

（e）

副 券
站台票
1.00元
北京铁路局
加盖站名日期有效
(6) 12-6 京张铁路 五桂头隧洞
一次有效 当日使用
请勿上车 售出不退

(f)

副 券
站台票
1.00元
北京铁路局
加盖站名日期有效
(6) 12-7 京张铁路 响水堡104号桥
一次有效 当日使用
请勿上车 售出不退

(g)

副 券
站台票
1.00元
北京铁路局
加盖站名日期有效
(6) 12-8 京张铁路 新保安监工房
一次有效 当日使用
请勿上车 售出不退

(h)

副 券
站台票
1.00元
北京铁路局
加盖站名日期有效
(6) 12-9 京张铁路 青龙桥车站
一次有效 当日使用
请勿上车 售出不退

(i)

（j）

（k）

（l）

图 6-49　以“纪念京张铁路”为主题的 12 枚站台票

资料来源：孙彤 . 中国铁路彩色站台票鉴赏图集 . 北京：北京出版社，2005：406-407

在青龙桥站，民国时期为詹天佑修建的铜像屹立在那里（图 6-50）。

图 6-50　青龙桥站的詹天佑铜像

6.3.4　对京绥铁路进行工业考古和保护的必要性

6.3.4.1　作为工业遗产进行工业考古的必要性

对遗存遗址的保护是否必要，最基本的取决于两点：一是看价值如何，二是看存在状态如何，二者缺一不可。有价值而且有消失迹象的遗存才是我们研究和保护的主要对象。

作为一条铁路线，京绥铁路的大部分路线经过加固与改善后至今仍在使用；三类不同建筑风格的老站房还保存良好。京张铁路的标志性路段，青龙桥附近的“人”字形路线目前还在使用。青龙桥站 1905 年修建的水塔、护坡及涵洞都还存在。这些都可以作为工业考古的对象。但是，一些路段与建筑物的存在状态也不容乐观，例如，清华园站老站房已作为职工宿舍被改造得面目全非；南口、宣化、郭磊庄等站的老站房还在，但都被不同程度地做了粉刷和改装。值得欣慰的是，京绥铁路已经引起相关部门的重视，京张铁路的一些建筑已由沿线省市建立了相应的保护措施，如北京市、河北省就将京张铁路的几处建筑列为文物保护单位。京张铁路南口至八达岭段已于 2013 年被列为“全国重点文物保护单位”。青龙桥附近的“詹天佑铜像及墓”也被列为“北京市文物保护单位”。

随着经济的发展、铁路技术的革新，原来的京绥铁路面临着较为复杂的境况，利用与废弃并存，保护与开发矛盾。鉴于以上所述，京绥铁路具有重要的工业遗产价值，京绥铁路的工业考古和保护是十分必要的。

6.3.4.2　保护方法探讨

工业遗产保护的核心在于技术价值的保护。保护的方法就是将保护技术价值这个虚体转化为保护承载技术价值的物理对象和媒体介质。

作为一条线路，初建时的京张铁路已经被多次改线，把全部的、完整的、原始的线路保存下来是不现实的。现在需要做的是，在现今遗存的基础上，经过全面细致的工业考古，对有代表性的线路（如关沟段）及桥梁、涵洞隧道等进行记录并保护，保证其不遭受人为破坏。京张铁路上的老站房，尤其是西直门站站房、青龙桥站站房、张家口站站房都是具有鲜明特色和代表性的站房，都具有重要的历史意义，这些站房需要被保护，同时也要防止“过度保护”与破坏性的“修复”。

京张铁路的附属设施，如水塔、扳道岔、刻有苏码的里程碑等，以及修建京张铁路时使用的仪器设备，都是记录当时技术的重要实体，具有不可回溯性，需要重点保护。

除以上实物外，记录铁路修建的文献资料也是保护的对象。更多、更细致的技术信息不是直接体现在铁路实体上，而是被记录在文献资料中。上述《京张铁路工程纪略》《京张路工撮影》《詹天佑日记书信集》等，都详细记载着京张铁路修建时的信息，是深入研究京张铁路修建史的重要资料。

对于一些易被腐蚀的器件，要采用合理保存方式，如枕木。京张铁路初建时，所用轨枕全为木枕，一般寿命在 5—10 年。现在除一些弃用路段，其他早已换成了水泥枕。原来的铁轨也已经换掉，个别弃用路段可能还有 20 世纪初期的铁轨，但整个线路基本已经几次换新。不仅如此，随着技术的更新，轨道的安置固定方法也发生了变化，之前的鱼尾板、铁销系统已很难见到。这些技术应该找一个合适的方式进行保存，建议在一些弃用路线留一些实体。

需要注意的是，由于干线容易被更新，所以很多遗存不复存在。在这种情况下，当时修建的支线（如京门支线）也应该被列在调研对象中。

京张铁路代表着同时代的技术发展水平和工业化程度，保护京张铁路工业遗存，不仅是保护京张铁路本身，也是保护京张铁路那个时代的铁路遗存。

京张高铁的开通会为京张铁路提供更好的保护空间。鉴于铁路的特殊性，区间性的行驶列车会对铁路起到良好的保护作用。

京张铁路首先由于在中国铁路史上的里程碑意义被广泛认知，这是它作为工业遗产的社会价值和历史价值。它的技术价值长期以来被漠视，作为工业遗产，其价值的核心正在于此。

在技术史视野下研究和保护京张铁路，是保护其作为工业遗产的核心。铁路技术发展至今已有近 200 年的历史，技术早已更新换代，诸多方面实现了革新和突破。现在的高铁技术与史蒂芬森时代的铁路技术已不可同日而语。但技术发展的历程是漫长而连续的，每一项新的技术都是在原有技术的基础上实现的。在此期间，每一个技术环节都是不可或缺的，这是历史的真实面貌。保存一段典型的铁路就是保护一段铁路技术的历史。

近代中国的铁路建设不仅滞后，而且处于弱势地位，铁路除了在客观上促进了中国的近代化进程，更是列强经济、军事入侵的利器。然而，自京张铁路修建以来，我国的铁路建设虽历经风雨，但终究后来居上。有目共睹的中国高铁，已经引领世界标准，成为通行世界的中国名片。为迎接 2022 年冬奥会，连接北京与河北崇礼两个赛场，京张高铁已于 2016 年开工建设，计划在 2019 年通车。京张高铁正是京张铁路的升级版，也是中国铁路史的百年见证。

京张铁路见证了百年的历史，也将见证民族复兴梦想实现的光荣与辉煌。2017 年两会，全国人民代表大会代表、有“高铁院士”之称的王梦恕，提交了两份关于京张铁路的建议案。[①] 他认为百年京张铁路，是历史留给我们的宝贵的工业遗产，保护工作刻不容缓。他建议，应该建一个京张铁路遗址公园，作为镶嵌在中国土地上具有百年历史、长达 200 多千米的工业标本，京张铁路的价值不仅体现在使用价值上，其工业遗产价值必将与日俱增。

作为百年京绥铁路重要见证的工业建筑遗产亟待抢救和保护。曾激励中国人的京张铁路是一笔丰厚的财富，需要我们发现、挖掘、研究和保护。

---

① 赵莹莹．“高铁院士”王梦恕代表建议：保留京张铁路风貌建遗址公园．北京晚报，2017 年 3 月 14 日（03）.

第七章

结　语

7.1　京张铁路在铁路工程史上具有独特的意义

作为干线铁路，京张铁路首次由中国工程师独立设计，首次实现了路线设计与导轨铺设本土化，是西方铁路技术移植中国历程中一则里程碑式的案例。

7.1.1　京张铁路是铁路筑路技术在中国首次实现本土化的标志

在京张铁路之前，中国干线铁路建设全部由外国工程师主持，中国工程师未能主持一整条铁路的建设。从工程技术来讲，中国工程师未能完整实施一条铁路干线的修建。从技术转移角度讲，铁路修建技术未能被中国工程师完全掌握并实施，即技术未能完全移植。但京张铁路实现了铁路筑路技术的本土化。

铁路建设首先是路线设计。京张铁路的难点首先在于越过八达岭，这正是外国工程师认为中国人无法完成之处。而詹天佑等人却在有限资金与工期内，顺利完成任务。其中开凿的四条隧道中，最为艰难的八达岭隧道，基本依靠中国传统的开凿技术及一些技术应用和创新。整体来看，京张铁路的选线原则是“依山傍水”，尽量避免工程艰巨的地方，使整条线路如期完工。京张铁路路线设计完全由中国工程师完成。在铺设导轨时，原材料尽量就地取材，尤其表现在石碴和片石的开发和利用方面。

实施工程设计与施工的主体，即工程技术人员都是中国人，亦属首次。为此，京张铁路调集了国内多条铁路线的工程师，他们或有留学经历，或为本土培养。对于一般技术人员，詹天佑都认真甄别，甚至托人为没有蓄发的华人购买辫子，以免落人话柄，引起不必要的麻烦。

京张铁路的历史意义源于其工程史意义。自唐胥铁路以来，西方铁路技术随着中国铁路的建设逐步传入，其中不乏成功案例。然而京张铁路的意义不同于之前的所有铁路，它是铁路技术移植中国的典型案例，首次实现了路线设计与导轨铺设本土化，是中国人独立建设铁路时代的开始！

京张铁路的建设是铁路铺设技术在中国完全实现本土化的标志，但包含机车技术的整个铁路技术完全移植中国，是一个非常漫长的过程，也依赖整个社会工业化的进程。就此来看，技术的传播是渐进式的。

7.1.2 京张铁路历史意义的形成

铁路技术在科技发展的基础上产生于西方，并与西方国家的工业化生产相互促进。技术传播的本性和资本扩张的需求，注定铁路技术终被全世界采用，只是各地引入的方式不同而已。

伴随着一系列不平等条约，各国借铁路入侵掠夺，铁路进入尚未工业化的中国，实为勉强。但作为交通运输的铁路技术，总归有其客观存在的优越性，清廷态度的转变是必然的。詹天佑首先独立主持了新易铁路（一条很短的皇家专用线路），这是真正第一条中国人自己修建的铁路。但因不做经济用途，世人很少提及。京张铁路当之无愧的是中国第一条独立自主修建的干线铁路。促成京张铁路的历史意义有两条：

（1）筑路资金摆脱了外国资本的入侵，保护了路权。由于资金和技术的限制，再加上西方国家的强制“输入”，中国铁路的建设资金多借贷于国外。中日甲午战争之前，筑路资金的借贷基本属于正常的经济行为。中日甲午之后，经济借贷成为政治入侵的重要手段，资金输出国以资金注入的方式控制铁路，染指路权。因此，一条铁路完全由清廷支出，成为夺回路权的必要条件。京张铁路首先做到了这一点。

（2）工程技术全部由中国人掌握，保证了技术体系的完整。能够证实中国人可以独立修建铁路始于京张铁路。京张铁路之前的铁路都是由外国工程师主持建设的，究其原因一是国内尚无可以独立完成铁路建设的工程师，二是外国要通过指派的工程师管理铁路运营，以达到入侵路权的目的。詹天佑通过修建新易铁路小试牛刀，成功完成了京张铁路的建设，摧毁了中国没有能够独立主持修建铁路的工程师的谣言。从技术转移角度来看，京张铁路实现了路线设计与导轨铺设本土化。从政治角度讲，京张铁路开始摆脱了中国铁路建设由外国工程师主宰的命运。

京张铁路的示范作用不止在中国和中国的铁路工程界，应该是在所有与中国晚清具有共同境遇的地区，引领并激励它们独立自主建设铁路，并由此引申及其他领域。

7.2　京绥铁路与社会变迁密切联系

京绥铁路的建设过程与运营情况是中国晚清和民国初期社会状况的反映。

7.2.1　时局变迁影响了京绥铁路的修建

时局的不同，造成了京张铁路和张绥铁路建设历程的不同。从工程技术角度讲，修建张绥铁路比修建京张铁路时的技术更为成熟，而工程难度则更易于京张铁路，但最终工程进度和工程质量却要远逊于京张铁路。

京张铁路整个建设过程在晚清，尽管当时大清国力衰竭，但国内局势尚稳，举国尚能上下一致。为筹措路款，上至慈禧太后，下到臣工无不尽心尽力，左右挪措，终使路工如期完成。京张铁路的顺利竣工，路款及时立首功。在工程进行过程中，也不断有阻碍，但终归没有影响整体的工程进度。加之詹天佑带领的众工程师殚精竭虑，科学管理、统筹安排，使得京张铁路成为不朽之工程。

反观张绥铁路，虽然工程难度较小，但进度缓慢，质量堪忧。究其原因，社会动荡是主要影响因素。张绥铁路的修建模式原定为沿袭京张铁路，整个工程都归京张铁路局。詹天佑及邝孙谋任总工程司，在技术上不会有任何问题。但实际是张绥铁路工程进展缓慢，长达十四年之久。首先是辛亥革命，英人借故停拨京奉铁路余利，张绥铁路第一次停工；第二次是国内军阀混战、国外世界大战，筑路材料价格大涨，政府无力支持铁路建设所需资金，致使铁路停工四年多。铁路局招募资金，开创国内短期借款，既定建设模式破裂。再加之铁路局负责人走马灯似地调换，部分当局者内外勾结、卖国求荣，使日资两次侵入，终使路权被外人染指。所谓“第一条国办铁路”之名号侵染瑕疵。

国力既衰，资金紧缺，工程质量必然受影响。尤其是当时作为支线的绥包段，号志全无，站房为临时搭建，严重影响了行车安全。作为同为一条干线，张绥铁路与京张铁路形成鲜明对比，这不能说与时局无关。

社会变迁多方面影响了京绥铁路的修建。整体上看，社会变迁既促成了京张铁路“自办”，也造成了张绥铁路工程进度缓慢与质量低劣。反过来，整个京绥铁路的修建过程，是当时社会状况的真实反映。

7.2.2 军阀混战影响了京绥铁路的运营

京绥铁路首段运营始于1906年丰台至南口段。之后随着路线的延伸，运输量逐年增加，运营收入也呈上升趋势。1923年，包头通车，京绥铁路全线贯通，西北地区与京津内地连为一线，客货两旺，铁路运营收入稳步上涨，这一状态到1925年达到顶峰。1926年，铁路运营陡然下降到低谷，1927年之后又逐步上升。

造成以上状况的原因，主要是时局动荡，兵事四起。铁路既能运输客货，当然也能为战事运输士兵和武器。战争时期，铁路一方面作为调兵遣将和运输战备的利器，一方面又被随意调遣和破坏。京绥铁路的大批车辆被“调用”到其他铁路，战后很长一段时间都没有调回，大大影响了京绥铁路的正常运营。1928年之后，南京政府成立，国内局势稍显平稳，京绥铁路的运营又呈逐年上升趋势，到1934年，已接近1925年运输量。可见，社会状况直接影响了京绥铁路的运营，反过来京绥铁路的运营情况也如实反映了国内尤其是铁路沿线的社会情况。

此外，铁路管理者的频繁更换，不利于铁路的管理，影响了政策的制定与执行。更有甚者，中饱私囊，窃国盗权，置国家民族利益于不顾，利欲熏心，不惜出卖铁路主权。

京绥铁路的修建史是一部社会变迁史，京绥铁路的管理和运营是一份反映民国社会状况的晴雨表。

7.2.3 京绥铁路促进了社会发展

京绥铁路对沿线地区的社会变迁产生了有史以来最大的影响，对促进城镇近代化进程有着不可忽视的促进作用。

铁路对社会带来的变化一直是历史学界研究的热点，然而并不是本书的重点。但作为铁路建设史的佐证，铁路对区域经济及近代化的发展问题不可回避。对于深处内陆的西北地区，传统的运输方式和生活方式延续千年。尽管也有成批的驼队出入，但那仅限于有限的商贸活动中。铁路不仅为商贸活动提供了前所未有的便利，更是打开了西北地区与内地的通道，不仅有利于居于西北的人们出来看外面的世界，身处京津乃至其他地方的人们也可以方便地进入西北大地领略当地的风土人情。与此同时，西北地区相对封闭的传统社会被撕开了口子，近代化的春风徐徐而来。绥远地区逐步走向城镇化、工业化，京绥铁路加快了近代化的步伐。

7.3 京绥铁路具有重要的工业遗产价值

京绥铁路尤其是京张段，具有重要的工业遗产价值，值得深入研究和合理保护。

7.3.1 京绥铁路的工业遗产价值

京绥铁路的工业遗产价值主要体现在历史价值、经济价值和科技价值等几个方面。

京张铁路的历史价值自不待言，它是中华民族追求独立自强的象征和典范，是彰显中华民族聪明才智的丰碑，是中华民族奋发向上、立于世界民族之林的开端。铁路作为西方先进技术，进入中国带有明显的入侵性质。中国要建设并利用铁路，只有摆脱外国控制，自己独立修建才可以实现。因此京张铁路不仅是“自主”修建的首条铁路，更是中国向西方列强展示自己能力的证据。从此中国人开始信心百倍地走向工业化。

京绥铁路的经济价值在于它运营百年，现在仍然是西北地区的交通干线。虽然有丰沙线和张集线两处的改线，但都可以看作是对京绥铁路的补充和完善，整条京绥铁路的运输功能被进一步加强。日前，京张高铁开通在即，呼张高铁随之开行，大大缩短了北京、张家口、呼和浩特的运行时间。这样客观上会减轻京绥线的压力，但京绥铁路仍然会一如既往地发挥自己的运输功能，尤其是在短区间内这种功能更加显著。

作为工业遗产，京绥铁路的价值主要在于其蕴含的科技价值。作为百年工业标本，京绥铁路是西方铁路技术移植中国的典型案例，是中国传统技艺融入西方工程技术的工业遗存，也是中国人首次彻底掌握西方铁路铺设技术后的成功表现。京绥铁路的科技价值也在于它包含了西方铁路技术移植中国的过程。

此外，京绥铁路上别具特色的老站房、“人”字形路线、八达岭长城与京张铁路的结合等，都具有独特的美学价值。

7.3.2 作为工业遗产的京绥铁路有待于进一步研究

百年京绥铁路拥有丰富的工业遗产价值，需要对其进行系统、深入、专业的工业考古和保护研究。

目前关注京张铁路遗存的学者和民间组织比较多，对于张绥段则很少。王嵬对京张铁路的考察非常细致，并附有大量的历史照片和文献图片。从技术史角度测绘这些遗存的工作需要进一步开展。对于张绥铁路开始有零星的报道，铁路部门也有了初步的认知，对白塔等老站房做了一定程度的修缮，但立足于工业遗产角度的考察还没有开始。

对于整条京绥铁路的工业考古亟待开展，对其进行深入、细致的发掘与整理，并记录在册，是当前急需着手的工作。

铁路作为线性工业遗产，适合整体保护。但全部按照原始状态保护既不切合实际，也不是最好的办法。适度地使用与修整，是保护作为工业遗产的铁路的较好方案。

本书重点对京绥铁路修建时的技术层面进行了初步考察，对于京绥铁路的一些技术细节及附属技术缺乏更深层的探讨，这将是以后努力的方向。

附录　京绥铁路修建大事记

1905 年 5 月 4 日	詹天佑接到 5 月 3 日袁世凯札，令其对京张路段进行测量。
1905 年 5 月 10 日	詹天佑带领张鸿诰、徐文泂开始对京张路线勘测。
1905 年 5 月 15 日	清廷任命补用道陈昭常为总办、候选道詹天佑为会办兼总工程司，负责修筑京张铁路，开国人自办铁路之先。
1905 年 6 月 16 日	京张铁路初测完成。
1905 年 6 月 24 日	詹天佑撰写调查报告，并预算修筑京张铁路所需资金 7 291 860 两白银。
1905 年 10 月 2 日	京张铁路正式开工。
1905 年 12 月 12 日	丰台开始铺轨，詹天佑打入第一根道钉。
1906 年 9 月 30 日	丰台至南口段竣工，詹天佑将办公地点迁至南口。
1908 年 4 月 14 日	居庸关隧道贯通。
1908 年 5 月 22 日	八达岭隧道贯通。
1908 年 10 月	俞人凤被派往勘测张绥路线。
1908 年 12 月	朝廷准奏展筑张绥铁路。
1909 年 2 月 6 日	怀来车站通车。
1909 年 3 月 3 日	下花园车站通车。
1909 年 5 月 27 日	宣化府车站通车。
1909 年 9 月 24 日	京张全路竣工。
1909 年 10 月 2 日	京张铁路正式通车。
1909 年 10 月	京绥铁路张家口南至阳高段开工。
1911 年 7 月 17 日	陕甘总督长庚奏请修建归化至包头的铁路。9 月 9 日准议并派人勘测。
1911 年 11 月	张家口至阳高段竣工。辛亥革命爆发，路工被迫停止。
1912 年 9 月 6 日	孙中山赴张家口视察京张铁路。
1912 年 12 月	京绥铁路阳高至大同段开工。
1914 年 1 月	大同车站通车。

1914 年 10 月 19 日	交通部与美国培斯尔漠钢厂订立借款 200 万元合同，以部分还京张铁路借款，余向该厂购买铁路车辆。
1914 年 11 月	京张张绥铁路第一次短期借款。此款为大同至丰镇段路工，计划 30 万元，应募者踊跃，按期还付。
1915 年 6 月	京张、张绥铁路第二次短期借款。此款为大同至丰镇段路工，计划 100 万元，应募者踊跃，按期还付。
1915 年 9 月 1 日	张绥铁路大同至丰镇段通车。
1915 年 9 月	京绥铁路大同至丰镇段完工，后因军阀混战，续建工程中断。
1916 年 1 月 23 日	交通部将京张、张绥铁路归并办理改名京绥铁路。
1916 年 2 月 9 日	詹天佑向袁世凯进呈《京张铁路工程纪略》。
1916 年 6 月	京张张绥铁路第三次短期借款。此款为“扩展新工”，计划 100 万元，应募者踊跃，按期还付。
1917 年 10 月	京张张绥铁路第四次短期借款。此款为“推广京绥路营业”，计划 100 万元并承诺按期还付。
1918 年 7 月	京张张绥铁路第五次短期借款。此款为“积欠料价、工款和第四次借款”，计划 400 万元，未能行销。
1919 年 1 月 4 日	京绥铁路正式交与日方管理，中国铁路中唯一纯粹的国营线路，亦受到外人控制。5 月 1 日，英驻华公使为京绥路债票向日商抵借现款与以前声明有所不合，向外交部提出质问。外交部答复借款为平常事业措施，并非以铁路为抵押或以该路为担保。
1919 年 8 月	京绥铁路丰镇至绥远段开工。
1920 年 4 月	修至平地泉。
1920 年 4 月	交通部京绥路局与日商三井物产会社签订 11 399.105 5 万日元借款合同，用于支付 1919 年 12 月至 1920 年 1 月三次订购枕木价款及输入费用。
1920 年 10 月	京张张绥铁路第六次短期借款。此款为卓资山至绥远段路工，计划 100 万元。
1921 年 1 月	修至卓资山。
1921 年 4 月	举行“京绥铁路绥包展现公债”，计划 500 万元。
1921 年 4 月 25 日	北京政府交通部以短期地方公债 50 万元做担保，与日本东

	亚兴业公司签订协定，借款300万元，以作为延长京绥线铁路由绥远至包头路段的建筑费用。
1921年5月1日	绥远车站通车。
1921年9月	举行“京绥铁路扩充营业资产短期借款”。计划500万元。
1921年9月20日	交通总长张志潭、次长徐世章到绥远车站为京绥铁路通车进行了盛大的庆祝活动，同时也为展筑绥包铁路开工仪式进行了剪彩。
1923年1月1日	包头车站通车。京绥铁路全线通车。

后 记

本书是我在博士学位论文的基础上修改而成的。

京张铁路在我国铁路建设史上是一座里程碑，其意义之重大已超出了工程技术界。导师冯立昇教授高瞻远瞩，为我的学位论文提供了选题建议。冯老师的指导方法并不是每日耳提面命，而是在关键时刻给出适当合理、至关重要的建议和意见；偶尔也会做点细节，比如时不时地给我提供一些很细小但很重要的史料。

在论文的写作过程中，得到了中国科学院自然科学史研究所张柏春研究员、关晓武研究员、王斌副研究员的帮助。尤其是关老师，在论文方向初定之时，他还在呼和浩特工作，讨论论文时常成为我到他家蹭吃蹭喝的冠冕堂皇的借口。论文初稿草成，他是第一位通读全文者，并给予了中肯的建议。心存感激却从未言表。

感谢黄兴博士，在论文开题和结稿时提出的重要建议，并提供相关资料。感谢内蒙古科技大学李国峰副教授，常提出一些很有见地的意见。

感谢清华大学童庆钧，多次为我生活和学习提供足够的便利。感谢清华大学游战洪教授、邓亮博士为我提供了良好的学习环境。

感谢大同机务段吴彦军，帮助寻找铁路技术方面的资料。

感谢首都师范大学耿华教授，我在中国科学院图书馆查询资料时给予了有力帮助，很高兴她从自己的专业角度对科学史进行了阐释。

论文在评审和答辩的过程中得到了诸位专家的中肯建议。罗见今教授在论文章节题目等方面给出了精彩的建议，清华大学高瑄教授提出了编写“京绥铁路修建大事记”的建议。

论文获“2013 年度内蒙古自治区优秀博士学位论文”，非常荣幸！

博士毕业之后，承蒙母校不弃，留校任教，继续我的科技史使命。六年有余，方修改付梓，实为庸惰所致。其间，感谢郭世荣教授、代钦教授、咏梅院长的关怀和支持，感谢各位同事的帮助。

书稿完善过程中，同事董利军、吴燕及研究生姚文俊协助调研了白塔老火车站站房、毕克齐火车站站房和卓资山火车站站房，大家在一起很快乐。感谢中国科学院自然科学史研究所方一兵研究员在一些细节上提供的热心帮助。感谢詹天佑纪念馆付建中馆长的大力支持。

感谢张柏春研究员提出书名修改的建议，并欣然作序。

感谢科学出版社樊飞、刘溪、邹聪编辑为本书出版付出的辛勤劳动。

妻子一直是我身后最有力的支持者，她从不试图理解我的专业，但却为了我无怨地付出。

段海龙

2019 年 3 月 12 日